普通高等院校本科应用型规划教材——经管类

消费者行为学

主　编　蒋晓川　　张　霞　　姜利琼

副主编　曹云忠　　邹　芳　　韩正清　　揭　京　　邓　华

参　编　龚丽红　　林雅军

西南交通大学出版社

·成　都·

图书在版编目（ＣＩＰ）数据

消费者行为学 / 蒋晓川，张霞，姜利琼主编. —成
都：西南交通大学出版社，2014.9
普通高等院校本科应用型规划教材. 经管类
ISBN 978-7-5643-3424-6

Ⅰ. ①消… Ⅱ. ①蒋… ②张… ③姜… Ⅲ. ①消费者
行为论－高等学校－教材 Ⅳ. ①F713.55

中国版本图书馆 CIP 数据核字（2014）第 203163 号

普通高等院校本科应用型规划教材——经管类

消费者行为学

主编 蒋晓川 张 霞 姜利琼

责 任 编 辑	张慧敏
助 理 编 辑	梁 红
封 面 设 计	墨创文化
出 版 发 行	西南交通大学出版社
	（四川省成都市金牛区交大路 146 号）
发 行 部 电 话	028-87600564　028-87600533
邮 政 编 码	610031
网　　　址	http://www.xnjdcbs.com
印　　　刷	成都中铁二局永经堂印务有限责任公司
成 品 尺 寸	185 mm × 260 mm
印　　　张	17.5
字　　　数	436 千字
版　　　次	2014 年 9 月第 1 版
印　　　次	2014 年 9 月第 1 次
书　　　号	ISBN 978-7-5643-3424-6
定　　　价	38.00 元

前　言

当前，市场的供求关系、需求结构都发生了巨大变化，市场早已经由卖方市场转变为买方市场，社会产品极大丰富，消费者的需求越趋复杂多变，企业竞争日趋激烈，市场已经渐渐被消费者所主宰。同时，消费是生产的终点，消费者是消费的主体，消费者行为会影响企业营销战略的选择、策略的制定和组织的实施。

"消费者行为学"是市场营销专业学生必修的一门核心课程。消费者行为学的发展伴随着市场营销理论和实践的发展而不断深化，消费者行为的研究是营销决策的基础。对企业而言，有效的营销组合必须建立在对消费者行为的充分认识上，要消费者接受其产品，必须了解消费者对产品的需求，有效地传递商品信息。对于消费者来说，面对丰富的商品和企业的各种营销策略，如何健康、理性、科学地消费，以提高自己的消费效用，同样具有重要的现实意义。

本书是编者在总结多年教学经验、研究成果，并借鉴同类教材长处的基础上编写而成的。共 11 章，内容主要包括四大模块：第一，消费者行为概述及消费者购买决策过程；第二，影响消费者行为的心理因素（内部因素）；第三，群体、社会因素对消费行为的影响（外部因素）；第四，市场营销活动对消费行为的影响。本书由重庆交通大学蒋晓川和张霞、重庆第二师范学院姜利琼担任主编；四川农业大学曹云忠、邹芳，重庆交通大学韩正清、揭京，重庆工商大学邓华担任副主编；其他参编人员包括四川农业大学龚丽红、重庆三峡学院林雅军。蒋晓川负责拟定、编写提纲，统稿和定稿。具体编写分工如下：第 1 章、第 5 章由蒋晓川编写；第 2 章由曹云忠、邹芳、龚丽红编写；第 3 章、第 4 章、第 7 章由姜利琼编写；第 6 章由揭京编写；第 8 章、第 9 章由张霞编写；第 10 章由韩正清编写；第 11 章由邓华、林雅军编写。

本书在编写过程中参考了大量相关领域的文献，并列在书后参考文献中，但仍可能有遗漏，在此谨向已标注和未标注的参考文献的作者们表示诚挚的谢意和由衷的歉意。

本书可作为高等院校市场营销专业的教学用书，也可供企业家和市场营销人员参考。由于编者水平所限，书中难免出现疏漏和不妥之处，敬请读者和专家批评指正。

编　者

2014 年 8 月

目 录

1 消费者行为学概述

学习目标

➢ 掌握消费者心理与消费者行为内涵
➢ 明确消费者行为学的学科性质
➢ 明确消费者行为学的研究对象和内容
➢ 了解消费者行为研究的基本方法

消费者行为学以消费者个体和群体心理与行为为对象，重点研究消费者在消费活动中心理与行为活动的特点、方式及其规律。消费者行为学是一门在多学科交叉融会基础上形成的综合性、边缘性学科，也是现代经营管理科学体系的重要组成部分。该学科的产生和发展始终与社会经济的发展进程及相关学科的不断完善紧密相连。随着学科体系的不断成熟和完善，消费者行为学的有关理论和方法在现代社会宏观经济管理和企业市场营销活动中发挥着越来越重要的指导作用。

【案例】

老鼠夹为什么不好卖?

如今产品越来越丰富，竞争也越来越激烈，准确地把握用户需求显得越来越重要。有时这种需求来自于产品，有时却是来自于一种习惯、一种心理。厂商要想打动用户的心，必须通过考查整个市场环境，对用户需求做深入细致的分析。

有一个"老鼠夹"的故事，说在资本主义初期，经济的发展主要是以产品带动起来的，有一个好的产品问世，马上就能刺激起需求来。所以很多厂商都钟情于做出最好的产品。英国是工业发展比较早的国家，当时市场上需求捕鼠夹子，所以很多厂商都竞相努力地做最好的捕鼠夹子，有的厂商甚至做成了"最豪华"的捕鼠夹子，他们觉得只要做最好的捕鼠夹子，就一定能销售得好。但是，实际上当他们在努力地做最好的捕鼠夹子的时候，却忽略了一个基本的问题——市场上到底有没有这么大的需求，是否大家都需要这么好的捕鼠夹子?

直到今天，这个故事同样适用。在任何市场中，无论是什么产品的生产商都要对市场有正确的判断。有时即使产品再好，但对于消费者来说并不适用，投放到市场中，效果也未必像厂商想象的那么好。

国内曾经有一家做考勤机的公司，研发实力很强，公司根据研究人员的想法，研制出了很先进的"指纹"考勤机。市场中考勤机的种类很多，有卡式的、打卡钟式的等，这家公司想以自己先进的技术和设计完善的功能与这些考勤机竞争。这时，公司领导人想要了解一下考勤机市场，看看指纹考勤机有多大的市场空间。但是当他们的营销人员考察考勤机市场状况时发现，自己的产品在份额比较大的中小企业市场并没有很强的竞争力，一方面，价格高，另一方面，有很多功能对这些用户并不适用，那些强的功能只适用于大型的企业。这家厂商在研发产品时，没有考虑到市场状况，使其产品诉求和市场定位都比较模糊。据某调查公司介绍，目前很多厂商，尤其是以研发为主的厂商，市场观念比较淡，他们认为只要自己的产品好，是不愁卖不出去的。他们中有的也想到做市场调查，但是他们对市场容量调查的目的，也只是为了给销售人员定任务，想法很主观。

其实，看消费者对产品是否有购买需求，关键要看用户在购买这一类产品时是怎么想的，消费者的需求点在哪里。"小霸王"学习机就是一个很好的例子。学习机不是最好的产品，但是它确实迎合了当时一些人的消费心理。

产品本身是一方面，消费者受市场环境的影响产生不同的购买心理是另一方面。所以，在产品进入市场之前，要在一个大的环境下考查，如这个市场规模有多大、竞争对手的策略、目标用户是什么等，而不是"一拍脑袋"就决定。据调查公司介绍，国外的厂商在进入市场之前较理性，而一些国内的厂商则考虑得很少，他们对市场很模糊，觉得"好像市场应该接受""好像用户会买我的产品"。然而经过市场调查之后，你会发现自己认为产品最得意的地方，有时却是用户并不想要的。

资料来源：http：//www.ccidreport.com/market/article/content/402/200207/20848.Html.

1.1 消费者行为学的研究对象和内容

1.1.1 消费者、消费者心理与消费者行为

1. 消费与消费者

消费与消费者是两个不同的概念。消费是和生产、分配和交换一起构成社会经济活动的整体，是人类通过消费品满足自身欲望的一种经济行为。具体地说，消费是人们消耗物质资料和精神产品以满足生产和生活需要的过程。广义的消费包括生产消费和生活消费。"生产消费"指人们使用和消耗各种生产要素，进行物资资料和劳务生产的行为和过程，比如生产过程中原材料、燃料、工具、人力等生产资料和活劳动的耗费，是与"生活消费"相对的概念。生产消费过程既是生产的主观要素（劳动力）的消耗过程，又是生产的客观要素（生产资料）的消耗过程。二者是同一个过程的两个方面。生产消费是社会人口中的劳动者对生产资料的消耗过程，同时消费劳动者的智力和体力，其结果是生产出新的产品。

生产消费是在物质资料生产过程中生产资料和劳动力的使用和耗费，是直接的生产行为。其中生产资料的消费是生产的客体的消费，如原料、燃料、辅助材料和机器、厂房、工具等的使用价值的丧失，就是新产品的使用价值的形成；劳动力的消费是生产的主体的消费。生产消费是生产资料和劳动力结合的过程，它不仅是保存生产资料使用价值的唯一手段，而且

也是增加社会财富、扩大再生产的重要途径。生产消费的形式和水平，反映人们控制和改造自然的能力。

生活消费又称个人消费，是人们为了自身的生存和发展、在生产和生活的过程中消耗物质资料和享受服务的一种经济行为，即人们日常的衣、食、住、行、用，也就是人们消耗生活资料或接受服务以满足生活需要的行为和过程。它是人们维持自身生存和发展的必要条件，也是人类社会最大量、最普遍的经济现象和行为活动。在社会再生产过程中，生产消费与生活消费处于完全不同的地位。如果说前者是这一过程的起点的话，后者则处于这一过程的终点，即生活消费或个人消费是一种最终消费。马克思称之为"原来意义上的消费"。通常情况下，"消费"一词狭义地专指个人生活消费。

消费者与消费既紧密联系，又相互区别。如上所述，消费是人们消耗生活资料及精神产品的行为活动，而消费者则是从事消费行为活动的主体——人。《消费者权益保护法》的消费者特指生活消费，不包括生产消费（农民购买使用直接用于农业生产的生产资料除外），生产消费则受其他法律的保护。这里，由于研究角度的不同，对消费者概念的界定也有广义和狭义之分。

广义的消费者指所有从事物质产品和精神产品的消费活动的人或组织。认为凡是在消费领域中，为生产或生活目的消耗物质资料的人，不论是自然人还是法人，不论是生活消费还是生产消费，也不论是生活资料类消费者还是生产资料消费者，都属于消费者之列。如《泰国消费者保护法》规定："所谓消费者，是指买主或从事业者那里接受服务的人，包括为了购进商品和享受服务而接受事业者的提议和说明的人。"一定意义上，社会中的每一个人，无论其身分、地位、职业、年龄、性别、国籍如何，为维持自身的生存和发展，都要对衣食住行等物质生活资料或精神产品进行消费，因而都是消费者。总之，无论消费的是什么（生活资料或是生产资料），主体的形式是什么（个人或组织），都是消费者。

狭义的消费者指购买、使用各种产品和服务的个人和家庭。这主要是从主体形式上划分的。如果从市场需求的角度进行界定，将消费者放在市场需求的框架中加以考察，可以认为消费者指那些对某种商品或服务有现实或潜在需求的人。由于对商品需求的表现不同，狭义的消费者又可相应地分为现实消费者和潜在消费者。

现实消费者指对某种商品或劳务有现实需要，并实际从事商品购买或使用活动的消费者。潜在消费者指当前尚未购买、使用或需要某种商品，但在未来可能对其产生需求并付诸购买及使用的消费者。例如，青少年消费者大多对厨房炊具用品缺乏现实需要，但在将来独立组建家庭后，就会对其产生实际需求。因此，就现阶段而言，青少年是厨房炊具用品的潜在消费者。通常，消费者需求的潜在状态是由于缺乏某种必备的消费条件所致，诸如需求意识不明确、需求程度不强烈、购买能力不足、缺乏有关商品信息，等等。而一旦所需条件具备，潜在消费者随时有可能转化为现实消费者。

一般而言，消费者行为学所理解的"消费者"是狭义的消费者，不包括生产消费和生产资料消费者。显然，对企业而言，更有实际意义的是狭义的消费者概念。因为没有任何一个企业能够面对等同于全人口的所有消费者，满足其全部消费需要，而只能从中选取对本企业特定产品及服务有现实或潜在需求的消费者，通过不断向市场提供适销对路的商品，以满足其现实需求并促进潜在需求向现实需求转化，来求得自身的生存和发展。但消费者行为的研究范围又不仅仅限于狭义的"消费者"，即产品的直接使用者，而是比它要宽泛一些，包括消费者购买过程和使用过程的所有人。

2. 消费者心理

心理是人的一种内心活动，消费心理指消费者在消费活动过程中的心理活动，即消费者根据自身的需要和偏好，选择和评价消费对象的心理活动。

作为消费主体的人，必然具有人类的某些共有特性，如有思想，有感情，有欲望，有喜怒哀乐，有不同的兴趣爱好、性格气质、价值观念、思维方式等。所有这些特性，即构成了人的心理，也称为心理活动或心理现象。心理活动是人脑对客观事物或外部刺激的反映活动，是人脑所具有的特殊功能和复杂的活动方式。它处于内在的隐蔽状态，不具有可以直接观察的现象形态，因而无法从外部直接了解。但是心理活动可以支配人的行为，决定人们做什么，不做什么，以及怎样做。在消费活动中，消费者的各种行为无一不受到心理活动的支配。例如，是否购买某种商品，购买何种品牌、款式，何时、何地购买，采取何种购买方式，以及怎样使用等，其中每一个环节步骤都需要消费者作出相应的心理反应，通过一系列心理活动加以分析比较、选择、判断。所以，消费者的各种消费行为都是在一定心理活动支配下进行的。这种在消费过程中发生的心理活动即为消费心理，又称消费者心理。消费心理是消费行为的基础，消费者行为是消费者在一定的消费心理支配下进行的。

（1）消费者心理现象的构成。

消费者心理现象构成主要包括两个方面，即一般心理过程和个性心理。如图1.1所示：

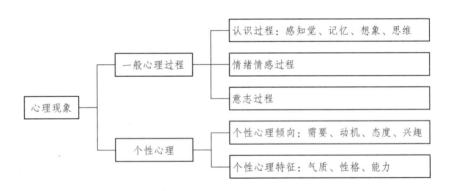

图 1.1 心理现象构成

心理过程。心理过程指人的心理形成及其活动过程。它包括认识过程、情感过程和意志过程。认识过程包括感觉、知觉、记忆、想象和思维等心理现象。认识过程是消费者接受、储存、加工和理解各种商品和服务信息刺激的过程，也是消费者更准确定位商品和服务的过程；情感过程是消费者在认识客观事物的过程中产生的人对客观事物所持态度的体验。即引起消费者满意、喜爱、厌恶、恐惧等心理活动的过程，也是对客观现实的反映。情感和需要密不可分。正如鲁迅所说："穷人绝无开交易所折本的懊恼；煤油大王哪里会知道北京捡煤渣老婆子身受的辛酸。"情感的产生往往是建立在一定的需要基础上的；意志过程是人自觉地确定目的，根据目的的调节支配自己的行动，从而达到目的的心理过程。它是人类特有的心理过程，总是表现在人的行动中。意志对行为的调节作用表现为发动和制止两个方面。

个性心理。个性是指具有一定倾向性的比较稳定的心理特征的总和。它包括个性心理倾向和个性心理特征。个性心理倾向指人所具有的意识倾向，它决定着人对现实世界的态度以及对认识活动对象的趋向与选择，个性心理倾向是个性结构中最活跃的因素，是一个人进行活动的基本动力，它主要由需要、动机、兴趣等构成。个性心理特征指一个人身上经常地、稳定地表现出来的心理特点，包括气质、性格、能力。它集中反映了个人心理独特性。

（2）消费者意识。

意识（consciousness）是人类所独有的一种高水平的心理活动，指个人运用感觉、知觉、思维、记忆等心理活动，对自己内在的身心状态和环境中外在的人、事、物变化的觉知，包括对外部事物的觉知、对内部刺激的觉知和对自身的觉知，是人脑对客观事物自觉的反映。它的产生依赖两个重要因素，即实践和语言。它是人的一种特殊心理功能，是人的心理发展到一定阶段才出现的心理现象，在有些心理学家看来，人的心理也是意识。

意识的水平（状态）可划分为：① 前意识水平。又称可控制的意识状态，如我们对特定经历或特定事实的记忆，我们不会一直意识到这些记忆，但是一旦有必要时就能突然回忆起来。② 半意识。又称自动化的意识状态。指在不注意或略微注意的情况下获得的意识。③ 边意识。类似于白日梦状态，指对注意范围边缘刺激物所获得的模糊不清的意识。凡是刺激强度微弱而使人在似知未知的情况下所得到的意识就是边意识。④ 潜意识水平。即类似睡眠状态下的意识，指蕴含在意识层之下的欲望、情绪等经验被控制或压抑而未被个体觉知的意识状态。催眠是意识的特殊现象。它就是一种类似睡眠又实非睡眠的意识恍惚状态，是在一种特殊情境下诱导形成的。值得注意的是，心理促动药物的使用也会对人的意识产生影响，药物对中枢神经系统产生的影响会使个体的心理活动发生变化。如镇静剂、兴奋剂、迷幻剂等药物的使用。但是，这种药物的使用对意识产生的影响只是暂时的，随着药效的失去，对人的意识状态影响也会消失。

3. 消费者行为

（1）消费者行为的含义。

消费者行为（consumer behaviour）指消费者为获取、使用、处置消费物品或服务所采取的各种行动，包括先于且决定这些行动的决策过程。

消费者行为是与产品或服务的交换密切联系在一起的。在现代市场经济条件下，企业研究消费者行为是着眼于与消费者建立和发展长期的交换关系。为此，不仅需要了解消费者是如何获取产品与服务的，而且也需要了解消费者是如何消费产品，以及产品在用完之后是如何被处置的。因为消费者的消费体验，消费者处置旧产品的方式和感受均会影响消费者的下一轮购买，也就是说，会对企业和消费者之间的长期交换关系产生直接的作用。传统上，对消费者行为的研究，重点一直放在产品、服务的获取上，关于产品的消费与处置方面的研究则相对地被忽视。

随着对消费者行为研究的深化，人们越来越深刻地意识到，消费者行为是一个整体，是一个过程，获取或者购买只是这一过程的一个阶段。因此，研究消费者行为，既应调查、了解消费者在获取产品、服务之前的评价与选择活动，也应重视在产品获取后对产品的使用、处置等活动。只有这样，对消费者行为的理解才会趋于完整。

（2）消费者行为的特点。

① 消费者行为的差异性。由于不同消费者在需求、偏好、评价标准和决策方式等方面具有差别，表现在消费行为上有所不同，同一消费者在不同的情境、不同的时间等条件下也可能表现出截然不同的消费行为。

② 消费者行为的社会性和发展性。人类社会自商品和商品交换的出现，消费者行为就成了人类社会经济活动的基本形式。尤其是随着商品经济的发展，人们的消费行为变得更加频繁，人们几乎无时无刻不在进行着各种各样的消费活动，它也深刻影响着人类的社会关系。同时，一定的社会环境和条件下人们的消费对象、范围、水平、方式和消费观念也体现着不同的时代特点并随着社会的发展进步而发生着变化。例如，随着人类的生产力和科学技术的不断进步，新产品不断出现，消费者收入水平不断提高，消费需求也呈现出由少到多、由粗到精、由低级到高级的发展趋势。

③ 消费者行为的多样性和复杂性。由于消费者在消费需求、偏好和选择产品的方式上有着不同的侧重，表现出消费者的消费行为是多样化的。无论是对于产品属性的要求与评价、品牌的选择、购买方式的选择还是购后的使用和评价，不同的消费者都有着不同的决策和表现，同一消费者在不同的时期、不同阶段也呈现出差异化。

消费者行为的复杂性首先表现为消费者需要和购买动机的复杂，动机经常是隐藏在消费者内心深处的，有时连消费者自己都不明确，一次购买活动往往存在多个动机的冲突。而且，一次消费行为可能是由多个动机所驱使，也可能一个购买动机会导致多种消费行为；其次，消费者行为的复杂性还表现为消费者决策过程的复杂。一次消费行为要经过消费者复杂的决策过程，越是重要的购买，决策过程越复杂；不仅如此，消费者行为还受到社会政治环境、经济环境、文化环境、个性特征和生活方式等因素的影响，正是这些影响因素的复杂性决定了消费者行为的复杂性。

④ 消费者行为的易变性与可诱导性。消费需求有求新求变的特性，许多消费者不喜欢一成不变的老面孔。这种特性要求企业在产品品种、款式上不断地更新、创新。随着市场商品供应的丰富和企业竞争程度的加剧，消费者对商品挑选性增强，消费流行的变化速度加快，商品流行周期缩短，往往千变万化，令人难以把握。

消费者有时对自己的需要并不能清楚地意识到。此时企业可以通过提供合适的产品刺激来激发消费者的需要，通过广告宣传、营业推广等促销手段来刺激消费者，使之产生购买欲望，甚至影响他们的消费需求，改变他们的消费习惯。更新他们的消费观念，树立全新的消费文化。

（3）消费者行为与消费者心理。

① 消费者行为与消费者心理的区别。消费者行为是消费者在消费活动过程中的行为，即消费者在寻找、选择、购买、使用、评价和处置与自身相关的商品或服务的活动过程，是一种外部活动，是可见的。消费者心理是消费者消费过程中产生的心理活动，是一种纯粹的内部心理活动，是不可见的。从发生的时间上看。二者可以同时发生，也可以不同时发生。

② 消费者行为与消费者心理的联系。第一，消费者心理支配消费者行为，消费行为都是在一定的消费心理的基础上产生的，根据消费心理可以推断消费行为。第二，消费者通过消费行为体现着一定的消费者心理，消费行为可以促进和强化消费心理的产生，通过消费行为

可以分析消费心理。

由于消费者心理支配消费者行为，研究消费者行为必须研究消费者心理，实际应用中，很多时候消费者心理和消费者行为两个概念并没有严格区分。目前研究消费者的许多著作中，有的名为《消费者心理学》或《消费心理学》，有的名为《消费者行为学》。实际上这是两个既有区别又有联系的概念。不过，由于研究消费者心理的目的归根结底是为了把握消费者的行为，因此，目前以后者作为学科名称的做法比较普遍。

1.1.2　消费者行为学的研究对象和内容

1.　消费者行为学研究的对象

消费者行为作为一种客观存在的经济现象，如同其他经济现象一样，有其特有的活动方式和内在运行规律。消费者行为学是研究消费者在获取、使用、消费、处置产品和服务过程中所发生的心理活动特征和行为规律的科学。因此，消费者行为学的研究对象就是研究消费者在消费活动中的心理与行为的特点及其规律。消费者行为学是通过揭示消费者在消费活动中的心理及行为的规律，以便适应、引导、改善和优化消费行为的一门现代经营管理科学。

2.　消费者行为学研究的内容

消费者行为学以消费者在消费活动中的心理和行为现象作为研究对象。实际生活中，这些心理和行为现象表现形式多样，涉及消费者个人心理特性、行为方式、消费群体、市场营销、社会文化环境等诸多方面和领域。为此，消费者行为学的研究对象在具体内容上又可分为以下几个方面：

（1）消费者行为学的基本概念。

（2）消费者购买行为模式与购买决策分析。

（3）消费者的心理活动基础。

心理活动基础是消费者赖以从事消费活动的基本心理机制及其作用方式，包括消费者心理活动的一般过程，消费者的个性心理特征、消费需要和动机等。消费者行为学运用心理学有关原理和要素分析法对上述方面进行系统研究，通过对心理过程中的认识过程、情感过程、意志过程等基本活动过程，以及知觉、注意、记忆等心理要素的分析，揭示消费者心理现象的一般规律，把握其心理和行为活动中的共性。

另外，消费者行为学通过研究消费者的能力、气质、性格、自我概念等个性心理特征，了解消费心理现象的个别性或特殊性，进而解释不同消费者之间在行为表现上存在的种种差异。同时，对影响消费者行为的诸多心理因素中最重要、最直接的因素——需要和动机进行深入研究，系统分析现代消费者的需求内容、动机类型及其发展变化趋势，从而为购买行为的研究奠定基础。

（4）消费者的购买行为。

购买行为是消费者心理活动的集中外现，是消费活动中最有意义的部分。在消费者行为学的研究中，将影响消费者的心理因素与其行为表现紧密联系起来，深入探讨消费者的购买行为过程，购买决策的形成，以及态度、偏好、逆反心理、预期心理等对购买决策与行为的影响。通过对购买过程中产生消费需求、驱动购买动机、搜集有关信息、进行比较选择、制定购买决策、实际从事购买、评价所购商品等若干阶段及其相互联系的逐一考察，抽象出消费者购买行为的基本模式。在购买过程中，决策居于关键性环节。决策的正确与否、质量高低，将直接影响消费者购买行为的效率和效果。分析消费者的决策方式和决策依据，可以发现引导和促成消费者制定正确决策的有效途径。消费者对商品、厂商、广告宣传等所持的态度，以及偏好、预期等心理倾向，对决策方案的制订、抉择以及购买行为的最终实现有着重要影响。为此，有必要深入研究消费者态度的形成原因，发现影响和引导消费者态度、偏好及预期的有效途径。储蓄和投资是相对于即期购买行为的中长期消费行为，在现代消费者的行为体系中占有重要地位，并有其特殊的表现形式和运动规律，因而在消费者行为学中亦对此进行专门探讨。

（5）消费者群体心理与行为。

消费在直接形态上表现为消费者个人的行为活动。但从社会总体角度看，消费者行为又带有明显的群体性。现实生活中，某些消费者由于年龄、性别、职业、收入水平、社会地位、宗教信仰相同或接近，因而在消费需求、消费观念、消费习惯以及消费能力等方面表现出很大的相似性或一致性。具有上述相同消费特征的若干消费者构成一定的消费者群。消费者群体是社会消费活动的客观存在。研究不同消费者群体在消费心理和消费行为方式上的特点与差异，有助于从宏观角度把握社会总体消费的运动规律，同时对商品生产者和经营者准确地细分消费者市场，制定最佳营销策略，无疑具有重要的指导意义。因此，消费者的群体心理与行为特点，如群体规范、群体压力、群体内部沟通、模仿、暗示、从众，以及消费习俗、消费流行等，就成为消费者行为学的研究对象之一。此外，少年儿童、青年、老年、女性消费者群等是市场需求中具有重要意义的消费者群体，因而需要加以专门研究。

（6）消费者心理、行为与社会环境。

现实当中，消费者及其所从事的消费活动都是置于一定的社会环境之中，在某种特定的环境条件下进行的。因此，一方面，无论消费者个人抑或消费者群体，其心理活动的倾向及其行为表现，在很大程度上要受到社会环境因素的影响和制约；另一方面，消费者在适应环境的同时，也会以不同方式影响和作用于环境。具体分析各种社会环境因素诸如社会文化和亚文化、社会阶层、参照群体、家庭、舆论导向等与消费者心理及行为的相互影响和作用方式，对于了解消费者心理与行为活动的成因，掌握其运动规律具有重要意义。

（7）消费者心理与市场营销。

现代市场经济条件下，消费者大量接触，受其影响最为深刻、直接的环境事物就是企业的市场营销活动。市场营销是商品生产者和经营者围绕市场销售所从事的产品设计、制造、包装装潢、命名、定价、广告宣传、渠道分销、购物环境布置、销售方式、服务等一系列活动，其目的在于通过满足消费者的需要，激发购买动机，促成购买行为，实现商品的最终销售。因此，市场营销的一切活动都是直接围绕消费者进行的。例如，改善商品包装以引起消费者的注意；通过广告宣传向消费者传递有关信息；提供良好服务以赢得消费者的好感，等等。显然，上述营销活动会对消费者心理及购买行为产生直接影响。同时，企业所采取的全部营销策略、手段又必须以消费者的心理与行为为基础，最大限度地迎合消费者的需求、欲望、消费习惯、购买能力等。换言之，市场营销活动的效果大小和成功与否，主要取决于对消费者心理及行为的适应程度。

由此可见，消费者心理和行为与企业的市场营销活动之间有着极为密切的内在联系，二者相互影响，又互为作用。而市场营销既是适应消费者心理的过程，同时又是对消费心理加以诱导，促成其行为实现的过程。探讨这一过程中消费者如何对各种营销活动作出反应，以及怎样针对消费者的心理特点改进营销方式，提高营销效果，是消费者行为学研究的主要对象和内容之一，也是其研究目的和任务所在。

1.2 消费者行为学的学科性质、特点和研究方法

1.2.1 消费者行为学的学科性质和特点

作为现代经济管理科学体系的一个重要组成部分，消费者行为学在学科性质上具有综合性、经济性、发展性和应用性等特点。

1. 综合性

现实生活中，消费者的心理和行为现象复杂纷繁，变化多端，其影响因素更是多种多样。如果仅从单一角度，运用单一学科的知识进行研究，很难完整准确地把握其中的全部特点和规律。因此，长期以来，有关学者和专家不断尝试从多维角度，运用多门学科的理论和方法对消费者心理与行为进行综合性研究，并由此积累了大量实证性材料。这一领域的研究实际上涉及了心理学、社会心理学、社会学、人类文化学、经济学、市场学、广告学、企业经营学、商品学等学科的许多研究成果，并直接借鉴采用了这些学科的部分研究方法。例如，心理学作为专门研究个体的人的心理活动及其规律的科学，有关心理过程、个性心理以及知觉、注意、需要、动机、态度等基本理论和概念，构成了研究消费者个体心理活动及行为表现的理论基础。又如，社会学中有关社会组织方面的研究，如家庭、职业团体、相关群体、社会阶层、人的社会角色等，为探索社会环境与消费者心理的相关关系提供了重要依据。再如，社会心理学有关个体与群体的互动关系、群体功能特性等方面的研究，尤其是关于社会知觉、社会态度、群体规范、群体压力、人际关系、交往沟通、服从心理等方面的研究，对探讨消费者的态度形成、消费者群体心理与行为特点、从众行为、消费习俗与流行的形成等具有直接的指导意义。另外，文化人类学关于人与所处文化、亚文化的研究，对消费者心理与行为研究也有很大的帮助，因为存在于一定文化背景中的消费者，其心理与行为必然带有该文化的鲜明烙印，只有从社会文化这一广阔的视野和角度出发，才能深刻理解不同国家、民族、地域以及不同时代的消费者心理与行为的种种差异。

以上诸学科分别从不同角度揭示了社会环境中人的心理与行为的一般规律，从而成为这一领域不断丰富和发展的重要理论基础和主要科学来源。除此之外，其他学科如经济学、经营学、广告学等，都在各自的研究领域内不同程度地涉及消费者的消费行为活动问题。例如，经济学研究消费在经济运行中的地位和作用，以及驱动消费者进行行为选择的利益机制；广告学则探讨怎样利用传播媒介传递商品信息，诱导消费者的购买欲望和行动，等等。由此可见，对消费者心理与行为的研究始终带有明显的多元化特征，消费者行为学是一门在多学科交叉融会基础上形成的综合性、边缘性学科。

2. 经济性

消费者行为学是一门有自己独立研究范围的学科，就其性质来说属于经济科学的范畴。本门学科主要是从社会经济运行角度出发，把人作为市场活动的主要参与者和消费活动的主体加以研究，目的在于从消费心理及行为的层面上揭示社会再生产过程中消费运动的内在规律，引导和促进生产、流通与消费的协调发展。

现代经济科学是一个极其广泛的研究领域。随着生产力的迅速发展和人类知识水平的提高，该领域的学科不断趋于细分，出现了宏观经济学、微观经济学、管理学、经营学、市场学等一系列分支学科。其中对消费活动的专门研究分为两个领域：一是侧重于从宏观角度探讨消费在社会再生产过程中的地位、作用，消费者的总量与构成，消费方式及其发展趋势等，而对消费活动的主体—— 消费者自身很少作深入分析的消费经济学；二是专门以消费者自身为研究对象，剖析消费者心理与行为的消费者行为学。从这一意义上说，消费者行为学弥补了经济科学对消费研究的不足，因此，在现代经济科学的庞大学科系列中占有重要位置，成为其中不可或缺的组成部分。

3. 发展性

消费者行为学作为一门独立的学科正式形成于 20 世纪 60 年代，距今不过 50 多年的时间。其间，该学科虽然有了长足的发展，但在体系设置、理论构造、内容方法等方面尚有待完善。尤其对消费者心理与行为规律的探索还远未达到穷尽的地步。随着各相关学科自身的发展，该学科赖以存在和借鉴的某些理论、观点被加以补充和修正，甚至受到否定和替代，某些新的理论、观点被不断充实到原有的研究体系中。这一状况的继续，使得该学科的研究对象、范围和内容亦处于不断更新、扩大和发展之中。不仅如此，随着社会环境和自身条件的变化，消费者的心理倾向和行为表现也会相应改变。旧的消费观念、消费方式将不断被新的观念、方式所取代，消费需求的内容将不断更新趋于多样化。因而，人们对消费者心理与行为的探索和研究也是无止境的，将随着时代的发展而不断发展。凡此种种，都决定了消费者行为学本质上是一门发展中学科。

4. 应用性

消费者行为学的研究目的在于帮助商品生产者和经营者掌握消费者的心理与行为特点及一般规律，并运用这一规律预测消费变化趋势，及时采取最佳营销手段，激发消费者的购买欲望，促成有效购买，在满足消费者需要的基础上提高企业的经济效益。因而消费者行为学的有关理论与方法必须具有实用性，即能够给商品生产者和经营者以实际的指导和帮助。为此，消费者行为学特别注重具体方法、措施、手段的研究。例如，采取何种方法激发消费者的消费欲望；通过哪些措施诱导消费者的购买动机；如何运用各种促销手段促成消费者的购买行为；怎样运用心理学、社会学、社会心理学等方法调查消费者的需求动机，测量其消费态度等。

通过上述研究，可以帮助企业营销人员掌握满足消费需要、引导消费行为的技能与技巧，提高市场营销活动的效果。可见，消费者行为学是一门注重和强调紧密联系营销实践，给实践以理论和方法上的有效指导的应用性科学。

1.2.2　消费者行为学的研究方法

消费者行为学研究方法是围绕对消费者行为的描述、预测、控制和解释目标逐渐在营销实践中产生的，其基本研究方法包括：

1.　观察法

观察法是科学研究中最基本的研究方法，是最一般、最简单和最常用的方法，指在现实的购买活动中有目的、有计划观察消费者的外部表现，如表情、动作、语言，进行分析的方法。优点是比较直观、费用低、易于操作，所获结果一般比较真实且切合实际。局限性是单从外部表现不足以准确判断消费者活动的真实原因。

2.　调查法

消费者行为研究是营销研究的一部分，营销研究的多数调查方法也适合于消费者行为研究，如二手资料的收集、问卷法、访谈法和投影法等。运用的工具主要是问卷和量表，随着新技术的发展，越来越多的调查开始利用先进的仪器设备、网络进行。

3.　实验法

实验法是根据研究目标在设定的环境下，引起消费者某种心理现象和行为的产生，从而对它进行分析研究的方法。根据试验场所的不同，实验法又可分为市场实验法和实验室实验法两种形式。

市场实验法是指在市场营销环境中，有目的地创设或变更某些条件，或者给消费者心理活动以一定的刺激和诱导，或者是针对某一心理行为与问题，选择一定的实验对象进行活动，从而观察和记录其心理活动的各种表现。这种方法既可以研究一些简单的心理现象，也可以研究人的个性心理特征，应用范围比较广。常用的市场试验法主要有以下两种：

（1）事前事后对比试验。这是一种最简便的市场试验形式。指在同一个市场内，实验期前在正常的情况下进行测量，收集必要的数据，然后进行现场实验，经过一定的试验期后，再测量实验过程中或事后的资料数据，然后将数据进行事前事后对比，了解变化及效果。

（2）控制组同实验组对比试验。控制组，系非实验单位（企业、市场，与实验组必须具备同等条件，以保证其可比性），它是与实验组做对照比较的，又称对照。实验组，系实验单位（企业、市场）。控制组同实验组对比试验，就是以实验单位的结果同非实验单位的情况进行比较而获取市场信息的一种实验调查方法。采用这种方法的优点在于实验组与控制组在同一时间内进行比较，不需按时间顺序分事前事后，这样可以排除由于试验时间不同而可能出现外界变数影响，尽量降低实验效果出现偏差的概率。由于市场实验法使人们有目的地创设或变更营销条件，因而具有主动性的特点，所以运用范围比较广泛。企业举办产品展销会、测量商品价格变动、改变包装、广告效果等都可以运用。

实验室实验法是指在专门的实验室内，借助各种仪器和设备进行心理测定分析的方法。这种方法可以对被试在一定条件下生理变化及行为表现进行精确的记录和测量，但由于实验室环境下设置的条件更加严格甚至苛刻，与消费者实际的购买环境存在较大差异，也影响了研究结果的准确性。同时，由于人心理活动的复杂性以及技术及理论的限制，人的心理反应并不是很容易就能通过仪器所测量出来的。

此外，在消费者行为学的研究中，还有跨文化研究法、语意区别法、统计数量测量法等具体的研究方法。自然，消费者行为学的深层次数理论证与建模研究离不开当代一切可以借用的科学实验方法的支持。在具体研究中，研究方法可以互相联系、相互补充，可以多种方法并用，以便使研究结果相互印证，提高对消费者行为中各种心理现象与行为把握的准确程度。

西方消费者研究通常是在宏观和微观两个层次进行的。在宏观方面上，消费者行为与消费生活方式紧密相连，通常通过对消费者人口统计特征、消费者行为特征的分析描述来实现。在微观层面上，消费者行为通常与消费者认知、态度、购买意愿及决策过程等具体购买行为相联系，倾向于对消费者在具体的信息沟通、购买决策、产品使用、品牌态度等方面的行为进行解释和说明，通常运用解释性研究。

西方消费者行为研究的路线之一是实证主义研究方法，认为消费者购买过程可以分为感知、认知、学习、态度、决策、反馈等若干阶段，可以对购买进行分段式研究；另一种研究路线是所谓后现代的阐释主义路线，认为消费行为是受情境影响的，不存在共同的行为规律，只能把消费者个体与其所处的环境联系才能理解消费行为特征，但这种研究路线受到研究者自身水平和主观因素影响，难以得出比较可观的结论。

1.3 消费者行为学的演进与发展

消费者行为学作为一门独立的学科体系，其有关研究经历了漫长的理论与实践的积累和演变过程。其间，理论研究每前进一步，都始终与社会经济的发展进程以及相关学科的不断完善紧密相随。因此，二者构成消费者心理与行为研究产生和发展的坚实基础。

1.3.1 消费者行为学产生的社会历史条件

消费者心理与消费者行为是客观存在的现象。但人们对消费者心理与行为的重视和研究却是随着商品经济的发展而逐渐加深的。

在小商品生产条件下，由于手工工具和以家庭为单位的小规模劳动的限制，生产力发展缓慢，可供交换的剩余产品数量十分有限，市场范围极其狭小，小生产者和商人无须考虑如何扩大商品销路，促进成交，因而客观上没有专门研究消费者心理与行为的需要。

18 世纪中叶，以工业革命为标志的资本主义生产方式的确立，为商品经济的发展提供了契机。但是由于大机器生产体系尚未形成，生产的社会化程度较低，社会商品供应总量远低于需求总量，产品一旦生产出来，便不愁没有销路。因此，工商企业在生产经营中都无须担心销路而考虑消费者的选择意愿，有关消费者心理和消费者行为问题在这一时期依然没有引起人们应有的重视。

直至 19 世纪末 20 世纪初，资本主义经济进入繁荣发展阶段。随着大机器生产体系的确立和生产社会化程度的提高，企业的劳动生产力水平和生产能力迅速上升，产品数量大幅度增加。与此同时，资本主义经济固有的生产能力相对过剩与有支付能力的需求相对不足之间的矛盾日益突出。市场需求的有限性使得产品能否销出成为决定企业盈利与否的关键。为此，一些企业主开始把注意力转向寻求开拓市场的途径。其中，了解消费需求，引起消费者对商品的兴趣和购买欲望，促成购买行为等问题，日益引起工商企业的兴趣。至此，对消费者心理和行为进行专门研究的必要性才变得十分明显。

这一时期，心理学的迅速发展也为消费者行为学的产生提供了可能性。自 19 世纪末德国心理学家冯特在莱比锡大学创立了第一个心理学实验室之后，心理学领域出现了众多流派，如结构学派、功能学派、行为学派、格式塔学派等。各种学术观点的激烈论争促成了认知理论、学习理论、态度改变理论、个性理论、心理学分析方法等各种理论和方法的创立。正是这些理论和方法为消费者行为学的产生奠定了坚实的科学基础。

伴随理论研究的深入，心理学在应用方面也有了长足发展。越来越多的心理学家不满足于在实验室从事纯学术研究，纷纷把目光投向工业、军事、教育、医学等社会领域，尝试运用心理学的理论和方法来解释与指导人们的社会实践。有关消费者心理与行为研究也在这一潮流的推动下应运而生。1901 年，美国心理学家斯科特首次提出将心理学应用到广告活动中。其后，斯科特将有关理论进一步系统化，出版了《广告心理学》一书。后人认为，广告心理学的诞生标志着消费心理学前身的出现。

从上述历史演进过程可见，消费者行为学的产生一方面是商品经济和生产力发展的客观要求；另一方面也是心理学等相关学科日益扩展深化的产物。

1.3.2 消费者行为学的学科化和发展

20 世纪初以来，有关消费者心理与行为的研究经历了不断丰富、发展和完善的过程。市场结构和企业营销观念的变化成为这一过程的现实推动力。20 世纪 20 年代以前，在物资紧缺、商品供不应求的卖方市场形势下，多数企业奉行以生产为中心的"生产观念"，认为消费者欢迎那些可以买得到和买得起的产品，企业只需集中精力发展生产，增加产量，降低成本，就不愁产品卖不出去，因而不十分重视产品推销。受生产观念的束缚，这一时期关于消费者心理与行为的研究进展缓慢，仅仅局限于有关广告心理的零散实验与调查，研究成果也微乎其微。

20 年代初至第二次世界大战期间，西方主要资本主义国家处于由"卖方市场"向"买方市场"过渡阶段。由于产品积压，销售不畅，多数企业突破重视生产、轻销售的传统思想，转而遵从"推销观念"，即认识到如果企业采取适当的推销措施，消费者有可能购买更多的产品。受这一观念驱使，越来越多的企业求助于广告宣传和其他推销手段，努力探索如何引起消费者的兴趣，争取潜在顾客。

适应企业界的这一要求，有关学者开始了对消费者心理的系统研究，并首先在广告心理和销售心理方面取得进展。一些心理学家运用心理学原理系统研究广告的运用对消费者的影响。例如，采用何种版面设计、色彩、插图和文字可以更好地引起消费者注意？广告应该刊登在杂志的前半部，还是后半部？同时就各种不同形式的广告对消费者的说服、记忆效果等进行了实验比较。

此外，一些学者围绕推销人员的心理素质，如何针对消费者心理特点进行推销等问题进行了探讨。1929 年爆发的世界性经济危机，进一步推动了理论界对消费需求、消费者心理、消费趋势等课题的研究，并利用多种方法对消费者需要进行市场调查。由此，一个从多侧面、多角度研究消费心理的趋势逐步形成，并为第二次世界大战后这一研究领域的全面发展奠定了基础。

20 世纪 50 年代以来，以美国为首的资本主义国家相继进入发达阶段。随着战争结束和经济迅速增长，以商品供过于求、卖主之间竞争激烈、买方处于优势地位为特征的"买方市场"逐步形成。为在买方市场下扩大销售，增加盈利，企业纷纷转向奉行"市场观念"，即以消费者及其需要为中心，集中企业的一切资源力量，千方百计满足顾客需要。在经营方式上，也由以产定销改为以销定产。上述形势推动了消费者心理与行为研究的全面展开。首先取得进展的是关于消费动机的研究。一些心理学家尝试把心理分析理论和心理诊疗技术应用于该研究中，试图揭示出隐藏在各种购买行为背后的深层动机。美国学者 E. 迪德等人在 1950 年进行的销售速溶咖啡的研究取得了重要成果，并引起企业界的广泛重视。

这一时期，一些工程师、制造商在新产品研制过程中发现，产品的外观、造型、性能等对消费者心理有重要影响。为此，他们运用心理学中有关知觉的理论和方法，开展了"新产品初步设计研究""产品定位研究"等研究活动，从而为消费者心理与行为研究开辟了一个新的领域。

在消费需求调查方面，社会学、社会心理学等有关理论和概念被相继引入，由此推动了一系列新的研究发展，例如社会群体、社会阶层、家庭结构等对消费者行为的影响；意见领袖在新产品推广中的作用；信息传递中的群体影响等。

进入 20 世纪 60 年代，随着市场的高度繁荣和人们收入水平的提高，消费者的心理和行为趋向复杂，企业间争夺买主的竞争空前激烈。与此相适应，对消费者心理与行为的研究进入蓬勃发展阶段。1960 年，美国心理学会成立了消费心理学科分会，标志着消费心理学作为一门独立的学科正式诞生。心理、经济、法律等各界人士又共同成立了顾客研究会。一些学者就态度因素及个性特点与消费者行为的关系开展研究，进一步拓宽了消费者心理与行为的研究范围。

20 世纪 70 年代以来，有关消费者心理与行为的研究进入全面发展和成熟阶段。前人的研究成果经过归纳、综合，逐步趋于系统化，一个独立的消费者行为学学科体系开始形成。有关的研究机构和学术刊物不断增多。除大学和学术团体外，美国等国的一些大公司也纷纷附设专门研究机构，从事消费者心理和行为研究。有关消费者心理与行为理论和知识的传播范围日益广泛，并且越来越受到社会各界的高度重视。20 世纪 80 年代和 90 年代进入多元化和丰富化的时期。表 1.1 反映了各个时期消费者行为学研究的主要内容。

表 1.1　各个时期消费者行为学的研究内容

年份	主流研究	代表性人物	研究项目	说明
1950 年前	产品效用，需求偏好	Veblen, 1899	提出了炫耀性消费	经济学研究视角
		Scott, 1901	广告心理学	
		约翰·华生, 1910	实验心理学：反应-刺激	
		Copeland, 1923	物品分类：便利品、选购品和专门用品	

续表 1.1

年份	主流研究	代表性人物	研究项目	说明
1950—1965	通过消费者特性的评估来实现对市场的细分	Mason Haier, 1950	速溶咖啡机研究	个性、动机、家庭生命周期、社会阶层，为消费者在产品、品牌选择上的差异提供了合理解释
		L. A. Festinger, 1957	认知失调理论	
		Martineau, 1958	商店形象	
		Evans, 1959	个性测量与市场细分	
		Everrtet M. Rogers, 1959, 1962	创新扩散与采用	
		Raymond Bauer, 1960	感知风险理论	
		John Howard, 1963	把消费者行为定义为问题解决导向	
		Krugman, 1965	消费者介入理论	
		E. 迪德等，20 世纪 50 年代	家庭购买决策	
		弗洛伊德, 1950	动机研究	
		L. guest, George H. Brown, 1950	品牌忠诚	
		Maslow, 1950	需求层次论	
		M. Sherif, Harlod H. Kelley, Shibutoni, 1950	参照群体	
1666—1979	态度理论	Leye, 1966		
		Nicosia, 1966	消费者决策过程模型	
		Martin Fishbein, 1967	态度研究的方法	
		James Engel, Dovid Kollat, Roger Blackwell, 1968	消费者决策过程模型	第一本《消费者行为学》教材
		1969	美国消费者研究协会成立	
		Davis and Rigaux, 1974	家庭决策	
		Ward, 1974	子女在家庭决策过程中的认识	
		1974	《消费者研究》创刊	标志"消费者行为学"成为一门独立的学科
		Ward, 1977	消费者社会本性的认识	
		Bettman, 1979	消费者决策的信息处理模式	
		Olshavsky and Granbois	无决策购买	
1980 年以后		Ajzen and Fishbein, 1980	态度行为关系及态度信息和结构	
		Holbrook and Hirschman, 1982	消费者行为体验方法	
		Kahle, 1985	价值	
		Zaichkowsky, 1985	介入程度测量	

续表 1.1

年份	主流研究	代表性人物	研究项目	说明
1980年以后		Hirschman, 1986	人性调查模型	
		Umiker Sebeok, 1987	语言和符号学	
		Mc Cracken, 1988	文化	
		Foxall, 1990	行为心理图选择方案	
		Cox, 1990	商场偷窃	
		Hill and Stamey, 1990	无家可归者对消费的影响	
		Wells, 1993	消费者决策分类	

资料来源：王旭. 消费者行为学[M]. 电子工业出版社，2009.

1.3.3　消费者行为学的研究发展趋向

综观近年来消费者心理与行为的研究现状，可以发现如下新的发展趋势。

1. 研究角度趋向多元化

长期以来，人们只从商品生产者和经营者的单一角度研究消费者的心理与行为，关注点集中在帮助工商企业通过满足消费需要来扩大销售，增加盈利。目前，这种单一局面已被打破，许多学者开始把消费者心理及行为同更广泛的社会问题联系在一起，从宏观经济、自然资源和环境保护、消费者利益、生活方式等多种角度进行研究。

例如，研究作为买方的消费者行为对市场变动的影响，各种宏观调控措施对消费者的心理效应，政府部门在制定经济规划时如何以消费者心理作为重要参考依据等。又如，顺应 20世纪 70 年代以来消费者权益保护运动的广泛兴起，许多学者注重从消费者利益角度研究消费者心理，帮助消费者提高消费能力，学会保护自身权益不受损害。再如，开展有关生活方式的专门研究，即把消费者作为"生活者"，研究不同类型消费者生活方式的特点，及其与消费意识、消费态度、购买行为的关系，从而帮助消费者提高生活质量。上述方面的探讨为消费者心理与行为的研究提供了更加广阔、新颖的研究角度。

2. 研究参数趋向多样化

在最初的研究中，人们主要利用社会学、经济学的有关概念作为参数变量，根据年龄、性别、职业、家庭、收入等来分析和解释各种消费心理与行为的差异。以后，随着研究的深入，与心理因素和社会心理因素有关的变量被大量引入，如需要、动机、个性、参照群体、社会态度、人际沟通等。今天，由于社会环境急剧变化和消费者自身素质的提高，消费行为比以往任何时期都更为复杂，已有的变量已很难对此作出全面的解释。例如，为什么已成为世界最富国之一的日本，国民却仍崇尚节俭，储蓄率居发达国家之首；而同样富裕的美国人却寅吃卯粮，热衷于"借债消费"？

为准确把握日益复杂的消费行为，研究者开始引入文化、历史、地域、民族、道德传统、价值观念、信息化程度等一系列新的变量。新变量的加入为消费者心理与行为研究精细化提供了可能性，同时也使参数变量在数量和内容上更加丰富多样。而这一现象正是消费者行为学的多学科、综合性趋势进一步加强的反映。

3. 研究方法趋于定量化

新变量的加入使各参数变量之间的相互关系更加复杂，单纯对某一消费现象进行事实性记述和定性分析显然是不够的。为此，当代学者越来越倾向于采用定量分析方法，运用统计分析技术、信息处理技术以及运筹学、动态分析等现代科学方法和技术手段，揭示各变量之间的内在联系，如因果关系、相关关系等。定量分析的结果，使建立更加精确的消费行为模式成为可能。而各种精确模型的建立，又进一步推动了对消费现象的质的分析，从而把消费者行为学的研究提高到了一个新的水平。

除上述方面外，近期的消费者心理与行为研究在内容上更为全面，理论分析上更加深入，学科体系趋于完善，研究成果在实践中得到越来越广泛的应用。以上趋势表明，有关消费者心理与行为的研究已经进入更成熟的发展阶段。

1.4　消费者行为学在我国的应用

消费者行为学是 20 世纪 80 年代中期从西方引入我国的。在此之前，我国在该领域的研究基本处于空白状态。不仅绝少有人从心理学角度研究消费和消费者，甚至连消费心理、消费行为一词也鲜为人知。这种情况的形成有其深刻的历史原因。一方面，过去长时期内，由于受极"左"观念的严重束缚，把个人消费与资产阶级生活方式等同起来，在理论研究上将其视为禁区，因而绝少有人从心理和行为角度探讨消费问题；另一方面，在高度集中的计划管理体制下，企业无须也无从直接面对市场和消费者，从而丧失了关注研究消费者的心理特点，千方百计满足消费者需要的基本动力。此外，商品长期短缺，市场严重萎缩，也使得我国消费者处于消费水平低下、消费结构畸形、消费观念陈旧、消费方式单一的不正常状态，消费心理发育的成熟度明显不足。上述状况严重阻碍了我国关于消费者心理与行为研究的理论发展和实际应用。

改革开放以来，随着计划经济体制的全面废除和社会主义市场经济体制的逐步确立，我国消费品市场迅速发展，以消费者为主体的"买方市场"格局逐步形成。与此同时，广大消费者在消费水平、结构、观念和方式上都发生了巨大变化，逐渐由贫困向温饱型、由单一化、被动式消费向小康型、多样化、选择式消费转化。消费者自身的主体意识和成熟程度也远远高于以往任何时期，从而在社会经济生活中扮演着日益重要的角色。正是在这一背景下，我国理论界及工商企业一改以往的漠视态度，对消费问题予以前所未有的关注，关注的重点也由宏观消费现象向微观的消费者心理与行为扩展。

20 世纪 80 年代中期，我国一些学者开始从国外引进有关消费者心理与行为的研究成果。近几年来，随着研究工作的深入，这一新兴研究领域在我国已由介绍、传播进入普及和应用阶段。各种调研机构纷纷开展消费者态度、居民家计、消费趋势预测等调查研究，及时跟踪分析我国消费者心理和行为的变化动态。政府有关部门亦将消费者的态度、预期、行为趋向等作为制定宏观经济决策的重要依据。工商企业则将消费者心理与行为研究的有关原理直接应用到市场营销活动中，用以指导和改进产品设计、广告宣传和销售服务等。

实践证明，在我国发展社会主义市场经济的进程中，深入开展消费者心理与行为的研究具有极其重要的现实意义。

1.4.1　有助于提高宏观经济决策水平，改善宏观调控效果

在社会主义市场经济条件下，市场作为经济运行的中枢系统，是国民经济发展状况的晴雨表。处于买方地位的消费者，对市场的稳定运行，进而对国民经济的协调发展具有举足轻重的作用。消费者心理与行为的变化会直接引起市场供求状况的改变，从而对整个国民经济产生连锁式的影响。不仅影响市场商品流通和货币流通的规模、速度及储备状况，而且对生产规模、生产周期、产品结构、产业结构以及劳动就业、交通运输、对外贸易、财政金融、旅游，乃至社会安定等各个方面造成影响。

改革开放以后，我国经济生活中发生的几次重大波折有力地证明了这一点。例如，1984年和1988年因消费者对物价上涨的心理预期过强，两度造成全国性商品抢购风潮，曾直接导致国家商品储备下降，银行存贷出现逆差，企业贷款严重不足等状况。又如，1989年下半年，受多方面因素影响，长时间持续的消费热潮骤然降温，社会消费心理由购买旺盛转向谨慎克制，广大消费者或持币观望，或储币保值。大面积的消费萎缩引起全国性市场疲软，给工业生产和商品流通带来很大影响，以致国民经济出现大幅度滑坡，整个社会经济一度面临严峻的局面。由此可见，消费者心理是影响国民经济协调稳定发展的重要因素。

不仅如此，三十年来的改革实践还表明，消费者心理是影响改革进程和国家宏观调控效果的重要因素。重视和顺应消费者心理，改革方案就能为广大消费者接受和支持，各种调控措施也能达到预期效果。相反，忽视或违背消费者心理趋向，则有可能引起决策失误，导致宏观调控无力，甚至失灵。例如，面对1989年下半年开始的消费不足和市场疲软，由于缺乏对消费者心理变化的充分认识和准确估计，国家虽多方采取措施，相继向生产和流通部门定向投放数百亿资金，调低国产彩电特别消费税，降低存款利率，以求启动市场，刺激消费，但效果甚微，消费者反应冷淡，市场销售反弹微弱，致使国民经济发展步履艰难。又如，自1996年以来，国家为启动市场、刺激消费、扩大内需，连续7次下调银行存款利率，而我国多数消费者仍坚持储蓄行为，以致居民储蓄总额连年持续高速增长，市场需求回升缓慢。

历史和现实的经验教训一再告诉我们，为保证国民经济的稳定协调发展，国家在进行宏观调控时，必须高度重视对消费者心理与行为的研究。尤其在与消费者利益密切相关的物价、税收、工资、利率等改革与调整方面，应特别注意预先对消费者的心理承受能力、心理预期倾向以及行为反应的方式、强度和持续时间等进行系统调查和准确的分析预测。根据预测结果制定和调整决策方案，选择实施措施和时机，以便提高宏观决策的正确性，增强宏观调控措施的灵敏度和有效性。

从新中国成立以来，我国经济的成长特性来看，经济的原动力正在发生着变化。第一

个阶段经济的推动者更多的是政府，在计划经济下，政府是经济的发动机。第二个阶段，改革开放后，企业逐步成为经济的发动机，企业的行为直接左右了经济的发展。而现阶段，我国经济正步入第三阶段，消费者正在成为经济的发动机。谁拥有了消费者，谁能够左右消费者，谁就拥有了经济效益，谁就拥有了市场的成长空间。从这个角度来说，消费者越来越成为各级经济的主导性力量。正由于此，研究消费者心理和行为对国内消费市场的宏观调节和国民经济的稳定运行具有更为重要的意义。这一重要性已为市场经济成熟国家的经验所证明。

1.4.2 有助于企业根据消费者需求变化组织生产经营活动，提高市场营销活动效果

随着经济的发展和人们收入水平的提高，一方面，我国广大消费者的消费需求日趋复杂多样，不仅要消费各种数量充足、质量优良的商品，而且要求享受周到完善的服务；不仅要满足生理的、物质生活的需要，而且希望得到心理的、精神文化生活等多方面的满足。另一方面，随着市场经济的迅速发展，所有企业都无一例外地被卷入市场竞争的激流之中。而市场供求状况的改善和多数商品买方市场的形成，使企业间竞争的焦点集中到争夺消费者上来。谁的商品和服务能够赢得更多的消费者，谁就在竞争中处于优势地位，就能获得较大的市场份额；反之，失去消费者，则会丧失竞争力，进而危及企业的生存。因此，企业为在激烈的竞争中求得生存和发展，必须千方百计开拓市场；借助各种营销手段争取消费者，满足其多样化的消费需要，不断巩固和扩大市场占有率。

市场营销是企业通过市场媒介向消费者提供商品和服务，在满足消费者需要的基础上获取最大经济效益的经济活动。其实质是将各种营销手段或诱因作用于消费者，以引起其心理反应，激发购买欲望，促进购买行为的实现。企业要使营销活动取得最佳效果，必须加强消费者心理研究，了解和掌握消费者心理与行为活动的特点及其规律，以便为制定营销战略和策略组合提供依据。例如，在开发新产品时，可以根据目标消费者群的心理欲求和消费偏好设计产品的功能、款式、使用方式和期限等，针对消费者对产品需求的心理周期及时改进或淘汰旧产品，推出新产品；在广告宣传方面，可以根据消费者在知觉、注意、记忆、学习等方面的心理活动规律，选择适宜的广告媒体和传播方式，提高商品信息的传递与接收效果。

实践证明，只有加强对消费者心理与行为的研究，根据消费者心理活动的特点与规律制定和调整营销策略，企业才能不断满足消费者的消费需要，在瞬息万变的市场环境中应付自如，具备较强的应变能力和竞争能力。

1.4.3 有助于科学地进行个人消费决策，改善消费行为，实现文明消费

消费就其基本形式来说，是以消费者个人为主体进行的经济活动。消费活动的效果如何，不仅受社会经济发展水平、市场供求状况及企业营销活动的影响，而且更多地取决于消费者个人的决策水平和行为方式。而消费决策水平及行为方式又与消费者自身的心理素质状况有着直接的内在联系。消费者的个性特点、兴趣爱好、认知方法、价值观念、性格气质、社会

态度、消费偏好等，都会不同程度地对消费决策的内容和行为方式产生影响，进而影响消费活动的效果乃至消费者的生活质量。

　　现实生活中，消费者由于商品知识不足、认知水平偏差、消费观念陈旧、信息筛选能力较低等原因，导致决策失误、行动盲目、效果不佳甚至受到利益损害的现象随处可见。为此，从消费者角度而言，加强对消费者心理与行为的研究也是十分必要的。通过传播和普及有关消费者心理与行为的理论知识，可以帮助消费者正确认识自身的心理特点和行为规律，全面了解现代消费者应具备的知识、能力等素质条件，掌握科学进行消费决策的程序和方法，学会从庞杂的信息中筛选有用成分的基本技能，懂得如何以较少的花费获取更多的收益，以及如何改善、美化生活，提高生活质量。由此增强广大消费者的心理素质，提高他们的消费决策水平，使消费行为更加合理化。

　　此外，在消费变革的时代大潮中，面对丰富多彩的商品世界，变化多端的流行时尚，以及外来生活方式的冲击，某些畸形的消费心理和行为现象也开始在部分消费者中滋生蔓延，如盲目模仿、攀比消费、超前超高消费、挥霍消费、人情消费等，从而反映出部分消费者素质较低，距离文明消费尚有较大差距的现状。为此，有必要加强消费者心理与行为研究，结合实际剖析我国现阶段各种畸形消费心理与行为现象的作用机制及其成因，树立文明消费的基本标准与模式，从而一方面促使消费者自动纠正心理偏差，改善消费行为，实现个人消费的合理化；另一方面，利用示范效应、从众效应、群体动力效应等社会心理机制影响各个消费者群，引导社会消费向文明适度方向发展。

1.4.4　有助于不断开拓国际市场，增强企业和产品的国际竞争力

　　当今时代，开放、合作已成为社会发展的主旋律。随着社会主义市场经济的发展和世界经济全球化趋势的加强，我国加入世界贸易组织之后，越来越多的企业将直接进入国际市场，加入到国与国之间竞争的行列中。为使我国产品顺利打入和占领国际市场，有关企业必须研究了解其他国家、地区、民族的消费者在消费需求、习惯、偏好、禁忌以及道德观念、文化传统、风俗民情等方面的特点和差异，对世界消费潮流的动向及变化趋势进行分析预测，在此基础上确定国际市场营销策略，使产品在质量、性能、款式、包装、价格、广告宣传等方面更符合销往国特定消费者的心理特点。唯有如此，我们的企业和产品才能在激烈的国际竞争中立于不败之地。反之，忽略不同社会文化条件下的心理差异，则往往会遇到某些意想不到的销售障碍，甚至引起消费者的反感和抵制。因此，加强消费者心理与行为研究，对我国进一步开拓国际市场，增强企业及产品的国际竞争力具有十分重要的现实意义。

【案例】

现代中国消费者是怎么进行"中国式"购车的呢？

　　在世界形势低迷的状况下，中国的汽车市场受到前所未有的重视。那些跨国车商的CEO看重中国市场，不仅看重现在市场，且看好未来市场。从在中国卖车到在中国产车，再到为中国产车，中国消费者的购车趋势成为研究的焦点。"只要中国人喜欢，什么车都

可以造"，这是他们在中国浮沉多年的定论。那么，现代中国消费者是怎么进行"中国式"购车的呢？

一车解决多需求。中国消费者购车动因更实际，对于首次购车的人而言，三厢轿车已不再是唯一考虑，两厢车、SUV、MPV和各种跨界车都被纳入视野。尽管轿车仍是初次购车时的首选，但决定"一步到位"选择一款能够兼顾全家出行的多功能车的消费者，数量明显增加。作为第一辆车，如果仅仅为自己考虑的话可能一辆经济型的燃油轿车就可以了，但从长远角度考虑，未来的公司与家庭都会发展，空间更大的SUV或者MPV可能更加适合。

重视"外在美"。中国人对私家车的购买需求成了个人价值观、个性以及品位的象征。女性消费者更注重时尚元素，而男性则更关注运动元素。特别是汽车"前脸"最能凸显"时尚元素"，人们往往会从"前脸"来评判汽车档次和车主的品位。也有的消费者则认为车尾同样可以体现时尚元素。对于各个汽车品牌来说，轿车市场蕴含着巨大的设计创新潜力。轿车的车身类型也可以满足消费者对于运动风格或是时尚风格的需求。

买长不买短。在中国人的审美观里，汽车大气会更有面子，也更显档次。所以加长版车型在中国销售得特别好。大多数外国的厂商也注意到了这一点。现在，有很多"L"款车型都专门为中国消费者生产，以迎合中国消费者的胃口。

"保值率"成购车新指标。伴随着消费升级趋势的加快，消费者在购车3至5年后会有换车打算，传统的"从一而终"的消费模式发生改变，保值率已经成为消费者选购汽车品牌及车型的重要因素之一。汽车不仅仅是大众消费品，还是一种投资。汽车可以像房产一样作为质押来换取贷款。保值率越高的车辆，在卖车时可以卖到一个更高的价格，这也是一项成功的投资。近两年，二手车交易量急剧攀升，其中，保值率高的二手车尤其受到消费者的青睐。

新能源车受追捧。自从环保节能观念日益深入人心，新能源汽车就成了汽车行业的"宠儿"和"佼佼者"，消费者对于新能源技术表现出极大的兴趣，对购买和使用新能源汽车持积极态度。在北京车展上，新能源汽车备受瞩目，全球各大厂商的展车中，概念车74辆，新能源车88辆，是近年各大车展少有的。

问题：

作为一个消费者，你对案例中的中国消费者买车行为分析是否认同，若你想买车你会如何选择，为什么？

速溶咖啡的尴尬

20世纪40年代后期，速溶咖啡作为一种方便饮料刚刚进入美国市场。让生产者和经营者始料不及的是，这种被他们认为方便、省时、省力、快捷、价格也适中的新产品并不受欢迎，问津者寥寥无几。而当直接问及消费者不买这种速溶咖啡的原因时，大部分人的回答是不喜欢速溶咖啡的味道。但在蒙眼实验中，却没有人能说出速溶咖啡与用普通咖啡豆加工的咖啡在味道方面到底有什么不同。为此，生产者和经营者都感到很茫然：用普通咖啡豆加工的咖啡在味道方面到底有什么不同？美国加州大学的海尔教授认为，消费者并没有回答拒绝购买的真正原因。其实味道只是他们的一个托辞，实际上是一种潜在的心理在起抵制作用。于是，他采用了间接的角色扮演法进行深入的调查。在调查中，他首先制定了两个购物清单。

购物清单

购物清单 1	购物清单 2
汉堡牛肉饼	汉堡牛肉饼
面包	面包
胡萝卜	胡萝卜
发酵粉	发酵粉
速溶咖啡	新鲜咖啡豆
桃子罐头	桃子罐头
土豆	土豆

清单上除了咖啡一张写的速溶咖啡、一张写的是传统咖啡外，其他项目完全相同。调查者要求被调查的家庭主妇描述持有该购物单的家庭主妇的个性。调查结果发现，家庭主妇们认为，购买速溶咖啡的人一般是懒惰的、不称职的主妇，而购买新鲜咖啡豆的人被认为是勤俭、善于持家、懂得生活的人。问题真正的原因是，家庭主妇们担心别人这样来评价自己。接下来，通过成功的广告定位与宣传，使速溶咖啡很快打开了销路。

问题：

案例中采用了什么调查方式最终获得了消费者真实的想法，若是你会采用什么方式进行调查？

思考题

1. 怎样准确理解消费者、消费心理以及消费行为的概念？
2. 消费者行为学的研究内容主要包括哪些方面？
3. 如何理解消费者行为学的学科性质？
4. 学习消费者行为学有什么现实意义？

2　消费者购买决策

学习目标

➢　掌握消费者购买决策的类型
➢　明确消费者购买决策的过程
➢　明确消费者购买决策过程中内外部影响要素
➢　了解消费者购买决策中的复杂性与可变性

消费者的购买决策过程是指消费者经过对某一产品、品牌或服务的属性评价和选择、购买能满足某一特定需要的产品的过程。广义的消费者购买决策是指消费者为了满足某种需求，在一定的购买动机的支配下，在可供选择的两个或者两个以上的购买方案中，经过分析、评价、选择并且实施最佳的购买方案，以及购后评价的活动过程。它是一个系统的决策活动过程，包括需求的确定、购买动机的形成、购买方案的抉择和实施、购后评价等环节。

消费者的购买决策过程实际上就是解决问题的过程。这一过程有时很复杂，要持续很长的时间；有时则又十分简单，在很短时间内就可以完成。本章在介绍三种类型的消费者购买决策的基础上，重点讨论消费者的购买决策过程及影响消费者购买决策的主要因素。

【案例】

中国人买车和欧美人有什么不同

美国人、欧洲人和我们的买车方式存在着差别，但不是差距，那只是适合与不适合的差别，是汉堡、雪茄和全家福的差别。

当欧洲人有了买车的想法后，他们会漫步到经销商那里订购，订购的车将在数个星期之后被送到。整个过程，就像坐在岸边的酒吧里品尝雪茄那般慢条斯理，充满了诗意和悠闲。与美国人比起来，欧洲的买车族更像从经典油画中走出来的贵族。

而美国人走进汽车销售公司，一边随意吃着免费提供的汉堡，一边认真听着销售员殷勤的唠叨，不一会儿，交钱、拿车钥匙、开车走人——这是美国人的购车方式，是那么随意。

在我国，买车就好像读一个MBA，首先是温习功课：哪里产的、有何配置、发动机什么型号什么性能……都要了如指掌。在我国，想要买车的人都比较慎重，以免吃亏。

是的，中国人买车似乎在拍一张合家欢，往往要全家总动员去看车。渐渐地，中国经销商普及试车，增加了买车的时间成本，但并没有对购买决策有什么实质帮助。事实上，大多数人试完车后，还得回家上网搜索和反复研究报刊上的试车报告。

买车真累，于是才发现美国人的潇洒。但是回过头来想一想，美国式的潇洒中，多少还体现着负债消费的冲动。

太多的美国人往往驾驶着一辆自己原本不需要的车离开车行。他们希望银色时尚型的，却开走了一辆酷似邮政车的绿色车。他们被业务员的怂恿所诱惑，买了 2 000 美元的导航系统，而实际需要的只是廉价天窗。

而欧洲人通过定购表现出了悠闲、贵族气质。据报道，60%法国制造的雷诺车是订购的，而通用汽车在德国的 OPEL 品牌有 52%是定购销售。

事实上，这种气质并不仅仅在汽车订购上显现出文化印记，即使在成衣工业异常发达成熟的今天，高级时装的定购在时装界仍然意味着最高特权。在很多欧洲人看来，像在超市购物一样选车买车，就像平庸之人没品位的生活方式。而为一辆新车等上几个星期，美国人压根儿就没有过这种概念。通用汽车在北美的销售中，订购所占的比例只有 10%。

除了文化的原因，美国汽车固有的销售模式也令订购在美国大地"火"不起来。在美国汽车产业链的末端，经销商只有在车被开走之后才能拥有制造商的货款，所以只有车卖出去后才能支付销售业务员工资。如果经销商达到月底销售目标，制造商还会给予一定奖励，经销商也会把一部分奖金发给销售业务员。于是，在美国的汽车销售公司里，每个销售业务员说话的速度都非常快。当然，在中国也有订购汽车，但我们的订购更多的是象征和宣传。

资料来源：人民网 http：//auto. people. com. cn/GB/14556/4295068. html.

2.1　消费者购买决策的类型

美国学者恩格尔（J. F. Engel）等人根据决策过程所经历阶段的不同，将消费者购买决策分为三种类型，即广泛解决问题的决策（复杂性购买）、解决限定问题的决策（一般性购买）和习惯型购买决策。下面对这几种决策类型分别予以讨论。

2.1.1　复杂性购买决策

当消费者对某类产品或对这类产品的具体品牌不熟悉，而且也未建立起相应的产品与品牌评价标准，更没有将选择范围限定在少数几个品牌上，此时，消费者面临的就是复杂性购买的决策。此种类型的决策是在消费者介入程度较高，品牌间差异程度比较大，而且消费者有较多时间进行斟酌的情况下所作的购买决策。该类型决策的显著特点是，消费者在购买过程中要进行大量的信息搜集，并对各种备选产品作广泛而深入的评价、比较。

以购买汽车为例，如果购买者对汽车市场的情况均不熟悉，那么，他就需要从各方面搜集信息，了解市场上有哪些品牌、哪些款式的汽车，各种品牌汽车在性能、价格等方面的差异，以及应从哪些方面来评价不同品牌汽车的好坏、优劣，等等。也许他要花上几天甚至几个星期的时间才能决定选择何种汽车。

如何判断消费者是否进入复杂性购买，主要看消费者是否进行广泛搜集信息和作大量的评价工作，取决于三个方面的因素：一是消费者对购买的介入程度。即消费者对购买或购买对象的重视程度、关心程度。对不同产品的购买，对同一产品在不同情形下的购买，消费者的介入程度是不同的。比如，购买汽车、房屋等大宗商品，消费者的介入程度明显较购买牙膏、香皂等日用品时要高。对同一产品的购买，如果是作为礼物送给朋友和只是自己使用时，花的时间、投入的精力可能存在很大差别。二是各种备选产品或备选品牌的熟悉程度和差异程度。如果购买者认为不同产品或品牌之间在品质、功能、价格等方面差异比较大，他就会更倾向于广泛搜集信息和对各种品牌进行比较；反之，购买者就会减少在这方面的投入量。三是购买时的时间压力。在时间相对紧迫的条件下，消费者用于购买决策过程所花时间会相应减少。

要形成广泛解决问题的购买决策，消费者一般先要广泛搜集信息，形成对不同品牌的态度，再形成购买意向，继而作出购买决定。通常，这种类型的购买决策需经过认识问题、搜集信息、评价选择、采取购买行动、购后评价五个步骤。

2.1.2　一般性购买的决策

解决限定问题的决策，通常指消费者对某一产品领域或该领域的各种品牌有了一定程度的了解，或者对产品和产品品牌的选择建立起了一些基本的评价标准，但还没有建立起对某些特定品牌的偏好，因此还需要进一步搜集某些信息，以便在不同的品牌之间作出较为理想或满意的选择。当消费者认为备选品之间的差异不是很大，介入程度不是很高，解决需求问题的时间比较短时，消费者所面临的大多属于解决限定问题的决策。此时，消费者的决策也需经过认识问题、搜集信息、评价选择、采取购买行动、购后评价五个步骤，但在很多阶段，消费者花的时间、精力都非常有限。比如，现在一般家庭购买电视机不会像过去那样花费过多的精力了，当意识到需要更换电视机的时候，他可能会走进商店向销售员简单地询问，或到网上进行必要的搜索，了解一下有哪些品牌、哪些型号的电视机，各自的功能、价格如何，随即作出购买决定。因为此时他对市场上电视机的品牌还是有一些了解的，将产品购买回家后，如果没发现什么异常，消费者一般很少再作进一步评价。如果品质特别的好或特别的不好，消费者可能会偶尔向他人提及，或在下一轮购买中根据自身体验决定是否仍然选择该品牌。总之，在解决限定问题的情形下，消费者对信息的搜集，对品牌的评价、比较都是很有限的。

追求多样化的购买决策，以及在他人影响或在某种情绪影响下作的购买决策，很多可以划入解决限定问题这一决策类型。有时，消费者对以前使用的产品并非不满意，但仍然变换品牌，这被认为是受追求多样化的动机驱使所致。消费者长期使用某种品牌，可能会产生厌倦感，从而在求新、求变动机的驱使下而转换品牌。消费者在这种情况下的品牌转换，一方面，由于不是因对原来使用的品牌不满所引起的，所以，只要企业一如既往地履行对消费者的责任，这些品牌转换者可能很快会转向他们以前所习惯或偏爱的品牌。追求多样化的购买，由于有大量以前的知识和经验作为基础，所以购买时无须像在复杂购买情形下那样进行广泛的信息搜寻活动；另一方面，由于消费者对新的品牌或产品不是十分熟悉，仍然需要进行某些比较和搜寻活动。在这一点上，消费者的购买决策过程又和下面要介绍的习惯型购买决策有着很大的不同。

有时，消费者的购买决策是在观察或模仿别人的基础上作出的。此时，信息搜寻和品牌比较等活动几乎不存在，但仍不能将其归入习惯型购买类别，因为购买者在购买前对所购买的物品知之甚少，尚谈不上有选择该产品或品牌的习惯。典型的例子是和朋友在外进餐。此时，对点什么菜，喝什么酒和饮料，很多人并未发展起特殊的偏好或习惯，而是根据对他人行为的观察或根据服务员的推荐比较快地作出决定。

2.1.3　习惯型购买决策

所谓习惯型购买决策，指消费者对所选购的产品和品牌比较了解，已经发展起了相应的选择标准，主要依据过去的知识和经验习惯性地作出购买决定。此一类型的决策所涉及的产品通常价格比较低廉，品牌差异比较小。与复杂型或广泛解决问题型的购买决策相比，习惯型购买决策几乎不涉及信息搜集和评价选择这两个购买阶段。消费者在认识到购买需要后，要么随便选择某一个熟悉的品牌或首先遇见的品牌，要么表现出对某个特定品牌的忠诚。

习惯型购买决策又可进一步分为两种类型，即忠诚型购买决策和无所谓状态下的重复型购买决策。在前一种决策情形下，消费者一贯地选择某一个品牌，是因为他认定该品牌最能充分地满足其需要，因此对该品牌产生了偏好。此时，消费者将忠诚于该品牌，竞争企业很难使其发生品牌转换。在后一种情形下，虽然消费者也对某一个或某几个品牌表现出高度一致的认同，但与忠诚某一品牌时的情况不同，此时消费者重复选择某一品牌是因为他认定不同品牌其实并没有实质性差异。如果遇到与之竞争的品牌降价，或者竞争企业采用强有力的促销手段，消费者很可能转换品牌。

消费者形成习惯型购买，至少有两个方面的原因：一是减少购买风险，二是简化决策程序。美国学者罗塞缪斯的研究发现，形成品牌忠诚和选择著名品牌是消费者应付购买风险最常用的两种手段。

（1）形成习惯型购买，可以大大简化决策程序，尤其是减少信息搜集方面的工作量。研究表明，随着婴儿的母亲在婴儿产品购买上越来越富有知识和经验，其获取信息的渠道和搜寻的信息量均呈下降趋势。

（2）该研究还发现，随着习惯型购买的形成和发展，消费者搜集的信息类型也在发生变化。例如，由原来侧重于一般性产品信息的搜集转向特定品牌信息的搜集；由原来更多地关心、依赖与产品本身相关的信息，如食品新鲜程度、维生素含量等转向更多地依赖关于价格、可获得性等方面的信息。

在现实生活中，习惯型购买是一种很常见的购买情形。然而，对这一类型的购买，很多营销人员至今未予以足够重视。一些品牌经理或广告经理总是试图把那些消费者介入程度低，本身又无差异的产品尽可能地塑造得与众不同。这样做，是假定消费者对购买很关心、很投入，而实际上，情况可能并非如此。结果，企业营销策略往往难以达到理想的效果。

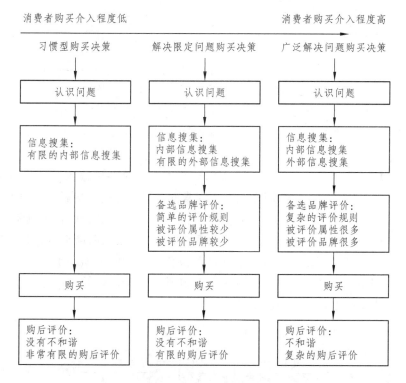

消费者购买介入程度低   消费者购买介入程度高

图 2.1 决策类型与消费者购买介入程度

2.1.4 三种购买决策类型比较

前述三种类型的购买决策主要在三个方面存在差别：一是购买决策所经历的阶段，以及各阶段上消费者的介入程度存在差别。习惯型决策过程中，消费者介入程度最低，复杂型或广泛解决问题型决策，消费者介入程度最高；而在解决限定问题型决策下，消费者介入程度介于前述两种决策类型之间。图 2.1 描述了三种类型在决策方面的差异。

二是不同决策条件下，消费者重复选择同一品牌的概率不同。一般而言，越是复杂的购买，消费者在下一轮购买中再选中同一品牌的可能性越小，而越是习惯性购买，重复选择同一品牌的可能性越大。三是不同决策类型下，消费者在信息搜集上所花费的时间存在差异。习惯性购买决策很少需要进行信息的搜集活动，而复杂的购买决策则需要进行广泛的信息搜集。

2.2 消费者购买决策的过程

复杂性购买的决策和一般性购买的决策均需经过认识需要、搜集信息、评价品牌、购买、购后评价五个阶段。习惯型购买决策虽然很少涉及信息搜集和品牌评价，但在形成习惯型购买之前，消费者是不能跃过这两个阶段的。下面，我们对前述五个阶段作一较为深入的讨论。

2.2.1 认识问题

消费者的购买决策是从意识到某个需要解决的问题开始的。图 2.2 描述了问题认识或需求激发的大致过程。消费者在作出购买决策之前，对自身的需要及与其对应的产品类别均或多或少有些了解，而且对各种品牌可能已形成某种态度甚至购买意向。消费者在作出决策前某一时点上的这种心理状态叫作心理域。心理域会随着消费者接收新的信息和对这些信息的加工、处理而变化。

消费者心理域的核心是需要和态度，而需要和态度又是各种输入变量的函数。从图 2.2 中可以看出，输入变量可分为内部因素和外部因素两大类，它们直接影响着消费者的心理域，而后者又决定着消费者看哪些广告，注意哪些产品，等等。产品、广告等刺激物的显露与消费者对需求的认识之间存在一种相互影响的关系，图 2.2 中的双向箭头恰当地反映了这一点。当消费者意识到存在某个问题的时候，他对能解决该问题的刺激物会予以更多的注意，或更容易作出反应。当消费者还没有或没有完全意识到某一问题的时候，产品、广告等刺激物的呈现则可能提醒或唤起消费者对问题的认识。

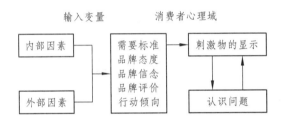

图 2.2 问题的认识

就实质而言，问题认识是由于消费者意欲的状态与他感知的状态存在差距，这种差距促使他采取某种决策行动。问题的认识，可能是源于外部的因素和力量，如看到某则产品广告，或看到同事使用某种新产品；有时是源于内部的刺激，如感到饥饿、口渴等。消费者在意识到某个问题以后，是否采取进一步行动，取决于两个方面的因素：一是其意欲状态与感知状态之间差距的大小或强度，二是问题的相对重要性。比如，某位消费者希望拥有 120 平方米的住宅，而现在的住宅面积只有 110 平方米。此时，理想状态与现实状态之间虽然存在差距，但由于差距比较小，如果没有其他促动因素，这一差距可能不会导致消费者采取购买新住宅的决策行动。另一方面，即使现实状态与意欲状态之间存在较大差距，但如果由此引起的问题相对于其他消费问题不具有太大的紧迫性和重要性的话，消费者也不一定会进入下一步的决策程序。比如，某位消费者希望拥有一台 48 寸的彩色电视机，而现在使用的是一台 21 寸的电视机。此时，理想状态与现实状态之间的距离是比较大的，但如果该消费者面临更为紧迫的消费支出，如需负担儿子自费上大学的费用，该消费者恐怕只有将购买新电视机的计划暂时抛诸脑后了。

2.2.2 信息搜集与处理

消费者一旦意识到某个需求问题的存在，而且感到有必要采取行动解决此一问题时，他就会从各方面搜集信息。信息搜集分为内部搜集和外部搜集两种方式。就习惯型购买决策而言，消费者主要依赖内部信息搜集；就复杂型的购买决策而言，消费者则既要作内部信息搜集，又要作外部信息搜集。

1. 内部信息搜集

内部信息搜集指消费者将过去贮存在记忆中的有关产品、服务的信息提取出来，以服务于解决当前问题的过程。内部信息搜集一般先于外部信息搜集。在不同的问题条件下，内部信息搜集的程度是不同的。越是重要的、复杂的购买问题，内部信息搜集范围也越广泛。从记忆中提取的信息，大致有三种类型：一种是关于产品评价标准的信息。比如，购买个人计算机时，到底需具备哪些基本的产品特征或特性，如运行速度应达到什么标准、内存应有多大、硬盘应有什么样的设置要求，等等。第二类是关于备选品牌的信息。仍以购买计算机为例，市场上有哪些品牌的计算机、哪些牌号的计算机可以考虑购买，哪些牌号不在考虑之列，等等。第三类是关于备选品牌具体特征的信息，如消费者考虑购买一台"联想"或"IBM"电脑，他将需要从记忆中提取有关上述两种品牌在价格、性能、维修便捷性等方面的具体信息。如果内部信息不足以使消费者对这两种牌号的计算机作出合适比较，他将寻求从外部进一步搜寻信息。

图 2.3 列出了消费者在内部信息搜集过程中对品牌的归类。图 2.3 中的知悉品牌组可进一步分为三个小组：考虑购买组、不活跃组和不予考虑组。考虑购买组由那些可以在将来作为备选品而予以进一步考虑的产品或品牌组成。不活跃组则由那些虽为消费者所了解，但不为消费者所关心的产品或商标所组成。不予考虑组里的产品或商标，顾名思义，是被消费者排除在考虑和选择范围之外，被消费者认为是不可接受的产品或商标。

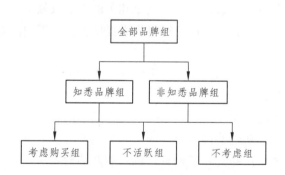

图 2.3 内部信息搜集过程中消费者对品牌的归类

涉及考虑购买组的一个重要问题是，在消费者的购买决策过程中，它是否会发生变化。早期的研究一直倾向于将考虑购买组基本上视作是不变的或固定的，但现在已有不少学者对此提出了质疑。从信息处理角度，考虑购买组可视为被激活的记忆内容，它应当是动态的，会随着更多的外部信息进入记忆领域而发生变化。

20 世纪 80 年代末、90 年代初已有一些研究对考虑购买组的规模及影响因素，考虑购买组与知悉品牌组之间的关系等问题进行了探讨。例如，已有证据表明，随着消费者品牌忠诚度的增强，考虑购买组规模将变小。影响考虑购买组规模的因素主要有消费者受教育程度、消费者家庭规模、知悉品牌组所含的品牌数量、消费者对不同品牌使用于不同场合的认识水平。克罗莱和威廉斯的研究发现，消费者品牌知悉域由漱口剂的 3.5 个品牌到洗衣粉的 19.3 个品牌不等。总体而言，考虑购买组规模与知悉品牌组规模呈正向变化关系，例如，漱口剂的考虑购买组含有 1.3 个品牌，而洗衣粉的考虑购买组则有 5 个品牌。根据"黄金分割率"分析这一心理现象，克罗莱和威廉斯进一步假设，考虑购买组品牌数与知悉品牌组品牌数之比是一个常数，而且这一常数要么是 37%，要么是 63%。在随后对电视机和汽车这两种产品的消费者调查中，均证实了上述假设的正确性。虽然"黄金分割率"假设仍有待从更广泛的角度予以研究，但克罗莱和威廉斯的研究已经引起了很大的反响。

2. 外部信息搜集

外部信息搜集指消费者从外部来源，如同事、朋友、商业传媒及其他信息通道获得与某一特定购买决策相关的数据和信息。消费者从外部搜集信息，一方面是为了了解市场上有哪些可供选择的品牌，应当从哪些方面对这些品牌进行比较；另一方面，也希望借此获得关于产品评价标准及各种标准的相对重要性的信息，以及不同品牌在各种产品属性上的差异性数据，在此基础上，就可以形成对不同备选品牌的态度。

（1）外部信息搜集行为的测量。

过去，研究人员常采用一系列指标来衡量消费者的外部信息搜集行为。主要的指标有：

① 走访的店铺数目；

② 就购买问题与朋友讨论和寻求帮助的次数；

③ 查阅购买指南的数目；

④ 与之交谈的销售人员或商店营业员的人数；

⑤ 消费者看到、听到或阅览过的与购买问题相关的广告数量。

上述这些指标各自从某一方面对信息搜集行为提供度量，因而最好是结合起来使用，效果会更好一些。

一些学者认为，采用上述指标，并不能为信息搜集行为提供很好的度量，由此发展起了一种被称为"搜集工具"的度量方法。该方法主要着眼于评价消费者对不同信息源的依赖程度和不同信息源对消费者的有用程度，即通过调查，了解消费者对于从朋友、同事、大众传媒等信息渠道的求助程度和从这些渠道获得的信息的信赖程度。戈登蒙和乔安逊采用这一方法对电视机、音响等主要耐用品进行了调查。调查涉及消费者所访问的店铺，与熟人、销售人员、广告的接触，以及接触出版物等信息搜寻方式。结果发现，最大量的信息搜集活动是访问店铺，而且这一信息搜集方式在购买中最为消费者所信赖。该研究还发现，虽然被调查的人群中运用中性出版物这一信息渠道的人数相对占的比例不高，但很多人都把它与获得有用的信息联系起来，而且在经常阅读这些出版物的人群中，这一方式是他们最为依赖的信息获取方式。

（2）外部信息搜集量。

研究发现，即使是在复杂的购买情形下，消费者所作的外部信息搜寻也是极为有限的。在对一冰箱购买中的信息搜寻行为进行调查后发现，42%的被访者在购买时只造访了一家商店，41%的人只考虑一个品牌。在购买小型电器产品时，77%的情况下消费者只拜访一个商店。这些研究得出一个结论：即使信息不难获取，购买者也只是少量地进行搜寻。

　　虽然消费者在购买之前访问的店铺较少，但仍然存在着消费者面对同一店铺里的各种备选品进行广泛信息搜寻的可能性。例如，在选择食品时，消费者可能花很多时间阅读关于不同品牌食品的信息，然后作出购买决定。学者们对此作了调查，结果发现，购物者平均只花12秒钟来选择一种产品。只有59%的购物者查看了商品价格，半数以上的人说不准所购物品的单价。同时，当物品是削价销售时，大多数人没有注意到这一点。由此进一步证实，消费者在购买过程中所作的外部信息搜集是很有限的。

　　虽然如此，我们并不能得出消费者是在不大知晓情况的条件下作出购买决定的结论。事实上，前述研究所采用的访问消费者的调查方法，极有可能低估消费者的实际信息搜寻活动量。另外，消费者可能对于所选商品已有较丰富的消费经验，或者在作出购买决策以前，已经通过被动地接触广告或其他宣传媒体，对所购产品有了较多的了解。

　　（3）影响外部信息搜集量的因素

　　消费者有时会进行较多的外部信息搜集，有时则只作有限的搜集活动。是哪些因素影响着消费者搜集外部信息的努力程度呢？下面，我们从两个方面来剖析这一问题：一是着眼于从经济层面作分析，一是着眼于从决策角度作分析。

　　① 着眼于经济层面的分析。很多经济学家认为，消费者的信息搜集活动将止于这样一点，在这一点上，搜集活动的边际收益等于边际成本。换句话说，只有信息搜集所带来的边际收益超过由此引起的边际成本，消费者才会作进一步的信息搜集。假设你住在一个只有10万人口的小城，正在考虑买一辆1 000元左右的变速自行车，你可能会花一些时间查阅有关的报纸广告，或花上一天到城里几家主要的自行车行转上一圈。通过此番信息搜寻活动，你可能对某一两个牌子的自行车有了初选意向。接下来的问题是，你是否应当到离家40公里外的省城继续搜寻？为此，你将对继续搜寻的成本与收益作一个比较，一旦认为跑一趟省城的收益不足以补偿信息搜寻成本，搜寻活动将就此止步。

　　着眼于经济层面分析信息搜集活动，不难发现，影响信息搜集的因素不外乎两个方面：信息搜寻成本和收益。影响信息搜寻成本的因素主要有：消费者住地与产品出售商店之间的距离，交通费用，时间的机会成本。影响信息搜寻收益的因素主要有：各种备选品牌的数量，不同品牌在价格、品质等方面的差异程度，消费者对所购商品的了解与经验。很显然，如果同一产品领域的品牌很多，各品牌之间彼此差异化程度比较高，消费者对该产品领域又不太了解，进一步搜集信息所带来的收益就比较大；反之，则搜寻收益较小。

　　从经济学层面分析搜寻行为，对企业营销活动有一个很明显的启示：当企业的品牌处于同行业的领导地位，应设法使消费者相信，例外的搜寻活动，只会造成时间和金钱的浪费；相反，如果企业的产品未处于行业的领导地位，则应努力降低消费者在信息搜寻过程中的成本，同时提高其搜寻的收益。

　　② 着眼于决策角度的分析。从决策角度看，有三类因素影响着消费者的信息搜寻活动：第一类是与产品风险相关的因素，第二类是与消费者特征相关的因素，第三类是情境因素。

　　购买风险因素与产品购买相联系的风险很多，如财务风险、功能风险、心理风险、时间风险、社会风险等。一旦消费者认为产品或服务的购买涉及很大的风险，他将花更多的时间、精力搜集信息，因为更多的信息有助于减少决策风险。例如，一项研究发现，消费者在购买服务类产品时，一般不像购买有形产品时那样当机立断，而且很多消费者倾向于更多地将别人的经验作为信息来源。之所以如此，原因在于服务产品是无形的，不似有形产品那样可以标准化，具有更大的购买风险。

与购买风险紧密相连的是购买者的不确定性。购买者不确定性包括两方面含义：一是知识的不确定性，即消费者对产品具备哪些功能，这些功能的重要性如何，不同品牌在这些功能上的表现如何存在不确定感；二是选择的不确定性，即消费者对最后选择哪一个品牌存在犹疑和不确定感。消费者可以在具有很多知识不确定性的情况下，拥有较低的选择上的不确定性，反之亦然。一些具有丰富购买知识的人，对选择何种品牌仍感到非常困难；相反，那些对被选产品知之不多的人，则可以在作出选择时表现出十足的自信，就反映了上述情况。

知识不确定性和选择不确定性是如何影响信息搜寻行为的呢？目前得出的研究结果是：越是在选择上具有不确定性，越是倾向于搜集信息；与此相反，越是在知识上具有不确定性，越是倾向于较少地搜寻信息。这一结果有点出乎意料。一种可能的解释是，知识上的不确定性增加了搜寻成本，即当人们普遍地缺乏某一方面的消费知识的时候，无论是在与销售人员接触时，还是在理解企业传播的各种信息时，均会存在困难，因而较少进行搜寻活动。

消费者因素。个性、人口特征、消费者知识水平同样影响外部信息搜集活动。比如，研究发现，具有外向性格、心胸开阔的人，以及自信心强的人，一般与更大量的信息搜集活动相联系。对某一产品领域缺乏消费经验的消费者，更倾向于大量搜集信息。当消费者对所涉及的产品领域越来越具有消费经验时，他的信息搜集活动将减少。应当指出的是，消费经验与外部信息搜集活动之间这种此消彼长的关系，只适用于已经具有某种最起码或最少经验水平的消费者。如果消费者根本没有关于某类产品的消费知识或经验，他可能会由此而不敢大胆地从各方面搜集信息，从而很少从事信息搜寻活动。

很多人口方面的特征与消费者信息搜集活动存在密切联系。研究发现，高收入和受过良好教育的人具有更高的信息搜寻水平；同样，处于较高职业地位的人，从事更多的信息搜寻活动。另外，随着年龄的增长，搜集活动呈下降趋势。

情境因素。影响信息搜寻活动的情境因素很多。首先，时间因素。可用于购买活动的时间越充裕，搜寻活动可能越多。其次，消费者在从事购买活动前所处的生理、心理等方面的状态。消费者的疲惫、烦躁、身体不适等均会影响消费者搜集外部信息的能力。再次，消费者面临的购买任务及其性质。如果购买活动非常重要，比如是为一位要好的朋友购买结婚礼品，那么，购买行为将会十分审慎，并伴有较多的外部信息搜集活动。最后，还有一个重要的情境因素，即市场的性质。研究人员发现，伴随着备选品数量的增加，消费者会从事更多的搜寻活动。同样，如果出售同类物品的店铺较多，而且彼此靠近，消费者会更多地进行信息搜寻活动。有人对三类产品，即电视机、录放机和家用电脑的搜寻过程作了调查。结果发现：消费者拥有的某一产品领域的知识与搜寻活动呈反向变化；消费者可用的时间越多，搜寻活动将越多；消费者对购买的介入程度越高，搜寻活动越多；搜寻活动随消费者购物态度的变化而改变，越是将购物作为一种享受，消费者越倾向于作更多的搜寻。

2.2.3　品牌评价与选择

在搜集信息的基础上，消费者将形成一个品牌考虑域或品牌考虑组。品牌考虑组里的品牌可能只有二三个，也可能有五六个，甚至更多。接下来要采用一定的评价标准，以决定其中哪一个品牌在满足各种约束条件的情况下，最适合解决消费者所面临的需求问题。

1. 评价标准

评价标准，实际上就是消费者在选择品牌时所考虑的产品属性。这些属性与消费者所要解决的需求问题，以及在此过程中所获得的收益，所支出的成本直接相联系。比如，在购买个人计算机时，消费者所采用的评价标准可能包括储存能力、运行速度、图像显示能力、价格、售后服务等属性或因素。很显然，不同类型的产品，不同的个人，所适用的评价标准都是不同的。从企业营销角度，首先要确定的是在某一具体的产品购买上，消费者是采用哪些标准来作出选择的。为此，营销人员可以运用各种直接或间接的调查方法予以了解。比如直接询问消费者在某一特定购买中使用哪些方面的信息，或者在与消费者交谈中了解他们所说的关于产品及其属性的情况。直接调查法是以消费者能够并愿意提供关于他们所欲求的产品属性为前提的。在不少情况下，这种假设或前提是不成立的。基于此，企业需采用间接的调查方法，如投射法、认知图示法等来了解消费者实际采用的评价标准。

接下来要确定各种评价标准的相对重要性。对于某一具体的选择问题，如购买个人计算机，不同消费者赋予同一产品属性的权重是不同的。有的最看重质量，有的最看重价格，有些则十分注重某些特殊的功能。表 2.1 描绘了某位消费者对个人计算机主要评价标准所赋予的重要性权数。

表 2.1　某消费者对计算机评价标准的重要性权数

价格	20
储存能力	15
运行速度	20
图像处理能力	5
操作的方便性	10
软件的兼容性	15
售后服务	15
总计	100

从表 2.1 中可以看出，该消费者对计算机运行速度有较高要求，而且对价格也比较敏感。各评价标准相对重要性的确定，既可以采取直接测量法，也可以采取间接测量法。表 2.1 中采用的是使用十分普遍的一种直接测量方法。该方法要求消费者根据每一产品属性的相对重要性赋予其相应的权数，并使权数之和为 100。目前，确定重要性极数最流行的间接测量方法是接点分析法。这一方法要求消费者对具有相同属性，但不同属性水平的一系列产品作出整体偏好评价，然后对数据进行分析，得出各种属性的相对重要性。

2. 评价方法

确定各选品牌在每一评价标准上的绩效值有很多方法，如排序法、语意差别量表法、李克特基表法可用于测量备选品牌在各个评价标准上的统效值。这些方法中，使用较为普遍的是语意差别量表法。下面，我们用一个实例来说明这种方法的具体运用。以某品牌彩色电视机为例，消费者可以在表 2.2 所示量表上对各种产品属性作出评价。

从表 2.2 中可以看出，该消费者认为，某品牌彩电的清晰度、映象效果均属上乘，价格属于中档水平，售后服务也相当不错。

表 2.2　某消费者对某品牌彩电属性绩效值评价表

绩效值 属　性	3	2	1	0	-1	-2	-3	
昂贵				√				便宜
高清晰度		√						清晰度低
音响效果好			√					音响效果差
售后服务水平高			√					售后服务水平低

对于较为复杂的评价标准，一般消费者是很难就其绩效水平作出直接判断的。比如，对于汽车的质量、耐用性等难以直接观察的属性，普通消费者在进行比较、选择时，可能并不拥有对它们进行判断、评价的技能和知识。此时，消费者可能会借助于制造厂商的声望、价格等一类替代性指标来作出推断。事实上，已有多项研究表明，在衬衣、收音机、地毯、汽车等产品领域，价格对产品质量的认知有很大影响。

3. 品牌选择规则

假设某位消费者正在选购一部智能手机，六种牌号已进入了他的选择域或考虑域。同时，他对这些产品在质量、价格等产品属性上分别作出了评价。该消费者将选择何种品牌呢？这将取决于他运用什么样的选择规则或决策规则。消费者通常运用的选择规则有五种，即排序式规则、重点选择规则、补偿性选择规则。上述选择规则可以单独运用，也可以结合起来运用。

（1）排序式规则。

这种选择规则下，消费者对各种产品属性的重视程度进行排序，并对每个属性应达到的最低水平作出了规定，只有按照排序所有属性均达到了规定的最低要求，该产品才会被作为选择对象。即使产品在某些属性上的评价值很高，但只要某一项属性不符合最低要求，该产品仍将被排除在选择范围之外。在上述品牌中，若消费者首先看重的是价格属性，规定价格评价值不能低于 3，索尼和苹果就被排除在外了，其次是功能、质量且不能低于 4，小米也将被排除在外，以此类推借助这一选择规则从中选出一个最为满意的牌号（见表 2.3）。

表 2.3 某消费者对智能手机品牌的评价

品牌	小米	三星	诺基亚	华为	索尼	苹果
价格	5	3	4	4	2	1
功能、质量	3	4	5	4	4	5
系统稳定性	3	3	4	4	4	5
软件兼容性	5	5	5	4	4	4
外观	4	5	1	4	5	4
售后服务	2	3	5	3	2	3
使用的便捷性	3	5	2	3	3	4

说明："1"表示很差，"5"表示很好。本表数据只是为了举例方便，不代表任何明示或暗示的评测意见。

在产品购买中，运用排序规则排除那些不合最低标准的备选品牌，有助于减轻信息处理工作量。比如，在购置、租用住房时，消费者可以运用这一规则，排除那些超过其经济承受力和位置太偏的备选方案，从而集中精力评价剩下的被选对象。

（2）重点选择规则。

在这种选择规则下，消费者为那些最重要的属性规定一个最低的绩效值标准。这一标准通常定得较高，只有在一个或几个重要属性上达到了规定的标准，该品牌才会被作为选择对象。例如，如果消费者只考虑价格、外观、软件的兼容性三个属性，而且要求这些属性的绩效值均在 4 以上，那么，只有华为这一品牌符合该选择标准，其他品牌都将被排除。运用此规则，有时获得的备选品牌不止一个，此时，还需运用其他规则作进一步筛选。

（3）补偿式选择规则。

补偿式选择规划亦称期望值选择规则。根据此规则，消费者将按属性的重要程度赋予每一属性以相应的权数，同时结合每一品牌在每一属性上的评价值，得出各个品牌的综合得分，得分最高者就是被选择的品牌。在前述购买中，三星综合得分最高，所以，根据此规则，消费者将有可能选择三星。补偿性规则与前面介绍的两种选择规则的一个重要不同点是，在这一规则下，某一属性上的劣势可以由其他属性上的优势来弥补，而在前述四种选择规则下，较优的属性与较劣的属性不能相互补偿。

2.2.4 购买行动

消费者在对各种备选品牌进行评价、比较的基础上将形成对某一品牌的购买意向。然而，在复杂型购买情形下，消费者不一定马上采取购买行动，他或她可能还要做一些其他的购买准备工作，这包括：筹措购买所需要的资金；决定到哪一家商店购买；什么时间购买；决定购置哪些配套物品，等等。总之，形成购买意向与采取购买行动之间还有一段时间。在形成购买意向之后，有三类因素影响消费者的最终购买。

第一类因素是他人态度。消费者的很多购买，尤其是重要的购买，可能是在征求他人意见之后，甚至是在多人共同参与之下进行的。朋友、家人、同事等的态度对购买行为能否最终完成有着重要影响。他人态度的影响程度取决于三个方面的因素：一是他人对被选品牌所持否定态度的强烈程度，二是他人与购买者关系的密切程度，三是他人在本产品购买问题上的权威性。如果旁人的否定态度很强烈，而且该人与购买者关系密切，或者该人在所购产品领域具有丰富的购买知识与经验，购买者推迟购买、改变其购买意向或终止购买行动的可能性会相应增大。

第二类因素是购买风险。一般而言，购买风险越大，消费者对采取最后购买行动的疑虑就越多，或者对购买就更为审慎。这样，就更容易受他人态度的影响，也更容易受其他外部因素的影响。

第三类因素是意外情况或意外事件的出现。这又可具体分为两个方面：一个方面是与消费者及其家庭有关的因素，如收入的变化、例外的开支、工作的变动、身体上的不适等；另一个方面是与产品或市场营销活动有关的因素，如新产品的出现、产品的降价或低价、新的促销手段的出现，等等。

2.2.5 购后行为

买到产品后，消费者怎样使用和消费它们，消费者在产品使用过程中感受如何，对购买到的产品是满意还是不满意，产品在丧失其使用价值之后，消费者如何对其进行处理，这均属于购后行为。对消费者的购后行为，企业营销人员是十分关心的。

当产品的功效达到或超过了消费者的预期，消费者对产品将会满意；反之，则可能产生不满。满意将导致重复购买和对品牌形成偏好与忠诚，相反，不满则导致抱怨、投诉、转换品牌和不利的信息传播。所以，了解消费者对产品是否满意，为何满意或不满，是否在购买之后逐步形成对本企业品牌的偏好与忠诚，对企业如何更好地做好营销工作，满足消费者的需要具有非常重要的意义。

在很多情况下，尤其是购买大宗商品的情况下，消费者对自己的购买选择或多或少会存在不确定感，即不能肯定自己的决定是否为正确的或最优的。在购买风险比较大时，消费者的不确定感表现尤为突出。任何关于所购商品的不利信息，都将使消费者产生不协调感。产生不协调感的一个重要原因是，消费者对某种产品的选择是以放弃对其他产品的选择为代价的，选择了"长虹"彩电，同时也意味着放弃了选择"熊猫""康佳""松下"等牌号的彩电。选择中机会损失的存在，不可避免地会在消费者心理上引起某种不确定感。为了消除或减少消费者的这种不确定感，加强售后服务，及时提供关于产品的正面信息是十分必要的。

消费者如何使用和处置其所购的产品，亦是企业应予以了解的。例如，人们长期认为，消费者洗碗碟时是先将洗洁精倒入盆里，然后注水于盆中，再将碗碟一个一个清洗。宝碱公司通过雇用专门调研公司所做的调查发现，绝大多数消费者不是遵循上述的程序，而是将洗洁精直接注到要清洗的碗、碟上，然后逐个擦洗。这一发现意味着，企业开发洗涤产品不一定要追求浓度特别高，因为如果将洗洁精直接注到被清洗的器皿上，浓度低一点的清洗剂也照样有效。

随着生活质量意识和环保意识的增强，消费者对产品经消费后如何处置的问题也日益关注。了解消费者在这一方面的所思所想和行为，越来越具有现实意义。近年来出现的以旧换新、旧货拍卖等销售方式实际上为消费者处置某些不再需要的日常用品提供了新的途径。然而，仍有很多需要丢弃或处置的旧产品因找不到合适的处理方式而使消费者犯难，甚至阻碍消费者添置新的产品。从这一意义上讲，企业有责任对如何处置不再为消费者所需要的产品这一问题予以更多的关注，并在这一问题上为消费者排忧解难。

2.3 影响消费者行为的个人内在因素

在现实生活中，消费者的行为表现千差万别、形态各异。但挖掘其本质，我们会发现它们无不以某些共同的生理和心理活动为基础。消费者的生理及心理活动与特征是决定其行为的内在要素。探讨这一因素系统，可以揭示出消费者生理心理活动的共性，以及外部行为的共同生理与心理基础。

2.3.1 生理因素

生理因素指消费者的生理需要、生理特征、身体健康状况以及生理机能的健全程度等。生理学与解剖学的研究表明，人类的生理构造与机能是行为产生的物质基础。任何行为活动都是以生理器官为载体，并且在一定的生理机制作用下形成的，消费行为亦是如此。因此，可以说，消费者的每一种行为都是以生理活动为基础，并且通过生理机能的整体协调运动来产生和完成的。

1. 生理需要

在影响消费者行为的各个生理因素变量中，生理需要是对消费者行为影响最为直接的自变量。心理学上所说的"需要"，指客观刺激物通过人体感官作用于人的大脑而引起的某种缺乏状态或未受满足的主观感受状况。这种主观感受状况会引起人的不适或紧张，并促使人们千方百计地去缓解或克服这种不适和紧张。例如在炎热的夏季，当人们大汗淋漓、口渴难耐时，首先会想到通过喝水的方法来解决这种不适的感觉。人的需要是多方面、多层次的，而其中生理需要是这些需要中最根本、最朴素的。

所谓生理需要指人们在衣、食、住、行、休息、健康、性等方面的要求。生理需要是人类为维持自身生存和繁衍后代所必须满足的基本需要。可以说，满足自身生理需要，是人类一切行为活动的最初原动力，也是消费者行为的首要目标。在人们进行的形形色色的消费活动中，消费者只有首先从事对衣、食、住、行等基本生存资料的消费，使生理需要得到满足，然后才有可能进行旅游观光、娱乐休闲、文化教育、智力开发等享受和发展资料的消费。此外，人类的生理特点决定了生理需要本身具有延续性的特征，它是循环往复、重复发生的。因此，消费者为满足生理需要而进行的消费活动也是没有止境、永远不会终结的。从这个意义上来说，生理需要对消费者行为起着主要的支配作用，同时也构成消费活动的基本内容。

生理需要的具体内容和形式并非一成不变。随着经济的发展和社会制度的变迁，它也会呈现出不同的特点。例如，同样是"民以食为天"，原始人满足于五谷杂粮、茹毛饮血的饮食，而现代人需要的是低脂肪、高蛋白、富含维生素的有营养的食品。可见，同样是满足吃的需要，不同时代就有很大差异。

2. 生理特征

生理特征具体包括人体身高、体形、相貌、年龄、性别等方面的外在特点，以及耐久力、爆发力、抵抗力、灵敏性、适应性等方面的内在特性。这些生理特征是先天遗传的结果，同时也受到后天环境的影响。生理特征的差异可以引起不同的消费需求，从而会导致不同的消费者行为活动。需要指出的是，这些特征并非孤立地影响消费者的行为，更常见的是以组合因素的形式对消费者行为产生影响。

（1）外在特点。

① 身高、体形。就人的身高、体形等身材特点而言，其差异对消费者的影响是显而易见的。以服装选购行为为例，有的人身材魁梧、体形肥胖；有的人身材矮小、体形瘦弱，他们所表现出来的购买倾向就有很大差别。首先，在服装尺寸的选择上，毫无疑问，前一类人选择的服装尺寸较大，后一类人选择的服装尺寸相对较小。其次，在颜色的选择上，前者多会选择深色服装，如黑色、蓝色、绿色、灰色等冷色调，以使肥胖的体形显得瘦一些；而后者多会选择浅色或色彩鲜艳的服装，如白色、淡黄色、橙色、红色等暖色调的衣服，以便显得体形高大强壮一些。另外，身材高大、体形肥胖的消费者对食物等消费品的摄入量和花费比身材矮小、体形瘦弱的消费者通常要大得多。

由于人种的差别，不同国家、不同地区之间消费者体形的差异也引发了不同的消费需求。例如，日本的汽车生产厂商曾按照本国人的身材尺寸生产了一批小汽车销往美国，结果由于汽车的脚踏板太小、座椅靠背太矮，不符合美国人的身材等原因而导致滞销。

② 相貌。相貌包括五官、皮肤、毛发等组成要素。消费者受自身相貌特征的影响，往往会进行一些带有个性化倾向的消费活动。所谓"爱美之心，人皆有之"，眉清目秀、五官端正的消费者一般不会从事诸如矫形、整容、带假发等特殊的消费活动；而相貌有缺陷的消费者则会主动搜寻有关信息，接受整容等医疗消费或者进行相关商品的购买活动。五官的大小、位置高低的差异也会驱使消费者作出不同的消费行为选择。例如，西欧人喜欢使用斜口瓷杯。这是由于西欧人大多是高鼻梁，每当用平口瓷杯喝水时，杯子里的水还未喝完，鼻子就开始与杯子"碰架"，而斜口瓷杯则能恰好避免这一尴尬。

皮肤的类型、颜色对于消费者选择个人清洁用品和化妆品、护肤用品，具有决定性的影响。人的皮肤根据皮肤皮脂分泌的多少，可分为干性、油性、中性、混合型及过敏性皮肤等几种类型。消费者会根据自己皮肤类型的特点，选择使用不同的清洁用品和化妆品、护肤用品，来进行美容或皮肤的保健。另外，皮肤的颜色也决定了消费者对化妆品的选择。黄皮肤的东方人喜欢具有皮肤增白效果的化妆品，而西方白种人更倾向于使用可以使皮肤显得健康的化妆品。

毛发由体毛和头发组成。体毛浓密，生长过多的消费者出于维护自身形象的考虑，可能会购买消除体毛的药品。而头发的长短、颜色与发质状况，也会影响消费者对护发用品的选择。

③ 年龄。不同年龄的消费者因其生理机能与社会经历的差异，具有不同的消费心理，并形成不同的消费行为。按照年龄大小，通常可以将消费者分为四个不同年龄阶段的消费集群：少年儿童消费群，指 14 岁以下的消费者；青年消费群，指 14 岁到 35 岁之间的消费者；中年消费群，指 35 岁到 60 岁的消费者；老年消费群，指大于 60 岁的消费者。

年龄差异对消费者行为的影响体现在，各消费集群之间在消费特点与消费内容上存在着明显的不同。例如少年儿童是儿童玩具、文具、书籍、乐器、运动器材及儿童食品、营养品、少儿服装等商品的主要消费者，他们的消费特点是具有好奇性及随意性；而中、青年人是手机、电脑、数码相机等数字化产品的主要消费者，他们喜欢时尚的商品，领导着时代的消费潮流；老年人则是对保健食品、医疗、服务、娱乐等有特殊需求的消费者，他们大多消费谨慎，注重实效。

④ 性别。性别的差异对消费者行为的影响是与生俱来的，具有内在稳定性。由于遗传的原因，男性和女性呈现出不同的消费心理特征。心理学研究表明，男性与女性的消费行为差异主要体现在消费需求、购买动机、购买决策、购买过程、购买时机等方面。男性大多粗犷、豪爽，需求单一，对商品的选择不太挑剔，购买商品较多地关注商品的功能与效用，购买决策自主，速度快，需要时才购买；女性则天生细腻、谨慎，需求多样，对商品的选择认真、挑剔，易受商品的外观形象以及主观情感的影响，购买决策被动，速度慢，时间长，经常即兴购买。

（2）内在特性。

生理内在特性包括耐久力、爆发力、抵抗力、灵敏性、适应性等方面的要素。人体的耐久力指人体持续进行一项活动所能承受的最长时间限度的能力；人体爆发力指在最短时间内使器械（或人体本身）移动到尽量远的距离的能力；人体抵抗力指人体能够抵御外界致病因素对人体侵害的能力；人体的灵敏性指人体在外界条件的突然变换下，能够迅速准确地协调改变身体运动的能力；人体的适应性指人体在面对环境压力时，通过行为反应、生理反应和基因频率改变等形式对付这种压力，以协调与外界环境的关系，继续生存的能力。消费者的这些素质都受到心血管、呼吸、神经系统发育程度的制约。

无疑，消费者的上述内在特性，对消费行为的影响是深层次的。中国人向来很注重身体的调养与滋补，一旦消费者认为自身的某一认知失调，则往往会购买相关的食品或保健品、药物进行补充治疗。例如，人体内的钙代谢正常是全身组织、器官各系统发挥正常功能的基础条件之一，钙代谢水平能够直接或间接地影响人体的抵抗力。身体抵抗力弱的消费者会在保健品市场上选择购买补钙保健品进行服用，以增强身体的抵抗能力。最近几年，在我国消费者中掀起了一股"养生热"的浪潮，这其中既有消费者的主动选择，也有被动的接受，其原因亦复杂多样。

3. 健康状况

健康状况表明消费者的身体素质水平，通常分为良好、一般、较差等几种情况。每个消费者都向往健康的生活，希望充分享受健康带来的幸福与快乐。健康消费，已成为现代消费者新的消费选择。而健康消费的内容和方式直接取决于消费者的健康状况。体质衰弱或患有严重疾病的消费者，不仅消费内容有诸多限制，例如糖尿病患者忌食高糖类的食品，晚期食道癌、胃癌的患者几乎难以下咽任何食物，而且在购买活动范围和方式上也会受到各种阻碍，例如健康状态极差，长期卧病在床的消费者是不会去进行旅游、健身、逛街购物等消费活动的。

4. 生理机能的健全程度

消费者的生理机能的健全程度会直接影响消费活动。生理性残疾的消费者，在购买对象的选择上，既需要商品本身适合残疾人使用，又需要一些具有特殊辅助功能的商品来克服残疾带来的麻烦与不便。例如，腿部残疾的消费者需要轮椅、拐、假肢等帮助行走的工具；手部残疾的消费者，需要可以方便穿戴的服装等；眼睛残疾的消费者，或者需要可以增强视觉效果的商品，如弱视的消费者需要佩戴弱视镜，或者需要一些有助于行走、认清周围环境的工具，如双目失明的消费者购买导盲犬引路；听力残疾的消费者需要能够帮助他们增强听觉的商品，如助听器；言语残疾的消费者，需要方便他们与他人沟通交流的商品，如基于电脑的手语与口语之间转化的智能翻译系统。另外，生理机能状态不稳定的消费者，如精神病患者，其行为会受不同程度的限制，因而有时不能实现正常购买与消费。

2.3.2　心理因素

除生理因素外，消费者的行为还受到自身心理因素的影响。心理因素主要指消费者的心理活动。心理活动是人类特有的高级活动，也是世界上最复杂的活动之一。而消费者在消费过程中进行的心理活动，正是人类这一复杂活动的典型反映。由于心理活动是在人体生理活动基础上发展起来的大脑器官的特殊机能，因此与生理因素相比，心理因素对消费者行为的影响更深刻、更复杂。

心理因素在影响消费者行为活动的诸因素中处于支配性的主导地位。在消费过程中，消费者首先受到某种信号的刺激，内心产生消费欲望与需求；需求达到一定强度后，会引发指向特定目标的购买动机；在动机的驱使下，消费者搜寻相关的商品信息，然后根据个人偏好，从商品质量、价格、品牌等方面对商品进行分析比较；最后作出购买决策，采取购买行动；购买后消费者还要根据自己的感受进行评价，以形成购买经验。在上述过程中，需要、动机、偏好等心理要素支配着分析、选择、决策、购买、评价等一系列消费行为活动。此外，消费者对某种商标、品牌喜爱或厌恶，对广告宣传拒绝或接受，消费态度是从众还是保持个性，购买动机是追求时尚还是注重传统等具体活动，无一不是心理因素的体现和作用结果。影响消费者行为的心理因素主要包括心理过程和个性心理两个方面，其中又包含若干具体构成要素。

1. 心理过程

心理过程指消费者心理活动的动态过程，它包括认识、情感、意志等三个相互联系的具体过程。认识过程是人脑对客观事物的属性及其规律的反映，具体表现为感觉、知觉、注意、记忆、想象、思维等多种心理现象。现实生活中，消费者的消费活动首先是从对商品或服务等消费对象的认识过程开始的。情感过程指人在认识客观事物时所持的情绪和情感体验。消费者在认识消费对象时并不是淡漠无情的，而是有着鲜明的感情色彩，如喜欢、欣赏、愉悦、厌恶、烦恼等。这些感情色彩体现着消费者的情绪或情感。意志过程指人们自觉确立行为的动机与目的，努力克服困难以实现目标的心理过程。在消费行为中，意志过程表现为消费者根据对消费对象的认识，自觉确定购买目标，并据此调节行为，克服困难，努力实现目标的过程。

认识、情感、意志是统一心理过程的三个方面，它们之间相互联系、相互作用，共同支配着消费者的消费行为。人类的心理过程具有普遍性，是所有消费者在消费行为活动中必然经历的共同过程。

2. 个性心理

由于先天遗传因素及后天所处社会环境不同，人与人之间在心理活动过程的特点和风格上存在着明显差异。每个人所独有的心理特点和风格，就构成了他们的个性心理。对于消费者而言，他们的个性心理主要表现在个性倾向性与个性心理两个方面。个性倾向性包括兴趣、爱好、需要、动机、信念、价值观等；个性心理特征则指人的能力、气质与性格等。正是由于个性心理的千差万别，面对同一消费对象或环境刺激，不同的消费者才会产生完全不同的心理反应，并作出不同的行为表现。

2.4 影响消费者行为的外部环境因素

一般而言，心理活动通过个人来实现，并带有鲜明的个人特点，因而是一种主观活动。但是心理活动的主观性并非是绝对的。心理活动所反映的是客观的事物，或者说，客观事物通过人脑的反映构成心理活动的对象和内容。就这一意义而言，客观事物通过心理活动间接参与并影响人类的行为。因此，消费者行为除受自身生理与心理因素的支配外，还要受到客观事物或外部环境的影响和制约。

影响消费者行为的外部环境因素极其复杂多样，而且几乎涉及人类生活的各个层面和领域。按其性质划分，我们可以将诸多外部环境因素分为自然环境因素和社会环境因素两大类。

2.4.1 自然环境因素

自然环境因素包括地理区域、气候条件、资源状况和理化环境等因素。自然环境直接构成了消费者的生存空间，在很大程度上促进或抑制某些消费活动的开展与进行，因而对消费者的消费行为有着明显的影响。

1. 地理区域

受所处地域的地理经度、纬度以及地形、地貌的影响，南方与北方、城市与农村、内陆与沿海、高原山地与平原水乡的消费者，在消费需求和生活习惯上存在多种差异。例如，中国人在饮食习惯方面，南方人偏爱甜味，北方人则偏爱咸味；南方人和北方人的饮食差异往往是在饮酒方面体现得最为突出，北方人喜欢辛辣凛冽的白酒，而南方人则偏好甜而醇厚的黄酒。由于地域差异形成的不同消费偏好，使得长期以来国内酒类市场一直保持着"南黄北白"的消费格局。

长期以来，城市居民与农村居民对商品需求的种类、数量和购买方式有着明显区别。这其中除了农村消费者收入增长缓慢的原因外，配套的消费环境也是一大制约"瓶颈"。随着社会的发展，农村环境的不断改善，城镇居民和农村居民的消费差距也在不断地缩小。

【案例】
城镇消费增速仍高于农村

据《农民日报》2012年3月24日报道，商务部国际贸易经济合作研究院发布的"2012年我国消费市场发展报告"预计，今年消费对我国国内生产总值的贡献率将超越投资，在近10年中首次成为经济增长第一动力。城镇与农村的消费也将延续上年城镇增速高于农村的发展趋势，城市仍然是我国消费增长的主力军。

商务部贸研院消费经济研究部副主任赵萍说，今年我国消费仍将处于较快增长空间。过去两年实施的"汽车下乡""汽车以旧换新""家电下乡""家电以旧换新"等扩大消费政策，促进远期消费转变为即期消费，对消费增长产生了明显的支撑作用。今年，家电消费整体将回归常态化，家具、建筑及装潢材料消费将成新亮点。

在分析今年我国农村消费增长的特点时，赵萍表示，尽管近年来我国扩大消费的政策向农村倾斜，而且2011年中国农村居民人均收入增速快于城镇，但是2012年城镇的消费增长速度仍将高于农村。主要原因在于：其一，城乡收入差距导致城镇消费增速仍将高于农村。2011年，城镇居民收入水平还是远远高于农村。2012年城镇较高的收入水平仍将带动消费增长速度快于农村。其二，城镇化将导致城镇的消费人群大于农村。截至2011年年末，我国城镇人口数量首次超过农村，占比达到51.27%。2012年，我国仍将处于城镇化高峰期，城镇与农村人口数量的一增一减，必然导致城镇消费规模增速仍将高于农村。

2. 气候条件

不论是地域性的气候条件，还是全球化的气候环境，都很大程度地制约着消费者的消费行为。可以说，自古"天"与"人"休戚相关。从地域的角度来看，不同气候地区的消费者呈现出不同的消费活动。例如，炎热多雨的热带地区与寒冷干燥的寒带地区相比，消费者在衣食方面的差异非常明显。同样是冬季，热带地区的消费者需要的是毛衣、夹克等轻微御寒的服装，而寒带地区的消费者则需要厚重的大衣、皮衣等服装；热带地区的消费者喜欢清爽解热型饮料，寒带地区的消费者则偏爱酒精度高、能御寒的白酒。

从全球角度看，近年来，人类赖以生存的家园——地球表面温度不断升高，温室效应加剧。温室效应已被列为21世纪人类面临的最大威胁之一，它除了使地球表面温度变得越来越高外，还给全球的湿地沼泽、沿海低地、珊瑚礁、温带寒带大量物种带来毁灭性打击。温室效应带来的影响几乎是每一个消费者都曾亲身体验过的。世纪之交的夏季，全国各地的消费者对电风扇、电冰箱、空调、竹凉席、清凉饮料的消费需求骤增，其中一个最主要的原因就是地球变暖，各地出现罕见高温。

自然资源是人类社会赖以生存的物质基础，也是社会生产资料的主要来源。自然资源的开发、利用程度和储量与消费者的消费活动关系极为密切。例如，石油、太阳能乃至核能的广泛应用，为消费者提供了众多的新型消费品，带来消费方式的变化和更新。从消费者熟悉的家庭日常生活"柴、米、油、盐"中，我们就很容易理解这一点。当初人们用柴禾灶做饭，后来用铁炉烧煤，再往后用煤气灶，用电炊具、液化气灶，未来将是全面利用太阳能的能源灶。可以说每一次"灶的消费"的飞跃，都与相应能源的开发与利用进度并行。自然资源的储量对消费者的影响更加直接。一些重要的资源出现紧缺，将抑制消费者的消费需求，或者引发其他消费需求。以水资源为例，我国人均拥有水量只有世界平均水平的1/4，全国670个城市中，有400多个城市不同程度地缺水。由于工农业生产和城市生活污水处理率低，江河湖泊水质恶化的趋势尚未得到遏制。政府利用价格杠杆调节水市场需求，最直接的效应是使消费者懂得了"慎用水、节约水"。这样不但有利于提高广大居民的饮水质量，而且有利于水资源的合理配置。另外，随着水价上调，像节水器、节水马桶、节水洗衣机等节水产品也深受居民欢迎。由此可见，资源状况对消费者的行为有着多方面的影响。

3．理化环境

理化环境主要指由人为因素造成的消费者生存空间的优劣状况，如空气、水的洁净程度，噪音的强弱程度等。理化环境的优劣直接关系到消费者的身心健康，因而对消费者的行为有着重要影响。例如，我国大城市由于人口的急剧膨胀，严重缺水，市政依靠抽取地下水供市民饮用。但一般而言，地下水存在离子含量偏高、水质偏硬、细菌超标等问题，并由于受洪、枯季的影响，水质不很稳定。于是净水以及与净水有关的设备需求在大城市中相当火爆。消费者大量购买桶装净水或瓶装净水。

随着空气污染的不断加剧，职业性"氧吧"场所渐渐兴起于国内各大城市。氧吧消费是一种有偿呼吸，消费者每次消费时间大约15~20分钟。而在职业性氧吧问世不久，适于家庭使用的各类氧吧仪器也开始热闹地上市了。这些仪器的工作原理是能够电离空气释放负离子。空气中负离子能活化氧气，从而在小范围内改善空气质量。与此相对应的是一些有针对性的特殊氧吧的出现，比如，汽车氧吧、电脑氧吧等。大城市中的居民消费者竞相购买这些产品。

2.4.2　社会环境因素

与上述自然环境因素相比，社会环境因素对消费者的影响更为直接，内容也更加广泛。社会环境具体包括人口环境、社会群体环境、经济环境、政治法律环境、科技环境、文化环境等。

1．人口环境因素

构成人口环境的因素有人口总数，人口密度与分布，人口的年龄、性别、职业与民族构成，人口素质状况等。

（1）人口总数。

一个国家的总人口数与该国人均国民收入水平密切相关，因而对消费者的购买力水平、购买选择指向和消费方式有直接影响。目前，中国（未统计港澳台地区）人均国内生产总值在世界各国的排名中仍然居后。这主要就是因为中国总人口数庞大，占世界总人口的1/5强，经济总量的增长被人口基数所摊薄。我国人均国内生产总值相对较少，意味着人均可支配的收入也相对较少，居民家庭的消费内容与消费数量必然受到限制。

（2）人口密度与分布。

人口密度与分布状况关系到消费者的消费活动空间是否适宜。一些大城市人口集中，密度过大，出现住房拥挤、交通紧张、环境污染等一系列"大城市病"，已经严重妨碍了消费者的日常生活和消费活动。例如，像北京等这样人满为患、生存空间狭小的特大型城市，当地的总体房价几乎是其他二、三级城市的4~5倍。过高的房价必然制约购买需求，许多工薪阶层只好"望房兴叹"。合理的人口布局已经成为摆在未来中国发展面前的一个首要问题。

（3）人口的年龄、性别、职业、民族构成。

年龄、性别、职业、民族构成等人口统计变量直接影响消费者的需求结构和购买方式。例如，人口老龄化趋势的加快使得保健型消费品的购买量迅速上升，形成了独特的"银色市场"。而职业的差别使人们在衣、食、住、行等方面有着显著不同，通常不同职业的消费者在衣着的款式、档次上会作出不同的选择，以符合自己的职业特点和社会身份。受教育程度是人口素质高低的重要标志。随着受教育程度的提高，消费者文明消费、自主消费的意识，以及筛选信息、选择决策等能力也必然相应增强。

我国是世界上人口最多的国家，人口环境因素对消费者行为的影响尤为突出。关注人口环境的变化，对研究我国消费者行为具有极强的现实意义。

【案例】

2010 年第六次全国人口普查——我国人口有哪些变化

一、人口增长

全国总人口为 137 053 6875 人。其中：普查登记的我国（未统计港澳台地区，下同）31 个省、自治区、直辖市和现役军人的人口共 1 339 724 852 人。香港特别行政区人口为 7 097 600 人。澳门特别行政区人口为 552 300 人。台湾地区人口为 23 162 123 人。大陆 31 个省、自治区、直辖市和现役军人的人口，同第五次全国人口普查 2000 年 11 月 1 日零时的 1 265 825 048 人相比，十年共增加 73 899 804 人，增长 5.84%，年平均增长率为 0.57%。

二、家庭户人口

我国 31 个省、自治区、直辖市共有家庭户 401 517 330 户，家庭户人口为 1 244 608 395 人，平均每个家庭户的人口为 3.10 人，比 2000 年第五次全国人口普查的 3.44 人减少 0.34 人。

三、性别构成

我国 31 个省、自治区、直辖市和现役军人的人口中，男性人口为 686 852 572 人，占 51.27%；女性人口为 652 872 280 人，占 48.73%。总人口性别比（以女性为 100，男性对女性的比例）由 2000 年第五次全国人口普查的 106.74 下降为 105.20。

四、年龄构成

我国 31 个省、自治区、直辖市和现役军人的人口中，0—14 岁人口为 222 459 737 人，占 16.60%；15—59 岁人口为 939 616 410 人，占 70.14%；60 岁及以上人口为 177 648 705 人，占 13.26%，其中 65 岁及以上人口为 118 831 709 人，占 8.87%。同 2000 年第五次全国人口普查相比，0—14 岁人口的比重下降 6.29 个百分点，15—59 岁人口的比重上升 3.36 个百分点，

60 岁及以上人口的比重上升 2.93 个百分点，65 岁及以上人口的比重上升 1.91 个百分点。

五、民族构成

我国 31 个省、自治区、直辖市和现役军人的人口中，汉族人口为 1 225 932 641 人，占 91.51%；各少数民族人口为 113 792 211 人，占 8.49%。同 2000 年第五次全国人口普查相比，汉族人口增加 66 537 177 人，增长 5.74%；各少数民族人口增加 7 362 627 人，增长 6.92%。

六、各种受教育程度人口

我国 31 个省、自治区、直辖市和现役军人的人口中，具有大学（指大专以上）文化程度的人口为 119 636 790 人；具有高中（含中专）文化程度的人口为 187 985 979 人；具有初中文化程度的人口为 519 656 445 人；具有小学文化程度的人口为 358 764 003 人（以上各种受教育程度的人包括各类学校的毕业生、肄业生和在校生）。

同 2000 年第五次全国人口普查相比，每 10 万人中具有大学文化程度的由 3 611 人上升为 8 930 人；具有高中文化程度的由 11 146 人上升为 14 032 人；具有初中文化程度的由 33 961 人上升为 38 788 人；具有小学文化程度的由 35 701 人下降为 26 779 人。

我国 31 个省、自治区、直辖市和现役军人的人口中，文盲人口（15 岁及以上不识字的人）为 54 656 573 人，同 2000 年第五次全国人口普查相比，文盲人口减少 30 413 094 人，文盲率由 6.72% 下降为 4.08%，下降 2.64 个百分点。

七、城乡人口

我国 31 个省、自治区、直辖市和现役军人的人口中，居住在城镇的人口为 665 575 306 人，占 49.68%；居住在乡村的人口为 674 149 546 人，占 50.32%。同 2000 年第五次全国人口普查相比，城镇人口增加 207 137 093 人，乡村人口减少 133 237 289 人，城镇人口比重上升 13.46 个百分点。

八、人口的流动

我国 31 个省、自治区、直辖市的人口中，居住地与户口登记地所在的乡镇街道不一致且离开户口登记地半年以上的人口为 261 386 075 人，其中市辖区内人户分离的人口为 39 959 423 人，不包括市辖区内人户分离的人口为 221 426 652 人。同 2000 年第五次全国人口普查相比，居住地与户口登记地所在的乡镇街道不一致且离开户口登记地半年以上的人口增加 116 995 327 人，增长 81.03%。

资料来源：中华人民共和国国家统计局。

2. 社会群体环境因素

社会群体环境包括消费者所处的家庭、社会阶层、社会组织、参照群体等。

（1）家庭。

家庭是与消费者关系最为密切的初级群体。因家庭的规模、类型及所处生命周期不同，消费者的购买内容、购买意向也会有明显不同。在我国，家庭是消费的重要单位，家庭规模大小对消费产生直接影响。据历届人口普查资料表明，我国家庭户均人口 20 世纪 50 年代到 60 年代为 4~5 人，1982 年人口普查时为 4.43 人，1990 年第四次人口普查时下降为 3.96 人，2000 年第五次人口普查平均每个家庭户的人口为 3.44 人。2010 年第六次全国人口普查平均每个家庭户的人口为 3.10 人，比 2000 年第五次全国人口普查的 3.44 减少 0.34 人。可见我国家庭规模在缩小，子女同父母分户独居现象日益频繁。家庭规模的缩小导致了家庭数量的扩大，对住房和耐用消费品的需求也随之增加。

我国家庭消费方式正从封闭、半封闭方式转向开放化、社会化方式，即将家庭的部分劳务改由社会上专业服务部门来完成，以使家庭成员腾出充足的时间，用于学习、娱乐和消遣。例如在食品消费上，可以直接购买熟食成品或干脆在外就餐；在衣着上，更多地购买成衣；在日常家务方面，可以请家庭服务员或社会服务机构代为处理。此外，家庭形式的多样性使得消费者的消费行为也呈现出对应的多样性特点。

【案例】

我国家庭消费类型

结合我国家庭消费特点，可以从消费决策角度将我国家庭消费类型分为以下四种：①重智力倾向家庭。这类家庭注重智力投资，不惜代价订阅大量书刊，购置乐器和家用电脑，注重对孩子的教育和各项技能的培训，使家庭成员具备较好的个人文化素质。②重用品倾向家庭。该类家庭注重购置各种家用电器和设备，把家庭布置得富丽堂皇、舒适大方，以享受现代社会文明，显示家庭的气派和富裕。③重健康倾向家庭。这类家庭注重家庭成员的身体健康，注意卫生和营养，讲究吃穿，注意进行各种有益的文化体育活动。④重爱好倾向家庭。这类家庭成员中有收藏、养花、摄影、集邮等方面的爱好者，消费支出也比较集中于这些方面。

进入 2000 年以来，我国居民家庭消费出现了新的热点。据国家经贸委的一项调查表明，家电、旅游、住房、汽车、信息、教育消费已成为我国居民家庭的重点消费指向。

（2）社会阶层。

社会阶层是由具有相同或类似社会地位的社会成员组成的相对恒定的群体。处于不同社会阶层的消费者，由于其收入水平、职业特点不同，造成他们在消费观念、审美标准、消费内容和方式上也存在明显差异。社会生活中，每个消费者均处于一定的社会阶层。同一阶层的消费者在价值观念、态度和行为方式等方面具有同质性，不同阶层的消费者则在这些方面存在较大差异。因此，研究社会阶层对于深入了解消费者行为具有特别重要的意义。消费者行为学中讨论社会阶层，一方面是为了研究不同阶层的消费者在购买、使用、沟通、个人偏好等方面具有哪些独特性；另一方面是了解哪些行为被限定在某一特定阶层的行为领域之内，哪些行为是各社会阶层成员所共同具有的。例如，不同社会阶层的消费者所选择和使用的产品是存在差异的。

（3）参照群体。

参照群体分为个人期望归属的向往群体和个人拒绝接受的疏远群体。消费者行为学中所谈的参照群体主要指向往群体。各种参照群体通常会对消费者产生示范或诱导作用，参照群体还会通过群体压力，使个人行为与群体趋向一致。消费者往往会有意识或不自觉地模仿、追随参照群体的消费方式，指导自己的购买选择。

3. 经济环境因素

经济环境包括宏观经济环境与微观经济环境，从国家经济政策、政府宏观调控、国民经济发展状况、市场供求总量及其构成等各种宏观经济因素，到企业的产品设计加工制作、广告宣传、销售服务，以及商品质量、款式、价格、商标、包装等微观经济因素，都会对消费者的行为产生直接影响。这是由于一切经济活动都是围绕最终消费进行的，并通过消费者的实际商品购买及使用活动来最终体现其成果。

从宏观角度看，对消费者行为影响最直接的是国家的消费体制以及相关的消费政策。消费体制是整个经济体制的重要组成部分。计划经济体制下，我国实行的是低工资下的福利型消费体制，城镇居民的住房、医疗、教育、能源等都由政府补贴和直接分配，不进入个人消费。国家的消费政策也一直奉行"高积累、低消费"的方针。由于是卖方市场，消费者长期限于被动式、无选择的消费方式，消费观念一直停留在初级层次。例如，奉行个人消费靠国家的观念；明天的钱今天不能花的观念；重生产轻消费，把生产与消费对立起来的观念；重商品所有权，轻商品使用权的观念；重实物消费，轻服务（精神）消费的观念；把鼓励合理消费与发扬艰苦奋斗精神对立起来的观念；等等。

改革开放以来，我国逐步确立了社会主义市场经济体制。随着国民经济的持续高速增长，物质产品趋于丰富，市场由卖方市场向买方市场转变。特别是从 1997 年 10 月以来，由于受到亚洲金融危机等国内外不利因素的影响，我国第一次出现了内需不足、通货紧缩的局面。政府制定出台了一系列刺激消费、扩大内需的政策和措施，积极引导消费者转变观念，培养科学、合理的消费方式，逐步完善以个人消费为主体的消费体系。消费政策的调整，有效地促进了消费需求的缓慢扩张，消费者信心和购买欲望逐渐增强。从微观角度看，消费者在进行消费活动时，之所以购买这种商品而不购买那种商品，选择某种品牌而不选择其他品牌，在这家商店购买而不在那家商店购买，很大程度上取决于商品的效用、质量。价格、款式、广告宣传、商家信誉、售前售后服务等各种微观经济因素。这些由企业营销行为导致的因素变动，会直接影响消费者的消费选择。

【案例】

工信部：将制定鼓励信息消费政策

2013 年 5 月 28 日北京商报讯，工业和信息化部将高度重视信息消费的作用，大力培育发展信息消费，用信息消费拉动内需扩大、经济增长。

随着新一代信息技术产业加快发展，智能终端、移动互联网等新兴产品和服务将推动信息消费继续保持强劲增长，成为新一轮消费热点。因此，当前和今后一个时期，工业和信息化系统要切实采取有效措施，大力培育发展信息消费。要贯彻落实扩大内需的长期战略方针，把培育发展信息消费摆在突出重要位置抓紧抓好。进一步研究明确信息消费类别和范围，从工作角度考虑，要选择好重点领域，既要关注直接的信息产品类消费和信息服务类消费，也要重视通过信息技术平台间接实现的居民消费等方面。

要推动制定和出台扩大信息消费的政策措施。要把工作着力点真正落实到企业上，出台一些扶持政策措施，通过政策支持、营造环境，不断激发出企业的动力、活力和创造力。

目前，信息消费对内需的强力拉动作用已经显现。据估计，未来三年间我国智能移动终端销售额将超过 2 万亿元，智能电视销售额将达到 1.6 万亿元。

4. 政治法律环境因素

政治法律环境涉及一个国家的政体、社会制度、政府更迭、社会稳定性以及相关法律的制定颁布等要素。这些因素都直接或间接地影响消费者的消费心理，进而影响其消费行为。政治环境不稳定，如政党纷争剧烈，政府政策朝令夕改，社会动荡不安，人民群众就会产生各种疑虑和担心，对未来失去信心。体现在消费活动上，则消费信心下降，未来预期悲观，抑制消费，谨慎消费，产生主导性消费行为。这方面最典型的例子莫过于个人的投资理财行为。受到政治上坏消息的影响，消费者会从金融市场上纷纷撤资，轻则导致股市、债市重跌，重则引发股市、债市的崩盘。

消费者只能在法律规定范围内行使消费权利，从事消费活动。几乎所有国家的法律都明令限制或禁止某些特殊消费品的买卖，如可卡因、海洛因、大麻等毒品，从而使一些消费者的消费需求受到限制。又如，很多国家的法律规定禁止向未成年人出售香烟。美国癌症协会在 2000 年美国芝加哥第 11 届世界烟草或健康大会上发表的材料表明，在世界上 196 个被调查国家中，一半国家的法律规定禁止向未成年人出售香烟，1/3 的国家有戒烟机构或渠道，1/3 的国家规定必须在香烟包装上印刷警告性图案。显然，法律的明文规定对未成年人的香烟消费需求构成了极大限制。

5. 科技环境因素

科学技术的迅猛发展，对消费者的消费内容、消费数量及消费方式产生的影响是不言而喻的。一方面，科技发展使人们的消费方式日益多样化，人们的消费活动不再受时间和空间的限制。例如，消费者可以亲自到商场去购物，也可以通过邮寄购物、电视购物、网上购物等途径购买到商品。另一方面，科技发展使人们的消费内容极大丰富。任何一类产品都可找到不同档次、不同性能、不同价格、不同品牌的商品。

然而，科学技术的飞速发展也为消费者制定购买决策增加了难度。面对层出不穷的新产品，消费者会因知识滞后、能力不足而无所适从，难以选择，从而增加了决策失误的可能性。随着信息技术、生命科学、新材料、新工艺、新能源等当代最新科学技术的发展和应用，消费者必将迎来新一轮的"消费革命"。

6. 文化环境因素

文化环境对消费者行为的影响是潜移默化且根深蒂固的。正因为如此，文化环境对消费者的影响作用已经越来越为人们所重视。大量实例表明，不同国家、地区、民族的消费者，由于文化背景、宗教信仰、道德观念、风俗习惯以及社会价值标准不同，在消费观念及消费行为方式上会表现出明显差异。

通过以上各节的分析可以看出，各种影响因素是从不同方面、不同层次和不同角度对消费者的行为发生作用的。这些因素相互交织、共同作用，构成了影响消费者行为的因素体系。

【案例】

洋快餐你还会去吃吗？

2012 年 3·15 央视晚会曝光麦当劳北京三里屯店违规操作，出售过期食品和"回收"已污染食品。报道称，在北京三里屯一家麦当劳门店，过期的香芋派重新包装或者修改到期时间；过期腿肉继续加工；将掉在地上的半成品再度加工流入餐桌等，引来了社会的广泛关注和热议。15日晚这家餐厅便宣告停业；同时，麦当劳中国公司发布声明，称将就这一个别事件立即进行认真调查，并坚决严肃处理，以实际行动向消费者表示歉意。

次日上午，国家食品药品监管局食品安全监管司主要负责人对麦当劳负责人进行责任约谈，要求麦当劳对央视3·15晚会媒体曝光的问题高度重视，认真汲取教训，采取有效措施，立即进行整改。

针对此次"麦当劳事件"暴露出来的监管漏洞，北京市卫生局昨日发布《关于进一步规范快餐连锁等企业餐饮服务食品安全工作的紧急通知》，通知要求近期各区县将约谈主要快餐连锁企业，要求严禁加工出售过期食品，并提出将在食品生产、加工、销售等环节现场进行"全过程监管"。此外，餐饮企业的分级将启动全面复核。

·一石激起千层浪

麦当劳3·15事件曝光以来，网上舆论迅速分化为多极，更有网友力挺支持。

此事件后，麦当劳在消费者心目中的地位受到了不小的影响，很多消费者表示以后不会再去吃了。微博上一项名为"央视3·15晚会，麦当劳被曝光了，你还吃吗？"的调查显示，在参与投票的1331名消费者中，有48.2%的消费者表示会继续消费麦当劳。

新浪认证资料显示为"汽车之家创始人"的李想表示："我感觉，麦当劳对食品质量和期限的控制，哪怕实际操作超过了他们手册的标准，也比国内很多要求要高，以后去麦当劳吃得更放心。"

有严格的标准，却在执行中走样或者根本不执行，麦当劳自然存在着一定的问题。但支持麦当劳的网友认为，3·15晚会炮轰麦当劳，并借此在消费者心中激起层层波浪，却是一种五十步笑百步的行为。新浪认证资料显示为《马后炮》节目主持人"的马志海表示："我平时极少吃麦当劳。但明天，我要去吃它一套巨无霸。是央视告诉我，过期15分钟在麦当劳就是一件在全中国丢脸的事，而且麦当劳中国居然还认错了！这么脸皮薄的企业，我不撑，行吗？"

另有网友表示麦当劳是自己设了一个套让自己掉了进去，如果自己不设那么高的标准，那岂不就没事了嘛，现在被千夫所指也没什么话好说。但如果说集中火力炮轰麦当劳而无视整个行业的客观现实的话，那就是一种五十步笑百步的可笑局面。而这种局面就可能会产生"劣币逐良币"的恶行循环，让整个行业不往国际先进的高标准靠齐而趋向于完成50分就大吉。

事发后，麦当劳官方承认错误的那条微博被转发了上万次，但人们并没有完全倒向央视一边。有人甚至发起了一些活动，其中一个名字叫作"我信麦当劳胜过信央视"，号召大家"到身边最近的地方买一份套餐，用实际行动说明你对麦当劳的信任"……在一些投票结果中，"信麦当劳"的人居然远超"信央视"的人。网易微博则推出了一个空白专题"我们这儿的良心企业盘点"，结果一个企业也没选出来，却有几千个人在下面留言发表观点。

……

有网上评论：看过麦当劳标准的人应该都能够发出一声感叹，这真是一份严格、细致而科学的餐饮卫生标准，可以打 100 分，但中国麦当劳的一些店铺在实际操作中却打了个八折，只有 80 分。但不要忘记，以我们现在全国范围的食品卫生现状来看，国家的标准是远远没有麦当劳标准那么高的，薯条七分钟、甜品派九十分钟没卖掉都要扔掉，这在一般的饭店是不可能达到的。再说了，按照这样的标准，有些食品十多分钟内就应该销毁，那是不是可以认为一切外卖的快餐，不管是宅急送还是肯德基外送，在送到消费者手里之时都是不合格的产品呢？

还有人提出，麦当劳三里屯店出问题，与麦当劳连锁全球的经营原则没有关系，问题出在其中国经营者的诚信品质上。国际大公司和国际著名品牌，不管是汽车、家电，还是服装、手表、手饰，或者是食品，其创始人都是历经千辛万苦，绞尽脑汁把自己的东西从小到大、从不知名到知名再到驰名做起来的，中间的投入不仅仅是金钱，还有智慧。麦当劳进入中国，遭到某些中国经营者的损毁，这既是麦当劳的损失，也是中国诚信的损失。麦当劳同样有自己的出品标准，但某些麦当劳的中国经营者没有严格按照自己制定的标准去经营，其根源是诚信的缺失。

·事件远没有结束

由麦当劳 3·15 引发的争论还在扩大，最终把矛头指向了政府部门监管失职、法律法规软弱无力、行业标准缺失的身上。政府的监管失职被拿出来遭舆论的"狂轰滥炸"。诚然，监管不力助长了食品安全犯罪的嚣张气焰，人们不单意识到了这一点，也查出了背后的原因是监管制度的不合理与落后。完善行政监管制度，成了人们普遍认为的，当下拯救食品安全危局的良策。与片面强调监管的论调相比，我们更倾向于强调食品安全需要两手抓，一手抓行政监管力度，一手抓市场经济制度餐企标准化和制度化，两手都要硬，并且，后者的建设与完善才是降低食品企业犯罪率的根本之道。

标准化作为一个企业能不能在市场竞争中取胜，决定着企业的生死存亡。

根据世界各国的经验，企业标准化工作要攀登三个台阶：一是制定好能确切反映市场需求，令顾客满意的产品标准；二是建立起以产品标准为核心的有效的标准体系；三是把标准化向纵深推进，运用多种标准化形式支持产品开发。

北京麦当劳出事了，但不能否认全球麦当劳的成功。它成功之道就是标准化系统的复制力量。他们不单是产品标准化的成功，更是管理手册系统的成功，是企业完整运行的成功。他们将人为随意性管理因素降到最低点，犹如一台机器和流水线，每个人和部门都是机器的一个部件，形成流水线的一个环节，由各自相互依存和有机连接。所以，国际品牌企业的成功也是管理系统的有机整体和完整体系的成功。

也应该看到，麦当劳 3·15 事件，暴露了麦当劳在考核机制上的缺失，也反应出洋快餐与中国本土饮食习惯的互相渗透。也许在中国，绝大部分消费者日常的饮食标准与西方存在差别。过时就扔掉，按照普通消费者的个人日常生活标准未免是浪费的行为。但这也恰恰正是麦当劳在中国长期受到追捧力挺的优势所在。中国人经营的麦当劳要不要坚持这个标准，也是讨论的焦点。差别对待是消费者不能接受的。同样作为经营者，与国内餐企在同一市场，食品存放标准差别经营也使本土麦当劳经营者倍感压力。

随着网络信息化的进步，消费者变得越来越理性，各种违规行为也无所遁形。一个事件，让我们知道我们真正想要的是什么：消费者希望的是中式餐企借鉴麦当劳的标准，向麦当劳的标准化科学管理靠拢，提高食品安全质量。而对于麦当劳，只要坚持做好它根本的标准，保存好优势就可以仍然拥有国人的心。

3月25日，通过停业整顿，麦当劳三里屯店又悄然开张，开始对外营业了。店外的易拉宝公台贴着一封向公众道歉的致歉信，其中，言辞恳切，可以看出麦当劳三里屯店的诚意，希望顾客能够接受他们的道歉。

三里屯店开业了，曝光事情结束了吗？我们认为远远没有，因为追求企业诚信和品牌经营管理的路还很长。记得百年老店同仁堂著名的经营理念是"炮制虽繁，必不敢省人工；品味虽贵，必不敢减物力"。它靠的就是诚信，同仁堂用这条古训苦心经营百年，形成了"配方独特、选料上乘，工艺精湛、疗效显著"的制药特色，得以百代弘扬。

下一步，麦当劳急需结合中国国情更切实地探索标准化管理有效的方法，堵住漏洞，坚守诚信，维护品牌信誉。而对于广大中式餐饮连锁企业，在标准化方面的路将更长，更需要积累和探索系统管理和诚信之道，迎头赶上，才可让品牌持久和光大。

http：//www. cffw. net/zhkcw/6687. html，有改动。

·2014年上海福喜食品"质量门"事件

在五棵松的一家麦当劳餐厅，顾客寥寥无几。服务员说，除了麦香鱼汉堡外，其余的汉堡都已经下架。

在华深陷"变质肉"丑闻的美国福喜集团正试图挽回中国消费者的信任。昨日福喜集团在上海召开新闻发布会，再次对国内消费者道歉，并称将调整福喜中国管理团队。然而这份道歉却留不住合作伙伴的心，麦当劳中国昨日发表声明，宣布"由于消费者的担忧，麦当劳已全面暂停使用所有福喜中国（包括其合资公司）的食品原料"。

福喜集团昨日的发布会颇有阵势，该集团全球主席兼首席执行官谢尔顿·拉文、总裁麦大卫、首席财务官等悉数出席。拉文再次对消费者表示歉意，并保证类似的情况不会再发生。

麦大卫表示，目前福喜已采取了部分措施，包括回收所有上海福喜产品，彻查上海福喜现任及前任管理层。福喜（中国）正组建全新管理团队，而且除了管理团队的变化，福喜集团还将立即停止上海福喜的运营，以配合内外部调查。此外，还将对福喜在国内的所有工厂进行检查，并在上海组建福喜集团的亚洲质量控制中心，监控中国及亚洲工厂的生产质量。

不过，此次发布会上，福喜集团回避了如何赔偿消费者及福喜集团的责任问题。麦大卫不断强调，当务之急是彻查，要在弄清谁在主导这一事件后，才能将调查向纵深推进，并采取相应行动。

在回答了三个问题之后，福喜集团的发布会匆匆宣布结束，用时不到1个小时。

然而就在福喜集团召开发布会之时，其曾经坚定的合作伙伴麦当劳选择了"断绝关系"。麦当劳中国官方网站突然挂出一份声明，宣布已全面暂停使用所有福喜（中国，包括其合资公司）的食品原料。

在这份声明中，麦当劳表示，在倾听了消费者对于福喜原材料的担忧后，从7月25日（上周五）开始，麦当劳已在全国的餐厅全面停止使用所有福喜（中国，包括其合资公司）的食品原料，全国部分餐厅因此出现部分商品断货的情况。目前，麦当劳正努力调配其他供应商资源，力求尽快恢复供应。一些餐厅将会在八月初恢复餐单的全面供应，而另一些餐厅则可能稍迟。

记者就此事致电麦当劳中国，其相关负责人表示"企业的决断肯定不是草率做出的，是综合了各方面情况后做出的决定"。

麦当劳曾在 24 日声明终止与上海福喜的业务合作，但将供应商调整为河南福喜，"换厂不换店"的做法继续引发一些网民对麦当劳食品质量的担忧。而就在同一天，肯德基和必胜客的母公司百胜集团发表声明表示，即刻停止向中国福喜的采购，并严厉谴责上海福喜的行为。

·北京麦当劳门店客流不及平时一半

"现在门店里没有套餐、没有主食，只有饮料、冰激凌、薯条。"昨天下午，记者刚推门走进麦当劳东方新天地店，门口的工作人员就提示说。而每个点餐柜机前都贴着一张公告—— 深感抱歉，暂时只能提供以下选择：饮料、冰激凌……

"消费者一进门我们就要告知。"店内一名服务员告诉记者，为了减少麻烦，店里在门口新增了两名工作人员，专门提示消费者。她介绍，由于无餐可售，平时十分忙碌的服务员很多时候都只能空闲地站在售货台前，店内的人流量不及平时一半，营业额更是跟以前没法比。"一个麦旋风加上一份大薯条也才 20 块钱，以前每个顾客点一餐至少也要 40 元左右。"她说道。

"汉堡基本没有，麦乐鸡没有，鸡翅也没有了，只能喝咖啡。"一位在附近上班的白领向记者表示，本想来"加个餐"，结果只是加了杯"水"。

记者昨日走访北京多家麦当劳门店看到，店内消费者要比以往减少一半以上，且几乎所有桌上都只有饮料。店内主食菜单的 13 款汉堡和饭食都停止销售，部分餐厅仅有一款麦香鱼汉堡在售，但点单者寥寥。

http: //www. cnfood. cn/n/2014/0729/26995. html，有改动。

但还有部分的消费者认为上海福喜食品"质量门"事件被特色媒体炒作有日，可自东窗事发始终没有在国人中引起太大的反响。有些采用福喜食材的地方洋快餐，销售量并无明显下降，食用此类洋快餐的国人仍然是络绎不绝。

问题：

随着麦当劳一系列危机事件的爆发，为什么不同消费者有不同的评价？这反映了各自怎样的心理？他们在购买决策过程中主要考虑了哪些影响因素？

思考题

1. 结合生活中的例子，描述你购买某种商品时的决策过程是怎样的。
2. 消费者在复杂的购买情境下信息搜集的特征是什么？
3. 习惯性购买与追求多样化的购买有什么不同？
4. 消费者对商品或品牌进行评价有哪些方式？
5. 购后评价对消费者行为有什么意义？
6. 影响消费者行为的个人内在因素有哪些？
7. 影响消费者行为的外部环境因素有哪些？

3　消费者认知心理

学习目标

➢　掌握消费者认知商品的基本过程
➢　领会消费者注意、感知、记忆、思维、想象的规律
➢　运用消费者的认知心理展开营销活动

消费者是千差万别的，每个消费者都有其特定的心理活动方式。消费者对商品产生购买行为离不开对商品的认知。比如，消费者是否注意到这个商品？消费者对商品产生什么样的感知？对商品发生什么联想和记忆等。本章将系统地对消费者注意、感知、记忆、思维、想象等认知心理进行阐述，以便从总体上认识和研究消费者心理。

【案例】

拉尔夫·劳伦和他的服装世界

拉尔夫·劳伦美国最成功的服装设计师之一，他具有一种独特的处理问题方式。通常当其他设计师还在创造产品系列时，劳伦已最先开始设计生活格调，然后通过设计一系列的产品来反映这种格调。他创造了一个浪漫的世界，在那里，英俊、强健的一家人骑马狩猎，用木制球拍在草地上打网球，或是在狩猎途中为进餐而整装。他们穿着有饰章的宽松外衣（休闲装），软麻制作的长裤，在棕榈树海滩观看马球比赛。他们啜饮着法国上等白兰地，舒适地坐在营地小屋火炉旁的新地毯上。他营造了一个美国生活方式的梦想，并创造了一个拉尔夫·劳伦的世界，而且比其他任何人都做得更好！

劳伦从很小的时候就开始留意服装。22 岁时，他去波士顿一家生产领带的工厂工作。他的第一个设计是用 4 英寸宽的领带来取代当时正流行的 2.5 英寸宽的窄领带。劳伦选择 Polo（马球）作为他产品系列的名称，因为他觉察到这个世界正流行的生活方式是男人们穿着做工精细的古典服装进行优雅的体育运动，并谨慎地保持典雅的姿态。他的创意采用意大利的丝绸面料，标价是 15 美元（是当时价格的两倍）。他在 1967 年销售了 500 000 美元，那是他的起点。

第二年，劳伦开始生产完整的男性系列产品，包括宽领衬衫和大翻领套装。他只使用最好的丝绸来创造"劳伦"形象——独特的、创新的但同时又是古典和精细的。他的套装结合了常青藤联盟的看起来符合肩部自然曲线的造型和欧洲最讲究的顾客所用的昂贵的丝绸，衬衫是全棉的而且样式也很丰富。

过了几年，劳伦对新的细分市场又创造了一些产品系列。1971 年，他推出了一系列的女

性服装，展现了一种含蓄的、典雅的女性魅力。随后，他创造了 Chaps 男性服装系列，专为那些想以较低价格表现传统美国形象的企业经理设计。他为大学生和那些刚开始为自己准备职业装的年轻男性商人引入了 Polo University Club 系列运动服。1983 年，他创造了一系列家庭陈设品，包括床上用品、毛巾、地毯和墙纸。这个系列在 1986 年扩展到了家具。劳伦设计的所有家具都反映了一种生活方式，并通过在广告中显示完整而和谐的房间而推向市场。例如，新娘的服装都用乳白色的丝织品显示出浪漫情调，房间里采用了典雅美丽的白色亚麻和桃木雕刻家具、编织的柳条、弯曲的藤条。另外，劳伦还生产了两种香水——Polo 针对男人，Lauren 针对女人。他还销售了一系列手工制作的鞋、长筒靴和鹿皮鞋。

到 20 世纪 80 年代末，劳伦在服装界已经享有国际性声誉，他的 Polo 服装销售到意大利、日本、加拿大、新加坡、马来西亚、韩国、巴拿马、墨西哥、德国、澳大利亚、比利时、巴西、乌拉圭、新西兰、卢森堡、瑞典、西班牙、英国、法国以及中国香港和台湾地区，他在全世界都有独立的商店和在百货公司里销售流行服饰的铺面，但其新产品陈列室设在纽约。1987 年，Lauren 将麦迪逊大街上的 Rhinelander 大厦完全改为"劳伦"生活方式的陈列室。他改造这栋五层楼的石灰建筑花了 1 400 万美金，并镶嵌搭配了手工雕刻的桃木门窗、东方的地毯和精美古朴的家具。房间里陈列着衣服，以及马鞍、狩猎纪念品、高顶帽和桌球球杆，这个地方使人觉得更像是伦敦的某个俱乐部而不是一个零售商店。

劳伦设计的产品用来反映一种生活方式的主题。他开始设计时就像做游戏似的去设想生活方式，包括描绘其特征和行为，人们在什么地方，如何生活，他们穿什么类型的服装，在这些丰富的想象基础上，他的设计师就为最新的梦幻世界去创造服装（服装产品）和摆设环境（商店的陈设）。

"我只是做我喜爱的事，"劳伦反复强调，"许多人有很好的品位，我则有很多的梦想"。为了梦想成真，他花了极大的心思在广告和商品陈列上，几乎到了完美的境地。从家具到支架到描绘这些特征的模特，每件东西都被精心地选择以产生一种非常特殊的视觉效果，每个广告和商店陈列品都使人产生一种情绪并唤醒一种生活方式。每个广告都邀请观众来分享并进入劳伦的梦幻世界。

在商店里，他在产品的周围放置了许多迷人的有创造力的饰物，许多饰物是用来促销的。他不会只陈列一件休闲衣或衬衫，而是同时还陈列一堆商品，如古代的抽烟管和镶嵌好的家庭相框，以此构成一幅完整的图画来使人产生创造某种生活方式的情绪。

通过在他的商店和广告中描绘这些情绪、梦想和奇妙的幻想，劳伦提供给消费者一个机会来分享他的梦想：通过购买他仔细装点的产品或许能获取新的身份。没有其他的美国设计师创造了如此广泛的产品、如此庞大的零售网络和如此精确定义的市场形象。到 20 世纪 90 年代初，劳伦的时装帝国的零售额达到了 15 亿美元，是 1981 年的 4 倍。

3.1 注意：消费者对商品认知的开端

注意是人心理活动的开端。俄国教育家乌申斯基指出："注意是心灵唯一的门户，意识的一切，必然要经过它才能进来。"所以，消费者对商品的认识首先要跨过注意这道门槛，但消费者注意有什么规律，如何才能吸引消费者注意，这正是本章将要探讨的内容。

3.1.1 注意的含义和特征

注意是人的心理活动对一定事物的指向与集中。注意与人们的一切心理活动密不可分，它不是一个单独的心理过程，而是伴随着感知、记忆、思维、想象等认知活动的心理状态。

注意有两个基本特征：指向性和集中性。

注意的指向性，是指人的心理活动有选择地反映一定事物，而离开其他事物，显示出人的认识活动的选择性。在纷繁复杂的商品世界中，每一瞬间都有大量的信息影响着消费者，消费者不可能把心理活动同时指向所有的商品，而是把某些商品挑选出来作为注意的对象。

注意的集中性，是把心理活动贯注于某一事物，不仅是有选择地指向一定事物，而且离开一切与注意无关的东西，并对局外干扰进行抑制，集中全部精力去得到注意对象的鲜明、清晰的反映。"全神贯注""聚精会神"，是注意力高度集中的表现。

注意的指向性和集中性是密切联系、不可分割的，它们是同一注意状态的两个方面：指向是集中的前提和基础，集中是指向的体现和发展；离开了指向性就谈不了集中性，离开了集中性，指向性也就失去了意义。

3.1.2 注意的种类与引起原因

要了解消费者注意的规律，必然要了解消费者注意的种类，以及引起这些注意的原因。

1. 注意的种类

根据消费者注意的产生有无目的和是否需要意志努力，可以把注意分为无意注意和有意注意。

无意注意是指预先没有预定目的，也不需要做任何意志努力的注意。由于它不受人的意识调节和支配，所以又叫作不随意注意。比如，消费者被某件商品的颜色吸引，不由自主的对它产生注意。有意注意是指具有预定目的，需要做一定意志努力的注意，由于它受人的意识调节和支配，所以又叫作随意注意。比如，消费者有目的地去注意某个品牌的商品，这类注意主要属于有意注意。

有意注意与无意注意互相联系又互相转换。只有有意注意，人就很容易疲劳，效率不能维持；只有无意注意，人就容易分心，心理活动不能持久地指向某一事物，事情也难于做好。它们二者的区别具体表现在以下几点：① 目的性。有意注意有明确的预定目的，自觉性强；无意注意没有预定目的，自觉性差。② 持久性。有意注意需要一定的意志努力，因而比较稳定持久；无意注意没有意志的参与，保持的时间短，也容易转移。③ 疲劳性。有意注意时，神经细胞处于紧张状态，因而容易出现心理疲劳，处于抑制状态；无意注意时，神经细胞时而紧张时而松弛，因此，不容易产生心理疲劳，也不容易被抑制。④ 制约性。有意注意受主体的主观努力程度的制约；无意注意则被刺激物的性质和强度所支配。

2. 引起注意的原因

消费者的注意主要是有意注意和无意注意，要了解消费者注意的规律，必然要掌握引起这些注意的原因，但就消费者的注意而言，研究者更应该关注如何吸引消费者的无意注意。

引起有意注意的原因主要有商品的特点和消费者的主观状态。

（1）商品的特点主要包括商品的强度、新异性和商品之间的对比关系以及商品的活动和变化。

① 商品的强度。商品的强度大小对于引起无意注意具有重要作用。强烈的刺激，如巨响、艳色、奇味等都易引起人们的无意注意。但对消费者无意注意起决定作用的不是商品的绝对强度，而是商品的相对强度与周围物体强度的对比。

② 商品的新异性。新颖奇特的商品更容易引起消费者的无意注意。新异性有两种，绝对新异性和相对新异性。绝对新异性就是消费者从来没有经历过的商品及其特征；相对新异性是指已知商品的异常变化或者异常组合。研究表明，商品的相对新异性更能引起人们的无意注意。

③ 商品之间的对比关系。商品之间的强度、大小、形状、颜色和持续时间的差别越明显、对比越强烈就越容易引起消费者的无意注意。比如"万绿丛中一点红"，"红"就容易引起消费者的无意注意。

④ 商品的活动和变化。活动变化的商品比不活动变化的商品更容易引起人们的无意注意。比如，夜晚商家的霓虹灯，一亮一暗，容易引起消费者对商家的注意。又如，活动的玩具更容易引起儿童的注意和兴趣。

（2）消费者的主观状态。

无意注意由商品特点引起，但是否会加以注意，还要受到消费者主观状态的影响。同样一个商品，消费者的主观状态不同，可能会引起一些消费者注意，而另一些消费者不予注意。这些主观状态包括：① 消费者需要、兴趣。凡是能满足消费者需要、符合消费者兴趣的事物，就容易引起消费者的无意注意。比如，建筑师自然就被建筑风格独特的房屋吸引注意。② 消费者的情绪和精神状态。消费者的情绪和精神状态会影响消费者的无意注意，一般说来，消费者心情开朗、愉快时，对什么都有兴趣，平时不易引起注意的商品也能引起注意；反之，心情忧郁、烦闷，身体不适、过度疲劳时，无意注意的范围就变窄，平时容易引起注意的商品也不易产生注意。

通过有意注意，可以达到以下目的：

① 加深对商品目的、价值的理解。消费者对商品的目的、价值理解得越深刻，注意该商品的愿望就会越强烈。对该商品的注意也越不容易转移。

② 培养间接兴趣。间接兴趣也就是对活动的结果感兴趣，稳定的间接兴趣是引起和保持有意注意、克服困难的重要条件。

③ 合理组织活动。在明确活动的目的、任务的前提下，合理组织活动有助于集中有意注意。比如把消费者的智力活动和实际操作结合起来，有助于保持消费者的有意注意，如消费者购买软件时，可以让消费者动手操作，感受软件的作用，这有助于维持消费者的注意。

3.1.3 注意在营销活动中的作用

1. 有意注意和无意注意的转换可以引发消费需求

消费者的注意分为有意注意和无意注意，而只有有意注意才能引发消费者明确的需求，因此，正确地运用和发挥注意的心理功能，使消费者实现从无意注意到有意注意的转换，就可以引发需求。当消费者对一种产品或服务根本没有兴趣时，经营者可以加强刺激去引起消费者注意，使无意注意转化为有意注意，以刺激消费者的购买欲，这样，才能达到最有意义的售卖目的。例如，贵州茅台酒在1905年巴拿马世界博览会上获金奖，注意在这里立了头功。博览会初始，各国评酒专家对其貌不扬、装饰简陋的中国茅台酒不屑一顾。眼看博览会一天天临近结束。一天，博览会展厅内客商较多，中国酒商急中生智，故意将一瓶茅台酒摔破在地，顿时香气四溢，举座皆惊。从此茅台酒名声大振，走向了世界。中国参展酒商的做法，符合强烈、鲜明、新奇的活动刺激能引起人们无意注意的原理，在提高商品的知名度、引发消费需求上取得了巨大成功。

2. 用多样化的经营调节消费者在商品中的注意转换

传统的零售商业企业的基本功能是出售商品，综合性大型零售企业也只是满足消费者吃、穿、用的全面需求。许多消费者觉得"逛"商店很疲劳，究其原因，一是需要走路和上下楼梯，有一定的体力消耗；二是长时间处于有意注意状态，容易产生心理疲劳。现代化零售商场不仅装饰豪华，环境舒适典雅，设有扶梯以减轻顾客上下楼的体力支出，而且在功能上也已大为拓展，集购物、娱乐、休息之大成。许多新建大型零售商场，吃的、用的、穿的、行的商品齐备，有的设餐馆、卡拉OK歌舞厅、冷热饮厅、电影院、哈哈镜室、儿童活动区等，使消费者在购物活动中时而有意注意，时而无意注意；时而忙于采购，时而消遣娱乐。这种多样化的经营战略符合"开放经营"策略，显然也有利于延长消费者在商店内的滞留时间，创造更多的销售机会，同时也使消费者自然而然地进行心理调节，感到去逛商店是一桩乐事。

【案例】

商场购物中心化

现在，去购物中心消费的消费者越来越多，购物中心一站式的服务和舒适的环境是吸引人们的一大卖点，多样化的经营能全方位的满足消费者购物、餐饮、休闲和娱乐等多方面需要。然而，在电子商务的冲击下，零售业面临的问题也越来越多。

2013年7月，商业地产龙头万达集团明确表示，今年开设的万达广场二楼将以体验业态为主，力争不招零售业态，并且要在2015年前把已经开业的72个广场二楼业态调整完毕。"去服饰化"的消息一经传出即引发诸多关注，也不免引起服装业界的恐慌。有不少服装人质疑，服装是否已遭遇万达摒弃。

半年多过去了，万达真的"去服饰化"了吗？

服装讲求的是体验消费，试穿后满意才会买单。就好像王健林和马云打的赌一样，电商再厉害，很多东西还是网购无法替代的，比如洗澡、捏脚、美容这些业务。因此，服装品牌自然要追随与消费者零距离接触的城市商业中心。作为造城能手的万达，它的一举一动自然也牵动着服装业界的神经。

2013年上半年，万达集团新开业5家万达广场。这5家万达广场二楼都已经取消了服饰零售业态。一些大牌服装品牌仍被保留，主要集中在一楼。其他服装品牌，进驻万达百货。二楼主要引入体验式商业，如书吧、儿童游乐、精品店、家居体验店和轻餐饮等。据万达集团披露，在2013年开业的大连高新和宜兴两个广场，调整后的二楼客流量比未调整的万达广场增加10%以上，销售额增加8%。

根据《万达集团2013年上半年工作报告》显示，万达要压低零售业态的比率。而这一计划牵引出万达广场"去服饰化"的系列行为。万达回应该举措是为了减少和百货业态重合，增加广场业态。业内人士表示，百货购物中心化是未来的趋势，体验类消费会越来越多。

不难看出，所谓万达的"去服饰化"是对旗下资产的有效分类和整合，以及对消费理念和消费环境的持续关注和不断探索。万达一直在研究，万达广场如何给客户提供更轻松、更全面的消费理念和消费环境。只不过在去年万达的上半年工作会议上，万达董事长着重强调了这样一个事，被媒体夸大了而已。

资料来源：http://cq.winshang.com/news-230169.html.

3. 成功的广告需要引起消费者的注意

工商企业在广告宣传中，要使广告被消费者所接受，必然要与他们的心理状态发生联系。中华人民共和国成立前，上海有家梁记牙刷店，门口有一图画广告，上面画着一个人用一把老虎钳拼命地去拔牙刷上的毛，旁边只写了四个字——一毛不拔，一下子吸引了消费者的注意。

成功的广告怎样才能引起消费者的注意呢？可以综合运用下述方法。

（1）利用大小。

形状大的刺激物比形状小的刺激物容易引起注意。根据韦伯定律，刺激以几何级数增加，而感觉则以算术级数增加。尤其介绍新产品的广告，应尽可能运用大幅、大型化广告。当然，这并不等于广告篇幅增加两倍，就能引起读者加倍的注意，不存在这样简单的直接增加的关系。

（2）运用强度。

洪亮的声音容易引起注意。国外电视节目插播商业广告节目时，音量突然自动增大，正是利用强度原理。现在我国有的电视台也开始运用。但应当注意的是，刺激强度不能超过消费者的感觉阈限，否则适得其反。在黄金时间播放收视率高的节目中，插播广告的音量如果突然变得震耳欲聋，反而可能破坏消费者的情绪，产生逆反心理。

（3）使用色彩。

鲜明的色彩比暗淡的颜色容易引起消费者的注意。一般地讲，黑色比白色在背景衬托下更引人注目，橘红色为主调的食品饮料广告画面更能刺激胃口，以暖色为主调的广告画面在冬季令消费者感到温暖，以冷色为主调的广告画面在夏季令消费者感到凉爽。以中性色为主调的广告画面使人有现代感，以朦胧色调为主的广告画面使人有艺术感。现在彩色广告到处可见，而黑白对比的广告画面反倒使人有新鲜感，关键是色彩搭配所产生的视觉效果。如果把下列国家的国旗图案放在一起，人们会注意到哪一面呢？这些国家是：马里、几内亚、象牙海岸、法国、意大利、比利时。六国国旗的共同点都是由三种颜色从左至右排列，且三种颜色基本各占三分之一（法国国旗蓝色面比白色面略窄），人们会发现，最先引人注目的是比利时国旗图案，其次是法国国旗图案。

（4）举目位置。

在自选商场，商品举目可望，从人的胸部到眼部之间的空间，是最能引起消费者注意的商品陈列位置。印刷在同一版报纸上的广告，什么位置最能引起消费者的注意呢？国外的实证结果是，上面比下面、左边比右边更容易引起人们注意。在高大的建筑物上放置文字广告，建筑物顶端比任何位置更佳，因为顶端视野开阔。

（5）以动制胜。

活动着的刺激物比静止的刺激物更容易引起人们的注意。色彩斑调、反复变化的霓虹灯广告，比静止的同样内容的广告更引人注目，其生命力在于其活动性。

（6）进行隔离。

在大的空间或空白的中央放置或描绘的对象容易引起人注意。例如，报纸上整版印刷的广告，由于消费者的注意力被分散，使人产生视而不见的印象，所以效果不甚理想。新中国成立前，我国一家报纸曾在一版固定的地方，连续三天留下空白，引起了读者的广泛注意和猜想，第四天该处登载了一则广告，好奇心使读者非要看看是什么内容，最终大大提高了阅读率。

上述方法概括起来，一是增强广告各刺激元素之间的对比，包括图案大小、色调对比、画面动静、空白对比、色彩明暗、强弱对比、声响节奏、高低对比等；二是增大广告刺激元素的强度，一定限度内刺激物强度越大，人们对这种刺激物的注意度越高。实践中如能交叉、结合使用，则会明显达到广告引起人们注意的目的。

3.2　感知：消费者对商品认知的初级阶段

消费者注意商品之后，就会通过消费者的认知心理对商品进行认识和评价，在这一过程中，消费者首先通过感觉器官对商品的外部特征进行了解，形成对商品的初步印象，这就是消费者对商品认知的初级阶段，即感觉和知觉阶段。

3.2.1　消费者的感觉

1. 感觉的含义和类型

（1）感觉的含义。

感觉是人脑对直接作用于感觉器官的客观事物的个别属性的反映。消费者的感觉是商品外部的个别属性作用于消费者不同的感觉器官而产生的主观现象。消费者对商品的认识过程离不开感觉，商品正是通过刺激消费者的外部感觉器官，如视觉、听觉、嗅觉、味觉、触觉，在消费者大脑中形成对这种特定商品的个别属性的反映，引起消费者的感觉。比如，一个苹果放在消费者面前，用眼睛看到的颜色为红色，用鼻子闻到的气味是香的，用舌头尝到的味道是甜的，用手触摸到有一定的温度和硬度。这些属性中的任何一种属性直接作用于消费者的感觉器官，就会从大脑中反映出来。

感觉的产生是单一分析器活动的结果。分析器是由外周感觉器官、中枢神经、传入神经和传出神经联合组成的神经机构。这四个部分缺一不可，外周部分与中枢部分由传入神经和传出神经做反馈联系。任何一种感觉的产生，都是商品的某一个别属性作为适宜刺激作用于某一感觉器官，感觉器官产生兴奋并由传入神经将兴奋传导到大脑中枢，在大脑中枢产生相应的感觉，如图 3.1 所示。

传入神经

传出神经

图 3.1　感觉的产生

【案例】

感觉剥夺——一次不人道的实验

如果人们无法接触环境刺激，失去感觉会怎样呢？

所谓感觉剥夺指的是有机体与外界环境刺激处于高度隔绝的特殊状态。有机体处于这种状态，外界的声音刺激、光刺激、触觉刺激都被排除。几天后，有机体会出现某些病理心理现象。感觉剥夺现象在特殊环境下工作的人员身上时有发生。沙漠远征的人、飘落孤岛的海上遇难者都有可能发生感觉剥夺现象。对感觉剥夺的研究始于第二次世界大战（简称二战）后，1954 年，加拿大麦克吉尔大学的心理学家首先进行了"感觉剥夺"实验。

实验中，研究者给被试准备了一个小的隔离室，被试均为自愿参加，如果愿意待在隔离室里，每天就会得到 20 美元的收入（在当时 20 美元是相当高的金额）。被试的手臂上被套上纸板筒，腿脚用夹板固定，限制其触觉；戴上半透明的护目镜，使其难以产生视觉；用空气调节器发出的单调声音限制其听觉。

在隔离室里有固定的器械，被试可以随时通过操作器械来获得食物和饮料。实验者的要求是被试必须安静地躺在床上，不能随意跑动。在感觉剥夺期间，实验者还会对其中的一部分被试通过话筒提出一些测验或问题，同时还会向被试呈现一系列令人厌烦的阅读资料。而另一部分被试作为控制组则坐在安静的房间里，听录音中的对话。

实验者对实验的预期是，被试起码会在隔离室待上几天，结果有一半的被试不到？小时就放弃了实验。尽管报酬很高，却几乎没有人能在这项感觉剥夺实验中忍耐三天以上。在感觉剥夺期间，隔离室中的被试表现出了明显的紊乱现象，他们没法解决简单的问题，感到恐慌，进而产生幻觉，出现错觉，注意力涣散，思维迟钝；还出现了紧张、焦虑、恐惧等反应。实验持续数日后，人就会产生一些幻觉。例如，看到大队老鼠行进的情景，或者听到有音乐声传来等。当实验进行到第四天时，被试出现了双手发抖、不能笔直走路、应答速度迟缓以及对疼痛敏感等症状。实验者发现大概有 80% 的被试都报告有幻觉体验。

幻觉症状主要表现为以下三种：① 被试报告感觉身边有好多线条或圆点在闪现。实验结果发现，被试的幻觉内容远远超过被试的控制程度，虽然被试戴着半透明的镜片看不清东西，但却能够想象而由此产生了幻觉；② 被试常常伴有把自己的身体看成两部分的幻觉。甚至有的被试报告感觉自己的身体好像失去了重心，漂浮在半空等；③在实验过程中甚至实验结束后，被试判断距离的能力和审视三维空间的能力都有些紊乱。有的被试在停车场不能正确地判断自己的车子和别人车子之间的距离。这种现象是极为可怕的，如果不及时制止后果不堪设想。

此外，实验者继续进行了追踪调查，发现被试在实验结束后，需要 3 天以上的时间才能回复到原来的正常状态。

（2）感觉的分类。

2 000 多年前，古希腊哲学家亚里士多德曾把感觉分为五种：视觉、听觉、味觉、嗅觉和肤觉。现代心理学一般根据刺激物的来源和产生感觉的分析器的不同，把感觉分为两大类，即外部感觉和内部感觉。

① 外部感觉。外部感觉是由机体以外的客观刺激引起的，反映外界事物个别属性的感觉。外部感觉包括视觉、听觉、嗅觉、味觉和肤觉。

视觉是以眼睛为感觉器官，辨别外界物体明暗、颜色等特性的感觉。

产生视觉的适宜刺激是可见光。产生视觉的适宜刺激是波长为 380 ~ 780 纳米的电磁波，即可见光。与光的时间特性对应的视觉现象是后像和闪光融合。视觉刺激对感受器的作用停止后，感觉现象并不消失，还能保留短暂的时间，这种现象叫后像。例如，注视亮着的电灯几秒钟后，闭上眼睛，眼前会出现一个亮着的灯的形象位于暗的背景上，这是正后像，后像的品质与刺激物相同；随后可能看到一个黑色的形象位于亮的背景上，这是负后像。彩色视觉常常有负后像。例如，注视一个红色正方形一分钟后，再看白墙，在白墙上将看到一个绿色的正方形。当断续的闪光达到一定的频率，人们不会觉得是闪光，会得到融合的感觉，这种现象叫闪光融合。例如，日光灯的光线其实是闪动的，每秒钟闪动 100 次，但我们看到的却不是闪动的，而是融合的光。

听觉是声波振动鼓膜产生的感觉。引起听觉的适宜刺激是频率（发声物体每秒钟振动的次数）为 16 ~ 20 000 赫兹的声波。低于 16 赫兹的振动是次声波，高于 20 000 赫兹的振动是超声波，都是人耳不能接受的。接受声波刺激的感受器是内耳的柯蒂氏器官内的毛细胞。当声音刺激经过耳朵传到内耳的柯蒂氏器官内的毛细胞时，引起毛细胞兴奋，毛细胞的兴奋沿听神经传达到脑的听觉中枢，这就产生了听觉。

嗅觉是某些物质的气体分子作用于鼻腔黏膜时产生的感觉。引起嗅觉的适宜刺激是有气味的挥发性物质，接受嗅觉刺激的感受器是鼻腔黏膜的嗅细胞。有气味的气体物质作用于嗅细胞，细胞产生兴奋，经嗅束传至嗅觉的皮层部位（位于颞叶区），因而产生嗅觉。研究表明，嗅觉刺激可以唤起人们的记忆和情绪。做词汇练习时闻着巧克力香味的学生，第二天回忆词汇时，再次提供巧克力香味比不提供回忆的词汇要多。芳香的气味可以使人心情好，增强自信，提高工作效率。

味觉是可溶性物质作用于味蕾产生的感觉。如果用干净的手帕将舌头擦干，然后将冰糖或盐块在舌头上摩擦，这时你感觉不到任何味道，甚至可以把奎宁撒在干舌头上，只要唾液不溶解它，就不会感觉到苦味。引起味觉的适宜刺激是可溶于水或液体的物质，接受味觉刺激的感受器是位于舌表面、咽后部和腭上的味蕾。巴特舒克（Linda Bartoshuk, 1993）研究发现，人类因味觉引起的情绪反应是固定的。把甜的或苦的食物放在新生儿的舌头上时，新生儿舌头和面部的反应与成人一致。没有舌头的人仍有味觉，味觉感受器在嘴的后部和顶部。如果舌头的一边失去味觉，我们不会注意到，因为舌头的另一边对味觉会非常敏感。大脑难以对味觉定位，虽然舌头中间的味蕾较少，但我们体验到的味觉来自整个舌头。某些有营养的物质不能引起味觉，如脂肪、蛋白质、淀粉及维生素。

肤觉是刺激作用于皮肤引起的感觉。引起肤觉的适宜刺激是物体机械的刺激和温度。接受肤觉刺激的感受器位于皮肤、口腔黏膜、鼻黏膜和眼角膜上（如皮肤内的游离神经末梢、触觉小体、触盘、环层小体、棱形末梢等），呈点状分布。肤觉的基本形态包括触压觉、温度觉、痛觉。由非均匀的压力在皮肤上引起的感觉叫作触压觉，触压觉包括触觉和压觉。额头、眼皮、舌尖、指尖较敏感，手臂、腿次之，胸腹部、躯干的敏感性较低。温度觉指皮肤对冷、温刺激的感觉。温度觉以生理零度为界限。温度刺激高于生理零度，引起温觉；温度刺激低于生理零度，引起冷觉；人体不同部位的生理零度不同，面部为33℃，舌下为37℃，前额为35℃。痛觉是对伤害有机体的刺激所产生的感觉。痛觉对有机体具有保护作用。我国学者研究表明，人体皮肤对痛觉的敏感性一年中经历两次周期性的变化，春、秋两季比夏、冬两季要迟钝，其原因尚不明了。

② 内部感觉。内部感觉是由机体内部的客观刺激引起，反映机体自身状态的感觉。内部感觉包括运动觉、平衡觉和机体觉。

运动觉是反映身体各部分运动和位置的感觉。引起运动觉的适宜刺激是身体运动和姿势的变化，接受运动觉刺激的感受器位于肌肉、韧带、关节等的神经末梢。凭借运动觉，我们可以行走、劳动，还可以进行各种体育活动，完成各种复杂的运动技能；凭借运动觉与触觉、压觉等的结合，我们可以认识物体的软硬、弹性、远近、大小、滑涩等特性。

平衡觉是反映头部位置和身体平衡状态的感觉。引起平衡觉的适宜刺激是身体运动时速度和方向的变化，以及旋转、震颤等，接受平衡觉刺激的感受器位于内耳的前庭器官，即椭圆囊、球囊和三个半规管。平衡觉的作用在于调节机体运动，维持身体的平衡。平衡觉与视觉、机体觉有联系，当前庭器官受到刺激时，视野中的物体仿佛在移动，我们会感觉眩晕、恶心、呕吐等。

机体觉是机体内部器官受到刺激时产生的感觉。引起机体觉的适宜刺激是机体内部器官的活动和变化，接受机体觉刺激的感受器分布于人体各脏器的内壁。机体觉在调节内部器官的活动中具有重要作用，它能及时地反映机体内部环境的变化和内部器官的工作状态。当人体的内部器官处于健康、正常的工作状态时，一般不会产生机体觉。机体觉的表现形式有饥、渴、气闷、恶心、窒息、便意、性、胀、痛等。

2. 感受性和感觉阈限

（1）感受性和感觉阈限的关系。

感觉的其中一个特征是感受性。感受性是指人的感觉器官对各种适宜刺激的感受能力。适宜刺激是指特定感觉器官只接受特定性质的刺激。每种感觉器官有其特定功能，只能反映特定性质的刺激。例如，听觉是通过耳朵而不能通过鼻子进行；视觉要通过眼睛而不能通过嘴巴进行等。感受性说明引起感觉不仅要有适宜的刺激，还要有一定的刺激强度。例如，我们感觉不到落在皮肤上的尘埃，看不见远处微弱的灯光，听不到一根针掉到地上的声音等。

心理学用"感觉阈限"（Threshold）来衡量感受性的强弱。感觉阈限是指能引起感觉的并持续了一定时间的客观刺激量。任何超出感觉阈限的刺激都不能引起人的感觉。感觉阈限与感受性之间成反比关系。

感受性和感觉阈限都有两种形式，即绝对感受性和绝对感觉阈限、差别感受性和差别感觉阈限。绝对感觉阈限（Absolute Threshold）是指刚刚能引起感觉的最小刺激量。绝对感受性是指对最小刺激量的感觉能力。它们之间成反比关系。只有超过绝对阈限的刺激，人们才能感觉到它们的作用。例如，人的眼睛可见光谱为 400～760 纳米；差别感觉阈限（Sensory Threshold）是能引起差别感觉的刺激物的最小差别量，差别感受性就是能感受出刺激物间最小差别量的能力。差别感受性和差别感觉阈限也呈反比关系。德国生理学家韦伯（E. H. Weber）在研究感觉差别阈限时发现，为了引起差别感觉，刺激物的增量与原刺激量之间存在某种关系，这种关系可用以下公式表示：

$$K = \Delta I / I$$

其中，I 为原刺激强度，ΔI 为引起差别感觉的刺激增量，K 为常数。

（2）感受性变化的规律。

人的感受性不是一成不变的，往往会随着时间、方式和内容的变化而发生变化。感受性的变化有一定规律可行。

① 感觉的适应现象。适应是指刺激对感受器的持续作用而使感受器发生变化。这种作用可能增强，也可能降低。例如，白天人们刚走进电影院什么也看不清，过几分钟就能看清了，这叫作暗适应。又例如对交通噪音的适应，刚住进临街的房子，晚上被交通噪音吵得迟迟而不能入睡，住一两个月后就能安然入眠了。中国有句俗语："久闻不知其臭。"也说明了这个道理。

② 感觉的相互作用。各种感觉的感受性在一定条件下会出现此长彼消的现象，在微弱的声响环境中，能提高人们辨别颜色的感受性；反之，如果声响过大，对颜色的分辨感受性会降低。人的听觉在黑暗中会得到加强，在光亮中会减弱。人们常见一些盲人耳朵灵，但有的盲人却成为著名的音乐家，这是由于盲人总处于"黑暗世界"，听觉就比正常人要强许多。这些都说明，对人的某一器官的刺激加强了，另外器官的感受性就会相应地减弱；反过来，对某一器官的刺激减弱，另外器官的感受性就会加强。

3. 感觉在市场营销中的作用

市场营销的基本原理是通过满足顾客的需求促进交易，最终实现企业的目标。市场营销的核心思想是交换，如制造商与中间商的交换、中间商与顾客的交换等，但最终是各方与终端顾客的交换。商品只有与终端顾客发生了交换关系，才会产生利润，才能实现企业的目标。如何促成顾客交易是一个非常值得研究的课题，许多营销大师从不同角度提出了很多理论。消费心理学从顾客心理角度分析顾客购买商品的过程，认为"顾客买的不是产品，而是一种感觉"，如何让顾客找到感觉成了促成顾客交易的因素之一。前面提到感觉很重要的一个性质是感受性，所以感觉阈限理论在市场营销中有很广泛的应用。现从产品、价格、分销、促销四方面分类论述。

（1）产品的设计。

产品是一个整体概念，包括核心产品、形式产品与附加产品。产品具有生命周期，为了保证企业长期稳定的发展及竞争的需要，企业必须不断进行新产品的开发。企业无论改变产品的哪一部分都应考虑感觉阈限。如 Bohemi 啤酒公司将每瓶啤酒容量从 12 盎司减少到 11 盎司时，节约下来的钱用于增加广告，销量增加一倍。宝洁公司从 1898—1998 年对"象牙牌"（Lvory）肥皂的包装做了 19 次改变，每次改变的差异很微小，变动幅度保持在消费者的差别阈限范围内，从未对市场销售造成不良影响。但当人们把 1898 年和 1998 年的肥皂包装作比较时，发现其规格差异惊人。上述成功实例可以说明减少商品规格、重量时，应尽量在差别阈限范围内。因为消费者总希望用同样的钱买到更多的商品，而不是减量的商品。同理，如果商品规格、重量增加了，就要想办法超过顾客的感觉阈限，或用醒目的方式告知顾客，比如在包装上注明"加量不加价"等字样。

（2）商品价格。

顾客都有一个心理，用更少的钱买到同样的商品。因此由于成本上涨，企业不得不提高商品价格时，每次提价的幅度应尽量不超过价格差异的差别阈限，以免对市场销量带来负面影响。如某品牌热水器单价由 1 580 元提升到 1 630 元时，顾客对这种在差别阈限范围内的提价不会太敏感。但是由于成本下降等原因，降低商品价格，则降价幅度应尽可能超过差别阈限，令顾客感到便宜了许多，从而提高销售量。

（3）分销渠道。

即地点或场所。零售商在对场地的布置和装潢、软硬件建设时，都要立足于对消费者构成刺激，使消费者能感觉到超过其感觉阈限；消费者如感觉不到，则无异于"穿新衣，走夜路"，劳而无功。感觉还有一个特性是适应性，因此商场即使设施完好无损，时间久了，顾客适应了就会找不到感觉。所以商场应根据不同季节、不同活动主题等经常进行重新布置装潢，令顾客重拾美好的感觉。

（4）促销方式。

促销方式包括人员促销和非人员促销，非人员促销又包括广告、营业推广和公共关系。广告是最常见的促销方式，如何达到预期广告效果，从感受性角度看，有两点应特别注意。一是广告中各种刺激物的强度必须在绝对感觉阈限之内。由于太弱或太强的刺激均超出了感受性的范围，所以广告中的各种刺激物的强度必须在绝对感觉阈限之内。二是巧妙运用差别感觉阈限。在广告策划过程中强调寻找产品的 USP（独特销售主张），树立差异化的品牌形象和对产品进行准确的市场定位，其实都是希望在目标消费者差别阈限的基础上，通过相应的信息诉求与销售刺激引起他们的感知，并借助视听引导形成持续的信息关注，进而完成注意—兴趣—欲望—记忆—行动几个阶段的过渡，以有效达到产品销售。所以，利用差别阈限引起消费者的感知，就成为广告策划人员首要考虑的问题。

综上所述，企业在市场调研、市场细分、目标市场选择、市场定位基础上，制定具体的市场营销策略时，都应该恰当地运用相关理论，认真研究消费者心理，全方位满足顾客的需求。唯有如此，企业才会长盛不衰、持续发展。

3.2.2 消费者的知觉

1. 知觉的含义和分类

知觉是人脑对直接作用于感觉器官的客观事物的整体反映。知觉是各种感觉的结合，它来自于感觉，但已不同于感觉。感觉只反映事物的个别属性，知觉却认识了事物的整体；感觉是单一感觉器官活动的结果，知觉却是各种感觉协同活动的结果；感觉不依赖于个人的知识和经验，知觉却受个人知识经验的影响。同一物体，不同的人对它的感觉是类似的，但对它的知觉就会有差别，知识经验越丰富对物体的知觉越完善、越全面。显微镜下边的血样，只要不是色盲，无论谁看都是红色的；但医生还能看出里边的红血球、白血球和血小板，没有医学知识的人就看不出来。感觉与知觉又是密切联系的，知觉必须以各种形式的感觉的存在为条件，并且与感觉同步进行。但是不能把知觉理解为感觉的简单相加，因为知觉还要受到过去经验的制约。我们正是依靠过去的经验和已经形成的概念，才能把感觉到的个别属性结合为整体形象，从而把当前的对象物知觉为某个确定的事物。

2．知觉的分类

（1）根据知觉反映的事物特征，可分为空间知觉、时间知觉和运动知觉。空间知觉反映物体的空间特性（例如物体的大小、距离等），时间知觉反映事物的延续性和顺序性，运动知觉反映物体在空间的移动。

（2）根据反映活动中某个分析器的优势作用，可分为视知觉、听知觉、触知觉等。

（3）错觉。指人们对外界事物不正确的感觉或知觉。消费者在知觉某个客观事物时，由于对象受背景的干扰或其他因素的影响，会产生对该对象的错误知觉，这就是错觉。实际上，错觉是在特定条件下产生的歪曲的知觉。

3．知觉的特征

（1）理解性。

人们在知觉对象时，总是用以前获得的有关知识和经验来理解它，并给它以名称，这就是知觉的理解性。影响知觉理解性的因素有几个：①人的知识经验对知觉理解性的影响。知觉是个体以其已有经验为基础，对感觉所获得资料而做出的主观解释，因此，知觉也常称之为知觉经验。比如，两个人同时发现路上的一颗石头，农民认为这只是一颗普通的石头，而考古学家却知觉到这是古生物化石，这就是知识经验影响到事物的知觉。②语言也会影响知觉的理解性。在外界环境相当复杂、对象的外界标志不很明显的情况下，语言的辅导作用能唤起人们的过去经验，有助于对知觉对象的理解。

（2）选择性。

客观事物是多种多样的，在特定时间内，人只能感受少量或少数刺激，而对其他事物只作模糊的反映。被选为知觉内容的事物称为对象，其他衬托对象的事物称为背景。某事物一旦被选为知觉对象，就好像立即从背景中突现出来，被认识得更鲜明、更清晰。一般情况下，面积小的比面积大的、被包围的比包围的、垂直或水平的比倾斜的、暖色的比冷色的，以及同周围明晰度差别大的东西都较容易被选为知觉对象。即使是对同一知觉刺激，如观察者采取的角度或选取的焦点不同，亦可产生截然不同的知觉经验。影响知觉选择性的因素有刺激的变化、对比、位置、运动、大小程度、强度、反复等，还受经验、情绪、动机、兴趣、需要等主观影响。由知觉选择现象看，我们可以想象，除了少数具有特定特征的知觉刺激（如捏在手中的笔）之外，我们几乎不能预测，提供同样的刺激情境能否得到众人同样的知觉反应，如图3.2所示。

图3.2 老妇少女双关图

（3）整体性。

知觉的对象都是由不同属性的许多部分组成的，人们在知觉它时却能依据以往经验组成一个整体。知觉的这一特性就是知觉的整体性（或完整性）。例如，一株绿树上开有红花，绿叶是一部分刺激，红花也是一部分刺激，我们将红花绿叶合起来，在心理上所得到的美感知觉，超过了红与绿两种物理属性之和。知觉并非感觉信息的机械相加，而是源于感觉又高于感觉的一种认识活动。当人感知一个熟悉的对象时，只要感觉了它的个别属性或主要特征，就可以根据经验而知道它的其他属性或特征，从而整个地知觉它。如果感知的对象是不熟悉的，知觉会更多地依赖于感觉，并以感知对象的特点为转移，而把它知觉为具有一定结构的整体，如图3.3所示。

图 3.3 "主观轮廓"图

（4）恒常性。

在不同的角度、距离、明暗度的情境之下，观察某一熟知物体时，虽然该物体的物理特征（大小、形状、亮度、颜色等）因受环境影响而有所改变，但我们对物体特征所获得的知觉经验，却倾向于保持其原样不变的心理作用。像这种外在刺激因环境影响使其特征改变，但在知觉经验上却维持不变的心理倾向，即为知觉恒常性，如图3.4所示，当知觉条件发生变化，对知觉对象的印象会保持不变。

图 3.4 "门"的知觉恒常性

4. 消费者的知觉风险

（1）知觉风险的含义。

知觉风险最初由 Bauer（1960）从心理学中延伸出来，他认为消费者在产品购买前可能无法预知购买是否正确，因此，消费者的购买决策中隐含着某种不确定性，消费者能够知觉到的这种不确定性或者不利且有害的结果就是知觉风险。正是由于知觉风险的存在，消费者有可能会产生某种紧张感，消费者自身有缓解紧张的机能，会通过某些行为消除紧张感。因此，消费者有可能会增加信息搜集行为，从而延迟、更改购买决策；或者索性因为担心知觉风险而放弃购买行为。这些无疑对企业来讲都是十分不利的。企业必须在分析消费者知觉风险的基础上，降低消费者知觉风险，促成消费者购买行为。

知觉风险主要包括以下几种。机能风险：产品不能达到预期水平的风险；生理风险：产品会给自己和他人带来损伤的风险；经济风险：产品是否值得花费这么多金钱的风险；社会风险：产品是否会给自己带来社会尴尬的风险，或者亲朋好友可能嘲笑自己的风险；心理风险：产品有可能降低消费者自我形象的风险；时间风险：如果所购买的产品没有预期功能，搜索该产品信息所花费的时间被浪费了的风险；机会成本：消费者因购买这种产品而没有购买其他产品所带来的风险。

（2）影响消费者知觉风险的因素。

知觉风险的存在会对消费者的购买决策过程产生非常重要的影响。一方面，风险的暗示会使消费者推迟购买行为。为了尽量减少购买风险，消费者往往拓宽自己的外部信息渠道，从而延长决策时间，推迟购买行为；另一方面，当感知的风险达到一定程度，消费者甚至于通过暂时取消购买行为而缓解感知风险的压力；同时，风险的感知会使消费者期望提高。当消费者预知一件商品的购买可能存在风险时，即使立即购买了该商品，也会在产品的使用中因为某种心理暗示而格外关注该商品的使用效果，从而一旦商品存在某些问题，消费者会夸大该问题，从而更容易产生不满情绪。

知觉风险的大小因不同的商品、个体、情境而有新差异，具体说来，知觉风险的影响因素有：① 产品特征。技术领先的新产品或功能属性较复杂的产品，消费者一般了解较少，这类产品的购买往往有较高的知觉风险；同时与消费者身体或者健康紧密相关的商品，消费者也容易有较高的知觉风险。② 产品价格。价格较高的商品，消费者在购买时会对其是否物有所值心存疑虑，此类商品知觉风险较高。③ 消费者的购买经验。消费者在购买从未有过购买经验的产品时知觉风险较高。④ 特殊购买目的。消费者的购买有特殊用意，如作为礼品、招待客人之用时往往知觉风险较高。⑤ 消费者的个体特征。购买经历较少、遇事较为谨慎小心、收入较低、受教育程度较低的消费者往往对购买不自信，因此在购买决策中往往有较高的知觉风险。

（3）降低消费者知觉风险的策略。

针对消费者风险知觉产生的因素，可以采取某些措施降低消费者知觉风险，从而促进其购买。

① 品牌忠诚度与降低知觉风险的营销策略。

品牌忠诚是指消费者对某一品牌形成偏好，重复购买该产品的趋向。包含两层含义：一是消费者在以往的购买中，选择某一特定品牌的频率很高；二是消费者对该品牌形成偏好。在这种情况下，消费者就会通过对以往使用过而且感到满意的品牌保持忠诚而不使用新产品或者从未使用过的产品来降低风险知觉，而且知觉程度越高，其品牌忠诚度越高。

影响品牌忠诚度的因素很多，下面就其中比较重要的因素提出一些相应的营销策略。首先，时间压力。在品牌的选择上，花费额外的时间收集新产品的信息很难，所以大多数消费者不愿意多花时间去了解一样新的产品。因此，这就要求我们要注意对消费者形成时间压力的原因进行辨别和分析，采取合适的市场营销策略，借此减轻消费者的时间压力，达到促进产品销售的目的。其次，风险因素。一般来说，消费者在选择产品时会存在很多风险意识，比如人身健康和安全，担心别人的嘲讽，以及经济风险等。这就要求在销售策略上，除了向消费者提供有关信息和质量安全有保障的产品外，权威性的广告、好的卖点示范、产品的试用期都是有效的方式。最后，自我形象。每个消费者都有自己的价值观和个性特征，根据这一特点，产品销售者就要做到使自己的产品与消费者形象达到一致。这样，消费者就会做出选择这种产品的决策，同时为了维护这种自我形象，消费者还会形成强烈的重复购买的趋势。

②品牌形象与降低知觉风险的营销策略。

当消费者购买的产品是新产品或者未使用过时，消费者除了收集必要的信息外，往往还要通过品牌形象来选择产品。产品形象有三个层面的含义：一是产品的核心，即消费者需求的主要内容；二是产品的形体，即消费需求不同的满足形式或服务的不同质量和形式；三是产品的附加利益，即给消费者带来更大的利益。

为此我们可以采取以下策略：首先，赋予品牌一定的自然特质和文化特质，使个体品牌有区别于竞争品牌的特殊风格和使消费者对品牌产生差别化的心理体验，为商品塑造一个易于识别的形象，刺激消费者对特定品牌的购买。其次，品牌扩张策略，使品牌具有一定的弹性，利用消费者的认知扩展将单一产品扩展为一系列品牌，以减少新产品投入时的市场支出，但是这种策略受品牌弹性强弱的限制。再次，品牌定位策略，为产品树立某种形象，使消费者尽快地感知产品，获得竞争优势。最后，心理策略。信息传递过程中突出与其他品牌或旧品牌的相对优越性，操作的简易性，可试性和其他更适应消费者的消费习惯，消除消费者各种心理因素引起的对品牌的忧虑，还可以利用恰当、合理的公共关系来维系品牌形象。

③寻求高价格与降低消费者知觉风险的营销策略。

由于缺乏对商品的实际了解，或有些商品的质量难以从外部进行判断。消费者在评价商品时，有意无意地把价格和质量联系起来，因此消费者有时会根据同类产品的不同价格作出选择。根据消费者这一心理特征，销售者可以采取以下策略：整数定价，消费者会感到这种产品档次较高，与其身份、地位、家庭一致，从而购买该产品；产品定价具有一定层次，让消费者感觉到不同档次，消费者在购买时就会进行对比，往往会选择高价产品，因为这样消费者会觉得自己的决策是最对的。同时，还可采用精品销售、销售出售形式降低消费者的知觉风险。

5. 知觉在市场营销中的作用

知觉是综合的、带有理解力的认识活动，它具有多种特征，与消费者心理活动的各个方面都有联系，因而对我们研究市场策略有重要意义。

（1）知觉的理解性与商品的宣传。

消费者在其知觉事物和商品的过程中，经常是把知觉到和观察到的客观事物与他们本人的自我想象、猜测及其一定的信念、态度和偏好等混淆在一起，往往使知觉的结果带有很多不真实的成分，这就是主观的知觉。例如，很多消费者在选购商品之前就表现为事先倾向于接受某些信息而抵制另外一些信息，在选购商品时易从主观意志出发评价商品的优劣。根据消费者知觉的这一特征，工商企业在进行产品宣传时，就应注意消除消费者的主观偏见，使产品的优点和特点被消费者所理解。同时，企业在广告中针对购买对象的特性，在向消费者提供信息时，其方式、方法、内容、数量必须与信息接收人的文化水准和理解能力相吻合，保持信息被迅速、准确地理解、接收，否则就劳而无获。20世纪60年代，美国一啤酒商曾为宣传其产品重金聘请了一个有名的滑稽团演出电视连续广告，尽管资料丰富加之演技高超使这个广告获了奖，可啤酒的销量并没有因此而增加。后经调查方知，欣赏这一广告的消费者阶层很少喝啤酒。

（2）知觉的选择性帮助消费者确定购买目标。

人们在进行知觉时，常常在许多对象中优先把某些对象区分出来进行反映，或者在一个对象的许多特性中，优先把某些特性区分出来予以反映，这说明知觉的客体是有主次的。这里的"主"是指知觉的对象，"次"是指不够突出或根本没被注意到的背景。知觉的选择性，帮助消费者确定购买目标，主要是由于购买目标成为符合他们知觉目的对象物，感知很清楚。而其他商品，相对而言成为知觉对象的背景，或者没有注意到，或者感知得模模糊糊。知觉的选择性特点可以运用于商业设计中的许多场所，比如我们为了突出某一类商品的形象，吸引消费者对它的注意，可以利用消费者的注意活动的心理特点，尽量隐去商品的背景布置，使商品的形象更加醒目。为了突出一些名贵商品的价值，也可以在商品的背景中，衬以非常豪华及特殊的包装，吸引消费者的注意。

（3）知觉的整体性在广告中的应用。

知觉的整体性特征告诉人们，具有整体形象的事物比局部的、支离破碎的事物更具有吸引力和艺术性。因此在广告图画设计中，把着眼点放在与商品有关的整体上比单纯把注意力集中在商品上，效果更为突出。例如，一幅宣传微型录放机的路牌图画广告，画面是一位秀发披肩的年轻姑娘，身着运动衫和牛仔裤，骑着新潮单车，头戴耳机，腰间挂着微型录放机，在春风和煦、绿树摇曳的背景中，微笑着徐徐前行。录放机在整个画面中所占比例很小，但它却使录放机与人们生活的密切关系跃然纸上，收到了很好的效果。这幅广告运用了知觉的整体性原理，比画上几个收录机，配上死板的文字说明效果好得多。

（4）知觉的恒常性与系列产品的销售。

消费者容易根据原有的信息来解释新的信息，凭借以往经验确认当前的事物，把有相似特征的事物看作是相同的。这个心理现象对市场营销活动有利有弊。如某种商品创出名牌后，使用同一商标系列产品也会得到消费者的好感，反之亦然。由于人们不愿放弃自己使用习惯的商品，所以知觉的连贯性可以成为消费者连续购买某种商品的一个重要因素。但有时又成为阻碍消费者弃旧图新，不利于新产品推销的因素之一。在创造一种新产品时，如果原有的同类产品名誉不佳，要使消费者能觉察到两者之间的差别。

（5）错觉与推销商品的艺术。

感知的误差即"错觉"。这种误差性并不都是坏事，生产经营者若能合理巧妙地利用人们的错觉，有时能在市场经营中收到良好的效益。商店狭长拥挤，镶上茶色镜面，会使整个营业厅加宽一倍；副食品店在水果糕点柜台上方斜置镜子，使商品显得丰满。在设计商品造型时，为了使容器在容积不变的情况下显得更大些，常利用人的"面积错觉"。例如，化妆品的包装瓶有圆形、扇形、葫芦形、梯形等，尽管瓶内容量相同，可消费者却认为有的装的多，有的装的少。在广告中还常常利用"图形错觉"，使平面的物体有形象逼真的立体感不仅能引人注目，还可以产生特殊的心理效果。营销人员在向顾客指荐纺织、服装类商品时，也可以运用人们知觉中产生错觉的规律，合理科学地推荐，提高服务艺术。如向身材矮胖的顾客推荐深颜色、竖条纹服装；对脸形大而圆的顾客劝说不要穿圆领口、带圆形图案的服装；头形小的顾客不要"V"字领服装，否则会更显"鹤立鸡群"等，这样才会使顾客满意而归。

3.3　思维与想象：消费者对商品认知的高级阶段

3.3.1　消费者的思维

1. 思维的概念和分类

思维是通过分析、概括对客观事物的本质进行间接反映的过程。也就是说，人们对客观事物的认识不会停留在感知的水平上，而总是利用已经感知和记忆的材料进行分析、综合、抽象、概括等思考活动，把感性认识升华到理性认识阶段，从而获得对事物的本质和内在规律的认识。因此，间接性、概括性是人的思维过程的重要特征。

（1）间接性。所谓间接性是指借助已有的知识、经验来理解和把握那些没有直接感知过的或根本不可能感知到的事物。例如，消费者对大屏幕彩电的内在质量往往不是太专业，不甚了解，但可以对大屏幕彩电感知表象，如图像是否清晰，色彩是否逼真，音响是否优美，信号是否灵敏等，再借助已有的知识经验，间接地认识它的内在质量性能。

（2）概括性。所谓概括性是指通过对同一类事物的共同特性、本质特征或事物间规律性的联系来认识事物。例如，消费者在购买过程中多次感知价格与质量的联系，从而得出"便宜无好货"的概括性结论。在消费行为过程中，消费者也往往会得出"大商场的东西要比街头拐角处购得的东西质量要可靠"的结论。因此，消费者要善于思考和总结，通过现象看本质，从而获得对商品内在性质的更为深刻的认识。

思维是以感觉、知觉、表象提供的材料为基础，通过分析、综合、比较、抽象、概括和具体化等基本过程而完成的。思维可分为动作思维、形象思维和抽象思维。

（1）动作思维又称实践思维，是凭借直接感知，伴随实际动作进行的思维活动。实际动作便是这种思维的支柱。如消费者在摆弄商品的过程中对商品进行判断就是这种思维。

（2）形象思维是运用已有表象进行的思维活动。表象便是这类思维的支柱。表象是当事物不在眼前时，在个体头脑中出现的关于该事物的形象。人们可以运用头脑中的这种形象来进行思维活动。

（3）抽象思维是以概念、判断、推理的形式达到对事物的本质特性和内在联系认识的思维。概念是这类思维的支柱。概念是人反映事物本质属性的一种思维形式，因而抽象逻辑思维是人类思维的核心形态。

2. 思维的品质

思维的品质实质是人的思维的个性特征。思维的品质反映了每个个体智力或思维水平的差异，主要包括深刻性、灵活性、独创性、批判性、敏捷性五个方面。

（1）深刻性。

深刻性是指思维活动的抽象程度和逻辑水平，涉及思维活动的广度、深度和难度。人类的思维主要是言语思维，是抽象理性的认识，是在感性材料的基础上，去粗取精、去伪存真，由此及彼、由表及里，进而抓住事物的本质与内在联系，认识事物的规律性。个体在这个过程中，表现出深刻性的差异。思维的深刻性集中表现为在智力活动中深入思考问题，善于概括归类，逻辑抽象性强，善于抓住事物的本质和规律，开展系统的理解活动，善于预见事物的发展进程。超常智力的人抽象概括能力高，低常智力的人往往只是停留在直观水平上。

（2）灵活性。

灵活性是指思维活动的灵活程度。它的特点包括：一是思维起点灵活，即从不同角度、方向、方面，能用多种方法来解决问题；二是思维过程灵活，从分析到综合、从综合到分析，全面而灵活地作"综合的分析"；三是概括—迁移能力强，运用规律的自觉性高；四是善于组合分析，伸缩性大；五是思维的结果往往是多种合理而灵活的结论，不仅有量的区别，而且有质的区别。灵活性反映了智力的"迁移"，如我们平时说的，"举一反三""运用自如"等。灵活性强的人，智力方向灵活，善于从不同的角度与方向思考问题，能较全面地分析、思考问题，解决问题。

（3）独创性。

独创性即思维活动的创造性。在实践中，除善于发现问题、思考问题外，更重要的是要创造性地解决问题。人类的发展、科学的发展，要有所发明、有所发现、有所创新，都离不开思维的独创性品质。独创性源于主体对知识经验或思维材料高度概括后集中而系统的迁移，进行新颖的组合分析，找出新异的层次和交结点。概括性越高，知识系统性越强，伸缩性越大，迁移性越灵活，注意力越集中，独创性就越突出。

（4）批判性。

批判性是思维活动中独立发现和批判的程度。是循规蹈矩、人云亦云，还是独立思考、善于发问，这是思维过程中一个很重要的品质。思维的批判性品质，来自于对思维活动各个环节、各个方面进行调整、校正的自我意识，它具有分析性、策略性、全面性、独立性和正确性等五个特点。正是有了批判性，人类才能够对思维本身加以自我认识，也就是人类不仅能够认识客体，而且也能够认识主体，并且在改造客观世界的过程中改造主观世界。

（5）敏捷性。

敏捷性是指思维活动的速度，它反映了智力的敏锐程度。有了思维敏捷性，在处理问题和解决问题的过程中，能够适应变化的情况来积极地思维，周密地考虑，正确地判断和迅速地作出结论。比如，智力超常的人，在思考问题时敏捷，反应速度快；智力低常的人，往往迟钝，反应缓慢；智力正常的人则处于一般速度。

每个消费者在思维的深刻性、灵活性、独创性、批判性和逻辑性方面都有所差异。这在营销过程中是需要加以注意的。例如，由于思维独立性的差异，有的顾客不易受广告宣传和口头宣传的影响，有的则易受外界诱因的影响。又如，具有敏捷性思维的消费者，往往能当机立断，迅速确定购买决策，而与之相反的消费者，选购时总是犹豫不决，拿不定主意。

3．思维对企业经营的影响

（1）思维的灵活性与经营的变通性。

思维的灵活性对于做生意是很重要的。例如，上海寒山路有家个体饭店开业，当时正值"活杀三黄鸡"风靡上海，但此店不赶这个时髦，偏偏开设了"活杀鲜鱼"的项目，可谓独树一帜。该店摸索出一套鱼缸里养河鱼的办法，在顾客选定、议价活杀后，可根据顾客不同口味要求，采用清蒸、红烧、单汤等做法，并提供"一鱼多吃"的服务。由于这家饭店经营项目、烹饪手法有特色，开业以来生意兴隆，不仅本市和外地的顾客慕名登门，就连一些国外游客也来光顾。

有些商品滞销，并不一定是质量上的问题，而是如何适应其他各地不同市场、不同消费者购买心理的问题。如果经营者稍加变通，即可"山重水尽疑无路，柳暗花明又一村"。比如，上海闸北区北站附近有一家东风绸布商店，仓库里积压着两万多元的中长纤维，他们动脑筋、想办法，把布料开裁成儿童裤片，在裤腿上绣上各种动物花样，上柜台后竟成了热门货。这正是适应了儿童好动、发育快、体形变化大的特点。开裁成裤片绣上花样，正好符合家长特别是年轻妈妈们既想打扮孩子又想省时省工省料的心理。再以瑞士"雀巢"咖啡公司为例，该公司设有多个专门机构，不仅定期从物理学、化学、营养学、细菌学等方面研究、检查咖啡的质量和营养成分，而且专门研究"雀巢"咖啡的配料、口味、色泽、包装，如何适应各个国家不同消费者的心理。如销往法国的"雀巢"咖啡色淡味纯，销往意大利的色黑味浓等。"雀巢"公司生产各批"雀巢"咖啡的容量、口味、颜色、包装不是千篇一律，而是各有不同。由于不断根据市场特点进行产品开发，今天的"雀巢"饮料已盛销 140 多个国家和地区。商品广告，一般情况下是企业利用人们的正常心理状态，通过各种媒体对广大用户介绍某产品或服务的一种促销方式。但是有时候，利用人们的逆反心理，运用出乎常规的方法，也能取得出奇制胜的效果。实际上，这也是一种变通的方式。例如，曾经有个推销员，在西欧某海滨城市推销皇冠牌香烟，但香烟市场已被其他公司捷足先登了。他在冥思苦想中登上一辆公共汽车，抬头看见车上写着"禁止吸烟"的字样，顿时灵机一动，想出一个极妙的主意。不久，这个城市到处贴着这样的广告："此处禁止各种香烟，连皇冠牌香烟也不例外。"于是，皇冠牌香烟销售量激增。

（2）思维的敏捷性与市场应变能力。

思维的敏捷性，是指在很短的时间内发现问题和解决问题。在当今市场竞争日益激烈的情况下，谁具有敏捷的思维，善于分析和研究市场变化，扬长避短，随机应变，趋利避害，谁适应能力强，变得快，谁发展就快。比如，当年英国王子查尔斯和黛安娜王妃在伦敦举行了一次耗资 10 亿英镑、轰动全世界的婚礼。在这次盛典中，英国一家商号，利用人们都想亲眼目睹那场上世纪最豪华婚礼场面的心理，做了一笔大生意。当盛典就要来到时，从白金汉宫到圣保罗教堂，沿途站了整整九层近百万的观众。后排的观众正在为无法看清街道场景而急得像热锅上的蚂蚁，这时，从背后传出了一片响亮的叫卖声："请用潜望镜观看盛典！一英镑一个。"长长的街道两旁立时出现了数百个兜售潜望镜的儿童，一会儿工夫，大批用硬纸板配上镜片做成的简易潜望镜就被抢购一空。

（3）思维的独创性与生意经。

创造性思维是指发明或发现一种新方法用以处理某种事情或某种事物的思维过程。人类的进步，离不开创造性思维。在激烈的市场竞争中，企业要立住脚跟，就少不了独特的招数。

一般人思维受经验影响，不能发现在某一系统中某事物的隐蔽性，而具有创造能力的人往往善于发现别人不易发现的某一系统中某事物的一些隐蔽属性，即善于从不同的角度，用不同的方式去解决问题，这也是思维独创性所要求的。如前所述，中长纤维布料无人问津，裁成裤片、绣上图案就成了抢手货。其实，整个轻纺市场上产品结构和花色、款式不尽如人意的现象比比皆是，这就需要产品的生产者和经营者转换角度和方式去解决问题，也就是要发挥独创性的思维。我国台湾地区有家制鞋业原本不景气，由于后来设计出一种可换鞋面的女帆布鞋，生意一下子兴隆起来。其设计特点就是鞋面的边和靠近鞋底边沿都装上控链，可调换鞋面。在平常穿着时，是一种颜色的鞋子，如遇上雨天或需配合衣服色调时，可将拉链拉开并取下鞋面，将另一种颜色的鞋面换上去，一经推出即受到消费者的青睐。任何事物都有它的正反两面，许多滞销的商品，只要能克服墨守成规的习惯性心理，运用创造性思维开拓思路，有时甚至稍作改变就会变滞销为畅销。

3.3.2　消费者的想象

1.　想象的含义与分类

（1）想象的含义。

想象是人在头脑里对已储存的表象进行加工改造形成新形象的心理过程，是一种特殊的思维形式。想象与思维有着密切的联系，都属于高级认知过程，它们都产生于问题的情景，由个体的需要所推动，并能预见未来。所谓表象，即在心理学中把客观规律作用于人脑后，人脑会产生这一事物的形象。对于已经形成的表象，经过人的头脑的加工改造出事物的新形象就是想象。由此可知，想象活动要具备三个条件：①必须有过去已感知过的经验，这种经验不一定局限于想象者个人的第一手资料，也可是前人、他人积累的经验；②想象的过程必须依赖于人脑的创造性，需要对表象进行加工，而不是表象本身；③想象是个新的形象，是主体没有直接感知过的事物。

（2）想象的分类。

与注意类似，想象也分为无意想象和有意想象。无意想象是指没有特殊的目的，不自觉的想象，也叫不随意想象，是想象中最简单、最初级的形式，人的梦就是无意想象的极端情况。与无意想象相对应，想象如果带有一定的目的性和自觉性，就叫作有意想象或随意想象。在进行有意想象时，人给自己提出想象的目的，按一定的任务进行想象活动。有意想象又可分为三种形式：再造性想象、创造性想象和幻想。再造想象是根据语言文字的描绘或条件的描绘（如图样、图解、符号记录等）在头脑中形成有关事物的形象。所谓"再造"，包括两个方面的含义，一是指新形象不是主体自己独立创造出来的，而是根据别人的描绘形成的；二是新形象又是经过主体大脑加工而成的。再造想象使人能超越个人狭隘的经验范围和时空限制，获得更多的知识；使我们更好地理解抽象的知识，使之变得具体、生动、易于掌握。创造想象与再造想象不同，创造想象不是依赖现成的描述而是独立地创造出新的形象，创造想象的基本特点就是"创造性"，它比再造想象更复杂、更高级。幻想是与个人生活愿望相联系并指向未来的想象。其特点在于：体现了个人的憧憬或寄托，不与当前的行动直接联系而指向于未来。幻想有理想和空想之分，理想是符合事物发展规律并有可能实现的想象；空想是不以客观规律为依据甚至违背事物发展的客观进程，不可能实现的想象。

2.　想象在市场营销中的作用

想象能提高消费者购买活动的自觉性和目的性，对引起情绪过程、完成意志过程起着重要的推动作用。消费者在形成购买意识、选择商品、评价商品过程中都有想象力的参与。例如，看到漂亮的布料，会想到漂亮布料制作出来的衣服，想到穿着漂亮的衣服受人喜欢的愉快与满足；买一台空调，消费者会想象拥有它能给家庭带来四季如春的感受，同时还起到美化家居的作用，等等。通过想象，消费者就能深入认识商品的实用价值、欣赏价值和社会价值，其结果是能增强商品对消费者的诱惑，激发其购买欲望。

（1）消费者在评价商品时常伴随着想象活动的参与。想象对消费行为会产生一定的影响，对于发展和深化消费者的认识有重要作用。在消费者的购买活动中，常常伴随有想象的心理活动。

（2）想象在商业广告中的心理效力。一个成功的商业广告，总是经过细致的素材加工，利用事物间的内在联系，用明晰巧妙的象征、比拟的表现手法激发消费者有益的想象，去丰富广告的内容，加强刺激的深度与广度的。因此，在商业广告中，有意识地增强广告激发想象的效果，是不可缺少的心理方法。

（3）对商业企业来说，营业员在摆布商品、陈列橱窗、介绍商品、展示商品等业务中，都可以发挥创造性的想象。

【案例】

"佳佳"和"乖乖"的不同命运

"佳佳"和"乖乖"是香脆小点心的商标，曾经相继风靡 20 世纪 70 年代的我国台湾地区市场，并掀起过一阵流行热潮，致使同类食品蜂拥而上，多得不胜枚举。然而时至今日，率先上市的"佳佳"在轰动一时之后销声匿迹了，而竞争对手"乖乖"却经久不衰。为什么会出现两种截然不同的命运呢？

经考查，"佳佳"上市前作过周密的准备，并以巨额的广告申明：销售对象是青少年，尤其是恋爱男女，还包括失恋者——广告中有一句话是"失恋的人爱吃'佳佳'"。显然，"佳佳"把希望寄托在"情人的嘴巴上"。而且做成的是咖喱味，并采用了大盒包装。"乖乖"则是以儿童为目标，以甜味与咖喱味抗衡，用廉价的小包装上市，去吸引敏感而又冲动的孩子们的嘴巴，让他们在举手之间吃完，嘴里留下余香。这就促使疼爱孩子的家长重复购买。为了刺激消费者，"乖乖"的广告直截了当地说"吃""吃得个个笑逐颜开！"可见，"佳佳"和"乖乖"有不同的消费对象、不同大小的包装、不同的口味风格和不同的广告宣传。正是这几个不同，最终决定了两个竞争者的不同命运。"乖乖"征服了"佳佳"，"佳佳"昙花一现。

从消费者心理活动的认识过程来看，消费者购买行为发生的心理基础是对商品已有的认识，但并不是任何商品都能引起消费者的认知。心理实验证明，商品只有某些属性或总体形象对消费者具有一定强度的刺激以后，才被选为认知对象。如果刺激达不到强度或超过了感觉阈限的承受度，都不会引起消费者认知系统的兴奋。商品对消费者刺激强弱的影响因素较多。以"佳佳"和"乖乖"为例，商品包装规格、消费对象的设计、宣传语言的选择均对消费者产生程度不同的刺激。"佳佳"采用大盒包装，消费者对新产品的基本心理定势是"试试看"，偌大一包不知底细的食品，消费者颇费踌躇，往往不予问津；而由于其消费对象仅限于恋人，又赶走了一批消费者；再加上广告语中的"失恋者爱吃'佳佳'"一语，又使一部分消费者在"与我无关"的心理驱动下，对"佳佳"视而不见，充耳不闻。"乖乖"的设计就颇有吸引力：一是廉价小包装，消费者在"好坏不论，试试再说"的心理指导下，愿意一试，因为量小，品尝不佳损失也不大；再者广告突出了"吃"字，吃得开心，开心地吃，正是消费者满足食欲刺激的兴奋点。两相对比，"乖乖"以适度、恰当的刺激，引起了消费认知，在市场竞争中，最终击败了"佳佳"。

问题：

1. 你同意上述的分析吗？为什么？
2. 试就某一产品的成功销售分析消费者心理过程的变化。

个人香水

对于许多消费者而言，古龙香水、花露水等形式的个人香水是很有必要的。有些人简直就无法想象若不洒上他们喜爱的香水该如何出门。

几个月以来，加里一直盼望与詹妮约会一次。今晚，他将如愿以偿。为了这一重大时刻，加里决定购买一瓶新的古龙香水，他可不想心存侥幸！

加里将他的同伴丹尼斯也拖到商店，两个人在芬芳四溢的香水柜台前细细辨别、鉴定每一种香水。香水及花露水应有尽有，从有着如 Cacharel Pour Homme 般千奇百怪的法国名字的女用香水的派生品，到朴实无华但却具有男性魅力的品牌 Brut，可谓品种齐全。有这么多的香水可供选择，但哪种才能传达准确的信息呢？闻过几种样品之后，加里意识到事情并不像他想象的那样容易。有的香水有一股浓浓的、甜腻的香味，让他不禁想起他的老姑妈，有的香水则清新如橘。正当他准备放弃之时，丹尼斯让他注意一种名叫 Drabber Noir 的香水，这种香水装在一个纯黑色的小瓶子里，看上去颇具神秘意味。啊哈！这正是他要为詹妮而塑造的形象——珍奇且具有一点神秘气息，加里抓起一瓶，兴冲冲地踏上回家的路，在他身后撒下一路胜利的香味。

问题：

加里为了给詹妮留下好印象而在自己的形象塑造方面不断下工夫，他认为香水可传递他的个人信息。你会为詹妮挑选什么样的女性香水来与其做最好的匹配呢？

思考题

1. 消费者注意的种类？消费者注意在营销中的作用？
2. 什么是感觉及感受性变化规律？
3. 感觉在消费者购买活动中的作用是什么？
4. 什么是知觉？消费者知觉风险的降低策略有哪些？
5. 知觉具有哪些特征？意义何在？
6. 消费者想象和思维对营销活动的影响？

4　消费者的学习与记忆

学习目标

➢　掌握学习的涵义及种类

➢　了解消费者学习的理论及方法

➢　掌握记忆的系统及遗忘的理论

➢　运用消费者的学习和记忆展开营销活动

消费者的行为绝大部分是后天习得的。通过学习，消费者获得了更丰富的知识和经验，提高了对环境的适应能力。同时，在学习过程中，其行为也在不断地调整和改变。消费者的学习与记忆是紧密联系在一起的，没有记忆，学习是无法进行的。本章主要介绍学习与记忆的机制、理论，以及它们在消费者行为分析中的应用。

【案例】

哪里有男子汉，哪里就有万宝路

在香烟王国的众多品牌中，万宝路（Marlboro）无疑是最响亮的名字。尽管今日世界的控烟浪潮汹涌澎湃，但是万宝路在美国《商业周刊》（Business Week）和纽约国际名牌公司（Interbrand）联合推出的 2003 年全球 100 大品牌排行榜上仍然高居第 9 位，其品牌价值为 221.8 亿美元。这里试图从传播与促销的角度来分析万宝路品牌的营销之路，不尽全面，希望能起到窥斑见豹的功效。

总部设在美国纽约的世界第一大烟草企业——菲利普·莫里斯公司（Philip Morris，以下简称菲莫）最早起源于英国。1847 年，菲利普·莫里斯先生在英国创办烟草公司，生意十分兴隆。1902 年，菲利普·莫里斯先生的后继者在纽约开办代理店销售该公司生产的一系列牌号的香烟，这其中就包括万宝路香烟。据说，万宝路的品牌名称源于该公司的伦敦工厂所在的街道名称"Marlborough"。1908 年，万宝路品牌在美国注册登记。1919 年，菲莫公司在美国正式成立。

19 世纪 20 年代的美国年轻人被称为"迷茫的一代"，因为经过第一次世界大战的冲击，许多青年都自认为受到了战争的创伤，而且他们坚持认为只有爵士乐和香烟的刺激才有可能将这种创伤冲淡。时髦女郎们更是信奉及时行乐主义，她们注重衣饰与化妆，有点醉生梦死的感觉。社会风气的癫狂与颓废，致使女烟民的数量激增。在这种背景之下，1924 年，菲莫公司将万宝路品牌定位成女士香烟向大众推广。为了在女士香烟中成为大赢家，菲莫公司煞费苦心地做了很多工作：一是附和女烟民身上的脂粉气，将广告语定为"温和如五月"，以博取女烟民对万宝路的好感；二是由于当时女烟民常常抱怨白色的烟嘴沾染了她们的红色唇膏，十分不雅。于是菲莫公司将万宝路的烟嘴染成红色，以期女烟民被这种无微不至的关怀所感动，从而打开销路；三是将万宝路的品牌名称"Marlboro"拆解为"Men always remember ladies because of romance only（因为有浪漫，所以男人总是忘不了女人）"，让万宝路香烟争当女烟民的红颜知己。

但是，事与愿违，从 1924 年一直到 1950 年代，万宝路始终默默无闻。女士香烟的广告定位虽然突出了万宝路的品牌个性，提出了对某一类消费者的偏爱，但同时为未来的发展设置了障碍，导致它的消费者范围难以扩大。具体来说，有以下三个原因：一是女性对香烟的嗜好，一般只限于婚前，因为怀孕的妇女一般会停止吸烟，生育后可能戒烟，而香烟是一种特殊商品，它必须形成坚固的消费群，重复消费的次数越多，消费群给制造商带来的销售收入就越大。二是女性往往由于其爱美之心，担心过度抽烟使牙齿变黄，面色受到影响，在抽烟时较男性烟民要节制得多，故"瘾君子"较少。三是"温和如五月"的广告语过于脂粉气，致使广大男性烟民对其望而却步。品牌形象是消费者对品牌的感性认知，是品牌现状在消费者心中的倒影，是品牌资产的一种折射。当品牌形象不利于销量增长并在消费者心中产生负面影响时，改变品牌定位、更新品牌形象就势在必行。持续一致的品牌定位会给品牌带来积累的效应，但是一个品牌定位如果不能适应时代或者市场，就应该做出相应的调整。

万宝路以女性为目标市场的失利并没有挫败菲莫的领导人。他们重新振作起来，委托李奥·贝纳（Leo Burnett）广告公司为万宝路作传播策划。李奥·贝纳建议菲莫为万宝路品牌洗尽铅华，给它一个男子汉形象。在广告形象代言人——"万宝路人"的选择上，菲莫起用过登山者、马车夫、潜水员、伐木人，但最终将理想中的男子汉形象聚焦到目光深邃、皮肤粗糙、粗犷豪放的西部牛仔身上。广告中的西部牛仔显得魅力无穷：袖管高高卷起，袒露出多毛的手臂，指间夹着一支烟雾缭绕的万宝路香烟，胯下骑着一匹威猛的高头大马驰骋在辽阔的美国西部大草原。西部牛仔广告于 1954 年问世后，给万宝路带来了巨大财富。1955 年，万宝路荣膺全美第十大香烟品牌。1968 年，万宝路的单品牌市场占有率跃居全美同行第二位。1975年，万宝路摘下美国卷烟销量的桂冠。1980 年代中期，万宝路成为烟草世界的领导品牌，这种全球霸主地位一直持续至今。菲莫投入千百亿美元的广告费，终于在人们心目中树立起"哪里有男子汉，哪儿就有万宝路"的品牌形象，那纵横驰骋、自由自在的西部牛仔代表了在美国开拓事业中不屈不挠的男子汉精神。

1987 年，美国《福布斯》杂志对 1 546 个万宝路香烟爱好者的调查表明，真正使烟民们着迷的不是万宝路香烟与其他品牌香烟之间微乎其微的产品上的差异，而是广告商涂抹在万宝路香烟上的男子汉气概给烟民们所带来的满足感和优越感。

虽然很多人可能依法反对烟草广告，但不能否认，万宝路广告运动是非常有效的。在上述案例中，我们可以看到消费者是如何把万宝路香烟与牛仔结合起来的，而这种结合的理论基础就是我们要介绍的有关学习理论。

资料来源：http://blog.sina.com.cn/s/blog_4a1064b7010005uh.html.

4.1 消费者学习的概述

学习是消费者消费过程中不可缺少的一个环节。事实上，消费者的学习很大程度上是后天习得的。人们通过学习而获得大部分的态度、价值观、行为偏好、象征意义和感受力。同时，家庭、学校、社会文化等为我们提供了各种学习体验，这种体验极大地影响着我们追求的生活方式和我们所消费的产品。

4.1.1 学习的含义和种类

1. 学习的含义

学习可以说是众所周知的一个术语，也是人们毕生都在从事的一项活动。但要对学习进行准确的界定并非易事，这从各种学习理论的争论中即可见一斑。那么，究竟什么是学习？从学习心理学的研究历史来看，不同时期对学习的理解是不同的。这里仅在人类与动物的范畴内来讨论学习问题，而对学习含义的理解必须把握下面几点。

（1）学习是个体对环境的一种适应活动。

所谓环境，是指与个体发生物质和能量交换的外部条件。所谓适应，心理学上是指个体对环境变化所作出的反应。学习作为个体对环境的一种适应活动，就其生物学意义来说，是个体对环境变化所作出的一种应答。

为了进一步了解适应的意义，必须从生态学出发，了解个体的存在方式及其与环境的关系。现代生态学的研究表明，个体不是一种孤立的存在，个体与其赖以生存的环境之间具有密不可分的关系。个体要生存，必须适应环境的变化，并不断同环境保持平衡，才能获得维持其生命所需的物质与能量，并不断地得到补充。

个体对环境的适应活动，是作为主体的个体与作为客体的环境相互作用的过程，是两者间的平衡不断被破坏，又在新的基础上不断建立新的平衡的动态变化过程。这种个体对环境的适应活动所发生的客观条件之一，首先来自环境因素的变化。环境的变化，使个体与环境之间原有水平的平衡被破坏，从而引起个体在生理和心理方面产生一系列反映环境变化的活动，并在此基础上产生相应的行为变化，对环境产生影响，使个体与环境在新的水平上重新实现新的平衡。由此可见，主客体相互作用是适应发生的客观基础，个体的反映活动及其身心变化是适应发生的内在机制，个体的行为变化则是适应发生机制的外显表现。学习就是在这种适应活动中发生的。

（2）学习是经验的获得并以相对持久的行为变化来体现。

学习作为心理适应过程，是经验的获得，并引起相应的行为变化。所谓经验，乃是主体对客观现实的反映，并非是主观自生的东西。因此，经验的获得总是在主客体的相互作用过程中发生的。客观现实的作用与主体的反应动作，乃是经验得以发生的前提，而经验本身则是主体活动的主观产物，是主体的反应动作作用于对象的产物。

经验既然是主体反应活动的产物，那么它同客观现实既有联系，又不是简单地等同。因为从客观现实的作用到经验的产生，需要经过主体的活动，也就是经过一定的主体反应动作的转化，即"编码"与"译码"过程。各种反应动作的功能，在于把客观的作用经过各种水平的变换，在主体内部构建起相应的调节其活动的心理结构。这种心理结构的构建动作，在西方心理学著作中通常称为"主观的构思作用"或"组织作用"。这种组织作用的过程，就是使事物之间联系的可能性空间由大变小的过程，即由混乱无序变为有序的过程，也就是建立联系、获得经验的过程。

由于经验的获得或心理结构的形成最终通过行为变化来体现，因此，一些行为主义心理学家将学习简单地定义为行为变化的过程。这种定义似乎简单明了，一度为许多心理学家所接受。但作为一个科学定义，这是不确切的。众所周知，行为变化固然同学习以及经验的获得或心理结构的构建有关，但并非是唯一因素，必须区分由学习导致的行为变化和非学习导致的行为变化，诸如生理成熟、生理适应、创伤、疲劳、药物等非学习因素也可以引起行为变化。可见，学习过程虽然与行为变化有关，但不能简单等同，否则学习概念的外延就被不恰当地扩大了。因此，以行为变化作为推断学习以及心理结构形成的依据，必须区分由学习及经验获得引起的行为变化和非学习及非经验获得所引起的行为变化。

事实证明，由学习引起的行为变化和非学习引起的行为变化具有不同的特点。就生理成熟、衰老等因素导致的行为变化而言，其过程是非常缓慢的，而学习导致的行为变化的速度相对较快；疲劳、创伤等因素致使行为水平降低，而学习可以提高个体的行为水平，使之更熟练、更合理等；药物（如兴奋剂、镇静剂等）引起的行为变化持续时间较短，学习引起的行为变化相对可以保持较长的时间，具有稳定性。比如，即使多年不骑自行车，只要稍加练习，即可恢复如初。总之，依据行为的变化来推断学习是否发生时，应注意上述区别。

（3）学习的实质是心理结构的构建过程。

基于以上分析，学习作为个体的一种适应活动，其实质是在主客体相互作用的过程中，在反映客观现实的基础上，通过主体一系列的反映动作，在内部构建起调节行为的心理结构的过程。由于心理结构作为行为的调节机制而存在，因而心理结构的变化必将导致行为的变化。而行为的生物学意义在于个体适应环境的变化，与环境保持灵活的动态平衡。由此不难得出学习的定义：它是个体以心理变化适应环境变化的过程，即个体经验的获得和累积或心理结构的构建过程。

从生物学意义上来说，个体的心理结构与其生理结构一样，都是个体行为的内在调节机制。可是，生理结构是个体通过生物遗传得来的，是个体固有的一种调节机制。这种调节机制在个体后天适应环境的过程中，随着其生理结构的成熟，虽然也在发生变化，但这种变化是缓慢的，其调节范围也是很有限的。个体仅借助这种适应是难以应付复杂多变的环境的。因此，对于高级动物个体，在适应复杂多变的环境过程中，在已有的生理结构的基础上，通过学习过程中发生的条件作用，构建起一种适应复杂环境的新的行为调节机制即心理结构。同生理结构的变化相比较而言，心理结构的形成、发展较为迅速，其调节范围也极为宽广。因此，只有借助于心理结构的形成和发展，个体才能适应复杂多变的环境，才能与环境保持复杂而灵活的动态平衡。

2. 学习的分类

由于学习现象本身是非常复杂的，其中涉及不同的学习对象、内容、形式、水平等，与此同时人们依据分类的标准也有所不同，因而存在着各种不同类型的学习，并且各种学习的过程及其所需要的条件各有差异。若用单一的模式来解释不同的学习类型，显然是不恰当的。研究者们从不同的学习理论观点和不同的角度出发，划分了各种类型的学习。

奥苏贝尔根据学习过程的不同性质，将分为有意义学习和机械学习。在奥苏贝尔看来，有意义学习过程的实质是符号所代表的新知识与学习者认知结构中已有的适当观念建立实质性的、非人为的联系。通俗的说，就是学习者学习时能用已有的经验去理解新的知识，这既是有意义学习的定义，也是划分机械学习和有意义学习的标准。在市场营销中，消费者的意义学习很重要。比如，用"健力宝"作饮料商标，消费者自然会产生强身健体之类的联想；用"飞鸽"作自行车商标，则会使消费者将自行车与"轻盈""飘逸"等美好的想象相联系。消费者对这一类内容的学习，属于意义学习的范畴。

另外，根据学习的效果，可将学习分为加强型学习、削弱型学习和重复型学习。消费者使用某种商品后，如果觉得满意，可能会对与该商品有关的知识和信息表现出更加浓厚的兴趣，他对该产品的好感和印象会由此而强化，所以，这一类型的学习被称为加强型学习。削弱型学习则是指通过新的观察和体验，使原有的某些知识和体验在强度上减弱直至被遗忘。消费者使用某种商品后如果不满意，或者通过观察发现别人使用该产品有不好的效果，他对该产品的购买兴趣就会减弱。就学习效果而言，这种类型的学习不是对已有行为的正面强化，而是负面强化。重复型学习则是指通过学习，学习效果既没有加强，也没有减弱，只是在原有水平上重复而已。

4.1.2　学习过程的基本要素

虽然不同的学者对学习本质有不同的描述，但大多数学习理论家都同意学习过程包含着一些共同的基本要素：动机、暗示、反应、强化、重复。

1. 动机

动机对学习来说是一种刺激，换句话说，动机能对学习产生激励作用。动机越强，学习者学习的积极性也就越高。例如：有强烈购买汽车动机的消费者，会主动去学习有关汽车的知识，并在可能的情况下主动向商家了解汽车的信息。

2. 暗示

动机用来刺激学习，而暗示则为动机指向的确定提供线索。比如，一则试驾的汽车广告对有欲望购买汽车的人来说就起到暗示作用，他们会意识到这样的试驾活动是了解汽车的好机会。市场上各种商品的价格包装、广告等都对消费者起到暗示作用，这有助于商品的销售和消费者需要的满足。如脑白金广告就暗示消费者过年送礼的最佳礼品是"脑白金"。

【案例】

脑白金广告是如何取得成功的？

脑白金广告相信大家都不陌生，"今年过节不收礼，收礼只收脑白金"。从 2002 年起，这句俗不可耐的广告词便开始频繁在我们耳边响起。

在很多人看来，脑白金的广告毫无创意，土得令人恶心。但是，有趣的是，就是靠着这个在网上被评为"第一恶俗"的广告，脑白金创下了几十个亿的销售额，以及中国保健品市场上少有的市场认同率。

问题：

脑白金广告是如何取得成功的？

脑白金广告成功的原因有很多，其中之一就是它成功对消费者进行暗示："送礼就送脑白金。"产品的定位宣传是重中之重。就拿脑白金来说，其他的保健品往往会犯这样一个错误：通过广告来传播保健品的功效，而广告中天生的夸张性与产品本身并不相符，如此便造成品牌在消费者中失信，最终完成自掘坟墓的结局。但保健品并非生活必需品，如果不夸大某些特性，又无法达到吸引消费者的效果。而脑白金一直突出自己是一种礼品，是一种能带给人健康的礼品，并极力宣传一种送礼更要送健康的消费理念。这种在保健品身上增加礼品概念的战略做法，是其他竞争者所不具备的。中国是一个节日和庆典比较多的国家，自古以来，中国民间就有互相送礼表示祝贺的风俗习惯，这样一个背景给脑白金的礼品定位增加了可行性。将脑白金定位为礼品可以使脑白金销售渠道更广，使这种保健礼品不仅可以继续利用传统的药店分销渠道，而且可以利用商场、超市等其他保健品无法涉足的分销渠道，这样与消费者接触的机会就更多，被购买的可能性也就越大；也是凭借这种概念上的创新，让脑白金一剑封喉的广告语直接抢占了这一巨大市场的领导地位，直接让脑白金成为了礼品的代名词。

3. 反应

反应是指消费者根据刺激或暗示所采取的行动。暗示虽然可以为消费者的动机和反应提供一定的方向，但现实生活中却有很多暗示在分散消费者的注意力。因此，消费者最终购买什么产品，在很大程度上依赖于先前的学习。

4. 强化

强化提高了某种反应在将来出现的概率。强化有两种效果，增强反应的概率和降低反应的概率。比如，消费者买了某种化妆品，用过后感到效果不错，下次就可能继续购买，购买行为得到了鼓励，反应的概率就最强；反之，如果这种化妆品对皮肤没有改善，甚至起了负面作用，购买行为得到了惩罚，就会降低这种反应的概率。

5. 重复

重复指某种信息不断出现。重复能够增加学习的强度和速度。人们接触某种信息的次数越多，掌握就越牢固。重复的效果直接与信息的重要性和所给予的强化有关，如果所学习的内容对消费者很重要或伴随着大量的强化，重复就可少些。许多广告内容对当时的受众可能并不重要，也不能提供直接的刺激和强化，重复就成为促销的关键。但有些消费者讨厌广告的过度重复，因而拒绝接受广告信息，对广告产品产生反感，因此应该注意重复的度。

【知识小链接】
广告重复多少次为妙

广告的适当重复有助于提高广告宣传效果，但过多的重复不仅浪费了广告费，还会产生副作用。那么，广告究竟重复暴露多少次为佳？对此，一些广告学家曾作过探讨。广告心理学家斯图尔特（Stewart）早在 1964 年的研究就发现，某一产品广告重复四次之后就会出现负效果。但另一广告呈现了八次，消费者的接受曲线仍在上升之中。日本每日新闻社 1973 年对两则广告的兴趣度进行测量的结果表明，其中一则广告在发布开始的两个月后兴趣度达到最高，随后开始下降；但另一则广告一开始兴趣度就比较高，在 11 个月之内都保持缓慢上升的状况。另有一项研究发现，对于缺乏商品知识的受众而言，长广告在少量重复时购买欲提高，重复增加到 5 次时，购买欲下降。对于有丰富商品知识的受众来说，长广告的购买欲随重复先上升而后下降；短广告则随重复增加而不断上升。这些研究结果以及其他证据说明，广告宣传效果不仅受重复次数的影响，还受广告本身及受众的商品知识的限制。重复次数究竟多少才能达到最佳宣传效果，没有一个统一的标准。

格林伯格和苏汤尼（A. Greenberg & C. Suttoni）1973 年回顾以前的电视广告研究认为，多则广告比单则广告疲劳得慢；广告内容充足可以减少疲劳；不常购买产品的广告比常购买产品的广告疲劳得慢；暴露间隔越长，越可抵御疲劳。

综合上述理论观点、研究结果和实践经验，为了达到有效的宣传效果和尽量节省广告费支出，下列几点意见仅供广告主和媒体策划者参考。① 内容抽象、复杂、信息量大的广告应加大重复量；相反，内容具体、简单、信息量小的广告则不宜重复过多。② 受众了解少的产品，其广告重复次数可以多一些；为人熟知的产品，广告重复次数可以少一些。③ 不太引人关注的产品，其广告可以加重重复量。④ 消费者信赖程度高的产品应少重复。反之，则要多重复。⑤ 幽默广告不宜有太多的重复。⑥ 广告论据有力，可以多重复；论据无力时，则少重复为佳。⑦ 受众喜欢的广告可以多重复，受众不喜欢的广告则要少重复。⑧ 存在大量竞争广告时，应该加强重复。⑨ 如果需要大量重复，则要围绕同一主题不断地改变广告的表现形式。

4.1.3 消费者学习的作用

人的语言、知识、技能、生活习惯、宗教信仰、价值观念，乃至人的情感、态度、个性无不受后天学习的影响。如果说动物主要受本能的驱使，其行为主要是一种本能行为，那么，人的行为主要是一种习得行为。习得行为与本能行为的一个重要不同点是，前者可以通过学习而加以改变。正因为如此，习得行为比本能行为更灵活，它能使人类摆脱遗传基因的严格限制，使之能够更好地适应复杂多变的外界环境。因此，学习在人的行为塑造，在保持人类行为同外界环境的动态平衡上发挥着巨大作用。从消费者角度，学习主要有以下作用：

1. 通过学习获得有关购买的信息

消费者的购买决策是以获得有关购买问题的知识和信息为前提的。信息获取本身就是一种学习，而怎样或通过哪些渠道获得信息，获得哪些方面的信息，均需要借助学习这一手段。在现代社会，消费者每天都要接触大量的信息，如有关新产品的信息，产品的新的使用方法的信息，他人使用产品的行为与体验的信息，等等。消费者或主动或被动地接触这些信息，而其中被消费者接受并能够影响消费者行为或行为潜能的可能只有小部分，但正是这一小部分信息，使消费者行为不同以往，使其购买决策更富于理性和趋于优化。

2. 促发联想

联想是指消费者由此事物而想到彼事物的心理过程。人们一提起冬天，可能就会联想到寒冷；一提起教室，就会联想到黑板、课桌等。联想有两种类型：一是刺激对象之间的联想，如由香烟联想到火柴，由钢笔联想到墨水等；二是行为与结果之间的联想，如由吸烟联想到疾病，由喝水联想到止渴等。联想在消费者行为中有着非常重要的作用，它既能促发消费者的购买行为，又能抑制或阻碍购买行为。很多企业在宣传其产品时，都试图通过语言、文字、画面促发消费者的积极联想，从而激起消费者的购买欲望。同样的刺激或暗示，对于不同的人可能会激发不同的联想，其中一个重要原因是经验和学习使然。对于长期生活在我国海南岛的居民来说，"冬天"这一词汇所激起的联想与该词汇在我国北方居民中所激起的联想显然是有重大差别的。经由学习而产生的联想，经多次重复，日久天长，便会形成习惯。如家里牙膏快用完了，会自动地联想到离住宅旁边不远的小店和某种牌号的牙膏；圣诞节或春节快到了，会自然地想到要购买一些贺卡寄给远方的亲朋好友。

3. 影响消费者的态度和对购买的评价

消费者关于某种特定产品或服务的态度，也是经由学习逐步形成的。比如一些过去对外国电器产品十分偏爱，对国产电器产品不屑一顾的消费者，在经过长期观察、比较和接触各种各样信息之后，也在逐步改变自己的态度，甚至变成国产品牌的忠诚购买者。消费者态度的转变，决非空穴来风，而是建立在学习的基础之上的。消费者的学习还影响对产品或服务的评价。比如，对于初次购买个人计算机的用户，评价和选择计算机时可能考虑得比较多的是计算机的运行速度、内存、硬盘容量，而对其他配置可能相对忽视，而在使用一段时间后则会发现，这些被忽视的配置同样非常重要。换句话说，当消费者经过学习，具有更多的知识和经验后，他对产品的评价和选择标准也将发生改变。

4.2　消费者学习的理论

4.2.1　学习的联结理论

1. 经典性条件反射理论

（1）经典条件反射的基本内容。

诺贝尔奖金获得者、俄国生理学家伊凡·巴甫洛夫（Ivan Pavlov，1849—1936）是最早提出经典条件反射的人。他在研究消化现象时，观察了狗的唾液分泌，即对食物的一种反应特征。他的实验方法是，把食物显示给狗，并测量其唾液分泌。在这个过程中，他发现如果随同食物反复给一个中性刺激，即一个并不自动引起唾液分泌的刺激，如铃响，这狗就会逐渐"学会"在只有铃响但没有食物的情况下分泌唾液。一个原是中性的刺激与一个原来就能引起某种反应的刺激相结合，而使动物学会对那个中性刺激做出反应，这就是经典条件反射的基本内容。

条件反射的情境涉及四个事项，两个属于刺激，两个属于机体的反应。一个是中性刺激：它引起预期的、需要学习的反应，在条件反射形成之前，即条件刺激（CS）——在巴甫洛夫的实验中就是铃响。第二个刺激是无条件刺激（UCS），它在条件反射形成之前就能引起预期反应（本能）——条件反射形成之前，出现了肉，即 UCS，就引起唾液分泌。对于无条件刺激的唾液分泌反应叫作无条件反应（UCR），这是在形成任何程度的条件反射之前就会发生的反应；由于条件反射的结果（被刺激）而开始发生的反应（流口水）叫作条件反应（CR），即没有肉，只有铃响的唾液分泌反应。当两个刺激紧接着（在空间和时间上相近），反复地出现，就形成条件反射。通常，无条件刺激紧跟着条件刺激出现，条件刺激寄生于无条件刺激。条件刺激和无条件刺激相随，出现数次后，条件刺激就逐渐引起唾液分泌，这时，动物就有了条件反应。一个中性的条件刺激（铃响）现在单独出现即可引起条件反应（唾液分泌）。

中性刺激与无条件刺激在时间上的结合称为强化，强化的次数越多，条件反射就越巩固。条件刺激并不限于听觉刺激。一切来自体内外的有效刺激（包括复合刺激、刺激物之间的关系及时间因素等）只要跟无条件刺激在时间上结合（即强化），都可以成为条件刺激，形成条件反射。一种条件反射巩固后，再用另一个新刺激与条件反射相结合，还可以形成第二级条件反射。同样，还可以形成第三级条件反射。在人身上则可以建立多级的条件反射。

巴甫洛夫认为学习是大脑皮层暂时神经联系的形成、巩固与恢复的过程。巴甫洛夫认为"所有的学习都是联系的形成，而联系的形成就是思想、思维、知识"。他所说的联系就是指暂时神经联系。他说："显然，我们的一切培育、学习和训练，一切可能的习惯都是很长系列的条件的反射。"巴甫洛夫利用条件反射的方法对人和动物的高级神经活动作了许多推测，发现了人和动物学习的最基本机制。

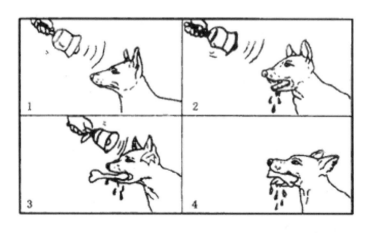

图 4.1 巴甫洛夫的经典条件反射过程

巴甫洛夫所做工作的重要性是不可估量的。他的研究公布以后不久，一些心理学家，如行为主义学派的创始人华生，开始主张一切行为都以经典性条件反射为基础。虽然在美国这一极端的看法后来并不普遍，但在俄国，以经典性条件反射为基础的理论在心理学界相当长的时间内曾占统治地位。无论如何，人们一致认为，相当一部分的行为，用经典条件反射的观点可以作出很好的解释。

（2）经典条件反射学习的规律。

① 获得与消退。获得是将条件刺激与无条件刺激多次结合呈现，可以获得条件反应和加强条件反应。如将声音刺激与喂食结合呈现给狗，狗便会获得对声音的唾液分泌反应。消退是对条件刺激反应不再重复呈现无条件刺激，即不予强化，反复多次后，已习惯的反应就会逐渐消失。例如，对以铃声为条件刺激而形成唾液分泌条件反射的狗，只给铃声，不用食物强化，多次以后，则铃声引起的唾液分泌量将逐渐减少，甚至完全不能引起分泌，出现条件反射的消退。

巴甫洛夫认为，消退是因为原先在皮质中可以产生兴奋过程的条件刺激，现在变成了引起抑制过程的刺激，是兴奋向抑制的转化，这种抑制称为消退抑制。巴甫洛夫指出，消退抑制是大脑皮质产生主动的抑制过程，而不是条件刺激和相应的反应之间的暂时联系已经消失或中断。因为如果将已消退的条件反射放置一个时期不做实验，它还可以自然恢复；同样，如果以后重新强化条件刺激，条件反射就会很快恢复，这说明条件反射的消退不是原先已形成的暂时联系的消失，而是暂时联系受到抑制。消退发生的速度一般是，条件反射愈巩固，消退速度就愈慢；条件反射愈不巩固，就愈容易消退。

② 泛化和分化。刺激的泛化是指某种特定条件刺激反应形成后，与之类似的刺激也能激发相同的条件反应，如狗对铃声产生唾液分泌反应后，对近似铃声的声音也会产生反应。"一朝被蛇咬，十年怕井绳"便是泛化的最好例证。例如，用 500 赫的音调与进食相结合来建立食物分泌条件反射。在实验的初期阶段，许多其他音调同样可以引起唾液分泌条件反射，只不过它们跟 500 赫的音调差别越大，所引起的条件反射效应就越小。以后，只对条件刺激（500赫的音调）进行强化，而对近似的刺激不予强化，这样泛化反应就逐渐消失。在市场营销中，刺激泛化经常可见，比如，喜欢喝"茅台"酒的人可能会对"茅台醇"也产生好感；喜欢抽"红塔山""阿诗玛"香烟的人会觉得云南玉溪卷烟厂生产的其他牌子的香烟也不错。刺激泛化原理在市场营销中有着广泛的运用。一是在商标策略上的运用。比如，美国柯达公司在一些新产品上使用商标就是试图运用泛化原理建立这些产品与柯达公司的联系，并且使这些产品在消费者中获得类似于对原有产品的反应。近些年国内很多企业采用的品牌延伸策略，如将"娃哈哈"用于矿泉水、八宝粥等产品上，实际上也是运用了泛化原理。一些企业影射或模仿别人的著名商标，其目的也是企图使自己不甚知名的产品在消费者中获得类似于对名牌产品的反应。二是在包装策略上的运用。一些企业在某种产品获得成功后，在新推出的产品上采用与成功产品类似的包装，以此使新产品能更容易被消费者理解和接受，同样也是运用了泛化原理。三是在广告上的运用。如"塞外茅台，宁城老窖""太和时装，女人的世界"都或多或少运用了泛化原理。

对于企业而言，刺激的泛化是一把"双刃剑"，一方面可以利用它将购买者形成的关于本企业或产品的一些好的情感和体验传递到新产品上，以此促进新产品的接受和采用；另一方面，关于企业或其产品的不好信息经由刺激的泛化，会对企业的营销活动产生严重后果。比如某公司因其一种婴儿奶粉在非洲市场出现问题，后经舆论披露，迅即在欧洲、北美产生强大的负面效应，并导致众多消费者对几乎所有该品牌的产品予以抵制。该公司做了大量宣传说服工作，花了近十年时间，才使消费者恢复对其产品的信心。

分化是指通过选择性强化和消退使有机体学会对条件刺激和与条件刺激相类似的刺激做出不同的反应。如动物只对经常受到强化的刺激（500 赫的音调）产生食物分泌条件反射，而对其他近似刺激则产生抑制效应，这种现象称为条件反射的分化。

刺激的分化与刺激的泛化是具有紧密内在联系的学习现象。有机体对新刺激的最初反应，通常是接近于该有机体对与该刺激最类似刺激所作的反应。只有经历这样一个泛化阶段以及随之而来的对有关线索的学习之后，有机体才会开始学会将新刺激与旧刺激相区分，并对新刺激予以独特反应。比如，对于初习英语者，英国口音和美国口音似乎十分接近，但当水平渐进，则会发觉两者之间存在明显区别。

美国学者霍华德认为，先经刺激泛化，然后再进入刺激识别阶段，是新产品最终获得成功的必由之路。原因在于，购买者对新产品的第一反应就是弄清楚与该产品最相类似的产品是什么。只有弄清这一问题，购买者才会将已知产品的某些特性赋予到新产品上，也就是对刺激予以泛化。当然，新产品要获得成功，仅停留在这一阶段还不够，还要使购买者感觉到它具有某些不同于已有产品的独特性。正是这种独特性，使新产品和原来同属一类的其他产品相区分。新产品的独特性，有时可能仅仅是较其他同类产品价格低一些而已，而有时则可能涉及到很多其他的因素。很多新产品的失败，相当程度上可归因于缺乏刺激的泛化，或归因于新产品难以与其他同类产品相区分。如果不能确认一种新产品应归类到哪类产品中，此时购买者就需建立起关于该商标和它所属产品类别的全新概念，而这是一个令人望而生畏的任务。除非购买者对该产品具有特别的兴趣和强烈的了解动机，否则他会对该产品采取漠视态度甚至抵制态度。例如，有些品牌的牙膏，据说具有预防和治疗胃病的功效，但这一全新的产品概念迄今仍未为广大消费者所接受，部分原因就在于消费者难以将该产品归类，难以将牙膏与治疗胃病的药物相联系。

新产品在经过泛化阶段后，如果不能顺利地进入被识别的阶段，它注定也是不能获得成功的。很明显，新产品如果不能提供竞争品所不具备的新的利益，消费者就没有充足的理由选择该新产品。美国学者戴维森作的一项研究表明，在被调查的 50 个成功产品中，50%的产品较竞争品具有更优越的功效和更高的价格，24%的产品较竞争品具有更好的功效和相同的价格，另有 8%的产品具有与竞争品相同的功效和更低的价格；在功效上与竞争品持平，价格上与竞争品不相上下的产品只占 18%。而在被调查的 50 个不成功产品中，功效与竞争品持平或更差，价格上又不具有竞争优势的产品占到 80%。由此可见，新产品要被消费者接受，该产品一定要具有自身的独特性，只有这样，消费者才能据此将其识别和在此基础上予以采用。

（3）经典性条件反射学说对市场营销的作用。

经典性条件反射理论已经被广泛地运用到市场营销实践中。比如，在一则沙发广告中，一只可爱的波斯猫坐在柔软的沙发上，悠闲自得地欣赏着美妙的音乐，似乎在诉说着沙发的舒适和生活的美好。很显然，该广告试图通过营造一种美好的氛围，以激发受众的联想，并使之与画面中的产品相联系，从而增加人们对该沙发的兴趣与好感。还有一则香烟杂志广告，画面上除了香烟盒与品牌外，呈现的主要是白雪皑皑的优美雪景，广告的目的无非也是为了在消费者中激起美好的情感，并使之与广告中的香烟品牌相联系和使人们对该品牌形成好感。一般来说，在低介入情境下，经典条件反射比较常见，因为此时消费者对产品或产品广告可能并不十分注意，也不大关心产品或广告所传达的具体信息。然而，在一系列对刺激物的被动接触之后，各种各样的联想或联系可能会由此建立。应特别指出的是，在低介入情境下，消费者所学到的并不是关于刺激物的信息，而是关于刺激物的情感反应。正是这种情感反应导致消费者对产品的学习和试用，就像图 4.2 所描述的那样。

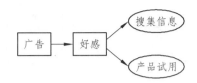

图 4.2　经典性条件反射过程中消费者的学习

2. 操作性条件反射理论

当呈现某种刺激，个体是如何习得对这种刺激的特定反应呢？比如，当饿了的时候，人有各种各样的选择，或者说可以作出各种各样的反应，但在一定的环境条件下，他为什么会作出这样的反应而不是其他的反应呢？用学习理论的术语来说，个体是如何习得刺激—反应关系或 S—R 关系的呢？操作性条件反射理论或学习的强化理论要回答的正是这一问题。

（1）操作性条件反射的内容。

操作性条件反射有时称为工具条件反射或工具学习。第一位研究者是桑代克（1874—1949），他观察了猫试图逃出迷箱的行为。第一次猫花了很长时间才逃出来。有了经验以后，无效的行为逐渐减少而成功的反应逐渐增加，猫成功逃出迷箱所用的时间也越来越少。桑代克的解释是：成功的反应产生满意的结果，出现也更频繁。不成功的反应，产生讨厌的结果，出现频次下降。一些结果增强行为，而一些结果减弱行为。

斯金纳（1904—1990）在桑代克观点的基础上建立了基于强化和惩罚的更详细的操作条件反射理论。操作性条件反射这一概念，是斯金纳新行为主义学习理论的核心。斯金纳把行为分成两类：一类是应答性行为，这是由已知的刺激引起的反应；另一类是操作性行为，是有机体自身发出的反应，与任何已知刺激物无关。与这两类行为相应，斯金纳把条件反射也分为两类。与应答性行为相应的是应答性反射，称为 S（刺激）型（S 型名称来自英文 Stimulation）；与操作性行为相应的是操作性反射，称为 R（反应）型（R 型名称来自英文 Reaction）。S 型条件反射是强化与刺激直接关联，R 型条件反射是强化与反应直接关联。斯金纳认为，人类行为主要是由操作性反射构成的操作性行为，操作性行为是作用于环境而产生结果的行为。在学习情境中，操作性行为更有代表性。斯金纳很重视 R 型条件反射，因为这种反射可以塑造新行为，在学习过程中尤为重要。

斯金纳关于操作性条件反射作用的实验，是在他设计的一种动物实验仪器即著名的斯金纳箱中进行的。图 4.3 描述的实验反映了操作性条件反射的基本原理。在试验中，试验对象是老鼠，饥饿是诱发其行为的刺激。比如说，作为试验对象的老鼠已 12 小时没有进食。然后，将这只处于饥饿状态的老鼠置于一个斯金纳箱中。箱内有一个伸出的杠杆，如果按压杠杆，就会自动掉下食物。老鼠在箱中可自由活动和作出各种反应，图中 R1，…，Rn 表示各种潜在的反应。起初，老鼠在箱内不安地乱跑，活动中偶然触到了杠杆，结果有食物落到箱中的食物盘内。经过反复多次，每次触动杠杆，必有食物落入盘内，最后，老鼠会主动触动杠杆以获取食物。食物作为触压杠杆（R）这一反应的强化物，为刺激（饥饿）与反应（触压杠杆）之间的联结提供了条件。由于触压杠杆是获得奖赏即食物的一种手段或工具，因此，这一类型的学习被称为操作性或工具性条件反射。斯金纳通过实验发现，学习行为是随着一个起强化作用的刺激而发生的。

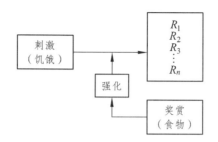

图 4.3　简单的强化学习试验

斯金纳的实验与巴甫洛夫的条件反射实验的不同在于：① 在斯金纳箱中的被试动物可自由活动，而不是被绑在架子上；② 被试动物的反应不是由已知的某种刺激物引起的，操作性行为（压杠杆或啄键）是获得强化刺激（食物）的手段；③ 反应不是唾液腺活动，而是骨骼肌活动；④ 实验的目的不是揭示大脑皮层活动的规律，而是为了表明刺激与反应的关系，从而有效地控制有机体的行为。

（2）操作性条件作用的基本规律——强化。

操作性条件反射理论的基本思想实际上很简单，归结到一点就是强化会加强刺激与反应之间的联结。联结学习或刺激与反应之间的学习，在很大程度上取决于强化的类型。

① 正强化。正强化是指呈现某种刺激以增加行为概率的过程。如果有机体自发做出某种反应，并得到了愉快的强化物，那么这一反应在今后发生的概率便会增加。比如，如果消费者在购买中得到积极的回报，如现金折扣、赠送优惠券、对商品的使用效果满意等，这种回报会提高消费者在未来购买同一种商品的可能性。

② 负强化。负强化是指撤销某些厌恶刺激以增加行为概率的过程。即当厌恶刺激出现时，消费者作出反应，避免了厌恶刺激或不愉快情境，则该反应在以后类似情景的发生概率就增强。如消费者购买房屋从而回避了货币贬值的风险，以后在条件允许的情况下，购买房屋的概率会增强。

③ 惩罚。如果行为发生后，有害或负面的结果随之而来，这种行为的概率就会降低。如消费者进入商场购物，但服务员态度粗暴，消费者以后就会不来或者少来这家商场。

④ 消退。消退就是如果某段时间内不强化某种行为，这种行为的概率就会降低。比如，商家不给消费者的购买行为进行奖励，一段时间后，这种购买行为的概率就会降低。

（3）强化在市场营销中的启示。

强化对营销的启示是，给予顾客奖券、奖品或其他促销物品，在短期内就可以增加产品的销售，但当这些手段消失后，销售量可能会马上下降。因此，企业要与顾客保持长期的交换关系，还需采取一些间断性的强化手段。此一发现所揭示的原理，对解释产品或品牌形象为什么难以改变的事实也颇有启发意义，因为品牌形象是建立在消费者对品牌的间断性体验的基础上的，是消费者在长期的消费体验中，经过点滴的积累逐步形成的。因此，构成品牌形象的各种联想和象征含义也需要经过很长的时间才可能逐步消退。

例如，营销人员试图告诉消费者关于产品所具有的特性，以及这些特性如何有助于满足消费者的某一个或几个目标。如果这种劝说是成功的，产品所满足的需要对消费者又非常重要，消费者可能会尝试购买该产品。从产品能够实现消费者目标这一意义上，消费者获得了强化，下次再度购买该品牌的几率将增加。由此，可以获得两点启示：第一，要使消费者重复购买本企业产品，产品必须能够成为消费者所追寻的目标；第二，为了引导消费者做出第一次购买，宣传或促销信息应当提供适当的允诺，以此作为强化，或者说以此使消费者目标得以达成。

操作性反射理论特别强调强化物对学习的重要性，由此提醒企业在营销实践中应格外重视产品质量的一致性，因为保持产品质量的稳定，能更好地满足消费者的需要，从而强化消费者对该产品的反应。强化学习原理还为企业的以下营销活动提供了理论支持：① 通过发送样品，提供奖券，给予折扣，鼓励消费者对产品的试用；② 对消费者购买行为给予奖励，如通过发送赠品等强化刺激；③ 进行用户访问，或在用户购买产品后给予信函或其他方式的祝贺；④ 创造良好的购物环境，以使购物场所成为一种强化因素或强化力量；⑤ 在广告宣传中，强调用户群的卓尔不凡，强调产品使用场合的独特性，以此强化对消费者选择该产品的刺激。

【案例】

操作性条件反射实验

美国一家人寿保险公司曾经做过一个关于操作性条件反射作用的试验。参加试验的消费者有两千多人。这些消费者均是该保险公司的新客户。他们被分成三个组，其中两个组的客户在每月付了保险费后，将收到公司寄来的感谢信或问候电话，而第三个组的客户则没有收到类似的强化物。六个月之后，收到强化物的两个组中有 10%的人中止了保单购买，而在未收到强化物的一组中，中止保单购买的比例达 23%。很显然，问候或感谢这一强化物有助于维持客户继续支付保险费这一行为。

3. 操作性条件反射和经典性条件反射在营销中的不同作用

操作性条件反射与经典性条件反射的区别可以从下面的例子中得到充分反映。假设某企业推出一种新的清香爽口的口香糖，为了促使消费者购买这一产品，在经典性条件反射理论指导下，企业应通过广告宣传使消费者对该产品产生好感，在此基础上吸引消费者进一步搜集关于该产品的信息或尝试该产品。这一过程可从图 4.4 中获得充分表达。如果根据操作性条件反射理论，企业则应先采用诸如样品发放、有奖销售等方式促使消费者试用，在试用的基础上，经由产品的独特口味使消费者对产品形成好感。消费者的这一学习过程可用图 4.4 来描述。总之，在经典性反射条件下，消费者形成对产品的喜爱在先，试用在后；而在操作性反射条件下，则是试用在先，对产品形成好感在后。

图 4.4　操作性条件反射下消费者的学习过程

一般来说，操作性条件反射作用更适合于高介入度的购买情境，因为高介入情境下，消费者对购买回报将会有意识地予以评价。以购买西服为例，消费者将西服购买回家后很可能会从象征性和功能性两方面对购买行为作出评价，在此情形下，强化无疑会在消费者心理上产生重要影响。比如，如果有别人对消费者所买的西服予以赞许，或者在广告中或在其他场合目睹他人穿着同样品牌西服时的风采，均会对消费者起到正面的强化作用。在低介入的购买情境下，除非产品功效远远低于预期，否则消费者不会对购买作太多的评价。故此，低介入情境下的满意购买虽然对行为也具有强化作用，但相对而言不如高介入情境下作用那么大。

4.2.2　学习的认知理论

【案例】

凯里的实验

凯里等人于 1976 年所作的关于运用正面强化增加珠宝店销售量的试验，有力地说明了认知因素对消费者行为的决定性影响。该试验里，研究人员将顾客分成三组：第一组顾客在购买产品后一段时间内收到一个感谢电话；第二组顾客则除了收到同样的感谢信息以外，还获得给予 20%优惠购买店内钻石的机会；第三组即控制组的顾客则没有给予任何接触。结果发现，虽然从年初到试验结束，该商店的累计销售量较上年同期下降 25%，但实验的这一个月销售量较上年同月销售量增加了 27%；而且，增加的销售量全部来自受到强化刺激的两个试验组。尽管试验结束后的第一个月总体销售量有所下降，表明试验的这个月的销售侵蚀了未来一个月的销售，但第二个月销售开始恢复并且保持试验前的增长水平。这意味着，通过正面强化来增加销售是成功的。

研究人员发现，仅收到感谢电话的一组试验期间销售量较上年同期增长 70%，而既收到感谢信息同时又获得优惠机会的顾客组，销售量较上年同期增长了 30%。后一组顾客收到的强化就量上而言要大于前一组顾客所收到的，而销售增长量反而比不上前者，因此，一定存在强化物以外的因素对促进消费者购买起作用。在本例中，这种强化物以外的因素就是消费者的认知评价。当顾客收到的仅仅是一个感谢电话或一封感谢信，他可能会认为该珠宝店确实重视顾客，关心顾客；如果除此之外还收到购买优惠券之类的促销传单，顾客则很可能认为珠宝店的行动完全是出于促销目的，因此对珠宝店的原有看法和评价不会有太多改变，这也是为什么强化物在量上增加了但促销效果反不如第一试验组情形下那么好的原因。

前面介绍的联结理论着眼于刺激与反应之间的联结，将学习等同于刺激与反应之间关系的获得。诚然，在人们的日常生活中，许多简单行为的习得确实如此，诸如走路的姿态、说话的腔调以及书写的字体都是习惯使然。然而，对于人类复杂的学习行为，用 S-R 联结或习惯的形成来作出解释则未免过于简单化。

学习的认知理论起源于德国格式塔心理学派的完形理论。格式塔心理学的创始人是德国心理学家魏特墨（M. Wertheimer）、科夫卡（K. Koffka）和克勒。克勒历时 7 年，以黑猩猩为对象进行了 18 个实验，依据其结果，撰写了《猩猩的智慧》一文，他发挥了格式塔理论，提出了顿悟说。主要观点：第一，学习是组织、构造一种完形，而不是刺激与反应的简单联结。第二，学习是顿悟，而不是通过尝试错误来实现。顿悟说重视的是刺激和反应之间的组织作用，认为这种组织表现为知觉经验中旧的组织结构（格式塔）的改组或新结构的顿悟。

1. 托尔曼的认知—目的论

托尔曼对 S-R 联结说的解释不满,托尔曼从事的一项最为有名的研究是三路迷津试验(见图 4.5)。该试验以白鼠为对象,从事认识方位学习的试验。实验分预备练习与正式实验两个阶段。在预备阶段,先让白鼠熟悉整个环境,并确定它对自出发点到食物箱三条通道的偏好程度。结果发现,白鼠选择第一条通道的偏好程度最高。在正式实验阶段,先在 A 处设阻,结果白鼠迅速从 A 处退回,改走第二通路;随后,再在 B 处将第二通路阻塞,此时,白鼠才改走路程最远且练习最少的第三通路。实验时,以随机方式在 A 处或 B 处塞阻,以观察白鼠的反应。结果发现,白鼠能根据受阻情境,随机应变,选择最佳的取食路径。

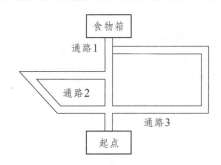

图 4.5　方位学习(三路迷津示意图)

他认为学习的结果不是 S 与 R 的直接联结,主张把 S-R 公式改为 S-O-R 公式。在后一公式中,O 代表有机体的内部变化。托尔曼的学习理论有两大特点:第一,一切学习都是有目的的活动。第二,为达到学习目的,必须对学习条件进行认知。托尔曼用"符号"来代表有机体对环境的认知,认为学习者在达到目的的过程中,学习的是能达到目的的符号及其符号所代表的意义,是形成一定的"认知地图",这才是学习的实质。托尔曼的学习目的和学习认知概念,直接来自格式塔学派的完形说,吸取了完形派思想中某些积极成果,认为行为表现为整体的行为,这种有目的的整体性的行为是学习认知的结果。托尔曼把试误论与目的认知论相结合,认为在刺激和反应之间有目的与认知等中介变量,不但研究行为的外部表现,还要探讨内部大脑活动。关于学习出现的原因,托尔曼认为外在的强化并不是学习产生的必要因素,不强化也会出现学习。

托尔曼与霍齐克于 1930 年所作的关于潜伏学习的试验对行为主义的强化学习原理作了进一步反驳。该项实验发现,在既无积极强化也无负面强化的条件下,学习仍可以采用潜伏的方式发生。关于这一点,现实生活中的很多现象都可以对此提供支持。比如,在接触各种广告的过程中,消费者可能并没有有意识地对广告内容予以学习,在其行为上也未表现出受某则广告影响的迹象,但并不能由此推断消费者没有获得关于此一广告的某些知识与信息。也许,当某一天消费者要达成某种目标时,会突然从记忆中提取出源自于该广告的信息,此时,潜伏的学习会通过外显行为表现出来。

2. 皮亚杰的认知结构理论

认知结构理论的代表人物是瑞士心理学家 J. 皮亚杰、美国的心理学家 J. S. 布鲁纳。他们认为认知结构,就是学习者头脑里的知识结构,它是学习者全部观念或某一知识领域内观念的内容和组织。他们认为，学习使新材料或新经验和旧的材料或经验结为一体，这样形成一个内部的知识结构，即认知结构。皮亚杰指出，这个结构是以图式、同化、顺应和平衡的形式表现出来的。布鲁纳认为，学习不在于被动地形成反应，而在主动地形成认知结构。

3. 加涅的信息加工学习论

加涅被公认为是将行为主义学习论与认知主义学习论相结合的代表。加涅认为，学习是学习者神经系统中发生的各种过程的复合。学习不是刺激反应间的一种简单联结，因为刺激是由人的中枢神经系统以一些完全不同的方式来加工的，了解学习也就在于指出这些不同的加工过程是如何起作用的。在加涅的信息加工学习论中，学习的发生同样可以表现为刺激与反应，刺激是作用于学习者感官的事件，而反应则是由感觉输入及其后继的各种转换而引发的行动，反应可以通过操作水平变化的方式加以描述。但刺激与反应之间，存在着"学习者"、"记忆"等学习的基本要素。学习者是一个活生生的人，他们拥有感官，通过感官接受刺激；他们拥有大脑，通过大脑以各种复杂的方式转换来自感官的信息；他们有肌肉，通过肌肉动作显示已学到的内容。学习者不断接受到各种刺激，被组织进各种不同形式的神经活动中，其中有些被储存在记忆中，在作出各种反应时，这些记忆中的内容也可以直接转换成外显的行动。

4. 海德和韦纳的归因理论

归因理论是探讨人们行为的原因与分析因果关系的各种理论和方法的总称。它试图根据不同的归因过程及其作用，阐明归因的各种原理。最早对归因进行研究的是美国心理学家 F. 海德，他认为人类有两类需要，即对周围世界进行理解和控制的需要。认为通过分析可得知人们行动的原因，并可预言人们如何行动。这就是人们进行行动归因的内在原因。归因可以分成：内归因和外归因，稳定性归因和非稳定性归因。内归因是行为者内在的原因，如人格、情绪、意志等，外归因是产生行为的环境因素，如工作设施、任务难度、机遇等。研究表明，人们总是作比较有倾向性的内归因或外归因。对自己的成绩常作内归因，他人的成绩出于嫉妒，可能作外归因。稳定归因是导致行为的相对不变因素，如内在的能力、气质，外在的工作难度等。非稳定归因是相对易变的因素，如内在的情绪、外在的机遇等。

4.2.3 社会学习理论

班杜拉指出，行为主义的刺激—反应理论无法解释人类的观察学习现象。因为刺激—反应理论不能解释为什么个体会表现出新的行为，以及为什么个体在观察榜样行为后，这种已获得的行为可能在数天、数周甚至数月之后才出现等现象。所以，如果社会学习完全是建立在奖励和惩罚之结果的基础上，那么大多数人都无法在社会化过程中生存下去（Bandura，1969）。为了证明自己的观点，班杜拉进行了一系列实验，并在科学的实验基础上建立起了他的社会学习理论。

1. 观察学习

班杜拉认为，人的行为，特别是人的复杂行为主要是后天习得的。行为的习得既受遗传因素和生理因素的制约，又受后天经验环境的影响。生理因素的影响和后天经验的影响在决定行为上微妙地交织在一起，很难将两者分开。班杜拉认为行为习得有两种不同的过程：一种是通过直接经验获得行为反应模式的过程，班杜拉把这种行为习得过程称为"通过反应的结果所进行的学习"，即我们所说的直接经验的学习；另一种是通过观察示范者的行为而习得行为的过程，班杜拉将它称之为"通过示范所进行的学习"，即我们所说的间接经验的学习。

班杜拉的社会学习理论所强调的是这种观察学习或模仿学习。在观察学习的过程中，人们获得了示范活动的象征性表象，并引导适当的操作。观察学习的全过程由四个阶段（或四个子过程）构成。注意过程是观察学习的起始环节，在注意过程中，示范者行动本身的特征、观察者本人的认知特征以及观察者和示范者之间的关系等诸多因素影响着学习的效果。在观察学习的保持阶段，示范者虽然不再出现，但他的行为仍给观察者以影响。要使示范行为在记忆中保持，需要把示范行为以符号的形式表象化。通过符号这一媒介，短暂的榜样示范就能够被保持在长时记忆中。观察学习的第三个阶段是把记忆中的符号和表象转换成适当的行为，即再现以前所观察到的示范行为。这一过程涉及运动再生的认知组织和根据信息反馈对行为的调整等一系列认知的和行为的操作。能够再现示范行为之后，观察学习者（或模仿者）是否能够经常表现出示范行为要受到行为结果因素的影响。行为结果包括外部强化、自我强化和替代性强化。班杜拉把这三种强化作用看成是学习者再现示范行为的动机力量。

2. 交互决定论

班杜拉的社会学习理论还详细论述了决定人类行为的诸种因素。班杜拉将这些决定人类行为的因素概括为两大类：决定行为的先行因素和决定行为的结果因素。

决定行为的先行因素包括学习的遗传机制，以环境刺激信息为基础的对行为的预期，社会的预兆性线索等。决定行为的结果因素包括替代性强化（观察者看到榜样或他人受到强化，从而使自己也倾向于做出榜样的行为）和自我强化（当人们达到了自己制定的标准时，他们以自己能够控制的奖赏来加强和维持自己行动的过程）。

为了解释说明人类行为，心理学家提出了各种理论。班杜拉对其中的环境决定论和个人决定论提出了批判，并提出了自己的交互决定论，即强调在社会学习过程中行为、认知和环境三者的交互作用。

环境决定论认为行为（B）是由作用于有机体的环境刺激（E）决定的即 $B=f(E)$；个人决定论认为环境取决于个体如何对其发生作用，即 $E=f(B)$；班杜拉则认为行为、环境与个体的认知（P）之间的影响是相互的，但他同时反驳了"单向的相互作用"即行为是个体变量与环境变量的函数，即 $B=f(P, E)$，认为行为本身是个体认知与环境相互作用的一种副产品，即 $B: f(P*E)$。班杜拉指出，行为、个体（主要指认知和其他个人的因素）和环境是"你中有我，我中有你"的，不能把某一个因素放在比其他因素重要的位置。尽管在有些情境中，某一个因素可能起支配作用。他把这种观点称为"交互决定论"。

3. 自我效能理论

自我效能是指个体对自己能否在一定水平上完成某一活动所具有的能力判断、信念或主体自我把握与感受，也就是个体在面临某一任务活动时的胜任感及其自信、自珍、自尊等方面的感受。自我效能也可称作"自我效能感""自我信念""自我效能期待"等。

班杜拉指出："效能预期不只影响活动和场合的选择，也对努力程度产生影响。被知觉到的效能预期是人们遇到应激情况时选择什么活动、花费多大力气、支持多长时间的努力的主要决定者。"班杜拉对自我效能的形成条件及其对行为的影响进行了大量的研究，指出自我效能的形成主要受五种因素的影响，包括行为的成败经验、替代性经验、言语劝说、情绪的唤起以及情境条件。

4.2.4　消费者学习的方法

学习理论为消费者的学习提供了理论依据和范式，营销者需要了解消费者学习的方法和模式，依据学习理论的相关研究以及消费行为的特殊性，消费者的学习方式主要有如下几种。

1.　模仿法

模仿就是仿效和重复别人行为的趋向，它是消费者学习的一种重要方法。一些明星的发型、服饰甚至生活方式，之所以能很快在某些人群中流行开来，就是由于模仿使然。模仿可以是有意的、主动的，也可以是无意的和被动的。当被模仿行为具有榜样作用，社会或团体又加以提倡时，这种模仿就是自觉进行的。比如，当某种饮食方法被某某名人奉为强身健体、延年益寿之法，而传媒又对此大加渲染之后，社会上就会有很多人自觉地予以模仿。在社会生活中，很多模仿都是无意识的，如小孩模仿大人的行为，经常接触某个群体的成员不自觉地带有该群体的言谈举止等。模仿可以是机械地模仿，也可以是创造性地模仿，前者如开和明星一样牌号的汽车，理和明星一样的发型；后者如根据明星的服饰加以裁剪，制成更适合自身的装束等。

2.　试误法

试误法又叫尝试错误法，它是指消费者通过尝试与错误，从而在一定的情境和一定的反应之间建立起联结。消费者渴了的时候，可以喝茶、咖啡、可口可乐、矿泉水等，也就是说可以做出许多不同的反应。但经过多次尝试，发现做出某种特定反应能获得最满意的效果，于是该种反应与渴这一情境的联结就会得以保存。如果在今后的行为练习中，做出此种反应之后总是伴随着满足，则联结的力量会增强；反之，若作出反应之后伴随的是不满和烦恼，联结的力量将减弱。

3.　观察学习法

观察学习法是指消费者通过观察他人的行为，获得示范行为的象征性表象，并做出或避免做出与之相似的行为的过程。在消费过程中，消费者或自觉或不自觉地观察他人的消费行为，并以此指导自己的消费实践。比如，当发现同事家的某种牌号的音响设备效果特别好，就可能在头脑中留下印象，在自己需购置音响设备时，不自觉地想到同事家的音响，并形成某种选择或购买意向。反之，如果经观察发现同事所买的音响设备音质不理想，则在购买音响设备时，可能会避免选择该牌号的产品。观察学习使个体突破直接经验的限制，获得很多来自间接经验的知识、观念和技能，它是消费者所采用的十分普遍的学习方法。

4.3　消费者的记忆与联想

4.3.1　消费者的记忆

1.　记忆的含义

《辞海》中"记忆"的定义是："人脑对经验过的事物的识记、保持、再现或再认。识记即识别和记住事物特点及联系，它的生理基础为大脑皮层形成了相应的暂时神经联系；保持即暂时联系以痕迹的形式留存于脑中；再现或再认则为暂时联系的再活跃。通过识记和保持可积累知识经验。通过再现或再认可恢复过去的知识经验。"从现代信息论和控制论的观点来看，记忆就是人们把在生活和学习中获得的大量信息进行编码加工，输入并储存于大脑里面，在必要的时候再把有关的储存信息提取出来，应用于实践活动的过程。把两者结合起来，可以将记忆的含义表述得更确切一些。所谓记忆，就是人们对经验的识记、保持和应用过程，是对信息的选择、编码、储存和提取过程。

记忆在消费者的日常生活中具有十分重要的作用。凭借记忆，消费者在购买决策过程中，能够把过去关于某些产品的知识和体验与现在的购买问题联系起来，从而迅速地做出判断和选择。反之，缺乏记忆或离开记忆的参与，消费者就无法积累和形成经验，就不能形成概念和在此基础上进行判断和推理，从而无法适应复杂多变的环境，甚至连最简单的消费行为也难以实现。具体来说，记忆在消费者购买过程中具有三方面的作用。首先，记忆使消费者对所遇到的产品或服务能作出合理的预期，并使之能有选择地接触他所希望购买或有兴趣购买的产品。其次，记忆能够影响消费者的注意过程，因为记忆深刻的那些内容最容易引起消费者的反应，并引导消费者对其予以特别注意。当人们处于一个陌生的环境中，那些熟悉的事物、情境往往最易引起注意，就充分说明了这一点。最后，记忆影响消费者对产品、服务及其价值的理解。借助于记忆，消费者将对产品与服务产生某种预期，形成某些联想，而这些预期、联想会直接影响消费者对产品或服务效用的评价，影响消费者对产品、服务的有用性、有效性、耐用性和安全性等方面的理解。

2.　记忆的系统

传统上，人们一直把记忆看成是某种单一的东西，相信只存在一种长时记忆系统。认知心理学用信息加工的观点看待人的认知活动，认为人的认知活动也可以看做是对信息进行加工的过程。它把记忆也看作是人脑对输入的信息进行编码、存储和提取的过程，并按信息的编码、存储和提取的方式不同，以及信息存储的时间长短的不同，将记忆分作瞬时记忆、短时记忆、长时记忆三个系统。

（1）瞬时记忆。

瞬时记忆又叫感觉记忆或感觉登记，是指外界刺激以极短的时间一次呈现后，信息在感觉通道内迅速被登记并保留一瞬间的记忆。一般又把视觉的瞬时记忆称为图像记忆，把听觉的瞬时记忆叫作声像记忆。感觉记忆只留存在感官层面，如不加注意，转瞬便会消失。乘车经过街道，对街道旁的店铺、标牌、广告和其他景物，除非有意注意，否则，大多是即看即忘，此类现象即属感觉记忆。感觉记忆按感觉信息原有形式储存，它反映的内容是外界刺激的简单复制，尚未经过加工和处理，因此，感觉记忆的内容最接近于原来的刺激。

瞬时记忆有如下特点：①瞬时记忆的编码方式，即瞬时记忆记住信息的方式，是外界刺激物的形象。因为瞬时记忆的信息首先是在感觉通道内加以登记，因此，瞬时记忆具有鲜明的形象性。②瞬时记忆的容量很大，但保留的时间很短。一般认为，瞬时记忆的内容为 9~20 比特。③如果对瞬时记忆中的信息加以注意，或者说当意识到瞬时记忆的信息时，信息就被转入短时记忆。否则，没有注意到的信息过 2 秒钟便会消失，也就是遗忘了。

（2）短时记忆。

短时记忆是指外界刺激以极短的时间一次呈现后，保持时间在 1 分钟以内或是几分钟的记忆。例如，我们从电话簿上查一个电话号码，然后立刻就能根据记忆去拨号，但事过之后，再问这个号码是什么，就记不起来了。此类记忆，就是短时记忆。

短时记忆有如下特点：①短时记忆的容量有限，一般为 7 ± 2，即 $5 \sim 9$ 个项目，这也就是平常我们所说的记忆广度。如果超过短时记忆的容量或插入其他活动，短时记忆容易受到干扰而发生遗忘。为扩大短时记忆的容量，可采用组块的方法，即将小的记忆单位组合成大的单位来记忆，这时较大的记忆单位就叫作块。例如，将单个的汉字（人、学、机）变成双字的词（人民、学习、机器）来记，记忆的容量便扩大了一倍。②语言文字的材料在短时记忆中多为听觉编码，即容易记住的是语言文字的声音，而不是它们的形象；非语言文字的材料主要是形象记忆，而且视觉记忆的形象占有更重要地位。此外，也有少量的语义记忆。③短时记忆中的信息是当前正在加工的信息，因而是可以被意识到的。在短时记忆中加工信息的时候，有时需要借助已有的知识经验，这时又要从长时记忆中把这些知识经验提取到短时记忆中来。因此，短时记忆中既有从瞬时记忆中转来的信息，也有从长时记忆中提取出来的信息，它们都是当前正在加工的信息，所以短时记忆又叫工作记忆。④短时记忆的信息经过复述，不管是机械复述，还是运用记忆术所做的精细复述，只要定时复习，就都可以转入长时记忆系统。

（3）长时记忆。

长时记忆是指永久性的信息存储，一般能保持多年甚至终生。人们日常生活中随时表现出的动作、技能、语言、文字、态度、观念，以及有组织有系统的知识等，均属长时记忆。

长时记忆有如下特点：①长时记忆的容量无论是信息的种类或是数量都是无限的。不仅如此，长时记忆中的信息是以类似于网络结构的方式有组织地储存的。科林斯计和奎利恩于 1969 年提出了一个语意记忆的层次网络模型参见图 4.6。表明了这样一个事实：消费者对不同的品牌、店铺、广告拥有层次化的概念系统，这些概念及其相互联系对消费者的推理或推断具有重要影响。例如，如果一种圆珠笔装有一个形状特殊的笔尖，而消费者将此与更大的书写着力相联系，那么，消费者很可能据此推断这种笔书写时一定很费力从而拒绝购买，即使事实并非如此，消费者也很难改变由前述推断所确立的信念。因此，了解消费者有些什么样的信念，这些信念是如何联结的，对预测消费者的行为反应非常重要。②长时记忆的编码有语义编码和形象编码两类。语义编码是用语言对信息进行加工，按材料的意义加以组织的编码；形象编码是以感觉映像形式对事物的意义进行的编码。③长时记忆中存储的信息如果不是有意回忆，人们是不会意识到的。只有当人们需要借助已有的知识经验时，长时记忆存储的信息再被提取到短时记忆中，才能被人们意识到，短时记忆中的信息一部分来自于感觉记忆，另一部分则取自于长时记忆。当人们需要某些知识、规则时，便从长时记忆中提取信息，这些信息只有召回到短时记忆系统和进行有意识的加工，才能服务于特定的目的。短时记忆的信息保持时间一般不超过 1 分钟，受到干扰就会消失。短时记忆中的信息一部分经复述进入长时记忆，另一部分则被遗忘。应当指出的是，感觉记忆、短时记忆和长时记忆是三个相互联系的信息储存与提取系统，它们相互作用、相互影响、密切配合，共同承担对外部信息的加工和传输。

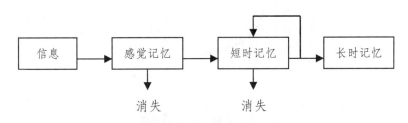

图 4.6 记忆系统模式图

3. 消费者的遗忘

（1）遗忘的含义及其规律。

遗忘是对识记过的材料不能再认和回忆，或者表现为错误的再认和回忆。从信息加工的角度看，遗忘就是信息提取不出来，或提取出现错误。根据遗忘是否恢复，遗忘可分为永久性遗忘和暂时性遗忘。现代心理学认为，遗忘并不完全是一种消极的心理现象，它有积极的一面，可以剔除记忆中的"无关"信息。但在营销中，商家都希望消费者记住积极的一面，忘记消极的方面。

最早对遗忘现象进行实验研究的是德国心理学家艾宾浩斯。艾宾浩斯以自己为被试对象，以无意义音节作为记忆材料，用时间节省法计算识记效果。研究发现，遗忘在学习之后立即开始，而且遗忘的进程并不是均匀的。最初遗忘速度很快，以后逐渐缓慢。他认为"保持和遗忘是时间的函数"，他用无意义音节（由若干音节字母组成，能够读出但无内容意义即不是词的音节）作记忆材料，用节省法计算保持和遗忘的数量。并根据他的实验结果绘成描述遗忘进程的曲线，即著名的艾宾浩斯记忆遗忘曲线，如图 4.7 所示。表 4.1 则为艾宾浩斯不同时间的记忆保持量表。

表 4.1 艾宾浩斯不同时间的记忆保持量

时间间隔	记忆量
刚刚记忆完毕	100%
20 分钟后	58.2%
1 小时后	44.2%

续表 4.1

时间间隔	记忆量
8～9 小时后	35.8%
1 天后	33.7%
2 天后	27.8%
6 天后	25.4%

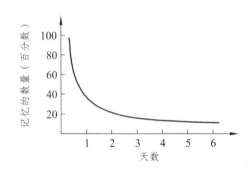

图 4.7　艾宾浩斯遗忘曲线

这条曲线告诉人们在学习中的遗忘是有规律的，遗忘的进程很快，并且先快后慢。

（2）遗忘的原因。

对于遗忘的原因，有种种解释，影响较大的有三种学说、即痕迹衰退说、干扰抑制说、压抑说。

① 衰退说。这种学说认为，遗忘是由于记忆痕迹得不到强化而逐渐减弱，以致最后消退而造成的。在大脑中的东西会像照片一样，随着时间的推移而渐渐褪色。衰退在感观记忆、短时记忆和中期记忆中有重要意义：它使有限的存储空间不至于爆满。但是，长期记忆理论上具有无限的存储空间，可是我们仍然会忘记长期记忆的内容。这一解释虽然合乎一般常识，而且能说明很多遗忘现象，但未必符合所有事实和进行普遍推广。因为人的有些经历，即使是在几十年以后，仍然历历在目，并不随时间流逝而淡忘。

② 干扰说。该学说认为，遗忘是由于记忆材料之间的干扰，产生相互抑制，使所需要的材料不能提取。当我们记忆内容相近的单词表时，因为内容太相近了，发现记忆每一张单词表的能力呈显著下降趋势。不过，针对这一现象，也有补救措施，那就是不要过于长时间、过于单调地学习相近的内容。背英语单词表时，背一些之后可以休息一下，学些其他东西，再回头背单词。此外，要学的东西越是缺乏含义，相互干扰的作用就会越明显，所以就要不断尝试通过联想去找一个含义。

为这一学说提供有力支持证据的是前摄抑制和倒摄抑制。所谓前摄抑制是指先学习的材料对后学习的材料所产生的干扰作用。安德武德发现，在学习字表以前有过大量练习的人，24 小时后，所学会的字表只记住 25%；以前没有做这种练习的人，能记住同一字表的 70%，由此说明前摄抑制的存在。所谓倒摄抑制，是指新学习的材料对原来学习的材料的提取所产生的干扰与抑制作用。伯克和斯鲁尔在 1988 年作了一系列关于广告之间相互干扰作用的调查。

在这些研究中，他们给被试呈现印刷品广告。研究发现，竞争品广告以及由同一公司提供的其他产品广告，均会对试验中的品牌及其信息的记忆产生抑制作用，而且，当竞争品信息与试验中的品牌信息越接近时，干扰和抑制作用也越大。所以，企业在设计广告主题和决定广告内容时，一定要体现独特性原则，力求避免与竞争广告的雷同。

③压抑说。这一学说认为，遗忘既不是由痕迹的消退所造成的，也不是记忆材料之间的干扰所造成的，而是由于人们对某些经验的压抑使然。压抑引起的遗忘这一理论，出自弗洛伊德的精神分析说。弗洛伊德认为，回忆痛苦经验将使人回到不愉快的过去，为避免痛苦感受在记忆中复现，人们常常对这些感受和经验加以压抑，使之不出现在意识之中，由此引起遗忘。当信息太令人痛苦、使人受辱或让人害怕时，当人们有极端的创伤经历时，排斥心理就会出现。幸亏这些惊恐的时候不太多，因为即便记忆力训练也对这些束手无策。不过，我们可以将这些不愉快的经历或感觉低调处理，这样反而会提高自己的记忆力。比如，如果我们特别不喜欢某个人，可能对他的名字记得更牢。

（3）影响遗忘的因素。

除了时间以外，识记材料的性质、识记材料的数量、学习程度、学习材料的系列位置、识记者的态度等均会对遗忘的进程产生影响。下面将对这些因素分别予以讨论。

①识记材料的性质与数量。一般认为，对熟练的动作和形象材料遗忘得慢，而无意义材料比有意义材料遗忘要快得多。莱斯托夫效应实际上从一个侧面反映了学习材料的性质对记忆和遗忘的影响。所谓莱斯托夫效应，就是指在一系列类似或具有同质性的学习项目中，最具有独特性的项目最易获得保持和被记住。对于广告主来说，要使广告内容被消费者记住，并长期保持，广告主题、情境、图像等应当具有独特性或显著性，否则，广告内容可能很快被遗忘。广告中经常运用对比、新异性、新奇性、色彩变化、特殊规模等表现手法，目的就是为了突出宣传材料的显著性。另外，在学习程度相等的情况下，识记材料越多，忘得越快，材料少，则遗忘较慢。因此，学习时要根据材料的性质来确定学习的数量，一般不要贪多求快。

②学习的程度。一般认为，对材料的识记没有一次能达到无误背诵的标准，称为低度学习的材料；如果达到恰能成诵之后还继续学习一段时间，这种材料称之为过度学习材料。实验证明，低度学习材料容易遗忘，而过度学习的材料比恰能背诵的材料记忆效果要好一些。当然过度学习有一定限度，花费在过度学习上的时间太多，会造成精力与时间上的浪费。

③识记材料的系列位置。人们发现在回忆系列材料时，回忆的顺序有一定的规律性。如人们对于 26 个英文字母的记忆，一般以开头的字母如 ABC 较好，最后的几个字母 XYZ 效果也很好，但对字母表的中间部分则容易遗忘。在一项实验中，实验者要求被试学习 32 个单词的词表，并在学习后要求他们回忆，回忆时可以不按原来的前后顺序。结果发现，最后呈现的项目最先回忆起来，其次是最先呈现的那些项目，而最后回忆起来的是词表的中间部分。在回忆的正确率上，最后呈现的词遗忘得最少，其次是最先呈现的词，遗忘最多的是中间部分。这种在回忆系列材料时发生的现象叫系列位置效应；最后呈现的材料最易回忆，遗忘最少，叫近因效应；最先呈现的材料较易回忆，遗忘较少，叫首因效应，这种系列位置效应已被许多实验所证实。

④识记者的态度。识记者对实际材料的需要、兴趣等，对遗忘的快慢也有一定的影响。研究表明，在人们的生活中不占主要地位的、不引起人们兴趣的、不符合一个人需要的事情，

首先被遗忘，而人们需要的、感兴趣的、具有情绪作用的事物，则遗忘得较慢。另外，经过人们的努力、积极加以组织的材料遗忘得较少，而单纯地重述材料，识记的效果较差，遗忘得也较多。我们总是认为记忆是保留诸如"我是谁"一类重大信息的方法，但却很少想到遗忘对于身心健康的意义，无论我们忘记的是那些不堪回首的陈年旧事还是每日无足轻重的鸡毛蒜皮之事。

【小链接】

情绪对遗忘的影响

美国学者斯鲁尔通过将被试置于过去的某些经历中，激起了三种情绪状态，即积极的情绪、消极的情绪和中性的情绪。然后，向被试呈现一则关于"马自达"跑车的印刷广告，并要求被试在阅读该广告时形成对该跑车的整体印象。48小时后，这些被试被要求对这种跑车作出评价，结果发现，阅读广告时处于积极情绪状态的被试对该跑车的评价最高，其次是处于中性情绪状态的被试，而处于消极情绪状态的被试对该跑车的评价最低。由此说明，信息获取时的情绪状态，对信息如何编码具有直接影响。

情绪与记忆之间的上述关系，对企业具有重要启示意义。企业营销人员应努力营造一种气氛，使消费者在接触或接收有关企业产品与服务的信息时，产生一种愉快的或积极的情绪。比如，可以在广告中使用幽默，或在向客户推销产品时给客户一些小礼品，以便尽可能使受众或目标顾客产生积极愉快的情绪。

4. 消费者的记忆对学习的作用

记忆对于消费者的学习甚为重要，凭借记忆，消费者能把过去关于产品的知识和体验与现在的购买行为联系起来，从而迅速作出判断。记忆对于消费者学习的意义主要表现如下。

（1）记忆使消费者对所遇到的产品和服务能作出合理的预期，从而使消费者倾向于关注对他们有实际意义的产品，这也促进了消费者的进一步学习。

（2）记忆能够影响消费者的注意过程。因为记忆深刻的内容容易引起消费者的特别关注，因为有记忆的参与，消费者在众多商品中，会选择让他们印象深刻的、比较有好感的商品优先注意，所以消费者的记忆影响消费者对商品的注意。

（3）记忆影响消费者对产品服务和价值的解释。借助记忆，消费者对产品或者服务产生某种预期，形成联想。而这些预期、联想会直接影响消费者对产品或服务的评价，从而促使消费者对该产品和服务的意义重构。

4.3.2 消费者的联想

1. 联想的含义和表现形式

联想是由一种事物想到另一种事物，它的生理基础是条件反射，在消费心理中是比较重要的一种心理活动。联想可以由当时的情境引起，如当时注意、感知到的事物，也可以由内心的回忆等方式引起。在消费心理的研究中，主要着重于注意、感知等因素所激发的联想，因为在开展营销活动时，可以控制消费者所处的购物环境，使用各种各样的方法来激发消费者形成有益于营销活动的联想。

联想是心理学家研究得较早的一种心理现象，迄今为止，已经总结出来的人们的一般性联想规律主要有四种，即接近联想、类似联想、对比联想、因果联想，除此之外，还有一种形式的联想即特殊联想。

（1）接近联想。

由于两种事物在位置上或在空间距离上，或在时间上比较接近，所以认知到第一种事物的时候，很容易联想到另一种事物。

（2）类似联想。

两种事物在大小、形状、功能、地理背景、时间、背景等方面有类似之处，认知到一种事物的时候会联想到另一种事物。例如，由电视机想到录音机，由羽绒服想到鸭绒被等。

（3）对比联想。

两种事物在性质、大小、外观等一些方面存在着相反的特点，人们在认识到一事物时会从反面想到另一事物。例如，由组合音响想到袖珍录音机，由暖风机想到冷风机等。

（4）因果联想。

两种事物之间存在一定的因果关系，由一种原因会联想到另一种结果，或由事物的结果联想到它的原因等。例如，看见漂亮的服装，想到穿着漂亮、受人喜欢的愉快与满足，这是因果性联想。

（5）特殊联想。

指由一事物联想到另一种事物的时候，不一定是按以上规律进行，事物之间不存在必然的关系，而是由消费者所经历的特殊事件造成的。如一位顾客买了一台电子增高器，原来想通过这种东西来刺激自己身高的增长，没想到把自己的皮肤也给烧坏了，以后一见到这种东西的广告就会联想到这次痛苦的经历。

2. 消费者的联想与商品的经营策略

（1）联想与商品的相关性策略。

商品的相关性策略，就是根据联想中的接近联想，在经营中考虑到消费者的这种心理状态，使经销的商品配套成立，方便顾客购买。消费者的共同心理历来都是买东西乐意去商品丰富、品种齐全的商店。这是因为消费者的需要真有联系性，不用跑更多的路就可以买齐自己所需要的商品，不仅可节省时间，而且商品多、品种全，有较大的挑选余地，能买到称心如意的商品。

（2）联想与商品包装的艺术。

利用联想中的类似联想和对比联想，使商品包装更加艺术化，特别是在包装采用的色泽上下一番工夫，对顾客的采购欲望会产生重大影响。商品包装的色泽必须与商品本身的颜色相协调，色调错误，会令顾客失去对商品的兴趣。任何商品要吸引人购买，应让消费者在接触到的一瞬间，最大限度地感知商品的存在和特性，使人产生美好的联想。此时，直觉效果是举足轻重的。

（3）联想与商品的推销宣传。

研究联想原理，对于商品的推销宣传是很有借鉴意义的。现代成功的广告都是采用某些间接的表现手法，借用比喻和联想，使意境更加深刻、生动，内容更加活跃、丰富，从而也就增加了广告的领力，使广大消费者从一些互相接近的相似的、相反的以及相关联的事物中，对广告宣传的商品产生美好的想象，进而产生购买的欲望和行动。

【案例】

雷诺烟草公司

雷诺烟草公司成立于 1875 年，现在位于美国罗来纳州的云斯顿沙龙镇，在美国烟草市场的地位仅次于奥驰亚下属的菲利普—莫里斯公司，旗下有骆驼和云斯顿等美国著名卷烟品牌。在 2003 年 10 月，雷诺烟草公司和英美烟草的子公司布朗·威廉姆森烟草公司合并，成立新公司——雷诺美国公司，年销售收入达到 100 亿美元左右，在美国烟草市场占有率超过 30%，增强了其在全球烟草市场的竞争力。

20 世纪初期，美国香烟市场发展迅猛，竞争异常激烈。雷诺公司经过市场研究，在 1913 年，推出了既有弗吉尼亚烟草的醇正口味，又有土耳其烟草的浓烈芳香制成的混合型香烟。由于香烟具有异域风情，故取名为"骆驼"。

但是，骆驼香烟上市后，品牌认知度很低。为了让消费者对骆驼香烟不断增强认识，雷诺烟草采用教育营销的策略。

（1）借势营销——"骆驼来了"。1913 年，雷诺得知巴纳姆—贝利马戏团要来云斯顿镇演出，其中就有骆驼表演。在马戏团到来之前，雷诺在市中心广场竖起一幅巨大的广告牌，图案为骆驼香烟包装盒的放大图。背景是浩瀚的沙海，耸立的金字塔，青翠的棕榈林，一头昂首向天、傲视不驯、威武高贵的大骆驼，充满着浓郁的东方情调；主题为："著名的巴纳姆—贝利马戏团即将到云斯顿演出，神秘的骆驼要来了！"在云斯顿的大街小巷上，"骆驼来了"的宣传画铺天盖地。一时间，骆驼成了市民的中心话题，骆驼香烟销售量也直线上升。

在马戏演出中，当观众为神秘的骆驼风采所倾倒、为绝妙的异域风情所陶醉时，雷诺抓住机会，向激动不已的观众免费赠送骆驼香烟。观众则把骆驼香烟当成纪念品抢购，名不见经传的骆驼香烟很快便享誉全美。骆驼香烟的销量增长迅猛：1914 年为 4.5 亿美元，1915 年为 23 亿美元，1917 年为 110 亿美元，1920 年为 200 亿美元，创造了令人震惊的销售奇迹！

（2）30 年不变——"为了一支骆驼，我愿走一里路"。这句广告语的灵感来自一位高尔夫球运动员。1920 年，在一场高尔夫球赛的间隙，一位运动员向观众要了一支骆驼香烟，并大发感慨："为了一支骆驼，我愿走一里路啊。"凑巧提供香烟的观众是骆驼香烟广告代理公司的员工。职业的敏锐使他记下了这句感慨，后来成了骆驼香烟的经典广告语，并使用了 30 多年。该广告语简练、切入要点，充分表达了消费者对骆驼品牌的认同和喜爱。用来自消费者内心的赞叹作为情感诉求点，富有强烈的感召力，使消费者处于一种高参与状态下，有意识、有目的、主动地处理和学习骆驼品牌的相关信息。

（3）利用权威——"更多的医生选择骆驼香烟"。在被证实吸烟有损健康之前，人们吸烟的目的是放松身心、帮助消化和追求时尚等，医生也向烟民推荐香烟品牌。20 世纪 40 年代，雷诺组织了三个独立的研究机构在全美的 10 万多名医生中做了一个民意调查，了解医生首推的香烟品牌。调查结果显示：在医生认可与推荐的香烟品牌当中，"骆驼"获得首推。接下来，利用权威的信赖与认可，雷诺在媒体广告中大事宣传"更多的医生选择骆驼香烟"。

同时，雷诺还特意向消费者介绍"T位"，即指前额、鼻梁和下巴所构成的T字状地带的概念，并宣称骆驼香烟能让人"T位"健康，以培育消费者的忠诚度。雷诺这种传播策略在当时非常有效，提升了骆驼品牌的知名度。

（4）迂回战术——品牌延伸策略。随着"吸烟有害健康"的呼声日益高涨，直接的烟草广告被禁止了。为适应市场的不断变化，雷诺采用了扩延品牌系列产品的营销策略，规避法律风险，作为烟草间接传播的工具。用香烟商标为非烟草产品和服务做广告，把香烟商标呈现在公众面前，以起到广而告之的效果。

雷诺用骆驼牌靴子代替骆驼香烟做广告，向消费者传达"骆驼"香烟的品牌个性与形象，醉翁之意不在酒。骆驼牌靴子使用与骆驼牌香烟一模一样的商标和字体，广告中着力描绘了骆驼香烟所独具的粗犷、野性与神秘的个性和形象。除了靴子外，骆驼牌的服装、旅行包、纪念表、高档时装饰品等广告也相继出现在各媒体上。

雷诺的品牌延伸策略，不仅巩固了骆驼品牌的市场地位，而且有助于提升品牌的市场占有率。

（5）灵活促销——借力赠品、"骆驼现钞"、电影形象。随着控烟运动的发展，户外广告牌、卡通人物宣传、赞助等活动也受到了限制，烟草营销逐渐转变为以零售终端促销为主，变"拉"为"推"了。

①赠品。雷诺在零售终端向消费者赠送随烟促销品，有印着骆驼香烟标志的T恤衫、棒球帽、金属火柴、扑克牌等。其中，"骆驼金属火柴"为缩小的骆驼烟盒状打火机，小巧玲珑，十分精致，格外吸引人，消费者一次购买两盒骆驼香烟即可获赠一个。骆驼香烟扑克版面设计多样，且形成了一个系列，精美的图案让人爱不释手，为不少烟民、非烟民和收藏爱好者所痴迷。

②骆驼现钞。1991年，雷诺推出了模仿美元而设计的购物券——"骆驼现钞"。消费者只要购买骆驼香烟，就可得到附赠的购物券，当购物券累积到一定数量，就能换取皮夹克之类的衣物。"骆驼现钞"促销活动取得了巨大成功，紧随其后又推出了五个类似的促销活动。"骆驼现钞"系列促销活动，吸引了大量年轻人，提高了骆驼品牌在年轻人心目中的地位。

③电影形象。在电影中，常常有渲染吸烟者风度、气质的吸烟镜头，使观众容易产生正面联想，尤其是大红大紫的演员吞云吐雾，客观上能起到很强的广告效果。骆驼香烟商标就经常"有意"出现在好莱坞影片中，这不仅使骆驼品牌的声名随影片远播全球，而且电影中的镜头难以使人联想到广告，让观众不产生厌烦情绪。

雷诺经过一系列的策略传播，在2001年的美国市场份额达到5.86%，2002年上升至5.9%，是美国第三大畅销香烟品牌。在推出"金土耳其骆驼"和薄荷口味的"翠玉土耳其骆驼"系列后，2003年又相继推出了"皇家土耳其骆驼"。骆驼品牌系列既增强了骆驼品牌的市场地位，又提高了市场占有率。

"皇家土耳其骆驼"的包装以深蓝色为主调，且过滤嘴的设计也具有独特风格。

雷诺还建立了一个约5 500万人的消费者行为数据库（相当于一半的美国烟民），每年寄出约8 000万份调查问卷，询问美国家庭抽何种品牌的香烟、购买频率等问题，分析、研究消费者。

问题：

1. 雷诺公司将联结学习理论理论发挥到了极致，请你运用该理论分析一下骆驼传播的"强化"手段？

2. 通过本案例分析，你对于在市场营销中"遇到红灯绕道走"有何看法。

思考题

1. 论述经典条件反射条件下消费者的学习过程。

2. 试述操作性反射条件下消费者的学习过程。

3. 运用认知学习原理分析认知因素对消费者行为的影响。

4. 试述刺激的泛化原理与分化原理。

5. 记忆在消费者购买过程中有何作用？

6. 论述遗忘及其影响因素。

7. 消费者的联想在市场营销中的作用。

5　消费者的需要和购买动机

学习目标

➢　掌握消费者需要的含义与特点
➢　了解需要的类型
➢　掌握动机的含义、特征与类型
➢　运用动机理论展开营销活动

　　从消费者行为学产生之日起，动机的研究就是消费者行为研究的重要内容，对企业的营销活动有着重要的现实的意义。通常认为，人的行为都是在一定动机的驱使下进行的。消费者为什么要购买某种产品，为什么对企业的营销刺激有着不同的反应，在很大程度上是和消费者的购买动机密切联系在一起的。购买动机研究就是探究特定购买行为的原因，即寻求对购买行为的解释，以使我们能更深刻地把握消费者行为。

【案例】

消费新贵的崛起

　　据财富品质研究院调研，虽然在 2013 年全球奢侈品市场面临诸多压力，中国奢侈品市场本土消费将达到 280 亿美元，境外消费进一步加强，将达到 740 亿美元，即中国人将买走全球 47% 的奢侈品，是全球奢侈品市场无可争议的最大客户。

　　中国人爱买奢侈品已经不再是新闻，奢侈品作为典型的高端消费行业，在一定程度上反映了中国宏观经济走势和居民中高端收入人群的基本情况，尤其是中产阶级的潜在购买力。今年第一季度，《财富》（中文版）杂志进行了"2014 中国奢侈品品牌问卷调查"，结果显示，2013 年受访消费者的奢侈品购买主要发生在境外，其中 90% 以上的用户认为"价格更优惠"和 71.9% 的用户认为"产品的范围更大和选择更多"是用户选择在中国以外地点购买奢侈品的主要原因。

　　中国的富裕人士越来越多，总体的消费总量在持续攀升。如今越来越多的品牌和选择，使得消费者对于购买奢侈品有了更多的便利性和选择权。在 Andy 看来，奢侈品行业具有非常强的周期性。例如，在经济萧条时，消费者们会减少不必要的支出。而目前全球经济处于恢复阶段，中国的富裕阶层以及庞大的中产阶层对于奢侈品的需求仍然非常旺盛，促使这一趋势保持了持续性的增长。

　　2013 年消费者购买的奢侈品品类主要为：手表（56.3%）、消费电子产品（44.0%），以及化妆品、香水和个人护理产品（42.8%），这与前两年的调查结果趋同。

　　Andy 分析，中国女性消费者的奢侈品支出，从 1995 年仅占市场的一成，到 2013 年已经占据半壁江山。而在美国、欧洲、日本等成熟市场，奢侈品消费一般由女性主导。他说："消费者本身也在逐渐回归理性，不仅仅是穿出来给别人看的 show 品味，而是真正地懂得如何对自己更好，学会保养和护理自己。"

用户在选择奢侈品品牌时，最关注因素中产品的做工和品质百分比高达 72.2%，产品的性价比占 54.5%。作为专业奢侈品服务专家的老板，Andy 认为，奢侈品进入中国的十几年间，高端消费群体及中产阶层在国内外消费日趋理性，甚至日益挑剔，对奢侈品的产品工艺及品质更加关注和重视。

巴黎 BETC 设计公司创始人和 CEO Christophe Pradere 对此的看法是，当消费者选择产品或者功能时，性价比是决定性因素。如果是必需品或是长期需求，用户会做出理性判断；但如果是非必要需求，购买奢侈品可能会是非理性决定。他说："最重要的是消费者愿意花费多少为情绪和意愿买单，这些都是奢侈品购买的刺激因素。"

结合调研中的另一个数据，用户对产品的了解与近两三年相比，选择略有增加（67.6%）的比去年提升了约 2%，而选择明显增加（16.7%）的比去年降低了约 3%。Christophe 感受到中国消费者正越来越成熟和理性，更多地依据个人品位来购买奢侈品，而不是为了彰显或证明身份地位。购买动机也随着个性变得更加多样化。

Andy 认为，这验证了中国奢侈品消费者的被教育程度之高，成熟速度之快，已经由最初的炫耀大牌商标的偏好回归到对产品本身的价值和性能等的关注。这种趋势也准确地被奢侈品牌抓取，去年很多品牌都开始打破经典款，为了满足消费者的需求而不断创新。路易威登、FENDI、古驰都先后推出了弱化 Logo 的产品和系列。

与去年相比，在选择奢侈品品牌的时候，最关注的因素中选择品牌知名度（45.3%）的用户增加了 3%，设计师风格（33.1%）增加了 4%，品牌历史和文化（50.6%）减少了 8%。这表明消费者的受众群体正在悄然发生变化。

Andy 判定，消费者对设计感的要求增强，对品牌的历史文化印象减弱，表明随着时代的发展，新一代"80 后"年轻消费者已经成为奢侈品消费的主力军。而陈杰指出，品牌必须对整个品牌主张重新进行思考，探索如何在产品、零售和市场宣传领域注入创新和现代性，使得年轻消费者能够通过这些品牌来表达他们的个性主张。年轻的一代用他们的消费方式打破了奢侈品品牌原有的状态。

"在过去的十年间，曾经吸引大量上一代消费者的传统奢侈品牌，如今对其的需求已渐趋平稳，因为消费者已经拥有了这些品牌的产品。同时，刚刚进入市场的现代小众品牌正在逐步获得新一代年轻消费者的青睐。"陈杰称，这些消费新贵群体寻求更现代有趣的品牌来表达他们的个性主张。"奢侈品牌越来越注重年轻消费者，因为他们代表着这些品牌的未来。"

这也在奢侈品牌的经营策略中得以体现，路易威登、古驰等都开始强调年轻元素，设计潮流感，以期占领更多的新兴市场份额。英菲尼迪汽车公司的全球首任总裁约翰·德·尼琛（Johande Nysschen）在去年表示："如今，中国高档品牌 80% 的购买者都是年轻人。在其他市场，都是父辈占据最大的购买比例，美国在十年后才可能达到这个比例。"

Christophe Pradere 指出，从消费者越来越关注设计师风格这一点可以看出，年轻人对品牌承诺更感兴趣，他们寻找真诚，同时喜欢浓烈的数字文化。因此无论从风格还是市场角度，他们都有着非常敏锐的文化触觉，是真正的产品行家。

Andy 也认为，中国消费者的品位逐渐提升，他们更愿意去追求与众不同，发掘一些小众的、风格独特的设计师品牌或是定制品牌。那些大众知名度高的奢华品牌，由于铺天盖地的宣传而变得没有非常明晰的区分度，部分消费者的个性化品味需求不能得以满足，这必然带给品牌更大的多元化发展的市场机会。

资料来源：财富中文网　作者：刘聪.

5.1　消费者的需要

消费者的消费行为是具有目的性的，是主观能动的活动过程，其目的性是要满足自身的一定需要，在主观需要的基础上进行的，需要是推动人们活动的内在驱动力。同时，它以一定的方式影响人们的情绪体验、思维和意志，使消费者根据需要的满足与否而产生肯定和否定的情绪，形成各种不同的动机，决定消费者的购买行为。

5.1.1　消费者需要的含义

1. 需要的含义

消费者需要是指由于消费者生理和心理上的匮乏而产生的内心紧张，从而形成与周围环境之间的某种不平衡状态。具体的讲是指消费者在个体或社会生活中欠缺某种东西，并力求获得满足的一种心理倾向。它与人的生存发展相关联，是人们在社会生活中以一定方式适应生存环境而产生的对客观事物的欲求。

人们在其生存和发展过程中会有各种各样的需要，例如，为维持生存，人们会产生对衣、食、住、行等物质生活资料的需要；在与他人交往中有获得友爱、被人尊重的需要等。古人云，"人生而有欲"，这里的"欲"即是欲望、意愿或需要。它是人的本能，是人产生行为的最初原动力。

2. 需要的特征

（1）需要的共同性与独特性。

人的基本需要是人类所共有的，不同性别、年龄、种族、社会文化背景的人都有一些共同的需要。但是，由于每个人所处的社会背景、所属的群体不同，其需要有明显的个体差异，即随着人的文化素养、兴趣、理想、信念乃至世界观的不同，个人有区别于他人的独特需要，不仅需要的内容与水平不同，其满足方式也有一定差异。

（2）需要的动力性及无限性。

需要是个体从事各种活动的基本动力，是个体一切积极性的源泉。它促使个体朝着一定的方向，追求一定的目标，以行动求得自身的满足。同时，人的需要在活动中不断产生和发展。当一些需要得到满足后，又会产生新的需要。正是在不断产生需要与满足需要的活动中，需要的种类、范围和满足方式不断发展，由此促进了个体自身的成长和发展。这种需要的无限发展性，决定了人类活动的长久性和永恒性，推动了社会的发展。

（3）需要的整体连续性。

人的各种需要是一个相互联系、相互作用、相互影响的整体，一种需要的满足会影响另一种需要的存在与发展，各种需要既互为条件，又互为补充。

（4）需要的社会历史制约性。

需要的产生与所处的环境及社会因素密切相关，需要的满足也受所处的社会、经济、文化习俗、所属的群体特征等条件制约。

3. 需要与行为

（1）需要是消费者行为前的一种心理倾向，消费者的需要离真正的行为阶段还有一定的距离。

需要虽然是消费者购买行为的原动力，但它并不总是处于唤醒状态。只有当消费者的欲望强度达到了某种迫切程度，消费需要才会被激发，并促使消费者有所行动。比如，对于许多学生消费者，苹果手机是价格昂贵的高端智能机，许多学生消费者可能都有想拥有这样一部手机的需要，但由于受经济条件和其他客观因素制约，这种需要只是潜在的需要，没有被充分意识到。这种潜在的消费需要对消费者行为的影响力较弱。

（2）需要一经唤醒，可以促使消费者为消除不平衡状态采取行动，但它并不对具体的消费行为有定向作用。

比如，满足饥饿感是一种需要，汉堡和馒头都可以满足我们这种需要，但是吃汉堡还是吃馒头来消除这种不平衡感就不属于需要而是动机的问题了。消费需要只为消费行为指明大致的或总的方向，而不是规定具体的行动线路。这是因为：

首先，在消费需要和消费行为之间还存在着其他影响因素，如购买动机、诱因等中间变量。因为在具体的消费活动中满足消费者某种需要的产品或服务是多样的，消费者选择哪一种产品或服务来满足自己的需要不是由需要本身来决定的，消费需要仅仅是一种心理倾向，并没有形成相应的购买标准，没有指向具体的消费行为。

其次，从消费者需要到实现消费行为，还受到各种客观条件的制约。例如，市场上是否有这样的商品，是否在购物场所能够购买到这一商品，自己是否具备现实的购买能力，等等。

最后，消费需要与消费行为之间并不是完全对应的关系。有了消费需要，不意味着消费行为必然产生，同样，有的消费行为也不是由通常与之对应的消费需要而产生的。进食通常是为了解决饥饿的需要，而很多时候我们的进食却并不是因为饥饿。

5.1.2 消费者需要的分类

消费者的需要是多种多样的，可以从不同角度对消费者需要进行研究，按照不同标准对需要做出多种分类。

1. 根据需要起源分类

（1）生理需要。

这是指人们为了维持机体生存和种族发展而产生的需要，它有物质性的，如吃、穿、住、用及对空气、阳光的需要；也有安全保障性的，如趋利避害或防御的需要；还有机能性的，如运动、休息和睡眠及性的需要等。生理需要是人类在种系发展过程中形成并遗传下来的，是人的自然属性的反映，它是人和动物共有的，但人的这种需要又和动物有着本质的区别。人类在满足其生理需要的时候，并不像动物那样完全受本能驱使，而是要受到社会条件和社会规范的制约，具有人类社会文明的印记。

（2）社会需要。

这是指人类在社会生活实践中形成的需要，如对社会交往、社会归属、社会活动以及学习、劳动、友谊、尊重的需要等。社会需要是人社会化的结果，是人的社会属性的反映，因而它是人所特有的，并因人的社会生活环境不同而表现出丰富多彩的个体特色。

2. 根据需要的对象分类

（1）物质需要。

这是指对所有物质对象的需要，既包括自然性的物质，也包括社会性的物质，如商品、货币、劳动服务工具等。在生产力水平较低的社会条件下，人们购买物质产品，在很大程度上是为了满足其生理需要。但随着社会的发展和进步，人们越来越多地运用物质产品体现自己的个性、成就和地位，因此，物质需要不能简单地对应于前面所介绍的生理需要，它实际上已日益增多地渗透着社会性需要的内容。

（2）精神需要。

精神需要是指对物质以外的、一切精神生活及其产品的需要，包括认知的需要、审美的需要、自尊的需要及自我实现的需要等。它是人的意识（或精神）属性的反映，是一种高层次的需要。

3. 马斯洛对需要的分类

美国人本主义心理学家亚伯拉罕·马斯洛将人类需要按由低级到高级的顺序分成五个层次或五种基本类型。

（1）生理需要。

维持个体生存和人类繁衍而产生的需要，如对食物、空气、水、住所等的需要。

（2）安全需要。

这是在生理及心理方面免受伤害，获得保护、照顾和安全感的需要，如要求人身的健康，安全、有序的环境，稳定的职业和有保障的生活等。

（3）爱和归属的需要。

希望给予或接受他人的友谊、关怀和爱护，得到某些群体的承认、接纳和重视的需要，如社交、友爱、结识朋友，交流情感，获得爱情，参加某些社会团体等。

（4）自尊的需要。

希望获得荣誉，受到尊重和尊敬，博得好评，得到一定的社会地位的需要。自尊的需要是与个人的荣辱感紧密联系在一起的，它涉及独立、自信、自由、地位、名誉、被人尊重和赏识等多方面内容。

（5）自我实现的需要。

希望充分发挥自己的潜能，实现自己的理想和抱负的需要。如果一个人在以上四个方面的需要得到较好的满足之后，就会刺激他进入更高层次的需要。在这种需要驱使下，人们会尽最大努力去发挥自己的能力，不断挖掘和释放自己的潜能，实现自我目标和自我价值。

1970年左右，马斯洛对其所提出的需要五层次做了补充，在自尊和自我实现之间增加了求知的需要和审美的需要。

（6）求知的需要。

这是指由于人们对各种事物存在一定的好奇心，从而形成的对事物进行探讨、实验、学习等方面的需要。

（7）审美的需要。

这是指人们在生存和生活中，对美追求的一种需要。

不管是较低层次的生理需要，还是较高层次的自我实现的需要，人们可能对于这些需要有一定程度的意识，也可能没有意识到这些需要对于行为的作用。

生理需要和安全需要是人们最基本的需要，一般来说当基本的需要没有满足时，这些需要会具有强大的驱动力，驱使自己去进行各种行为来满足最基本的需要，只有当这些基本的需要得到了一定程度的满足时，其他高层次的需要才会出现。但是要满足最基本的需要即生理需要和安全的需要，也还有一些前提作保证，如人们在日常生活中的言论自由、行动的自由、得到信息的自由、防卫的自由，以及在他所处的集体中还有正义感、有一定的秩序和诚实，这些条件是满足基本需要的前提，如果不具备这些前提，满足最基本的需要时也会出现威胁。

马斯洛的需要层次理论虽然存在一些不完善、不充分的地方，但是其中包含了许多闪光的思想，可以启发我们对消费者心理需要进行研究。从理论分析中，有三方面值得我们注意：一是人类的需要存在着一个由低级到高级的阶梯。一般来说，当基本的需要没有满足时，这些需要会具有强大的驱动力，驱使自己去进行各种行为来满足最基本的需要；而只有当这些基本的需要得到了一定程度的满足时，其他高层次的需要才会出现。二是低一层次的需要只要有了相对程度的满足，即可以出现较高一层次的需要，较高一层次的需要也只要得到相对程度的满足，即可以出现更高层次的需要。也就是说，低一层次的需要不是在100%的程度上得到了满足才产生高一层次的需要，而只是在得到了75%或者60%的满足，甚至只要得到了50%的满足，即可以产生更高一层次的需要。对于不同的人来说，各需要层次的满足不是一定要在满足了低层次需要的基础之上才会出现较高一层次的需要的，而是有颠倒的现象，即使低层次的需要没有得到满足，也会直接出现高一层次的需要，有些才智卓杰的人甚至直接以自我实现这一最高层次的需要来作为自己的目标。三是对于消费者来讲，越是低级需要，人们对需要的满足方式越明确，越是高级需要，人们对这种需要的满足方式越不明确，而且越是高级需要，越难以得到满足。

因此，需要层次论对于搞好市场营销策略有一定的指导意义。任何一种市场细分都与消费者的需要相联系，有的场合，甚至直接根据消费者的利益（即需要）来细分。同时，为确定产品的位置，即决定未来消费者是怎样看待该产品的，确定产品能够适应消费者哪些方面的需要，从而找出竞争对手还未占领的位置，还可以对一种产品采取不同的策略，表明能对每一级的需要都具有实际的吸引力，从而扩大产品的销售。同时，需要层次论有利于搞好市场预测。马斯洛指出的动态需要层次的满足理论，对于预测消费者行为并且更进一步地预测市场提供了一种参照的依据。表5.1为需要的分类一览表。

表 5.1 需要的分类一览表

划分方法	代表者	分类标准	分 类
两分法	传统观点	按需要的起源	生理需要、社会需要
		按需要的对象	物质需要、精神需要
三分法	恩格斯	按需要的生活形式	生存需要、享受需要、发展需要
五分法	马斯洛	按需要的层次	生理需要、安全需要、爱和归属的需要、尊重的需要、自我实现的需要
二十分法	亨利·默里	按需要的表现方式	贬抑需要、成就需要、交往需要、攻击需要、对抗需要、防御需要、恭敬需要、支配需要表现需要、躲避伤害需要、躲避羞辱需要、培育需要、秩序需要、抵制需要、感觉需要、性需要、求援需要、了解需要

5.1.3 消费者需要的特征

消费者需要由于受到社会、经济、心理等各因素的影响，呈现出千差万别、纷繁复杂的形态，但是我们可以通过研究消费需求存在着的一定趋向性和规律性，以期对消费者需求有一个总体、全面的把握。具体来说消费需要具有以下特征：

1. 消费需要的多样性和差异性

消费者需求的多样性体现了人类需要的全面性。人不仅有物质需要，还有精神需要，有低层次的需要，也有高层次的需要。还表现为消费者对同一类商品的多种需要及不同商品的多种需要。不同消费者由于民族传统、宗教信仰、生活方式、文化水平及个性特点等方面的差异，具有不同的价值判断和审美标准，对商品和服务的需求有很大的差异性。

2. 消费需要的发展性与层次性

人永远是有所需求的，随着社会经济发展和人民生活水平的不断提高，进步与发展所带来的许多新观念、新社会风尚也同样推动着消费需要的发展。总的趋势是由低级向高级发展，由简单向复杂发展，由单纯追求数量上的满足向追求质量和数量的全面充实的发展。消费需要推动经济和社会的发展，而经济和社会的发展，又激发了人的消费需要的无限发展性，决定了人类活动的长久性和永恒性，企业探索消费者的尚未满足的需要，不断推出新产品以唤起人们的潜在的需要。同时，消费者的消费需要是有层次的，一般来说，人的消费需要总是由低层次向高层次逐渐发展和延伸的。

3. 消费需要的伸缩性与周期性

人们的消费需要由于受到消费者本身的消费欲望、能力的影响，具有一定的伸缩性。这两方面的影响有可能对消费需要产生抑制作用。由于多数消费者的支付能力有限，消费者所购买消费品数量与品种常常随着收入和支出的增减而表现出扩大与缩减的情况，从而使消费者的需要有限地得到满足，并表现出一定的伸缩性。因此，在一定时期内，当客观条件限制消费需要的满足时，需要可以抑制、转化、降级。既可以选择某种可能的方式，同时满足几种不同的需要，也可以选择满足其中一种需要而放弃其他需要。另外，消费需要的变化还具有周期性特点。一些消费需要得到满足后，随着时间的推移还会重新出现，并显示出明显的周期性。例如，许多季节性、节日性的商品都具有明显的周期性。值得注意的是，重新出现的需要不一定是对原有需要简单的重复，而是在内容、形式上有所变化和更新。

4. 消费需要的制约性与可诱导性

人在本质上是社会的人，所以一定的社会生活水平，必然制约着人们的生存、发展与享受，也就制约着人们的需要。但在一定的社会条件下，需要不仅反映出消费者自身的要求，而且同客观现实的刺激有很大的关系。消费者购买何种消费品，会受到社会经济的刺激、社会交往的启示、生活和工作环境的变化、广告宣传的诱导和他人的实践经验等因素的影响。这些因素都可能促使消费者产生新的需要，或消费需要发生转移和变化。因此，消费需要是可以引导和调节的。企业应利用消费需要的这种可诱导性，通过各种途径影响和诱导消费者的消费行为。

【案例】

小米的粉丝经济

小米科技的 CEO 雷军在总结小米手机成功经验的时候这样说：以前企业和消费者的关系就是买卖关系，而小米要与消费者成为朋友关系。粉丝经济的启发，一方面，因为我是数码发烧友，另一方面则借鉴了汽车车友会的模式。因为我是发烧友，我知道自己有什么需求，渴望参与其中。没做小米之前，我与诺基亚的人聊过很多次关于手机的问题，但他们不改，我只好自己来做。

我们每周更新四五十个，甚至上百个功能，其中有三分之一是由"米粉"提供的。其实对于很多人来说，做手机还是一个神秘的事情，你的建议一旦被采纳，你就可以跟朋友去吹牛，你就会有成就感。我们给了几十万人这个机会互动参与。这种方式好比交通广播电台，很多人喜欢听，因为你的短信或电话会被播出。

除了让"米粉"参与手机和软件的研发中去，我们还借鉴了车友会的模式，把他们的消费方式变成聚会娱乐方式。这也使"米粉"变得很抱团。在创业初期，小米手机不被认可，很多人骂我们，"米粉"有压力，但"打压"使得他们更加抱团来捍卫这个品牌。这也是今年我们被骂的时候，小米手机销量不但没降，反而增加的原因。

来源：http://www.chinaz.com/manage/2012/1226/287178.shtml.

5. 消费需要的互补性与替代性

不同的消费需要有相互补充、相互替代的关系。所谓互补性需要，即彼此关联、相互补充的需要，比如，购买汽车必须同时购买汽油，购买相机需要购买储存卡、电池等。替代性需要，即彼此可替代的需要，比如，肥皂和洗衣粉、电风扇与空调等。从消费需要的变化来看，独立性需要具有相对稳定性，较少受其他商品需求变化的影响；互补性需要具有同向性，即相互促进消费，一种商品的消费必然增加另一种商品的消费；替代性需要具有反向性，即相互抑制消费，一种商品的消费必然减少对另一种商品的消费。这就要求企业及时把握消费者需要的变化趋势，有目的、有计划地根据消费需求变化规律供应商品，更好地满足消费者的需要。

5.1.4   现代消费者需要的发展趋势

1. 现代消费环境的变迁

当今时代，人类社会进入一个以新技术革命为标志的崭新的历史发展时期。与之相适应，现代消费者面临的消费环境也发生了一系列极其深刻的变化。具体表现在以下几方面：

科学技术的日新月异和社会生产力的迅猛发展，加速了产品的更新换代速度，由此推动了消费内容和方式的不断更新。

发展中国家市场化进程的加速和发达国家区域联盟的建立，促进了世界经济全球化和国际大市场的形成，由此使消费者选择商品的范围得到极大扩展。

电子信息技术的迅速发展和广泛应用，给传统的商品交换方式带来强烈冲击，从而为消费者实现购物方式和消费方式的变革提供了可能。

现代交通和通信技术的日益发达，迅速缩小了地域间的空间距离，促进了国际交往，使各种新的消费意识、消费潮流不断涌现，并以前所未有的速度在世界范围内广泛扩散和传播。

2. 现代消费需要新趋向

随着时代的变迁和社会环境的发展，消费者需要的内容、形式、层次也在不断改变和进步，并呈现出一系列新的消费需要趋向。

（1）感性消费需要。

感性消费需要是指消费者购买商品并非出于生存、安全等基本需要，而是希望买到一种能与其心理需求产生共鸣的感性商品，满足其内心深处的感性要求。现代社会，经济活动的高度市场化和高科技浪潮的迅猛发展，快节奏、多变动、高竞争、高紧张度取代了平缓、稳定、慢节奏的工作方式。与紧张、动荡、快节奏的工作和生活方式相对应，人们的情感需要也日趋强烈。人们采用的多是心理上的感性标准，即"只要我喜欢就是最好的"，其购买行为通常建立在感性逻辑上，以"喜欢就买"作为行为导向。这种消费需要的出现实质上是高技术社会中人类情感需要的体现，是现代消费者更加注重精神的愉悦、个性的实现和情感的满足等高层次需要的突出反映。

（2）休闲消费需要。

追求舒适、追求休闲是近几年来出现的消费新动向。随着工作效率的提高和劳动工时的普遍缩短，人们占有的闲暇时间日益增多。由于平时人们生活在快节奏和高压力的工作环境下，因此现代消费者对闲暇生活的重视程度不断提高，闲暇生活在社会生活方式中占有越来越重要的地位。休闲食品、休闲服装成为新的消费潮流。"饭要吃素，衣要着布"体现了人们的休闲欲望。由于生活节奏加快，竞争日趋激烈，平时工作紧张、压力较大的人们需要休闲娱乐来放松自己的身心；退休的老年人需要休闲场所安度晚年。越来越多的人参加文体活动、旅游观光，寻找自己的休闲方式。

（3）生态化消费需要。

20世纪以来，人类社会面临着自然资源日益匮乏和环境过度破坏的严重困扰。在环境问题的压力下，现代消费者的环保意识日益增强，越来越多的消费者开始认识到，地球的资源是有限的，过度消费留下的不仅是成堆的垃圾和对环境的破坏，还将导致人类生存状况的不断恶化。因此，许多消费者提出"做一个绿色消费者"的口号，要求尽可能地节约资源和维护生态环境，对所消费商品尽可能做到节约使用、循环利用。

（4）个性化消费需要。

消费个性化指消费者根据自己的爱好、个性，寻求与众不同的商品和服务，以突出自己的个性，体现自己独特的风格。在知识经济初显端倪的条件下，消费品和劳务更加丰富多彩，特别是信息高速公路网、计算机和多媒体技术的出现，使消费者更能根据自己的爱好和个性进行消费，充分展现人的个性。闲暇时间的增加，也使人们能够自由选择自己喜爱的闲暇消费活动。因此，个性化消费正在也必将成为新的消费时尚和主流。

（5）品牌化需要。

消费品牌化是指消费者在购买行为中以市场认可的品牌产品为购买决策的重要参数，其中部分消费者专一偏好某品牌为其消费追求对象，整个市场上存在着较为明显的品牌消费者集群。其表现为：消费者对品牌消费的感知度逐渐提高，消费者对品牌消费内涵的认知相对集中，主要集中在质量与品质、知名度高、服务好等方面。消费偏好由商品使用价值转向品牌是消费市场的一次革命性变化，预示着品牌消费渐渐成为一股"消费流"。

（6）文化的需要。

由于消费观念的变化和消费水平的提高，人们购买商品不单纯是为了满足生活的基本需要，而且还需要获得精神上的享受。这表现为消费者在对商品和服务的选择上，除了注重商品的内在质量和性能外，更追求消费的档次和品位，要求产品给人以美感与遐想，即"文化味"要浓，能集实用、装饰、艺术、欣赏和情感于一体。市场与文化大交融的时代已经到来，消费需求的变化在向文化型消费转变，文化消费热正悄然兴起。

【案例】

消费多样化：文化消费细节折射出浓浓的文化年味

内江晚报讯：消费是春节不变的流行时尚元素。辞旧迎新，忙碌了一年的人们近段时间开始为节日做各种准备，节日消费已成为大家过年的一种习俗。这段时间，记者在花市、茶店、家政、书摊等各类商场里，发现前来购物的人络绎不绝。商家生意火爆，消费者纷纷购买的同时，节前各类消费细节给记者带来的最大启示和思考是，如今，人们对"物质"年味越来越淡，而文化年味、文明年味、精神年味在百姓的消费细节中越来越浓。

镜头一：家政清洁费涨了没关系，美丽环境迎新年更重要。家住江城花园的肖红女士这月的家政卫生打扫了两次，而且春节前的家政卫生费涨了20元，但她十分乐意接受。1月18

日下午，记者见到肖女士时，她说："我是包月家政，平时每月是 50 元，但这个月为了迎接春节到来，我多做了一次家政，而且费用也涨了 20 元，但我还是坚持这样，因为春节客人多，家里干净一些，过年心情也好得多。"据了解，与肖女士有同样想法的市民大有人在，家住新华路的杨君女士不仅请家政服务员多做了一次家庭卫生工作，也给父母介绍并做了春节家政卫生工作。她说："虽然春节前的家政工作收费涨了，但没关系，多出点钱，把卫生工作打整好，干干净净迎新年，图的是吉祥快乐。"

镜头二：租花市场俏得很，环境如花商机更好。据记者了解，花市今年春节与往年有所不同的是，过年了，买花装扮家庭的虽多，但另外有一个新现象值得关注，租花的市民相对多了起来。1 月 19 日上午，记者在龙都花鸟市场看到，前来租花谈生意的市民较多，据了解，春节期间租花市场行情大概是：小盆的花一盆 15 元一个月，大盆的花一盆 30 元一个月。一位正在谈租花生意的唐老板告诉记者，春节前租花的客户比往年多了，前来租花的一般是公司或刚开张的小店子。他们为了让春节期间生意更好，大家都想把商业环境搞得更美观、漂亮，这样才有更多的商机。正在现场租花谈生意的年轻人张力告诉记者，他刚与朋友一起开了一家饮食店，才创业，春节不打算停店，为了让大家有一个更好的饮食环境，他们决定租15 盆小盆花装扮店门，让商机在花一样的环境中创造奇迹。

镜头三：礼品不在贵重，而精致礼品盒代表尊敬和祝福。"现在的人送礼越来越'怪'，买茶送人的虽然也有，但今年看来我的礼品盒更走俏，特别是质料好的，外观精致独特的礼品盒反而买的人更多"，茶店老板孙艳女士感叹说。1 月 19 日上午，记者在龙都花鸟市场某茶店内看到各种各样、精致美观的礼品盒特别受到客户喜欢。一位邱女士进店后，盯着摆放在货架上的各种礼品盒发出惊叹："好美的礼品盒，买来，把心爱的礼物装进去送人，大方又美观。"邱女士当场买了两个精致礼品盒，她说，现在生活好了，春节送礼讲究的是送好的心情，像这款礼品盒，大方又精致，不说物品是什么，首先选一款好的礼品盒送人代表了对他人的尊敬，这也是一种文化。

文化实际上在细节中，特别是在老百姓的日常生活细节中体现得更为直接。随着春节越来越近，年味也越来越浓，围着春节的各项消费，记者从身边人群的细节消费中得出这样一个思考，如今物质生活的改善，直接导致人们消费理念越来越倾向于多种形式的文化、文明过年，当人们感叹生活好了，"年味"淡了，过年与平时一样时，我们却发现了不一样的方面，"物质"年味确实一年比一年淡，但精神年味、文化年味却越来越浓了。

资料来源：http：//www.scnjnews.com/news/content/2014-01/20/content_1197225.htm.

5.1.5 需要、欲望与需求

1. 欲望含义

欲望是指消费者想要得到某些基本需要的具体满足物时的愿望。欲望是人性的重要组成部分，是人类与生俱来的。作为主体的人，通过对其欲望的满足，不断占有支配客观对象，并同自然、环境、社会形成一定的关系。

欲望具有不满足的特性。人的欲望往往是无止境的，当然，如果人们过度释放欲望，随心所欲，就不只是对自己存在的肯定了，相反还会否定或取消别人的生存，甚至会造成破坏的力量。所以说人的欲望不可能超出历史结构，在现实中还要受到社会伦理、道德、法律等要求的限制。因此，并不是所有的欲望都能够实现的。

2. 需求概念

需求是经济学中常用的术语，从经济学角度看需求是指在一定的时期，在既定的价格水平下，消费者愿意并且能够购买的商品数量。需求显示了随着价格升降而其他因素不变的情况下（Ceteris Paribus），某个体在每段时间内所愿意买的某货物的数量。需求由欲望而产生，没有欲望就没有需求，但有欲望而没有支付能力就构不成需求。需求受购买欲望与支付能力的统一。

3. 需要、欲望与需求

综上所述，可以看出，需要与欲望和需求是不同的。

从含义上讲，需要是指没有得到某种基本满足时心理上出现的匮乏感；欲望是指得到某些基本需要的具体满足物时的愿望；需求是购买欲望与支付能力的统一。

需要和欲望是需求的必要条件，欲望是建立在不同的社会经济、文化和个性等基础上的需要。需要对人类整体而言，具有共性，如饿了要吃饭，渴了要喝水。欲望则对消费者个体而言，具有特性。个人的需要因其所处的社会经济、文化、个性等的不同而产生差异。这种差异的需要就是欲望。比如人们购买牙膏，表面上是对牙膏的欲望，但实质是洁齿护牙的需要。如果新推出一种牙膏，价格更低，护齿更有效，人们就会对这种新牙膏产生欲望，但实际需要仍然相同。生产者常常只关注消费者表现出来的对产品的欲望，而忽略了隐藏在欲望下的实质性需要。

5.2　消费者的购买动机

动机是直接推动个体去行动以达到一定目的的内在动力。它是一种人体的内在主动力量，是个体由某种需要所引起的心理冲动，因此动机的形成是以需要为基础。当个体产生某种迫切的需要或欲望，并且达到足够的强度时，才有可能产生动机，即在心理强化之下给需要的方向定位，并推动个体朝着预期的目标运动。图 5.1 为动机的心理过程。

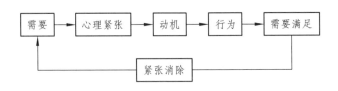

图 5.1　动机的心理过程

5.2.1　动机的形成与特性

1.　什么是动机

"动机"一词源于拉丁文 Movere，即推动的意思。动机是为实现一定目的而行动的原因。动机是激励和维持人的行动，并使行动导向某一目标，以满足个体某种需要的内部动因。

动机是指激发和维持个体活动，使活动朝向一定目标的内部动力。动机是个体的内在过程，行为是这种内在过程的表现。引起动机的内在条件是需要，引起动机的外在条件是诱因。驱使有机体产生一定行为的外部因素称为诱因。凡是个体趋向诱因而得到满足时，这种诱因称为正诱因；凡是个体因逃离或躲避诱因而得到满足时，这种诱因称为负诱因。

2.　动机的特征

由于购买动机是最终购买行为的直接驱动力，因而与需要相比，消费者的动机较为具体直接，有着明确的目的性，但同时也具有更加复杂的特性。具体表现在以下方面：

（1）指向性。

动机总是指向一定方向的，动机不仅能引起行为，而且还能使行为指向一定的方向。消费者一般同时存有多种动机，有些动机甚至是相互冲突的。其结果是某种最强烈的动机使行为在一定范围内、朝着特定的方向，有选择地决定购买目标，即首先满足人们最强烈的、迫切的需要。消费者对于引起动机的刺激物的接受往往是自觉和主动的。动机的形成可能源于消费者本人的内在因素，也可能源于外部因素的激发。而当消费者对于需要有了明确清楚的认知和强烈的满足欲望后，就会非常主动地接受外部刺激，自觉地搜集与商品有关的信息，有选择性地加以利用。

（2）强化性。

强化性是动机的强度特性。动机的强度越高，行动越积极努力。消费者在购买某一种或某一件商品时，动机越是强烈，越容易形成购买决策。同时，动机的强化作用也会影响到购后行为，既行为的结果对行为本身会产生强化和弱化的作用。比如，良好的信誉以及优质的产品和服务，可能强化消费者的购买动机，强化他们的购买行为，形成再次购买，反之，则会导致消费者拒绝购买。

（3）清晰性。

清晰性是指消费者对购买目标指向的集中程度。在动机体系中，不同的动机所处的地位和所起的作用是不相同的。有些动机比较强烈而稳定，在动机体系中处于支配性地位，称为主导动机；有的动机表现得微弱不稳定，在动机体系中处于依从性地位，称为劣势动机。主导动机具有较大的激活作用，并对行为起支配作用。在其他因素相同的情况下，当多种动机之间发生矛盾时，个人行为往往受到主导动机的支配。因此，消费者对目标集中性的强弱反映了消费者对主动动机的辨别能力的强弱。动机的清晰度越高，行动越坚定；目标不定，忽此忽彼，动机的清晰度越弱，行动就越容易发生变化。

5.2.2　动机理论

长期以来，有关人类动机的形成模式及理论体系一直是世界各国心理学家关注的重点。

正是基于动机的复杂性，众多心理学家都在为解释动机的形成而进行不懈的研究，形成了各个学派的动机理论，其各自的依据、角度不同，观点也有很大不同。以下我们介绍几种当代比较具有代表性的理论观点。

（1）本能说。

本能说是由20世纪20年代英国心理学家麦克·道尔（W. McDougall）提出来的。对社会心理学影响很大，曾风靡一时。他把个人行为的动因假设为人的"本能"。他认为，本能是人的一切活动的主要动力。每一种浮想联翩，不管它似乎平淡无味，但由于某种本能的意力或冲动力的支持，也可以达成结果，而且每种身体活动也都借这种力量，从创始时起持续不止。如果我们没有这些本能倾向，以及其强有力的冲动，其有关的机体就不可能进行任何活动。

本能说是解释人类行为的最古老的学说之一，其实质观点是人生来具有特定的、预先程序化的行为倾向，这种行为倾向由遗传所决定。无论是个人还是团体行为，均源于本能倾向。先天的固定行为模式可以解释人类的一切社会行为，人的本能会影响人的社会认识、兴趣、情操和行为等。

本能性行为必须符合两个条件：一是它不是通过学习而获得的；二是凡是同一种属的个体，其行为模式完全相同。

本能说一经产生就引起了很大的争议，很多学者并不认同。的确，相对于复杂多样的人类活动，多数行为并不能运用本能说进行解释，现在很少有学者坚持用人的本能或天性作为人类复杂行为的动因。

（2）弗洛伊德的精神分析理论。

西格蒙德·弗洛伊德（Sigmund Freud）的精神分析理论重在对人的无意识的研究，认为人的心理由意识、前意识和潜意识组成，意识是我们可感知的心理部分，潜意识是人的原始冲动，是人无法知觉的心理部分，而前意识介于意识和潜意识之间，是人们能够回忆起来的经验，是意识与潜意识的中介。人的心理世界犹如一座水中的冰山，意识是显现在水上的很小一部分，前意识介于水面部分，大部分隐藏在看不见的水下的是潜意识。

弗洛伊德又进一步把人格结构分为本我、自我和超我。本我是心理体系中最原始的，即冲动、欲望等，是人格的主动力。自我占据着人格的中心部分，进行知觉、学习、记忆、推理等。超我在人格中最后形成，反映着社会的各项准则，一般称为道德、良心和理想等。本我根据快乐原则仅指向使其本能得到满足。自我是由本我的一部分分离出来的，协调外界、超我和本我的各自要求。自我承受着由"外界""超我"和"本我"三方面的压力。在正常人的情况下，本我、自我和超我不能分为相互对立的三个领域，是作为一个单位活动的整体，也就是说，人类的行为是本我、自我、超我三个组织相互作用的产物。

人们有意识地压抑自己的本能冲动，但无意识的本能冲动决不能消除，也不能完全加以控制，常以梦、失言、笔误等以及许多神经症状呈现出来，也会以升华或其他文饰方式表现出来。因此，人类的行为是很复杂的。人在成长和接受社会规范的过程中有很多欲望受到约束，这些欲望既无法消除也无法完善地控制，它们会出现在梦境中，脱口而出或出现在神经质的行为中。因此，个人不可能真正了解自己的动机。对于消费者来说，许多购买和消费动机也许是被深层次动机驱动的，人们只有通过探索潜意识才能确定这种动机。

在西方学术界，对弗洛伊德的精神分析理论一直存有很多争议，但这一理论对于我们分析消费者行为仍具有重要的启示。虽然我们无法断定消费者行为是否真的受无意识的支配，但可以肯定的是，消费者在购买活动中的确有冲动和不理智的行为表现，用完全理性的模式是无法解释的。它提醒我们在分析消费者行为时，应特别重视研究消费者深层的心理需要，以及这些需要以何种形式反映在产品的购买上。

（3）内驱力理论。

美国心理学家赫尔是内驱力理论的主要代表。他认为，机体的需要产生内驱力，内驱力激起有机体的行为。内驱力是一种中间变量，其力量大小可以根据剥夺时间的长短或引起行为的强度或能量消耗，从经验上加以确定。但他认为剥夺的持续时间是一个相当不完善的指标，因而强调用行为的力量来衡量。

在赫尔的理论中，内驱力主要有两种：原始性内驱力和继发性内驱力。原始性内驱力同生物性需要状态相伴随，并与有机体的生存有密切的联系。这些内驱力产生于机体组织的需要状态，如饥、渴、空气、体温调节、大小便、睡眠、活动、性交、回避痛苦等。继发性内驱力是指情境（或环境中的其他刺激），这种情境伴随着原始性内驱力的降低而形成了一种内驱力。也就是说，以前的中性刺激由于能够引起类似于由原始性内驱力所引起的反应，而具有内驱力的性质。

赫尔认为，要形成学习行为，必须降低需要或由需要而产生的内驱力；为了使被强化的习惯产生行动，必须要有与之相适应的诱因，而且必须引起内驱力。因此，产生某种行为的反应潜能（sER）等于内驱力（D）、诱因（K）和习惯强度（sHR）的乘积。这样，赫尔的理论体系可用下列公式来表示：

$$sER = D \times K \times sHR$$

这个公式表明，反应潜能是由内驱力、诱因、习惯强度的多元乘积决定的。如果 D 为零或 K 为零，则 sER 也等于零而不发生反应。同时，不论驱力水平有多高，在未形成习惯的情况下也是没有行为反应的。相反，不论习惯强度多高，驱力水平低，反应潜能也低。

由此，可以看出，赫尔的动机理论主要有两点：

① 有机体的活动在于降低或消除内驱力。

② 内驱力降低的同时，活动受到强化，因而是促使提高学习概率的基本条件。赫尔的动机理论也称为内驱力降低理论。

驱力理论与弗洛伊德的精神分析理论都是比较早期的动机理论。从消费者行为角度来理解，驱力理论揭示了一个消费者面对其将购买的产品，如果习惯性强度、内驱力、诱因各因素越强烈，购买的可能性就越大。当其中某个因素为零，则购买行为不会发生。

（4）诱因理论。

20 世纪 50 年代以后，许多心理学家认为，不能用驱力降低的动机理论来解释所有的行为，外部刺激（诱因）在唤起行为时也起到重要的作用，应该用刺激和有机体的特定生理状态之间的相互作用来说明动机。例如，在实验室里，因为迷宫的另一端放有一块蛋糕而使老鼠的跑动速度更快。这时的动机是由刺激引起的。人类经常追求刺激，而不是力图消除紧张，使机体恢复平衡。诱因理论强调了外部刺激引起动机的重要作用，认为诱因能够唤起行为并指导行为。

持诱因论发生作用主要有两种机制；

感受—激励机制。它解释了个体对特定刺激的敏感性，以及由此对行为产生的激励作用或激励后果。比如，当你闻到食物诱人的气味时，你会顿生饥饿感。此时，饥饿感可能并非来自于通常意义上的生理需要，而是由另外的生理机制在发挥作用。这类特定的生理机制并不对个体产生驱动作用，而只是使个体对某些类型的刺激物特别敏感。

预期—激励机制。这是指因对行为结果的预期而产生的行为激励后果。诱因论认为，个体关于行为奖赏的预期将直接影响其活动状态。如果行为预期的激励效果好，个体将处于高度活动状态；反之，将处于较低的活动状态。

诱因论侧重外部刺激对行为的影响来解释行为动机的产生，但也并不否定个体内在动力的作用，而是对其的补充和发展。强调外部刺激的作用，对营销活动有着现实意义。企业无法掌控消费者的内部动力因子，却可以通过对刺激物的改变，达到影响消费者行为的目的。

（5）唤醒理论。

依照传统理论，人们满足需要的行为过程即是消除匮乏感引起紧张的过程，但人类某些行为恰恰是在追求刺激的冒险行为，如坐过山车、蹦极、看恐怖电影等。为此，一些学者提出了唤醒理论，认为个体在身心两方面，各自存在自动保持适度兴奋的内在倾向，缺少则寻求增加，过多则寻求较少。

所谓唤醒或激活是指个体的激活水平或活动水平，即个体是处于怎样一种警醒或活动反应状态。激励兴奋或唤醒程度可高可低，从熟睡时活动几近停止到勃然大怒时的兴奋状态，中间还有很多兴奋程度不等的活动状态。

刺激物的某些特性，如新奇性、变动性、模糊性、不连贯性、不确定性等均可以激发人们的兴奋感。根据唤醒理论，个体寻求保持一种适度的兴奋水平，既不过高也不过低，因此人们总是偏好那些具有中度唤醒潜力的刺激物。影响个体最适度兴奋水平的因素很多，如一天中不同的时间段、刺激物的类别、个体身体的差异等。一般而言，个体倾向于使兴奋水平处于小范围起伏的状态，追求那些具有中度不确定性、新奇性和复杂性的刺激物。

（6）赫茨伯格的双因素理论。

弗雷德里·克赫茨伯格（Frederick Herzberg）提出了动机的"双因素理论"，主要广泛运用于企业市场营销活动的分析中。赫茨伯格通过区分满意因素（激励因素）和不满意因素（保健因素），使消费者经过仔细评估和抉择后，产生购买与否的决策。产品的基本功能或为消费者提供的基本利益与价值，能够使消费者产生心理上的舒心和满足感，可视为满意因素。反之，使消费者感到不能满足自己的心理需要的事物，称为不满意因素。当把所有的不满意因素和满意因素综合在一块时，消费者就会在心中下一个结论，从而激发了动机。产品的哪些属性属于保健因素，哪些属性属于激励因素，不是固定不变的。例如，随着社会生产水平的提高和科技的发展，许多产品的消费者早已不仅仅是满足于某些传统意义上的基本功能，那些在过去被看作是激励因素的属性，随着消费者消费观念的改变，有可能发生了变化，而成为了保健因素。

（7）显示性需要理论。

显示性需要理论又称习得性需要理论，是美国学者麦克里兰（D. McClland）提出的，着重分析环境或学习对需要的影响。

麦克里兰特别关注三种需要，即成就的需要，指人们愿意承担责任、解决某个问题或完成某项任务的需要；亲和需要，是指个体在社会情境中要求与他人交往和亲近的需要；权力的需要，指个体希望获得权力、权威，试图强烈影响他人或支配他人的需要。

麦克里兰的一个主要假设是，上述三种需要均是个体在幼年时期，在社会化过程中习得的。被鼓励或获得正面激励的行为，较未被鼓励或受到惩罚的行为更易重复出现。因此，习得性需要可归因于那些过去经常受到鼓励或奖赏的行为。由于不同个体有关过去行为的独特的奖惩经历，所以，其促动未来行为的需要阈会具有自身的特点。

5.2.3　消费者购买动机类型

现实生活中，消费者的购买动机是多种多样的。根据不同的标准，从不同的角度，可产生多种分类。

1.　生理性购买动机与心理购买动机

生理性购买动机是由先天的，是在生理需要的基础上产生的，是为满足消费者自身生存和发展的生理需要而产生的动机。此类动机驱使下，消费者行为个体的差异性较小，且有明显的简单和重复的特点。其购买对象多是日常基本生活资料。

心理性购买动机主要是由后天的社会性或精神需要引起的，是消费者为满足自身社会生活的需要而引起的动机。消费者的心理性购买动机具有差异性大、潜在性和多样性等特点。按照其心理因素的不同，心理性购买动机可以分为以下三类：

（1）情绪动机即由消费者的喜、怒、哀、欲、爱、恨、恐惧等情绪引起的购买动机。这种动机的特点是冲动性和不稳定性。

（2）情感性动机是道德感、群体感、美感等人类高级情感引起的动机。这种动机的特点是具有相对稳定性和深刻性。

（3）理智性动机是消费者建立在对产品属性的客观认识上，经过充分的分析比较后产生的购买动机。

（4）惠顾性动机是消费者由于对特定商品或特定商店产生特殊的信任和偏好而形成的习惯性、重复光顾的购买动机。

2.　内在性购买动机和外在性购买动机

根据购买动机的引发原因，可分为内在性购买动机和外在性购买动机。内在性购买动机是由购买活动本身产生的快乐和满足所引起的，它不需要外在条件的参与。个体追逐的奖励来自活动的内部，即活动成功本身就是对个体最好的奖励。外在购买动机是由活动外部因素引起的，个体追逐的奖励来自动机活动的外部。例如，购买、使用牙膏可以满足洁牙护齿的需要，这是内在性购买动机，便宜的价格、更好的功能和精美的包装促使消费者购买该品牌的牙膏，这是外在性购买动机的促使。内在动机的强度大，时间持续长；外在动机持续时间短，往往带有一定的强制性。事实上，这两种动机缺一不可，必须结合起来才能对个人行为产生更大的推动作用。

3.　主导性购买动机和辅助性购买动机

根据购买动机在购买中所起的作用不同，可分为主导性购买动机与辅助性购买动机。主导性购买动机是指在活动中所起作用较为强烈、稳定、处于支配地位的动机；辅助性购买动机是指在活动中所起作用较弱、较不稳定、处于辅助性地位的动机。在购买活动中主导动机常常起到决定性作用，但研究证明，只有主导性动机与辅助性动机的关系较为一致时，活动动力会加强；彼此冲突，活动动力会减弱。

4. 显在购买动机与潜在购买动机

根据动机在购买活动中的现实性与潜在性，可以将动机划分为显在购买动机与潜在购买动机。显在购买动机指消费者购买活动中比较明显地表现出来的动机。显在购买动机通常具有明显性和具体性两大特点，一般能通过消费者的购买行为直接表现出来。潜在购买动机是指消费者在购买活动中内隐的不易直接观察出的动机。潜在购买动机往往是内心潜意识中存在的冲动，甚至消费者本人也很难察觉。因而我们可以通过间接的方式来了解分析潜在购买动机的产生过程，来研究这种动机的特点和规律，并对其加以预测。

5. 消费者购买动机的具体类型

（1）求实动机。

求实动机是指追求产品的实用性为主要目的的购买动机。这是以注重商品或劳务的实际使用价值为主要目的的购买动机。消费者在购买商品或劳务时，特别重视商品的实际效用、功能质量，讲求经济实惠、经久耐用，而对商品的外观造型、色彩、商标、包装装潢等不大重视。在购买时大都比较认真仔细地挑选，也不太受广告宣传的影响。一般而言，消费者在购买基本生活资料、日用品的时候，求实动机比较突出，而在购买享受资料、较高档次的、价值大的消费品时，求实动机不太突出。此外也要看消费者的消费支出能力和消费的价值观念。

（2）求便动机。

求便动机是指以购买活动中是否方便为依据的购买动机，主要体现在产品本身属性的方便性和购买活动中便利的购买程序和条件。在购买价值不高的日用品时，消费者常常具有这种购买动机。对于这类日用消费品，消费者经常购买，经常使用，购买时也不太认真挑选，讲求便利是其主要特征，他们对服务也有一定的要求。

（3）求美动机。

求美动机是指追求产品的美感、艺术价值和欣赏价值为主要目标的购买动机。这是以注重商品的欣赏价值和艺术价值为主要目的的购买动机，消费者购买商品时特别重视商品对人体的美化作用、对环境的装饰作用、对其身体的表现作用和对人的精神生活的陶冶作用，追求商品的美感带来的心理享受。购买时受商品的造型、色彩、款式和艺术欣赏价值的影响较大。强调感受，而对商品本身的实用性要求不高。这样的消费者往往文化素质较高，生活品味较强。但从现实的情况来看，也有这样两个趋势：其一是随着人们生活水平的提高，收入的增加和用于非食物方面开支比重的增大，求美动机越来越强烈了；其二是随着时间的推移，人们休闲时间的增加，越来越多的人注重求美的动机了。

（4）求名动机。

求名动机是指通过一些特殊产品，如名牌产品或具有某种象征意义的产品来宣扬自我的购买动机。以追求名牌商品、稀有商品、高档消费品或仰慕某种传统的名望为目标。消费者对商品的商标、商店的牌号等特别重视，喜欢购买名牌产品。在购买时受商品的知名度和广告宣传等影响较大。一般而言，青年人、收入水平较高的人常常具有这种购买动机。

（5）求廉动机。

求廉动机是指追求价格低廉以获得较多利益为主要目的的购买动机，是消费者购买动机中较为普遍的一种动机类型。这是在购买时，消费者希望付出较少的货币而获得较多的物质利益为主要特征的购买动机。价格敏感是这类消费者的最大特点。在购买时不大看重商品的外观造型等，而是受处理价、优惠价、大特价、清仓价、"跳楼价"等的影响较大。一般而言，这类消费者收入较低或者经济负担较重，有时也受对商品的认识和价值观的影响。近年来还有一种趋势，就是在目标市场营销中，较低档次的消费者对于较高档次的消费品而言，往往是求廉购买。比如在广州有不少的时装专卖店，本来是面向高收入者的，他们讲究时装的质地、款式、时髦与否，服务、购物环境等，普通大众一般是不会光顾的，但在换季大减价或清仓处理时，普通消费者也会去抢购，这就是求廉动机的激发。

（6）求新动机。

求新动机是以追求产品的新颖、奇特、时尚为主要目的的购买动机。好奇心是他们产生这种动机的主要因素。消费者在购买商品时，特别重视商品的外观、造型、式样色彩和包装装潢等，追求新奇、时髦和与众不同，而对陈旧、落后时代的东西不屑一顾。在购买时受广告宣传、社会环境和潮流导向影响很大。具有这种购买动机的消费者一般来说观念更新较快，容易接受新思想、新观念，生活也较为富裕，追求新的生产方式。

（7）储备性购买动机。

储备性购买动机是以储备产品的价值或使用价值为主要目的的购买动机。从形式上表现为一种是保值储备，如购买债券、房产等；一种是由于市场上不安定因素的存在使消费者处于安全的考虑而进行的储备。比如，2011 年，日本核岛辐射事件爆发时有人传言碘盐可以防辐射，市场会发生食盐短缺，于是出现了大量不明真相的消费者抢购食盐的现象。

（8）纪念性动机。

纪念性动机是为了记住人、物、场景、氛围而留下回忆为目的的购买动机。如旅游市场上各种纪念品、土特产商品等就能使具有这类购买动机的消费者在一定程度上得到满足。

（9）偏爱性动机。

偏爱性动机是以追求满足个人的某种爱好为主要目的的购买动机。如音响的发烧友、摄影爱好者等，都会根据自己的爱好对与之相应的产品格外关注。消费者由于经常地使用或信赖某类商品，渐渐产生了感情，对这种商品、这个商标的商品或这个企业的商品产生了偏爱，经常指名购买，因此有时也称为惠顾动机。比如，有人喜欢买车时只考虑买德国产的汽车，买手表要买瑞士产的，买单反相机只买"佳能"等都是属于偏爱动机。企业注重服务，善于树立产品形象和企业形象往往有助于培养、建立消费者的偏爱动机。

（10）模仿性动机。

模仿性动机是以追求自己喜爱的、崇拜的名人或偶像为目的的购买动机。如模仿自己崇拜的某位明星、偶像的服饰而购买相似的服装。

（11）好胜动机。

好胜动机是以争强好胜或为了与他人攀比并胜过他人为目的的购买动机。消费者购买商品主要不是为了实用而是为了表现比别人强，在购买时主要受广告宣传、他人的购买行为所影响，对于高档、新潮的商品特别感兴趣。

（12）炫耀性动机。

炫耀性动机是以显示地位、身份和财富势力为主要目的的购买动机。消费者在购买商品或从事消费活动时，不太重视消费支出的实际效用而格外重视由此表现出来的社会象征意义，通过购买或消费行为体现出身份、权威或名流的形象。具有炫耀动机的人与具有好胜动机的人相比，通常所处的社会阶层高，而又经常与下一阶层的人在一起，为了与众不同，常常购买具有社会象征意义的商品。

（13）求同动机。

求同动机是以求得大众认可的购买动机。消费者在购买商品时主要以大众化为主，跟上潮流即可，人有我有，不求创新，也不要落后，有时也称为从众动机。在购买时受购买环境和别人的经验、介绍推荐影响较大。

以上列举的是现实生活中一些常见的，但也是有限的消费者购买动机类型，现实生活中消费者的购买动机原比我们列举的要复杂得多。因此在分析消费者购买动机时，不能孤立地看待各种动机，因为消费者的购买动机通常是多种动机共同作用的结果。

5.2.4 消费者购买动机的冲突与受挫

1. 购买动机的冲突

当多种动机被同时激发时，会出现一种难以避免的现象，即购买动机的冲突。购买动机的冲突是指消费者面临两个或两个以上的购买动机，其诱发力大致相等但方向相反。在时间、收入、精力等条件的制约下，消费者经常面临在几种同时欲求的产品、服务或活动中做出选择的问题，因此，购买动机的冲突是很普遍的。通常，消费者面临三种类型的冲突情形。

（1）双趋冲突。

这是指消费者具有两种以上都倾向选择的目标而又只能从中择选其一时所产生的动机冲突。在这种情形下，被选目标或产品的吸引力越旗鼓相当，冲突程度就越高。例如，某消费者在买车时，认为德国车质量好、口碑好；日本车外形时尚、省油；美国车大气、历史悠久，他觉得都不错，在有支付能力并都可以选择的时候，会选哪个呢？此时，消费者面临的就是双趋冲突。

在广告宣传中强化某一选择品的价值与利益，或通过降价，通过延期付款等方式使某一选择更具有吸引力，均是解除双趋冲突的有效方式。

（2）双避冲突。

这是指消费者有两个以上希望避免的目标但又必须选择其中之一时面临的冲突。当手机出故障时，消费者可能既不想花钱买一台新的，又觉得维修费用太高，处于两难的境地。此时，消费者就面临双避冲突。

此时，就应通过宣传消除或部分消除这种不全面或错误的信念。双避冲突情形下可能恰恰为企业提供了新的市场机会，如在前述手机一例中，通过推出以旧换新推销方式，或提供更长时间保修承诺，均可促使消费者采取购买行动来解除冲突。有时，在没有完全令人满意的选择方案下，承认这一点也无妨，只要能令人信服地使消费者相信所推荐的选择方案是最好的，双避冲突也可能被解除，如一些医疗机构在宣传某种戒毒方法、疾病治疗方法时常常采用这一策略。

（3）趋避冲突。

这是指消费者在趋近某一目标时又想避开而造成的动机冲突。例如，想吸烟可是又担心有害健康。当被购买的产品既有令人动心和吸引人的特征，又有某些不如人意的地方，那么趋避冲突就会由此而生。在购买某些高档品、耐用品时，消费者可能对所选的商品爱不释手，但另一方面又嫌商品价格太高，或担心所选商品一旦出现质量问题会带来很多麻烦，一些消费者就会在这种游移不定的状态下放弃购买。

2. 购买动机的受挫

购买动机受挫是指消费者在购买过程中，由于遭遇障碍或干扰，致使其需要不能获得满足时产生的一种情绪反应。动机受挫的原因多种多样，归纳起来可以分为三大类：

（1）外界条件的限制和阻碍。

比如，好不容易积攒一笔钱准备购买一套商品房，由于通货膨胀或商品提价的原因，不得不做出推迟购买的决定。又如，在网上抢购小米手机，几次抢购都没抢到。在上述情形下，均会使消费者产生挫折感。

（2）判断发生偏差，使需求不能得到满足。

一些消费者在出门逛商店之前，心想一定要买到某种合意的商品，但由于目标定得太高，转了一整天，最后仍然是空手而归，疲惫、烦躁之余，难免产生挫折感。有时，消费者费很大力气买回一件商品，但使用后发现其性能或价值与原先预料的相距甚远，致使需求不能得到充分满足，此时也可能产生挫折感。

（3）消费者自身心理素质的缺陷。

生活中，每个人都会面临或遇到这样那样的困难和障碍，有的人具有较强的挫折容忍力，能够在挫折面前保持正常的行为和冷静的态度；有的人则缺乏挫折容忍力，即使遭受轻微打击，也可能导致行为失常。在买到不合意的产品后，挫折忍受力较强的消费者可能采取豁达、乐观的态度，并通过与商家协商，通过据理力争等方式维护自身合法权益，或者在问题未获得圆满解决之前仍能够客观、冷静地对待，通过自我调整，保持心理上的平衡。相反，挫折忍受力较弱的消费者，在面临此一情形时，可能采取过激的行动，甚至怨天尤人，整日处于一种烦躁不安和情绪大幅波动的状态。

德国精神分析学家荷尼认为，有三种冲突使现代人更多地产生挫折感：第一，竞争与合作的冲突。现代社会多以个人表现论成败，只有在激烈的竞争中打败别人才能成功。但另一方面，现代人从小受的教育则十分强调谦让、牺牲以及人与人之间的合作等，由此构成内心的相互冲突。第二，满足欲望与抑制欲望的冲突。现代社会工商业发达，从而大大刺激个人的各种欲望和需求，而经济上或传统道德上的约束又抑制着人们的欲望，这样就造成现代人内心的第二大冲突。第三，自由与现实的冲突。社会上大力宣扬自由，然而人的一举一动处处受到现实的限制，个人在现实面前往往非常渺小和无力。忠于自己还是迁就社会，构成现代人的又一个冲突。内心冲突的不断加强和能量的不断积累，就会导致个人越来越难以适应社会，难以适应他人，从而产生挫折感，甚至行为失常。

消费和购买中的挫折构成人的挫折的一个重要方面。从企业角度看，消除或减少消费者在这方面的挫折，实际上是要不断提高消费者对产品、服务、整个购买和消费过程的满意感。片面刺激消费者的期望，或者不能提供与消费者预期相一致的产品与服务，只会强化消费者挫折感，从长远看，对企业也是不利的。

3. 受挫后购买行为反应

消费者购买动机受挫后，与这种受挫相伴随的不满情绪总是要通过各种行为方式表现出来的。常见的行为反应方式有：攻击、退化、抑制、替代等。

（1）攻击。

这是指消费者对阻碍其动机实现的人和对象怀有敌意，并表示出强烈的不满。心理学家巴克尔在一项实验中给孩子们看一个放满吸引人的玩具的房间，但不允许进去。这些孩子们想玩它，可是得不到，只好站在外面看这些东西。过了一会儿后，才让他们进去玩。但对另外一些孩子，一开始就允许玩这些玩具。前一种受到挫折的孩子进屋后便把玩具摔在地上或扔向墙上，表现出很强的破坏性，而后一种没有受到挫折的孩子们却玩得很好。由此说明，在动机受挫后，行为更容易带有攻击性。通常，消费者在购买中受到挫折后，往往更容易与销售人员发生口角，或者对企业的产品、商标进行语言攻击。现在，一些企业设立消费者投诉部门或投诉电话，一方面是为了处理消费者所遇到的各种问题；另一方面，从消除、减少消费者由于动机冲突所引起的不满情绪角度，也是很有意义的。因为投诉部门、投诉电话，为部分消费者宣泄不满提供了渠道和场所，从而有助于减少攻击行为。

（2）退化。

当消费者遭受多次挫折后，会出现一种比自己的年龄阶段要幼稚许多、像孩子般未开化的行为方式。这种以自己未成年时的成功经验来排除妨碍其动机实现的障碍物的行为叫退化或倒退。如在购买降价品时，一些围在人群外面的消费者因无法目睹、触摸出售品而造成动机受挫时，会像小孩一样推开他人挤到前面，这就是一种退化行为。

（3）抑制。

消费者把自己由于动机受挫而产生的不快和痛苦体验、烦闷等竭力排除在记忆之外，从而消除焦虑。比如，在购买到不合意的产品或经历了令人不快的购买体验后，尽量不再提起，也不去思考这一事件。

（4）替代。

当消费者在某一购买活动中遭受挫折时，他可能改变方向，以其他可能达到的成功活动来消除内心的不满感和紧张感。比如，当看到邻居家因生活富有经常带小孩游览名山大川，而自家在经济上无力与之相比时，可能会在孩子的学业上投入更多的时间、精力，或节衣缩食送孩子进各种学习班，力求使自家小孩在学业上超过邻居家的小孩，就是一种典型的补偿或替代行为。

5.2.5　消费者购买动机的主要调查方法

1. 访谈法

用访谈法了解消费者的购买动机，大致可分为两种形式，即直接询问和深度访问。直接询问方式所获得的资料往往真假难辨,这是因为,首先,在一般情况下,消费者只愿意讲述对自己有利或社会所喜爱的动机,而隐瞒对自己不利或社会所不喜欢的动机。其次,用谈话法去了解消费者的购买动机,实际上就是让消费者回忆过去行为动机的过程,而回忆往往是不准确的,甚至有时是错误的。最后消费者的购买动机具有潜在性,有时消费者自己都没有意识到,直接询问是难以了解到未意识到的行为动机的。为了避免上述缺陷可采用深度访问来研究消费者的购买动机。所谓深度访问就是访谈时间较长、不照本宣科地提出问题,采用自由灵活方式提出与消费者购买动机相关的各种问题,通过多次访问并进行观察和记录消费者的语言行为等,通过对照就可能对消费者购买动机有比较准确的了解。

2．投影法

投影法又称投射法,就是让被试通过一定的媒介,建立起自己的想象世界,在无拘束的情境中,显露出其个性特征的一种调查法方法,目的是让人在不知不觉中把内心的某些动机反映出来。其基本原理是给被试对象以意义明确的刺激,使他们脱离自己的主题,处于想象和谈论中,从被投影的思想和情感中抓住真实的动机。常用的具体方法有:词语联想法、角色扮演法、句子完成法、示意图发和主题统觉测验法(绘画解释法)等。

3．实验法

用实验法研究行为动机,是一种有效的方法。根据具体目标做好实验设计,可以用实验室法或自然实验法来研究消费者购买动机的强度或性质等问题。但是,用实验法也有局限性。因为实验法通常是以被试的客观行为来推断其行为动机的。然而,消费者的行为与动机之间的关系不是单一的,不同的购买动机可以表现为不同的购买行为或单一的购买行为,一种购买行为的发生也可以由多个动机驱动。

【案例】

大数据揭示汽车消费六大趋势

今天的汽车营销,互联网成为非常重要的平台,很多数据都说明这个事实。在我们每年开展的《中国汽车社会蓝皮书》的调查中发现,一个消费者从有购车意向到购车决策完成到兴奋期,平均大约要经历204天,购买汽车的时候平均会对比的车型是4个,消费者花大部分的时间在网上做研究,而只花3.5小时网下购买汽车。大家越来越倾向于通过网络来了解汽车产品的各种性能、颜色、价格等。

这些数据说明,汽车品牌需要重视在互联网上的消费者行为分析,而从大数据中寻求对客户新的洞察,对市场新的分析,开拓新的营销模式已成为汽车企业在市场中确立自身竞争优势的有力手段。百度数据研究中心近期发布了《2013年汽车行业研究报告》,这个基于百度的大数据平台的报告中,通过亿万次网友的搜索和行为,可以发现当下中国汽车消费者的消费趋势。

趋势1:网民对汽车信息的关注从PC向移动互联网转移,汽车营销进入移动互联网时代。数据显示,2013全年与汽车有关的搜索中,无线端搜索量占比为46%,下半年开始无线端搜索量逐渐赶超PC端,个别时间占比已超50%。2013年,大型的品牌广告主,尤其是汽车行业对于移动互联网营销重视加大，例如上海通用专门就移动广告代理商进行竞标，并为此设立了单独的预算；很多汽车厂商都推出了自己的 APP，并通过手机与消费者进行互动。移动互联网改变了信息的承载数量和传播形式，为汽车品牌与消费者的互动沟通和口碑传播提供了更多可能，让营销手段更加多元化、亲近化，也让潜在消费者获取资讯的方式更加方便、快捷、精准。

趋势 2：消费者对于汽车的关注视角多元化。百度日均覆盖近千万汽车网民的搜索请求，数据显示，网友搜索最多的信息是汽车产品、品牌及价格。值得关注的是，除此之外，在 2013 年，产品安全、行业政策及新能源车的搜索指数增幅较大，而在 2013 年，"断轴门"、新能源汽车、限购摇号等都成为网民关注的热点话题。汽车品牌的营销，要更多考虑如何输出更多的内容来构建影响力，单纯的品牌曝光已经很难满足准车主的需求，汽车品牌的社会责任感的展现也成为重要的组成部分。例如，雪佛兰迈锐宝与网易联合策划"致时代前行者"大型主题新闻合作项目，帮助迈锐宝找到拥有"驾享精神"的同路人，通过他们的故事唤醒大众内心深处的共鸣，传递享受前行每一天的正能量；Jeep Compass 指南者推出《遇见你的城》系列微纪录片，意图在熟悉的城市中探寻那些平日里被忽略的美好，通过纪录片表达的不仅仅是一辆车，而是一种"真正的城市 SUV 生活"。

趋势 3：汽车市场将向三四线城市下沉。数据显示，从汽车关注人群地域分布看，三四线城市用户比例明显较高。近年来，北上广等一线城市受到治堵政策、油价上调和停车难这几个问题所困扰，牵制了其汽车市场的消费增长，而随着城镇化进程的加快，三四线城市交通环境改善、居民收入提高，已经具备进入"汽车化"的消费能力与市场条件，成为未来一个阶段市场挖潜的重点和车企角逐的主战场。例如，广汽丰田宣布，将向下渗透经销商渠道，并将八成以上的新增经销商布局在二、三线甚至更低级别的市场，宝马汽车 2013 年新建 4S店有约 60% 位于四、五线城市，豪华品牌凯迪拉克也表示，未来将重点挖掘中国二、三线城市豪华车市场潜力。

趋势 4：进口车关注度提高，尤其是年轻人及经济较发达地区人群。网民对进口车的搜索关注度逐年提升，而《2013 年中国进口汽车市场年度报告》预测，2014 年，中国整体进口车市场将依旧保持 7% 的增长率。从地域分布来看，经济发达的省份对进口车的关注度普遍更高，在最关注进口车的省份中当中，浙江、山东、广东列前三名。从年龄上看，关注豪车的人群中 52% 来自 30 岁左右的年轻人，其中 82% 的人为男性。这也说明，年轻人对于汽车品质的关注度在逐渐提高，进口车营销要思考如何取悦年轻人。

趋势 5：SUV 的需求正在迸发。紧凑型车和 SUV 是网民关注主力车型，2013 年搜索关注度合计超 50%；其中 SUV 以其更宽敞的空间及更强的性能，越来越受欢迎。根据中汽协会统计，2013 年全国共销售 SUV 299 万辆，同比增长 49.4%，高于乘用车增速 33.7 个百分点。而从我们最近发布的国家广告研究院《中国精众营销发展报告 2013—2014》中也印证了这一点，数据显示，40% 的精英人群未来打算购买 SUV，越来越多的精英人群追求性能，如城市越野等。在未来，SUV 市场将会进一步细化，紧凑型 SUV 这一新的细分市场将会形成，同时，在节能减排的大环境下，以及高油价、城市停车空间小的背景下，低价、低油耗的小型 SUV 会有良好的市场空间。

趋势 6：汽车品牌需要重视内容营销。互联网时代，一个汽车消费者如何了解一个品牌？

通过分析发现，网民搜索汽车相关信息后，还有一部分会去搜索汽车图片，还有的会通过其他渠道了解汽车的相关信息，同时还会去垂直类网站深入了解汽车品牌。因此，每一个汽车品牌都需要构建一个完整的互联网内容传播网，通过好的内容输出，让消费者可以搜索并关注到最新的信息，在垂直汽车网站做深做透是汽车互联网营销可以考虑的模式。

大数据时代，汽车的营销正在经历从传统到数字，从产品到生活方式、价值观，从广告到内容的演变。

资料来源：http：//www. pcpop. com/doc/1/1002/1002852. shtml.

问题：

结合本章内容，你认为文章中对汽车市场发展趋势的分析揭示了消费者怎样的需求和动机特征？

"酷儿"系列果汁饮品

在 2002 年的饮料市场上，最引人注目的亮点莫过于可口可乐亚洲研发中心 1999 年开发的品牌——"酷儿"系列果汁饮品。其实在"酷儿"上市之前，果汁市场的竞争已相当激烈。除了南椰北露外，还有传统的"汇源果汁""三得利"果汁、"统一"鲜橙多、"康师傅"系列果汁等。但"酷儿"一上市，迅速挤占市场份额，产品出现供不应求甚至大面积断货的现象。那么，是什么使"酷儿"迅速成功呢？

可口可乐公司在进行饮料开发时发现：市场上的许多果汁品牌基本上定位于年轻女性，而对于 5～12 的儿童这个果汁饮料的重要消费群体，该消费群饮用的产品在市场上相对还是一个空白。洞察到这个市场空白后，可口可乐公司决定将"酷儿"的目标消费群定位在 12 岁以下的儿童；将营销策略的重点放在儿童市场上，并采用"角色行销"进行推广。

在产品的表现形式上，可口可乐公司针对儿童对卡通图案的兴趣要远远超过对文字兴趣的心理特性，请了日本著名漫画大师设计出"酷儿"的卡通造型——一个顶着大大的脑袋，圆圆的脸，可爱又笨拙的小人物。它不仅有可爱的形象，而且还有着丰富的性格——它敏感而好奇，容易自我陶醉，生性乐观、善良，而且有点笨拙，喜欢喝果汁，一喝果汁两颊泛红；喝果汁时右手叉腰，同时很陶醉地说："Qoo"。"酷儿"形象引起了许多儿童的兴趣，他们喜欢"酷儿"那可爱并且表情丰富的造型，喜欢属于自己的饮料产品，加上以卡通图案作为瓶体包装主要图案，更加方便其在琳琅满目的商品中辨认"酷儿"。这一切都紧紧抓住了每一个少年儿童的心，构筑起"角色行销"的心理动力。

可口可乐公司在"酷儿"的推广上引入了"角色行销"。"角色行销"实质上是企业品牌形象营销战略的一部分，世界上许多著名品牌都致力于将自己的产品创出丰富的品牌内涵，其目的是使消费者在消费自己的产品的同时获得一种全新的角色体验，从而在这种体验中获得产品品牌蕴涵的价值观念、性格特征、生活情调、身份表现等文化、心理、感情及社会等层面的内在价值，并以此创造性地保持市场营销战略优势。

"右手叉腰，眼睛斜着右上方，右手拿起'酷儿'喝一口，然后嘴里说：可口可乐公司为'酷儿'设计的正确喝"酷儿"的姿势。"就这个简单易学的"耍酷"姿势，引起了众多小学生的仿效。他们用自己对"酷"的理解来装扮着"酷相"，希望通过饮用"酷儿"来达到扮酷的目的。可口可乐公司正是借助这种简单的扮酷举止赋予"酷儿"更深的品牌内涵，从而成功地实现了角色导入的目的。

为了加深少年儿童对"酷儿"形象的认识，可口可乐公司在每个主要城市印制了数万份"酷儿"的宣传单页（在每一张宣传单页上都印有"酷儿"正确喝法的图例），通过各个不同的渠道向中小学生派发，引领了一股扮酷的潮流。实际上，可口可乐公司是根据人们在日常生活中经常有意无意追寻某种身份角色来获得一种心理满足的心理需求，发现少年儿童有渴望成长、渴望塑造自我的心理，于是便通过赋予"酷儿"果汁"酷"的概念，来引领和满足儿童社会心理的角色体验，继而传达出"酷儿"这种清晰的富于感染力和亲和力的品牌特征，达到产品成功营销之目的。

当然，仅仅获得儿童的喜爱还远远不够，因为真正为他们消费付款的是孩子们的家长。为了赢得家长的信任，可口可乐公司又在"酷儿"产品中添加了钙，并在瓶体上印制了"可口可乐公司荣誉出品"。此举是让每一位家长确信"酷儿"的确能为他们小宝贝的健康成长起到营养辅助作用，并且已得到可口可乐公司质量系统认可，以增强他们对产品的消费信心。

正是这种独特的角色行销，加上周密的强力推广策略，使它所到之处无不风靡——2001年成为可口可乐日本公司旗下第三大主流；在韩国推出 10 周后即拥有 99% 的品牌知名度，迅速成为当地果汁饮料的第一品牌；在新加坡和我国香港地区也很快成为当地首位果汁饮料品牌。上市仅两年，"酷儿"即成为亚洲头号果汁饮料和最具知名度的品牌之一。

问题：

1. 可口可乐公司的"酷儿"饮品反映了消费者的哪些心理需求？这些心理因素是怎样影响消费者对"酷儿"消费的行为的？

2. 可口可乐公司的"酷儿"的角色形象对于该饮品的销售起到了很大的推动作用。试举例说明在现代市场营销中如何有效地利用消费者的心理需求进行产品的角色定位？

思考题

1. 什么是消费者的需要和动机，它们之间的关系如何？

2. 如何评价马斯洛的"需要层次说"？

3. 消费者心理性动机有哪些类型？各举一例加以说明。

4. 如何看待消费者动机的冲突？

5. 消费者动机的调查方法有哪些？

6 消费者态度的形成与改变

学习目标

➢ 明确消费者态度的性质、功能和影响因素
➢ 掌握态度变化因素、作用机理
➢ 掌握消费者态度的测量，及其变化规律
➢ 了解态度形成的相关理论

消费者在了解、接触消费企业所提供的产品与服务的过程中，会对这些产品、服务以及提供这些产品、服务的企业形成某种态度。这种态度不仅决定着消费者如何看待企业及其提供的产品与服务，而且在很大程度上影响消费者的购买行动。虽然态度反映的是一个人的内心状态和对事物的好恶倾向，但它往往又是个体行为的先导，是预测个体行为的重要指标。要维持或改变消费者的行为倾向，就必须设法维持、改变其态度。所以，研究消费者态度，对了解、引导消费者行为具有十分重要的意义。

【案例】

让饮酒成瘾的小张改变其多年来养成的饮酒习惯是困难的。如果某天小张购买了某种劣质的酒类商品，心中愤愤不平，这时，酒类商品的广告不但对小张毫无作用，而且会令其十分反感。作为酒类经销商，要改变小张的态度，除了提高产品质量、改善服务态度外，还有许多因素值得重视。研究这些因素，对促使小张态度的改变，以及再次产生对此酒类商品的购买行为有着十分重要的作用。

6.1 消费者态度分析

消费者对产品与服务的态度是决定消费者购买意图和行为的重要因素。研究表明，对商品的好恶态度是预测购买情况的有利因素，也是市场心理调查的有效手段。对产品抱有肯定态度的消费者，具有明确的购买意图；而抱有否定态度的消费者则完全没有购买意图。因此，产品的设计者和生产者必须了解消费者的态度。

6.1.1 态度的概念

在西方，态度一词源于拉丁语，含有："合适"或"适应"的意思。到了 18 世纪，它开

始被用来指身体姿势，指人对其他事物的身体上的倾向。18世纪末，生物学家达尔文在生物学意义上使用这一词，并赋予它"在身体上表达情感"或"情感的外部表露"之类的意思。实际上，即使到了20世纪，仍有很多学者主张将态度与趋近或回避某一事物的身体或生理倾向相联系。

态度指个人对某一对象所持有的评价与行为倾向。态度的对象是多方面的，其中有人、事件、物、团体、制度以及代表具体事物的观念等。消费者的态度就是指消费者在购买活动中，对所涉及的有关人、物、群体、观念等方面所持有的评价和行为倾向。比如，消费者对某些产品是否喜欢，对宣传产品的广告是否相信，对推销产品的营业员的服务是否满意，等等。

人们对一个对象会做出赞成或反对、肯定或否定的评价，同时还会表现出一种反应的倾向性，这在心理学上称为定势作用，即心理活动的准备状态。所以，一个人的态度不同，也就会影响到他看到、听到、想到、做到什么事时，产生明显的个体差异。由此可见，一个人的态度会对他的行为具有指导性和动力性的影响。若想使消费者产生购买该产品的消费行为，必须造就消费者对该产品购买的定势，也就是创设条件使消费者产生对该产品有好感的心理准备状态，那么指导消费、诱导消费也就水到渠成了。这里创设条件的内容包括产品设计、广告设计、包装装潢设计等方面的工作。

学术界对态度大致有三种不同的看法。第一种看法认为，态度主要是情感的表现，或反映的是人们的一种好恶观。第二种看法认为，态度是情感和认知的统一。美国学者罗森伯格（M. Rosenburg）写道："对于态度客体的情感反应，是以对客体进行评价所持的信念或知识为依据的，所以，态度既有情感成分又有认知成分。"第三种看法则将态度视为由情感、认知和行为构成的综合体。

人们几乎对所有事物都持有态度，这种态度不是与生俱来的，而是后天习得的。比如，我们对某人形成好感，可能是由于他或她外貌上的吸引，也可能是由于其言谈举止的得体、知识的渊博、人格的高尚。不管出自何种缘由，这种好感都是通过接触、观察、了解逐步形成的，而不是天生固有的。态度一经形成，具有相对持久和稳定的特点，并逐步成为个性的一部分，使个体在反应模式上表现出一定的规则和习惯性。在这一点上，态度和情绪有很大的区别，后者常常具有情境性，伴随某种情境的消失，情绪也会随之减弱或消失。正因为态度所呈现的持久性、稳定性和一致性，使态度改变具有较大的困难。哥白尼的日心说，虽然是科学的真理，但在最初提出的很长一段时间，招来的是一片带有偏见的愤怒谴责。这一真理被认可，是以很多人遭受因禁，甚至献出生命为代价的。由此可见，在对待科学与宗教的态度上，人们要改变原有的情感、立场和观念是何等的不易。

6.1.2 态度的成分和性质

1. 态度的成分

消费者的态度成分，包括消费者的认知、情感和购买行为。比如，消费者对广告的态度，是一个综合的表现。首先，对广告作用的认识和理解。若是相信的，就把它作为消费的指南；接着便在情感上表现为乐意接收各类媒体的商品广告；然后，才会产生在广告的驱动下的购买行为。我们要研究消费者对广告媒体的态度，就要通过测定消费者对各类广告媒体的认知程度，如消费者对报纸、杂志、广播、电视等各类广告媒体的收看率的比较，加上消费者对各类广告媒体的喜爱程度，如消费者对四大媒体广告收视时间的长短对比，最后测定消费者由广告驱动而产生的购买行为指标，即消费者购买各类商品的人数比较和满意度状况。整合态度的三成分内容，以说明消费者对某种广告媒体的态度的实况规律，为广告策划中的媒体选择提供科学的参数。

2. 态度的性质

态度具有如下几方面的性质：

（1）态度不是先天遗传的，而是后天培养的。态度不是本能行为，虽然本能行为也有倾向性，但本能是生来具有的，而所有的态度是学来的。比如，消费态度或节俭或铺张浪费，都是后天习得的。

（2）态度必须有一个特定的对象。此对象可能是具体的，也可能是状态的或观念的。比如，消费者对广告的态度，对有奖销售的态度，以及对新的消费观念的态度，等等。

（3）态度具有相对的持久性。态度形成的过程需要相当一段时间，而一旦形成之后又是比较持久的、稳固的。如果消费者在某种产品广告的驱动下购买了该产品，使用后满意，消费者会保持相当长的印象，产生相信广告认牌购买的结果；反之，将产生"一日被蛇咬，十年怕井绳"的否定态度，而且改变这种态度是很困难的。因此，广告的创意设计的难点之一，就是如何改变受众的态度。

（4）态度是一种内在心理结构。态度是个体的内在的心理过程，它不能直接加以观察，但可以从个体的思想表现、言语论述、行为活动中加以推断。态度是一种行为趋势，这种行为趋势是由认知、情感、意向三元素表征的。就同一态度而言，认知、情感、行为三种成分之间是协调一致的，而不是相互矛盾的。比如，某种彩色电视机，消费者如果认为它质优价廉（认知成分），则怀有好感（情感成分），并着手购买或具有购买意向（行为倾向）。反之，若认为它质劣价昂，则对它不怀好感，也就不可能有购买行为发生。

态度的核心是价值。态度来自价值判断，人们对某个事物所具有的态度取决于该事物对人们的意义大小，也就是事物所具有的价值大小。事物的主要价值，有的西方学者认为有六类：① 理论的价值；② 实用的价值；③ 美的价值；④ 社会的价值；⑤ 权力的价值；⑥ 宗教的价值。消费品具有各种价值，消费者根据自己的需要和价值观来选购商品。当然，同一消费品也有不同价值类型，如服装有各种款式、档次：认为服装具有遮体御寒的实用价值，那么就有一般性日用服装；若认为服装是表示身份地位，包括政治地位和经济地位，则服装就有威望和权力的价值；若认为服装是修饰自己、体现风度的，则服装就有美的价值；若认为服装是访亲拜友时表示友好、尊重的态度，则体现服装的社会价值；除此之外，还有一些民俗服装，或带有宗教色彩的服装，则体现其宗教的价值。由于人们的价值观不同，对于同一件事情，会产生不同的态度。对于同一类商品，由于消费者的价值观有差异，对商品的价值取向也就各异，对产品的态度也不同，这就给予产品设计人员有益的启示：新产品开发的方向要适应消费者的态度取向和价值取向。

态度的一元化。态度的一元化表现为从肯定到否定、从正到负的连续状态；态度的变化也沿着这种从正到负的链条进行。态度的这种一元连续状态，可以观察和测定，为操作性地研究态度提供了方便。实际研究中的态度测量和态度问卷，就是根据态度的这个性质制定的。

比如，我们研究消费者对各种广告媒体的态度，就可以用五分法或七分法测定态度值。在七分法中用+3，+2，+1，0，-1，-2，-3 或者 7，6，5，4，3，2，1 分别表示最喜欢、喜欢、较喜欢、无所谓、较不喜欢、不喜欢、最不喜欢等七种态度值。

态度具有可变性。尽管态度具有相对的稳定性，但它并非一成不变，人们可以运用各种手段和策略来对个体施加影响，促使其改变态度。广告设计、造型设计、包装设计、色彩设计等工业设计诸方面，可以成为态度转变的诱因，如何提高诱因的刺激强度、可接受度、亲和度等，均是设计心理学研究的重要方面。

6.1.3　态度的理论

有关态度理论的研究，除了罗森伯格的态度三要素理论以外，比较著名的理论还有认知失调理论、自我觉知理论。

1.　学习论

学习论，又称条件作用论，主张这一理论的最突出的代表人物是耶鲁大学的霍夫兰德。霍夫兰德认为，人的态度同人的其他习惯一样，是后天习得的。人们在获得信息和事实的同时，也认识到与这些事实相联系的情感与价值。儿童认识了狗这一动物，通过观察，他发现狗能和家里的人友好相处，并且具有很多好的品性。于是，他学会了对狗形成好感，即通过学习获得对狗的肯定情绪与态度。

人的态度主要是通过联想、强化和模仿三种学习方式而逐步获得和得到发展的。联想是两个或多个观念之间构成联结通道，由一个观念可引起另一个观念的活动表现。态度的形成是一个中性概念与一个带有积极或消极社会含义的概念重复匹配的结果。例如，"学生"一词只表明在学校中接受教育的人，是一个中性概念，但假若它多次与"偏激"这一词发生联结，就会导致"学生是偏激的"偏见。如果在电影、小说和现实生活中多次接触、经历学生的"偏激"言行，前述联结就会异常牢固，并发展为对学生所持的一种态度。同样，若消费者经常接触有关企业的正面宣传或报道，接触来自各方面的对企业的赞誉，他就会在这些正面信息与企业的产品、服务之间形成联结，从而对企业及其产品形成积极和肯定的态度。

强化对态度的形成同样具有重要作用。如果消费者购买某个品牌的产品后，产生一种满意的感觉，或者从中获得了"物有所值"的体验，那么，他的这一行动就会得到强化。在下一轮购买中，他更可能重复选择该品牌。强化也可以是来自家人、朋友和其他相关群体的赞许。如果购买的产品受到他人的称羡，消费者的满意感会得到强化，由此也会促使他对产品形成积极的情感与态度。强化有正面的强化，也有负面的强化。有时，消费者同时受到正、负两方面的强化，此时，强化对态度的形成和发展所起的作用取决于两种强化的相对强度。正面强化如果在力度上超过负面强化，那么，将有助于消费者对企业或产品形成积极的态度；反之，将会产生相反的结果。

态度还可以通过模仿而学习到。正如前面所阐述的，模仿是一种重要的学习方式，人们在学习过程中会自觉或不自觉地运用这一方式。模仿一般是对榜样的模仿，如果榜样是强有力的、重要的或亲近的人物，模仿发挥的作用会更大。早期，儿童的行为和态度大多来自于对双亲的模仿，但随后的模仿对象可能来自于社会上的各种人物，如老师、同辈好友、英雄人物、名人，等等。人不仅模仿榜样所持态度的外部特征如言谈、举止，而且也吸取着榜样所持态度的内涵，如思想、情感、价值观念等。在一个对物质财富持自私态度的家庭里，儿童可能内化这种态度，在与伙伴玩耍时拒绝共享玩具或食物，即使父母告诉他这样做不对时也不会改变其待人的方式。在消费生活中，消费者会通过对名人和重要参照群体的模仿，形成与后者相一致的对人、对事和对生活的态度，并通过其消费方式与活动表现出来。

态度的形成和变化，一般要经历三个阶段。第一阶段是顺从，即在社会影响下，个人仅仅在外显行为上表现得与别人一致，对于为何要采取这种行为并没有多少深刻的认识，也没有太多的情感成分。此时，个体对行为的态度主要受奖惩原则的支配，一旦外部强化或刺激因素消失，行为也可能会中止，因此，这种态度是表面的、暂时的和易变的。第二阶段是认同，是指由于喜欢某人、某群体或某件事，乐于与其保持一致或采取与其相同的表现。这种态度带有较多的情绪与情感成分，虽然它不一定以深刻的认识作基础，但这种态度较顺从阶段的态度更为深刻，也更为积极主动。第三阶段是内化，即个体把情感认同的东西与自己已有的信念、价值观等联系起来，使之融为一体，对情感、态度给予理智上的支持。此时，个体态度以认知性成分占主导，同时附有强烈的情感成分，因而比较持久和不易改变。上述三阶段，从某种意义上，可以看作是学习过程中个体态度所处的三种层次或水平，对我们理解个体如何经由学习形成其态度是颇有启发的。

2. 诱因论

诱因论是从趋近因素和回避因素的冲突看态度问题，即将态度的形成看作是在权衡利弊之后而作出抉择的过程。消费者对于一种产品或服务既有一些趋近的理由，也有一些回避的理由。比如，这种产品与众不同，能够体现自己的个性，使用时可能会招来同事、朋友的钦羡，产生令人兴奋的感觉；与此同时，这种产品的品质不一定有保证，价格比较贵，而且自己的父母或家里的其他成员并不喜欢这种产品。前者会使消费者对购买这种产品产生积极的态度，后者则会使之产生消极的态度。按照诱因论，消费者最终态度是由趋近和回避两种因素的相对强度来决定的。如果前者在强度上超过后者，则会形成总体上的积极态度；反之，则会形成消极态度。

诱因论和前面介绍的学习论的共同点是，两者都认为，态度是由肯定因素和否定因素的相对关系来决定的。不同点是，诱因论强调人不是被动接受条件作用的环境反应论者，而是主动、积极对诱因冲突进行周密计算然后作出选择的决策者。因为依据学习理论，无论是概念之间联想的形成，社会对态度的强化，还是个体对他人态度的模仿，均将人置于一种被动适应的情境。在这一点上，学习论与诱因论确实有本质性区别。

美国学者爱德华提出期望价值概念，并以此为基础对诱因论作出解释。爱德华认为，由于诱因冲突的复杂性，人们在作抉择时，总是试图对每种可能出现的情况及其预期的价值作出评价，并尽可能趋利避害，使主观效用达到最大。为了精确说明他的思想，爱德华提出了用以测量主观效用的公式，即 $U = V \times P$。其中，V 表示预期后果的价值，P 表示预期后果出现的概率。如果就消费者对产品、服务的购买而言，若购买行动会带来高的或大的主观效用，消费者就会对此持积极肯定的态度；否则，会持消极否定的态度。在涉及两种产品的比较时，能带来较大主观效用者，将使消费者对其产生更为肯定的态度。

诱因论把人的态度的形成看成是有理性的、主动决策的过程，这较学习论对态度的解释是一种进步，但把人的态度视为是为追求个人得失而进行周密思考和计算的表现，似乎并不完全符合事实。不少研究表明，态度一旦形成，即使当时诱发态度形成时的诱因已被遗忘，人们的原有态度仍倾向于保持不变。对人、对事的情感成分比认知成分往往更为持久和更加有力。同样品质、同样价格的产品，仅仅由于原产地的不同，人们的评价会有令人惊异的差别；为了购买到产自家乡的产品或很久以前所喜爱的产品，人们愿意付出更多的时间和金钱。这些事实说明，人的态度形成是一个复杂的过程，不一定或并不总是依理性原则行事。

3. 认知失调理论

20世纪50年代末期，美国著名社会心理学家里昂·费·斯廷格提出了"认知失调理论"（Cognitive Dissonance Theory）借以说明态度与行为之间的关系。所谓失调就是指"不一致"，而认知失调指个体认识到自己的态度之间，或者态度与行为之间存在着矛盾。斯廷格指出：任何形式的不一致都会导致心理上的不适感，这促使当事人去尝试消除存在的失调，从消除不适感。换而言之，个体被假设会自动地设法使认知失调的状态降到最低的程度。不用说，人总会在此一时或彼一时，有此一种或彼一种认知失调，无人可以幸免。你明明不喜欢上司却要对他毕恭毕敬；你并不喜欢某种产品，却要为企业向别人推销它；你明知应依法申报、缴纳所得税，却想从中做些手脚；你对自己的孩子提出种种要求、规范，可自己却并不总是身体力行。像这样的认知失调，你还可以举出许多。人们怎样应付自己心理上的不平衡呢？斯廷格认为，人们想消除认知失调的愿望是否强烈，取决于三个因素：

失调对个体的影响。如果失调的现状无足轻重，人们往往会不在乎。但若造成失调的因素非常重要，比如，"汉斯是否该为救他妻子的性命而去偷药"道德压力就迫使他必须解决这一失调，要么不救人，要么不顾法律，要么找一种合理的解释，认为为救人而触犯法律情有可原，以便为自己开脱。当广告创意围绕认知失调进行分析，并将其影响因素进行排序时，影响力大的，其说服力也较大。

当事人认为自己影响、应付失调的能力有多大。如果人们自认为无能为力，造成失调的原因在于外部环境条件或上级命令或规定，正好可以把行为作外部归因，从而减轻自己对失调所负的责任。比如，由于对某种高档家电使用不当而造成产品故障，往往会归因到厂家的产品质量不好（其实也有设计非人性化的原因），以致减少消费者自己的责任而达到认知平衡。

因失调而可能得到的报偿有多大。如果陷入失调，但由此获得的报偿或收益很大，那么可以产生一种平衡，认知失调造成的压力也就不会过于强烈。实际上，高报偿本身就是一种合理化理由，一种强有力的平衡剂，足以矫正认知失调的不一致性。常言道："重赏之下必有勇夫"，就是这个道理。在消费行为中的风险消费，比如投资、买保险等，都是消费者考虑收益大、高回报所做出的决策。

由于上述三个因素，认知失调下的行为变得相当复杂。有认知失调并不意味着一定采取行动恢复平衡，而认知失调理论的价值就在于帮助我们预测人们改变其态度和行为的倾向性究竟有多大。尽管具体情形是很复杂的，至少可以肯定，认知失调越大，压力就越大，想消除不平衡的欲念就越强。设计应当充分利用认知失调理论，创设失调空间（造型、包装、色彩、广告等），并着意诱导消费者，按设计意图消除不平衡感，最终达到"产消双赢"的设计目的。

4. 自我觉知理论

传统的理论是"态度—行为"模式的，试图说明态度对行为的影响。但正如前面的讨论，除非考虑其他中介因素，否则态度对行为的决定关系并不明朗。这激发了学者们探究是否存在相反的关系，即行为决定了态度。这种理论是"行为—态度"模式。自我觉知理论（Self-PerceptionTheory）正是在这一背景下提出来的。

自我觉知理论考察了这样的事实：当人们被问及对某一事物的态度时，人们实际上是先回忆针对此一事物的行为，然后根据这一行为推导出自己的有关态度。比如，若问某人是否喜欢某一产品，其回答："这一产品我用了几十年，自然是喜欢的。"或者其也可能干脆会说："我一直在用这个产品。"回答是针对行为的，但言外之意是持肯定的态度。实际上，如果把态度与具体行为相剥离，人们往往说不出持某种态度的原因。比如，若问一个喜欢看电视的人为什么喜欢，他可能说不清原因，只会回答："就是喜欢！我天天都要看。"显然，这是在用行为注释态度的原因。因此，自我觉知理论认为，在有了事实之后，"态度"是用来使自己的过去行为合理化，而不是用来指引未来的行为。自我觉知理论得到了许多证实。与传统模式相比，这种"行为—态度"模式揭示了另一个方向上的作用关系，行为反而是先在的决定者。这听起来和习惯认识相悖，但它反映了这样的心理事实：人们擅长于为过去的行为寻找合理化的说明，却不擅长去从事已有良好理由的行为。这在消费行为中，表现为人们对老产品的习惯性购买，而对新产品的自我觉知的抵触。这种现象具有双重意义：其一，提示对老产品的忠诚度（种子消费者和惠顾消费者）；其二，提示对新产品拓展的难度（消费观念、深层购买动机方面的问题），这在新产品开发和营销设计上有着重要的参考价值。

6.1.4 消费者态度的功能

消费者对产品、服务或企业形成某种态度，并将其贮存在记忆中，需要的时候，就会将其从记忆中提取出来，以应付或帮助解决当前所面临的购买问题。通过这种方式，态度有助于消费者更加有效地适应动态的购买环境，使之不必对每一新事物或新的产品、新的营销手段都以新的方式作出解释和反应。从这个意义上，形成态度能够满足或有助于满足某些消费需要，或者说，态度本身具有一定的功能。虽然学术界已经发展起了不少关于态度功能的理论，但其中受到广泛注意的则数卡茨（D. Katz）的四功能说。

（1）适应功能，亦称实利或功利功能。指态度能使人更好地适应环境和趋利避害。人是社会性动物，他人和社会群体对人的生存、发展具有重要的作用。只有形成适当的态度，才能从某些重要的人物或群体那里获得赞同、奖赏或与其打成一片。

（2）自我防御功能，指形成关于某些事物的态度，能够帮助个体回避或忘却那些严峻环境或难以正视的现实，从而保护个体的现有人格和保持心理健康。

（3）知识或认识功能，指形成某种态度，更有利于对事物的认识和理解。事实上，态度可以作为帮助人们理解世界的一种标准或参照物，有助于人们赋予变幻不定的外部世界以某些意义。

（4）价值表达功能，指形成某种态度，能够向别人表达自己的核心价值观念。在20世纪

70 年代末、80 年代初，一些年轻人以穿花格衬衣和喇叭裤为时尚，而很多中老年人对这种装束不屑一顾，这实际上反映了两代人在接受外来文化上的不同价值观念。

6.2 消费者态度形成

态度的形成不是先天就有的，而是在后天的生活环境中，通过学习而形成的。消费者对产品的态度，消费者对广告的态度，也不是先天具有的，而是在消费行为过程中形成的。影响消费者态度形成的因素是多方面的，既有外部环境的作用，也有来自消费者本身的差异。

6.2.1 影响消费者态度形成的内部因素

1. 消费者的需求

消费者对能满足自己需要的对象，或能帮助自己达到目标的对象都会产生好感，形成肯定的态度；而对阻碍达到目标或引起挫折的对象，则会产生厌恶的态度。也就是说，欲望的满足与消费者的肯定态度相联结；反之，则与否定态度相联结。消费者的态度在购买活动中习得的，消费者购买了货真价实的商品，售后服务又令人满意的情况下，消费者对该产品就形成肯定态度；若在购买活动中买了伪劣商品，不能满足消费者的需求，则消费者对该产品就形成否定态度，如果要使消费者对某一产品持肯定态度，我们要做的重要工作之一，就是宣传新产品的消费理由，以便使消费者对该新产品产生需求和欲望。我们的广告设计可以提出消费新需求，输送消费新观念，为消费者着想，使消费者认识到购买新产品的必要性，从而产生喜欢新产品的态度。比如，广告宣传："骑车请戴安全帽，流汗总比流血好"，使摩托车手们确认戴安全帽的必要性，对购买安全帽持肯定态度；"壁挂风扇不占空间，对淘气小孩最安全"，使有小孩的家庭对壁挂电风扇有好的态度；"只因有风险，所以要保险"，唤起消费者的保险意识，参与投保消费。

2. 消费者的人口特征

所谓人口特征，指个体的一些自然的或社会的基本客观属性，如年龄、性别、文化程度、职业、婚姻，等等。消费者的态度形成与消费者的人口特征有关，不同年龄组的消费者对某一新产品态度的形成速度不同，青年人容易接受新事物，对新产品形成肯定态度的速度较快，而老年人则比较保守，接受新事物较慢，对新产品态度的反应也较迟缓。消费者文化程度的差异，对他们获得有关商品知识产生不同程度的影响，也影响到对商品态度的形成，尤其是一些高科技产品，或电脑控制的民用产品，如果不详尽地输出商品的功能、使用规则和保养修理等方面的知识，要想使不同层次消费者都持肯定的态度显然是不可能的。所以，有的厂家在推销新产品时，很注重推销员的素质，要求他们以通俗易懂的语言，将复杂高深的全自动设备，向不同文化程度的消费者进行讲解说明，以获得较好的市场营销效果。

消费者的性别不同，对新产品形成肯定态度的方式也不同。男性消费者注重理性分析，注重内在质量和设计的合理性，以此为基础，产生对商品的好恶态度；而女性消费者则以大多数人是否拥有从众心理来左右自己态度的形成。她们对商品包装、款式等外在条件比较注重，态度形成带有感情色彩。消费者的婚姻状况也影响消费者的态度形成。未婚的消费者的消费行为通常是"天马行空，独往独来"，对一些新产品的态度是我行我素，购买随意性强；已婚的消费者，消费行为比较慎重，大多是夫妇双方合计行事，购买活动以计划性为主，对新产品的态度也比较谨慎。

3. 消费者的经验

一般而言，态度是由于经验的积累和分化慢慢形成的，但是也有一次经验而留下深刻印象，最终形成某种态度的情况。消费者上一次当，会留下难忘的印象，不但影响对该产品的购买，还会对生产该产品的生产者和设计师持否定态度，这不仅会造成眼前利益的损失，还会影响生产者和设计师的后续产品市场。所以，注重产品质量，注重售后服务，是赢得消费者肯定态度的关键。消费者对产品可能形成满意的态度，也可能形成不满意的态度。除了生产厂家的因素以外，商业部门的服务态度也是重要的原因。某商店售货员对消费者态度不好，周围居民宁可舍近求远，到别的商店去买东西，这就使周围居民根据自己的经验，形成对这个商店不满的态度。某宾馆服务员服务热心周到，环境舒适优雅，使消费者感到宾至如归，旅客的经验使他们形成对该宾馆的满意态度。因此，消费者的直接经验是形成和影响态度的重要因素。

4. 消费者的个性

个性对人对事乃至对整个社会的态度会显示其独特的个性，这种个性的独特性也会影响态度的形成。内倾型的消费者在购买商品时，往往从自己的主观体验和想象出发，去评判商品的价值，对别人的议论并不在乎，他们的商品态度形成是"自动型"的；而外倾型的消费者，性格开朗，善交际，容易接受他人的意见，对商品的态度形成是"他动型"的，易受外部环境的左右。美国消费者心理专家科波宁教授的研究报告表明，不同性格的消费者对吸烟态度有明显差异：对吸烟持肯定态度，并在吸烟行为上表现为一天一盒以上的大量吸烟的消费者，其性格中攻击性方面得分最高；而对吸烟持否定态度，并在行为上是不吸烟的消费者，其性格中秩序、服从等方面得分最高。

6.2.2 影响消费者态度形成的外部因素

1. 消费者的所属群体

消费者对商品的态度，在很多情况下，是由其所属的群体而来的。属于同一家庭、学校、工厂、团体的成员，常具有类似的态度，这是因为消费者与其所属群体中多数成员有共同的认识，无形中接受了团体的压力。这些都是个体在群体的活动中，在成员之间的相互作用下，互相模仿、互相暗示、互相顺从而形成的。消费者的态度形成受家庭影响是最明显的，不管消费者在家庭中扮演什么角色，其消费态度都可以反映某种家庭的色彩。作为儿子的消费者，他对各类商品的选择取舍，除了有自己的意愿外，父母亲的影响是至关重要的。所以，儿子的消费态度很大程度上由家长决定；作为父母的消费者，他们是节俭型还是追求时尚型，这又可以追溯到他们的祖辈是传统型还是开放型家庭出身。家庭的消费观念对其后代的消费态度和消费行为有潜移默化的作用。

消费者的态度形成还受到工作群体、朋友群体等社会群体的影响。比如，西部某工厂的青年工人对穿西服持否定态度。开始流行西装时，该厂有个青年工人好奇地买了一件西服，穿了一段时间后，就再也看不见他穿了，而且在整个工厂也看不到有人穿西装。这是为什么呢？原来那位首先穿西服的青年工人所在的群体，他的同事对他的穿着看不惯，经常在背后议论他是"出风头，假洋人"。他感到很不舒服，在强大的舆论压力下，他不得不把西服"库存"起来。由此及彼，波及全厂，形成了不喜欢西服的态度。

2. 消费者的文化背景

消费者的文化背景比较复杂，包括许多不同的亚文化背景，亚文化对消费者的态度形成影响较大。亚文化可以分成民族、宗教习俗、种族、地理区域等不同类别。不同种族的消费者有不同的消费态度，西方认为美的商品，东方人也许认为是丑的；西方人喜欢色彩鲜艳、色调明快的商品，而不喜欢色彩黯淡的商品；中国人对手工业制品态度一般，而外国人则十分喜爱传统的手工艺品。不同区域的人对食品味道的态度也各异：我国南方人喜欢吃米饭、甜食，菜的味道要清淡一些；北方人喜欢吃面食，菜的味道要浓一些；湘蜀一带的人喜欢吃辣椒；山西人喜欢吃醋；广东人喜欢吃"龙"（蛇肉）和"虎"（猫肉），对活鱼活虾尤为喜爱。不同文化背景的人，有不同的生活形态，也形成了对各类消费品的不同态度。有人研究过不同生活形态的美国妇女的购买行为，发现传统型的妇女比较喜欢购买罐头和烧烤类的商品；享乐型的妇女，则喜欢烟酒、烧烤及社交类的商品；而比较年轻的家庭型妇女则喜欢用于打扮的装饰品。

3. 政治经济形势

政治、经济形势是影响消费者态度的重要外部条件。只有政治稳定、经济发达，人们的购买水平才会提高，加上生产工艺技术的进步，新产品层出不穷，消费者有可能有实力去喜欢新产品、购买新产品。人们只有满足了生理性的需求，才会产生对美的、享受类的产品的渴求，形成对表现自我、完善自我产品的崇尚。比如，人们对流行产品的态度形成，就是政治、经济发展的结果。当政治、经济封闭保守时，时尚现象较少出现。经济的落后、交通的闭塞，使新产品不可能在短时间内得到传播，不能让大众效仿，人们对流行持否定的态度，也就不能形成流行。现代社会，政治、经济的开明发达，交通和大众传媒的发展，为新产品流行创造了条件，消费者可以不到外地去，甚至不出家门，就可以知道当前社会上的流行服装和流行产品。他们通过看报纸杂志、听广播、看电视等方式，了解流行趋势。社会的发展，引起观念的更新，消费者对流行的肯定态度逐步形成。

4. 广告对态度的影响

宣传要使消费者对产品形成肯定态度，广告的策划和定位就要从宣传产品本身的"企业定位和产品定位"，转向消费者定位。也就是以消费者立场为中心来构思广告；用自己人的口吻劝导消费者接受新产品，为消费者着想，提供消费新需求的理由，使消费者产生认可新产品的态度。

肯定态度的形成，除了需要理性的说服外，还需要有情感的推动。广告宣传除了在提出消费理由，诱发消费新需求上做文章以外，还要重视情感诉求，体现消费者的情感，交流消费者的情感，最后激发消费者的情感，使消费者与广告诉求产生共鸣，从而形成对广告的肯定态度。但是，目前市面上的很多广告设计就不太注意这些方面，缺乏与消费者的感情传递和交流，尽管许多广告图案生动活泼、文字优美，但偏重艺术性，忽视亲切感和人情味，使消费者难以接受；虽然有些广告也采用奉承吹捧的手法，肯定消费者购买本产品是其"明智的选择""最佳的选择""科学的选择"等，但消费者往往无动于衷，影响肯定态度的形成。

6.3 态度的测量

确切地判断消费者态度绝非易事。了解消费者态度，不仅要花较长时间，而且也需要一定的方法与技巧。研究态度的学者们一直致力于发展、完善态度测量的方法与技术，以便较好地把握人们态度的指向与强度。下面介绍的几种态度测量方法，虽然并不十分理想，有待改进和完善，但在实际中已得到了较为广泛的运用。了解这些方法，对于进一步改进这些方法和在此基础上创建新的态度测量方法是颇有益处的。

6.3.1 瑟斯顿等距量表

瑟斯顿在其《态度的测量》一书中，提出了态度测量的等距量表法。下面仅将这一测定方法的基本思想作一简要介绍。

首先，通过对消费者的初步访谈和文献分析，尽可能多地搜集人们对某一态度对象的各种意见。这些意见一般由一个个陈述语句来表述，其中，既有善意的意见，也有恶意的意见；既有肯定的，也有否定的。比如，制定消费者对某种鲜花的态度量表时，可以包括"该种鲜花很美""香气很浓郁""这种鲜花使我想起春天""葬礼上有这种鲜花会使人感到更加肃穆和悲哀"等等。这样的陈述意见可多达100条以上。

其次，将上述陈述意见归类，将其分为七、九或十一组，具体归类可邀请若干评判人员完成。评判者审视这些意见，看是否体现了对于态度对象的肯定或否定的态度。然后，根据自己的判断，把这些意见分为 A、B、C、D、E、F、G 七个组，以 A 表示极端肯定，B、C 表示中度肯定，D 表示中立陈述，E、F 表示中度否定，G 表示极度否定。分类任务完成以后，可以根据每种意见分类的分布情况，计算出该种意见的量表值。

再次，由评判人员对各陈述意见作进一步筛选，形成二十条左右意义明确的陈述，并使之沿着由极端否定到极端肯定的连续系统分布。

最后，要求被试对这 20 条左右陈述意见或其中的一部分进行判断，在陈述意见下打不赞成或赞成。由于每一陈述意见已被赋予一个量表值，这样，通过计算应答者同意项数的平均量表值或这些项数的中项分值，就可得出被试在这一问题上的态度分数。

运用瑟斯顿量表测试消费者态度，要求被试积极、诚实和合作，否则，调查结果会出现偏差。同时，它需要许多评审者对数目众多的陈述意见进行筛选，并分别计算每一陈述意见的量表分值。这是一项极为费时、费力的工作，因此，极大地限制了这一方法在实际中的运用。

6.3.2　李克特量表

李克特量表法，又叫总和等级评定法，是由李克特于 1932 年提出来的。李克特量表在提出和确定陈述句的要求方面与瑟斯顿量表类似，但不像后者那样要求把所有陈述意见在一个分为 7、9 或 11 级的连续系统上进行均衡分类，而是只采用肯定或否定两种陈述，并要求参加态度测试的被试对各项陈述意见表明赞同或不赞同的程度。实际上，李克特量表是将瑟斯顿量表中的专家或评判人员分类转变为被试的自我分类，由被试在一个 1~5 或 1~7 的等级量表上自我报告他对陈述意见的赞同程度。

在运用李克特量表测量消费者态度时，经常遇到的一个问题是，如何确定所使用的陈述语句是合适的，即这些语句确实具有刻画或反映消费者的某一方面态度的潜力或能力。对于这一问题，确实没有十全十美的解决办法。但在实际中，可以通过计算在某一项目或陈述意见上得分居前的 25% 的被试的平均得分和在该项目上得分居末的 25% 的被试的平均得分，并对这两部分被试的平均得分进行比较，以平均得分的差异作为决定该陈述意见是否合适、是否应保留或删掉的判别指标。如果前述两部分被试在某一项目上平均得分的差异越大，表明该项目越能深刻刻画人们在某一方面的态度，因而适合于作为量表项目；否则，则对消费者态度的刻画能力较低，不宜选作量表项目。

李克特量表因操作简便，是目前应用得最广泛的态度测量方法之一。较之瑟斯顿量表，李克特量表的工作量只及前者的几分之一到几十分之一，而用李克特量表所测得的结果与用瑟斯顿量表所得的结果相关度达 0.80，由此不难解释李氏量表受到普遍欢迎的原因。虽然如此，这一量表也不是没有局限性。由于采用态度等级的自我报告法，再加上它自身存在一种将问题简化处理的倾向，运用李氏量表测量较复杂的态度问题时，效果并不十分理想。此外，如同瑟斯顿量表一样，李克特量表依据直接询问被试对态度客体的评价来赋予分值，在一些敏感问题上，被试可能会存在顾虑而加以掩饰，由此可能影响最终的测试效果。

6.3.3　语意差别量表

语意差别量表，又叫语意分析量表，是由奥斯古德等人于 1957 年提出来的一种态度测量方法。该量表的基本思想是，对态度的测量应从多个角度并采用间接的方法进行，直截了当地询问人们对某一主题或邻近问题的看法与态度，结果不一定可靠；人们对某一主题的态度，可以通过分析主题概念的语意，确定一些相应的关联词，然后再根据被试对这些关联词的反应来加以确定。例如，你想了解一个人对他父亲的态度，此时，你不必直接询问他对自己父亲的感觉，因为这样询问的话，不一定能了解他的真实态度。你可以提出"父亲"这个词，要求被试按语意差别量表中的各个评定项目画圈，由此即可推断出他对自己父亲的态度。语意差别量表包括三个不同的态度测量维度，即情感或评价维度、力度维度和活动维度。每一线度都由几对反义形容词或两极形容词予以刻画。

不同的事物或主题进行态度测量时，用以刻画表中各维度的具体项目可以作相应调整，以便使量表能更贴切地反映所测主题的要求。具体测定消费者态度时，先给被试提出一个关于态度对象的关键词，然后要求被试按自己的想法在两极形容词间的 7 个数字上圈选一个数字，各系列分值的总和即代表他对所测事物的总的态度。得分越高，表示被试对所测事物越具有积极和肯定的态度，否则，表明被试对所测事物持有消极和否定的态度。

语意差别量表构造比较简单，适用范围广泛，几乎可以用来测量消费者对任何事物的态度。局限性是，这种态度测量方法并未摆脱被试自我报告程序，而且量表中各评价项目的确仍带有一定主观性。

6.3.4 行为反应测量

行为反应测量是指观察和测量被试对于有关事物的实际行为反应，以此作为态度测量的客观指标。常用的行为反应测量方法有：距离测量法，生理反应测量法，任务完成法。

（1）距离测量法。

这一方法是通过观察人与人之间交往时的身体接近程度和亲切表现来研究人的态度。如果某人与另一人交往时，保持较远的距离，目光较少接触，而且身躯后倾，则表明他对后者持一种否定的态度，相反情况下则表明对后者持肯定的态度。

人对事物，尤其是人对人的态度除了可以从前面所说的这种物理距离反映出来以外，也可以通过人与物、人与人之间的心理距离反映出来。

（2）生理反应测量。

生理反应测量，即通过测定瞳孔的扩张、心律速度、血压变化、皮电反应等确定人的态度。例如，确定消费者对某则广告的态度时，可以在他看了该则广告后立即对其作心律变动或皮电反应测试。当然，心理反应测量也存在局限性：一是它只能探测极端反应；二是它对所测态度的类型不一定能辨别清楚，如恐惧和愤怒的生理反应几乎相同，难以区分。

（3）任务完成法。

任务完成法，指让被试去完成某项任务，通过观察任务完成质量来确定他对这件事的态度。根据琼斯的研究，态度对学习具有过滤作用，因此，如果让被试阅读几种不同倾向的材料并要求尽可能地予以回忆的话，他一般会对与自己态度相吻合的材料记得更多、更好。所以，若他对带有某一倾向的材料比另外的材料记得更多、更好，则表明他更倾向于这种态度。当然，对材料记忆的好坏还涉及材料的难度、排列次序等其他因素，在运用任务完成法探测消费者态度时，应设法对这些因素予以控制。

6.4 消费者态度转变

态度形成之后比较持久，但也不是一成不变的，它会随着外界条件的变化而变化，从而形成新的态度。态度的转变有两个方面：一是方向的转变；二是强度的转变。比如，对某一事物的态度原来是消极的，后来变为积极的，这是方向的变化；原来对某事物犹豫不决，后来变得坚定不移，这就是强度的变化。当然，方向和强度有关，从一个极端转变到另一个极端，既是方向的转变，又是强度的变化。消费者的态度，有善意的、满意的，或者说是肯定的态度；也有恶意的、讨厌的，或者说是否定的态度。这是说的两个极端，其间还有不同程度的态度表示。比如，从最喜欢到最厌恶之间有喜欢、较喜欢、无所请、较不喜欢、不喜欢，等等。

6.4.1　改变消费者态度的说服模式

霍夫兰德和詹尼斯于1959年提出了一个关于态度改变的说服模式。这一模式虽然是关于态度改变的一般模式，但它指出了引起态度和如何改变态度的过程及其主要影响因素，对理解和分析消费者态度改变具有重要的借鉴与启发意义。

霍夫兰德认为，任何态度的改变都涉及一个人原有的态度和外部存在着与此不同的看法。由于两者存在差异，由此会导致个体内心冲突和心理上的不协调。为了恢复心理上的平衡，个体要么是接受外来影响，即改变自己原有的态度，要么采取各种办法抵制外来影响，以维持原有态度。霍夫兰德将态度改变的过程分为四个相互联系的部分。

第一个部分是外部刺激，它包括三个要素，即传递者或信息源、传播与情境。传递者指持有某种见解并力图使别人接受这种见解的个人或组织。如发布某种劝导信息的企业或广告公司，劝说消费者接受某种新产品的推销人员，都属于传递者的范畴。传播则是指以何种方式和什么样的内容安排将一种观点或见解传递给信息的接收者或目标靶。信息内容和传递方式是否合理，对能否有效地将信息传达给目标靶并使之发生态度改变具有十分重要的影响。情境因素是指对传播活动和信息接收者有附带影响的周围环境，如信息接收者对劝说信息是否预先有所了解，信息传递时是否有其他干扰因素，等等。

第二个部分是目标靶，即信息接收者或企业试图说服的对象。说服对象对信息的接收并不是被动的，他们对于企业或信息传递者的说服有时很容易接受，有时则采取抵制态度，这在很大程度上取决于说服对象的主观条件。比如，如果某人在多种场合公开表示过不喜欢某种产品，那么，要改变他的这一态度，难度就比较大，因为那样将意味着他对自己的否定。

第三个部分是中介过程，它是指说服对象在外部劝说和内部因素交互作用下态度发生变化的心理机制，具体包括信息学习、感情迁移、相互机制、反驳等方面。

第四个部分是劝说结果。劝说结果不外乎两种：一是改变原有态度，接受信息传递者的劝说；一是对劝说予以抵制，维持原有态度。从劝说方的角度看，前述第一种结果当然最为理想。但在很多情况下，劝说可能并未达到理想目标，而是出现前述第二种情况。在此情况下，信息接收者或目标靶可能采用各种方式对外部影响加以抵制，以维持自己原有态度。常见的方法有：

（1）贬损信源，比如认为信息发送者存有私利和偏见，其信誉很低，以此降低劝说信息的价值。

（2）歪曲信息，如对传递的信息断章取义，或者故意夸大某一论点使其变得荒唐而不可信。

（3）掩盖拒绝，即采用断然拒绝或美化自己的真实态度的方法抵御外部劝说和影响。比如，面对舆论对"大吃大喝""公款消费"的指责，个别国企领导会以"工作需要"为搪塞理由，拒绝改变其态度。

6.4.2　传递者对消费者态度改变的影响

说服过程中，传递者或信息源一直被认为是一个十分重要的因素。如果消费者认为传递者信誉度高，值得信赖，那么，说服的目的更容易达到。一般来说，影响说服效果的信息源特征主要有四个，即传递者的权威性、可靠性、外表的吸引力和受众对传递者的喜爱程度。

（1）传递者的权威性。

这是指传递者在有关领域或问题上的学识、经验和资历。一种新药的评价如果是出自一位名医之口，显然会较普通人的评价更具有说服力。在报刊、电视上，经常请有关专家、学者宣布某项消息或信息，目的就是为了增加信息的可信度和影响力。这里一个有待研究的问题是，某一领域里的专家能否将其影响转移到另外的领域。经常看到一些电影演员、相声演员或体育明星为某种产品做广告，并宣传、介绍这些产品的独特功效，在其他影响层面，这样做或许确有效果，但在权威性方面，是否同样有效呢？一般认为，在比较接近的领域，权威的迁移影响是可能的，但在完全悬殊和相去很远的领域，这种影响会很小。当然，这也仅仅是一种推测，威望或权威转移问题仍是一个有待进一步探讨的问题。

（2）传递者的可靠性。

这是指传递者在信息传递过程中能否做到公正、客观和不存私利与偏见。再有名的医学权威，如果是在为自己开创的公司做宣传，人们对其评价的可信度就会存在疑问。很多消费者之所以对广告和推销员的说辞不以为可信，原因也恰恰在于他们认为后者在宣传中难以做到客观、公正。

（3）传递者外表的吸引力。

这是指传递者是否具有一些引人喜爱的外部特征。传递者外表的魅力，能吸引人的注意和引起好感，自然会增强说服效果。很多商业广告，用俊男靓女作为打动顾客的手段，就是运用这一原理。

总体而言，关于传播者外表特征的研究也是支持上述原理的。研究发现，在改变人们的信念方面，外表更富魅力的传播者更容易获得成功。此外，人们更倾向于对有外表吸引力的传播者形成好的印象。例如，有一个研究发现，男女大学生普遍将有外表魅力的人想象成更加敏感、热忱、谦虚和幸福的人。在广告研究领域，一些研究人员调查了广告模特外表魅力对消费者的影响。大部分研究表明，越是有吸引力的模特所宣传的产品，越是获得好的评价和积极反应。有一项研究是这样进行的：先给被试看一些动物园里工作人员活动的录像片断，一些片断里动物饲养员非常具有外表吸引力，另一些片断里的饲养员则相貌平常；然后，被试被要求对录像片断中的主人公谈印象和看法，并回答是否愿意协助动物园作一些义务性工作。结果显示，当录像片断的主人公更富外表魅力时，人们更乐意为动物园慷慨解囊和提供其他义务性服务。

研究人员也发现，传达者的外表魅力不一定能单独发挥作用，而可能受制于一些其他因素。在一项实验中，具有高外表吸引力和低外表吸引力的人为两种产品，即咖啡和香水做广告。结果显示，当产品是香水时，具有高吸引力的传达者能引发更多的购买意向；相反，当产品是咖啡时，不太具有吸引力的传达者能产生更好的影响效果。由此表明，使用外表漂亮、具有魅力的模特做广告，并不是任何情况下都合适。

（4）对传递者的喜爱程度。

这是指受众或消费者对传递者的正面或负面情感。消费者对传递者的喜爱程度可能部分基于后者的外表，但更多的可能是基于其他的因素，如举止、谈吐、幽默感等。喜爱之所以会引起态度的改变，是因为人具有喜欢模仿自己喜爱对象的倾向。比较容易接受后者的观点，受到他的情趣的影响，学他的行为方式。喜爱程度和相似性有着密切关系。人们一般更喜欢和自己相似的人接触和相处，从而也更容易受其影响。布罗克曾于 20 世纪 60 年代做过一个有趣的试验。他让一些化妆品柜台的售货员劝说顾客购买一种化妆品，有的售货员充作有专长但与顾客无相似身份，另一些则充作与顾客有相似身份但无专长。结果发现，没有专长但与顾客有相似性的劝说者比有专长而与顾客无相似性的劝说者对顾客的劝说更为有效。

6.4.3 传播特征与消费者态度改变

严格地讲，传播特征也应包括传达者的特征。关于传达者与消费者态度改变之关系在前面已作了讨论，下面主要论及其他传播特征对消费者态度变化的影响。所谓"其他传播特征"，主要包括：传达者发出的态度信息与消费者原有态度的差异，恐惧的唤起，一面与两面性论述。

1. 传达者发出的态度信息与消费者原有态度的差异

一般而言，传递信息所维护的观点和消费者原来态度之间的差异越大，信息传递所引起的不协调感会越强，消费者面临的改变态度的压力越大。然而，在较大的差异和较大的压力之下，能否引起较大的态度改变则要看两个因素的相互作用：一个因素是前面说的差异或差距，另一个因素是信息源的可信度。差距太大时，信息接收者不一定以改变态度来消除不协调的压力，而可能以怀疑信息源的可信度或贬低信息源来求得不协调感的缓解。多项研究发现，中等差异引起的态度变化最大；当差异度超过中等差异之后再进一步增大，态度改变则会越来越困难。一项关于"差异、信息源与态度改变之关系"的研究中，邀请一名高可信度的学者和一名低可信度的教会工作人员发表关于人们每天所需睡眠时数的意见。每一被试或从高可信度的信源或从低可信度的信源得到一种信息，如每天需睡足 8 个小时、7 个小时、5 个小时，等等。由于大多数被试原先认为每天睡 8 小时最为合适，因此，不同被试所获得的差异或差距可能是不同的。随后，被试被要求回答到底每天睡几个小时最合适。统计分析结果表明，中等水平差距比高水平差距引起较多的态度改变。同时，传达者可信度越高，能够引起的差异度的极限改变量也越大，高可信度传达者引起的极限改变量为 7，也就是说，当他提倡每天仅睡 1 个小时即可时，仍有人相信；而低可信度传达者引起的极限改变量为 5，即他提倡睡 3 个小时，仍有人相信，但低于此数则无人相信。

2. 恐惧的唤起

恐惧唤起是广告宣传中常常运用的一种说服手段。头皮屑带来的烦恼、蛀牙所带来的严重后果、脚气患者的不安表情，无不是运用恐惧诉求来劝说消费者。在过去三十多年里，对于恐惧诉求的有效性的看法，经历了相当大的变化。早期一个关于恐惧唤起的研究试图运用恐惧诉求劝说消费者更频繁地刷牙。研究中，一组高中学生目睹牙龈溃疡的可怕镜头，并被告知牙龈感染会导致心脏、肾脏等多种器官损坏的严重后果；其余一些组的被试则看到的是一些没有如此令人恐惧或根本没有恐惧感的场面。结果显示，高恐惧组的被试更少有行为的改变。此一结果使不少学者得出恐惧诉求在劝说中没有什么效果的结论。

然而，近些年来，恐惧诉求在改变消费者态度方面越来越多地被视为是有效的。保险公司、防盗器具生产商、汽车制造商日益增多地运用恐惧诉求唤起消费者对其产品的兴趣。为了使恐惧诉求的运用更为有效，研究人员发现，传播内容应注意以下几个方面：

（1）对如何减少恐惧给出具体明确的指导；

（2）指出根据指导行事是解决问题的有效途径；

（3）对有威胁感和易受恐吓的受众避免传递高恐惧内容的信息；

（4）对低自尊者和自卑感很强的受众避免传递高恐惧信息；

（5）包含迅速解决问题的信息。

正如很多研究人员所指出的，如果对上述各方面给予充分重视，高恐惧信息较陈述或事实性信息将产生更好的劝说效果。之所以如此，关键性原因是恐惧诉求更易于激发情绪性反应，由此会使消费者更多地集中精力应付问题和在此基础上学会如何对威胁作出反应。

3．单面论述与双面论述

在说服过程中，是陈述一方面的意见或论据好呢，还是同时陈述正、反两方面意见与论据好呢？这是信息传达者或说服方经常遇到的一个问题。研究显示，在有些情况下，双面论述是一种有效的说服手段。双面论述给消费者一种客观、公正的感觉，可以降低或减少后者对信息和信息源的抵触情绪。研究表明，当听众与劝说者的观点一致，或前者对所接触的问题不太熟悉的，单面论证效果较好；如果听众与劝说者的观点不一致，而且前者对接触的问题又比较熟悉时，单面论证会被看作是传达者存在偏见，此时，采用双面论证效果将更好。

在运用双面论证时，劝说者也应格外小心。双面论证的好的一面是可以取信于人的，使受众对信息和信息源产生可信感，但同时，它可能降低信息的冲击力，从而影响传播效果。因此，企业在传播过程中是否运用双面论证，最好事先通过市场调查了解消费者反应之后，再作决定。

6.4.4　目标靶的特性

说服过程离不开说服对象，即目标靶。无论是推销员推销产品，还是企业运用大众媒体进行宣传，都要针对特定的受众或特定的目标消费者。在同样的说服条件下，有些消费者容易被说服，有些消费者较难或根本无法被说服。因此，研究说服过程或消费者态度改变的过程，除了要研究信息源、传播本身和情境因素之外，另一个不容忽视的内容就是目标靶的特征。

1．对原有观点、信念的信奉程度

如果消费者对某种信念的信奉程度很高，如在多种公开场合表明了自己的立场与态度，或者根据这一信念采取了行动，此时，要改变消费者的态度将是相当困难的。相反，如果消费者对某种信念的信奉程度还不是特别强烈，而且也没有在公开场合表明过自己的立场，此时，说服消费者改变其原有态度，相对会容易一些。

2．预防注射

通俗地讲，预防注射是指消费者已有的信念和观点是否与相反的信念和观点作过交锋，消费者是否曾经构筑过对相反论点的防御机制。一个人已形成的态度和看法若从未与相反的意见有过接触和交锋，就易于被人说服而发生改变。相反，如果他的观点、看法曾经受过抨击，他在应付这种抨击中建立了一定的防御机制，如找到了更多的反驳理由，那么，在以后他便会有能力抵御更加严重的抨击。

麦克盖尔进行了一项关于预防注射与态度改变的研究。研究者先帮助被试形成一种在社会上很少受到攻击的信念，如"饭后刷牙是好事"。然后将被试分为三组：第一组接触了更多的支持论点，如阅读卫生部门提供的饭后刷牙如何有助于防止牙病和相关疾病的研究报告。第二组给予预防注射，即提供一些相反的论点，对"饭后刷牙"给予轻微攻击。第三组是控制组，既未给予预防注射，也未接触有关支持论点。接着，对所有被试进行一次强烈的说服性攻击，然后再测查三组被试原有看法的改变情况。结果发现，第一组的态度改变量为5.87，第二组即预防注射组的态度改变量为2.94，而第三组即控制组态度改变量为6.64。由此说明，预防注射对抵御外部说服具有重要作用。

3. 介入程度

消费者对某一购买问题或关于某种想法的介入程度越深，他的信念和态度可能就越坚定。相反，如果介入程度比较低，可能更容易被说服。在购买个人电脑时，消费者可能投入较多的时间、精力，从多个方面搜寻信息，然后形成哪些功能、配置比较重要的信念。这些信念一经形成，可能相当牢固。要使之改变比较困难。而在低介入的购买情形下，比如购买饮料，消费者在没有遇到原来熟悉的品牌时，可能就会随便选择销售员所推荐的某个品牌。

4. 人格因素

人格因素包括自尊、智力、性别差异等。研究发现，低自尊者较高自尊者更容易被说服，因为前者不太重视自己的看法，遇到压力时很容易放弃自己的意见。与此相反，高自尊者往往很看重自己的观点与态度，在遇到他人的说服或攻击时，常会将其视为对自身价值的挑战，所以不会轻易放弃自己的观点。

另一项人格因素是智力。一般认为，智商高的人比智商低的人难以被说服，但迄今还缺乏证据支持这种观点。调查表明，总体而言，高智商者和低智商者在被说服的难易程度上没有显著差异。但高智商者较少受不合逻辑的论点的影响，低智商者则较少受复杂论证的影响。总体上，智力和说服仍是有关系的，而且这种关系并不像人们想象的那样简单。

5. 性别差异

在回顾了有关这方面的大量实证研究后指出，从实验结果看，男性与女性在谁更容易被说服的问题上不存在明显差异。差异主要集中在双方各自擅长的领域。如在西方社会中，从事金融、管理等工作的大多是男性，女性在这方面可能缺乏自信，在与此有关的一些问题上可能较男性更易被说服。但在家务和孩子抚养问题上，女性较为自信，因此，对与这些方面有关的问题，可能较男性更难被说服。

6.4.5 情境因素与消费者态度改变

说服过程不是在说服方和被说服方之间孤立进行的，而是在一定的背景条件下进行的。这些背景条件或情境因素对于说服能否达到效果有着重要的影响。

1. 预先警告

如果某一消费者在接触说取信息前,对劝说企图有所了解,他有可能发展其反驳的论点,从而增强抵御劝说的能力。弗里德曼和西尔斯于 1965 年做过一项关于警告、分心与对传播影响的抵制的研究。研究人员在一场报告开始前 10 分钟告诉一部分青少年被试,他们将去听一个关于为什么不许青少年开汽车的报告,而另一些孩子则在报告开始时才听到这一主题。结果得到预先警告的一组被试受报告影响的程度比未受到预先警告的被试要小得多。

预先警告并不总是对信息接收者起抵制说服的作用。研究表明,如果一个人不十分信服他原来的观点,预先警告会起相反的作用,即能促进态度的转变。还有一项研究显示,警告的作用和意见内容是否涉及个人利益有紧密联系。预先警告,对没有个人利益介入的人,能促进其态度转变;对于有较深利益牵连的人,能阻挠其态度的改变。

2. 分心

分心是指由于内外干扰而分散注意力或使注意力不能集中的现象。在劝说过程中,若情境中存在"噪音"致使受众分心,就会影响劝说的效果。若引起分心的"噪音"太大,使目标靶听不到信息,则劝说等于没有发生。比如,广告节目中,若背景部分太吸引人,由此反而会淹没主旨,影响受众对广告主要内容的回忆。研究也发现,如果情境中有某些"噪音"适当地分散受众的注意力,不让受众集中精力去思考和组织反驳理由,劝说效果会更好。所以,分心对态度转变的影响,实际上应视分心程度而定。适度的分心有助于态度的改变,过度的分心则会降低劝说效果,从而阻碍态度改变。

3. 重复

在前面,已经较详细地讨论了重复与学习和记忆之间的关系。这里想强调的一点是,重复对消费者态度变化亦会产生重要影响。两因素或双因素理论认为,当消费者接收重复性信息时,两种不同的心理过程将同时发生作用。一方面,信息的重复会引起不确定性的减少和增加对刺激物的了解,从而带来积极的和正面的反应。另一方面,随着重复增加,厌倦和腻烦也随之增长。在某一点上,重复所引起的厌倦将超过它带来的正面影响,从而引起消费者的反感。所以,为了避免或减少受众的厌倦感,企业在做广告时,最好是在不改变主题的条件下对广告的表现形式不时做一些小的变动。

6.5 消费者态度与行为

6.5.1 消费者的态度与信念

消费者信念指消费者持有的关于事物的属性及其利益的知识。不同消费者对同一事物可能拥有不同的信念,而这种信念又会影响消费者的态度。一些消费者可能认为名牌产品的质量比一般产品好,能够提供很大的附加利益;另一些消费者则坚持认为,随着产品的成熟,不同企业生产的产品在品质上并不存在太大的差异，名牌产品提供的附加利益并不像人们想象的那么大。很显然，上述不同的信念会导致对名牌产品的不同态度。

在购买或消费过程中，信念一般涉及三方面的联结关系，由此形成三种类型的信念。这三种信念是：客体—属性信念；属性—利益信念；客体—利益信念。

客体—属性信念。客体可以是人、产品、公司或其他事物。属性则是指客体所具备或不具备的特性、特征。消费者所具有的关于某一客体拥有某种特定属性的知识就叫客体—属性信念。比如，某种发动机使汽轮驱动就是关于产品具有某种属性的信念。总之，客体—属性信念，使消费者将某一属性与某人、某事或某物联系起来。

属性—利益信念。消费者购买产品、服务是为了解决某类问题或满足某种需要。因此，消费者追求的产品属性，是那些能够提供利益的属性。实际上，属性—利益信念就是消费者对某种属性能够带来何种后果，提供何种特定利益的认识或认知。比如，阿司匹林所具有的阻止血栓形成的属性，有助于降低心脏病发作的风险，由此使消费者建立起这两者之间的联系。

客体—利益信念。客体—利益信念指消费者对一种产品、服务将导致某种特定利益的认识。在前述阿司匹林例子中，客体—利益信念指对使用阿司匹林与降低心脏病发病概率之间联系的认知。通过分析消费者的需要和满足这些需要的产品利益，有助于企业制定合适的产品策略与促销策略。

6.5.2　消费者的态度对购买行为的影响

一般而言，消费者态度对购买行为的影响，主要通过以下三个方面体现出来：

首先，消费者态度将影响其对产品、品牌的判断与评价。其次，态度影响消费者的学习兴趣与学习效果。最后，态度通过影响消费者购买意向，进而影响购买行为。费希本（M. Fishbein）和阿杰恩（I. Ajzen）认为，消费者是否对某一对象采取特定的行动，不能根据他对这一对象的态度来预测，因为特定的行动是由采取行动的人的意图所决定的。要预测消费者行为，必须了解消费者的意图，而消费者态度只不过是决定其意图的因素之一。

6.5.3　购买行为与态度不一致的影响因素

传统上，很多研究消费者行为的学者认为，消费者一般是先形成关于产品的某些信念或对产品形成某种态度，然后受信念和态度的影响，再决定是否购买该产品。现代很多人认为，购买行为并不必然受信念或态度的直接支配，在有些情况下，消费者可能是受环境或情境的影响，如在朋友的影响下，在促销的引诱下，先采取购买行动，然后再形成关于产品或服务的态度。总之，消费者态度与购买行为之间并不必然是一种指示和被指示的关系。

【案例】

20 世纪 30 年代，美国社会心理学家拉皮尔做过一项著名的试验。拉皮尔偕同一对年轻的中国留学生夫妇在美国西海岸旅行，在 66 家旅社住宿，在 184 家餐馆用餐，都受到了很好的接待。当时，美国普遍存在对黑人和亚洲人的歧视，拉皮尔的此次旅行使他颇感意外。6 个月后，他将上述光顾过的餐馆、旅店作为试验组，将未光顾过的一些餐馆、旅店作为控制组，分别向它们寄送内容类似的调查问卷，以了解它们是否愿意接待华人顾客。结果在光顾过的250家餐馆、旅馆中收回了128份答卷，其中回答不愿接待的有118家，占总数的93.4%，而且这一结果与对照组的结果没有显著差别。由此说明，行为与态度之间的关系并不像人们通常想象的那样简单。

虽然如此，态度与行为之间确实又存在密切的联系。在西方的政府选举中，民意测验往往成为某个政党候选人能否当选的有效预示器，而且民意测验日与选举日越接近，民意测验的预示效果越难确定。所以，通过态度测量，了解人心向背，对预示行为在不少情况下具有特殊的价值。

前面已经指出，消费者态度一般要透过购买意向这一中间变量来影响消费者购买行为，态度与行为在很多情况下并不一致。造成不一致的原因，除了主观规范、意外事件以外，还有很多其他的因素。下面对这些影响因素作一简单介绍。

购买动机：使消费者对某一企业或某一产品持有积极态度和好感，但如果缺乏购买动机，消费者也不一定会采取购买行动。比如，一些消费者可能对IBM生产的计算机怀有好感，认为IBM计算机品质超群，但这些消费者可能并没有打算购买一台IBM计算机，由此造成态度与行为的不一致。

购买能力：消费者可能对某种产品特别推崇，但由于经济能力的限制，只能选择价格低一些的同类其他牌号的产品。例如，很多消费者对"奔驰"汽车评价很高，但真正做购买决定时，可能选择其他牌号的汽车，原因就在于"奔驰"具有高品质的同时也意味着消费者需支付更高的价格。

情境因素：如节假日、时间紧张、生病等，都可能导致购买态度与购买行为的不一致。当时间比较宽裕时，消费者可以按照自己的偏好和态度选择某种牌号的产品；但当时间非常紧张，比如要赶飞机，要很快离开某个城市时，消费者实际选择的产品与他对该产品的态度就不一定有太多的内在联系。

测度上的问题：行为与态度之间的不一致，有时可能是由于对态度的测量存在偏误。比如，只测量了消费者对某种产品的态度，而没有测量消费者对同类其他竞争产品的态度；只测量了家庭中某一成员的态度，而没有测量家庭其他成员的态度；或者离开了具体情境进行测度，而没有测量态度所涉及的其他方面，等等。

态度测量与行动之间的延滞：态度测量与行动之间总存在一定的时间间隔。在此时间内，新产品的出现，竞争产品的新的促销手段的采用，以及很多其他的因素，都可能引起消费者态度的变化，进而影响其购买意向与行为。时间间隔越长，态度与行动之间的偏差或不一致就会越大。

6.6　消费者满意度研究

6.6.1　消费者满意度（CSI）概述

消费者满意度（Customer Satisfaction Index，简称CSI）作为一个社会经济生活中的概念，并不是什么新发现，它始于何时，也无从考证。但是，作为一个科学概念，并正式以"CSI"简写的形式出现，则始于1986年一位美国消费心理学家的创造。1986年，美国一家市场调研公司以CSI为指导，首次以消费者满意度为基准发表了消费者对汽车满意程度的排行榜，引起理论界和工商企业界的极大兴趣和重视。随后，便得到广泛应用。1989年，瑞典引进美国人发明的CSI指标体系，建立了全国性的消费者满意指标（CSI），进一步推动了CSI理论与实务的发展。1990年，日本丰田公司、日产公司率先导入CS（Customer Satisfaction；简称CS）战略，建立消费者导向型企业文化，取得了巨大成功，很快引发了一股CS（Customer Satisfaction；简称CS）热潮，逐步取代原来的CI（Corporate Identity，简称CI）战略。1991年5月，美国市场营销协会召开了首届CS战略研讨会，研究如何全面实施CS战略，以应付竞争日益激烈的市场变化。此外，法国、德国、英国等国家的一些大公司也相继导入CS战略。至此，CS理论和CSI指标体系在西方发达国家迅速传播并不断发展完善，CS战略成为企业争夺市场的制胜法宝，从而形成了经营史上又一次新的浪潮。

CS战略的基本指导思想是：企业的整个经营活动要以消费者满意度为指针，要从消费者的角度，用消费者的观点而非生产者和设计师自身的利益和观点来分析考虑消费者的需求，尽可能全面地尊重和维护消费者的利益。

6.6.2 消费者满意度（CSI）产生原因

CSI产生的原因有以下三个方面。

1. 市场竞争与环境变化

商品经济的高度发展促使了商品供应的不断丰富，经济全球化趋势的加强，导致了市场竞争的不断加剧，大多数行业由卖方市场转向买方市场，企业赢利不再仅依靠强大的生产力，让消费者满意才是企业的生存之道。于是，千方百计地让消费者对企业及其产品、服务满意，就成为生产者和设计师全部经营活动的出发点与归宿。

另外，日趋激烈的市场竞争，使各企业生产的产品在质量、性能、信誉等方面难分伯仲，也使企业间通过产品向大众传达的信息趋同，从而使社会大众很难从日趋同一的产品信息中，感受到企业的独特魅力。企业以CSI为指导所产生的消费者导向型优质服务，能使企业与竞争对手区别开来，消费者对产品和服务的满意度是影响消费者购买决策的决定性因素。最早对这种竞争环境变化作出系统性反应的斯堪的纳维亚公司，提出了"服务与质量"的观点，自觉地把生产力的竞争转换为服务质量的竞争。20世纪80年代后期，美国政府专门创设了国家质量奖，在产品和服务的评定指标中，有60%直接与消费者满意度有关。

2. 质量观与服务方式的变化

依据传统的标准，凡是符合用户要求条件的，就是合格产品。在竞争激烈的背景下，新的质量观应运而生，即生产者的产品质量不仅要符合用户的要求，而且要比竞争对手更好。现代意义上的企业产品是由核心产品（包括产品的基本功能等因素）、有形产品（质量、包装、品牌、特色等）和附加产品（提供信贷、交货及时性、安装使用方便及售后服务等）三大层次组成。现代社会中系统的服务，正占据越来越重要的地位。美国管理学家李斯特指出："新的竞争不在于工厂里制造出来的产品，而在于能否给产品加上包装、服务、广告、咨询、融资、送货、保管或消费者认为有价值的其他东西。"在这种趋势下，企业新的质量观要求企业进行 CS 策划，靠服务方式的创新和服务品质的优异来提高消费者的满意度，从而争取消费者，这已成为越来越多优秀企业的共识。

3. 消费者消费观念的变化

在"理性消费"时代，商品选择面窄，产品质量、功能、价格是消费者选择商品需考虑的三大因素，评判产品通常用的是，"好与坏"的标准。进入"感性消费"时代，消费行为由"量的消费"已逐步提高到"质的消费"，对服务的消费需求增加，对商品品质、服务水准要求日增。消费者往往关注产品能否给自己的生活带来活力、舒适和美感。他们要求得到的不仅仅是产品的功能和品牌，而是与产品有关的系统服务。于是，消费者评判产品用的是"满意与不满意"的标准。企业必须要用 CS 经营思想创造出迎合消费者新的消费观念，满足消费者需求的产品。20 世纪末，是服务取胜的时代，这个时代企业活动的基本准则便是使消费者满意。进入 21 世纪后，不能使消费者感到满意的企业将无立足之地。

在信息社会，企业要保持技术上的领先和生产率的领先已越来越不容易，靠特色性的优质服务赢得消费者，努力使企业提供的产品和服务具备能吸引消费者的魅力要素，不断提高消费者的满意度，将成为企业经营活动的方向。美国摩托罗拉公司确立的消费者服务"零抱怨"策略，中国无锡商业大厦"购物零风险"的服务特色，都是 CS 战略在企业经营实践中的体现和发展。CS 经营思想热潮始于汽车业，目前已扩展至家用电器、电脑、机械制造、银行、证券、运输、商贸、旅游等行业，发展十分迅猛，业绩十分突出。因此，无论从理论意义上还是从实践意义上看，CS 理论和 CSI 评价体系确实开辟了企业经营和工业设计的新天地。

6.6.3　消费者满意度的模式研究

1. 差异模式

在 20 世纪 70 年代早期，美国开始对消费者满意度进行大量研究。奥沙沃斯卡（Olshavsky）等学者探查了期望的差异理论及对产品绩效作用的有关理论。满意度的差异理论提出：满意度是由差异的方向和大小决定的，差异是消费者对产品是否满足自己需要的实际体验（即产品绩效）与最初的期望相比较所产生的结果，可分为以下三种情况：

（1）产品的绩效与期望相同，此时差异为零。

（2）产品绩效大大低于原来的期望，此时会产生负差异。

（3）当产品绩效高于最初的期望时，就会产生正差异。

在第二种情况下消费者就会对产品（或服务）产生不满。在对期望的研究中，米尔勒（Miller）认为期望有以下四类：理想的、预测的、应该的和最小可忍受的。并且提出由于期望类型的不同，消费者的满意情况就会不一样。

2. 绩效模式

在该模式中，消费者对产品（或服务）绩效的感知，是消费者满意度的主要预测变量。

他们的期望对消费者满意度也有积极的影响，消费者所感知的产品（或服务）的质量水平，相对于投入来说，这种产品或服务越能满足消费者的需要，消费者对他们的选择就越满意。

佛纳（Fornel）等美国学者认为，期望对消费者满意度有直接的积极的影响。根据该产品在最近一段时间的绩效表现，消费者对作为比较支点的期望，不断进行调整。绩效和期望对满意度的作用大小，取决于它们在该结构中的相对强弱。相对于期望而言，绩效信息越强越突出，那么所感受到的产品绩效，对消费者满意度的积极影响就越大；绩效的信息越弱越含糊，那么期望对满意度的效应就越大。

另一些专家认为，服务的绩效信息要比产品的绩效信息弱。这种模式常常用在整体水平上，例如瑞典的消费者满意度指数就是以该模式为基础确定的。

目前，对消费者满意度的研究中，人们虽然提出了差异模式、绩效模式及其他理性期望模式等消费者满意度的结构，但是由于消费行为本身的复杂性，及对比的标准不一样，就会产生不同的满意情况，这就要求对消费者满意度的结构进行深入的探索和研究。

6.6.4　满意度对消费者行为的影响

1. 满意度和购物意向

因为研究消费者满意度的真正目的是预测消费者的反应，因此，人们开始从行为学的角度来研究消费者满意度。一种观点认为，消费者满意度对购物意向的影响，是通过态度间接地起作用的。例如奥利沃的研究发现，高水平的满意度可增加消费者对品牌的偏爱态度，从而增加对该品牌的重复购买意向。但满意度对重购意向的影响强度随消费者品牌忠诚水平的增高而减少。

2. 满意度和口碑

人们也常把口碑作为消费者的行为指标之一。有人认为负面的信息比正面的信息更有可能传播；但有些专家认为，对产品和服务满意的消费者要比不满意的消费者参与口头传播的人数多。有些研究者发现，当问题比较严重和销售员对消费者的抱怨不做反应时，不满意的消费者更有可能进行负面的信息传播。另一些研究者提出传播负面或正面的信息，依赖于消费者对产品的期待，当他们对产品有较多的期待时，负面的口碑就会增多。他们认为，虽然满意的消费者不愿意向商场的工作人员说出自己满意体验，但他们更有可能向亲朋好友提起。还有人提出，满意度对口碑的影响绝大部分是以情感方式而不是认知方式进行的。

3. 品牌满意度和品牌忠诚度

恩格尔（Engel）把品牌的满意度定义为消费者对所选品牌满意或超过其期望的主观评价的结果，他把消费者对品牌的满意度分为，明显满意度和潜在满意度。前者指消费者把期望和绩效进行明显对比，对产品绩效进行评价而产生的对产品的满意情况，这是在精细加工的基础上对品牌评价的结果；后者指当缺乏评价品牌的动机或能力时，消费者就不可能对期望和绩效进行明显对比，此时这种没有被消费者意识到的满意度，就称为潜在满意度，它是隐含评价结果的。

研究者认为，明显满意度直接作用于真正的品牌忠诚度。因为明显满意度是基于对品牌的肯定的明确评价，这就会使消费者对该品牌进行承诺，而对品牌的承诺则是产生真正品牌忠诚的必要条件。所以，明显满意度将与真正的品牌忠诚度正相关。潜在满意度是建立在对品牌选择的隐含评价的基础上，消费者只是接受该品牌，不一定会产生对该品牌的承诺。潜在满意度虽然与真正的品牌忠诚度之间存在着正相关，但没有明显满意度与真正的品牌忠诚之间的相关性大，研究结果证明了这一观点。

另外，研究还发现，评价品牌选择的动机和能力，对真正的品牌忠诚度有着直接的影响。研究消费者满意度的最终目的是为了提高企业的竞争能力，吸引消费者来购买和使用自己企业的产品或服务。目前，对满意度影响消费行为的方式，还没有一个统一的认识，有的认为满意度是通过态度来对人的消费行为间接地产生影响，而有的则认为满意度直接起作用。

4. 消费者满意度的测量

在生产者和设计师看来，对消费者满意度的测量是提高产品竞争力的重要指标。通过对消费者满意度的测量，可帮助企业和设计师找出提高产品质量和个性化的途径，以增加企业的竞争优势。

【案例】

一个渔村里住着甲乙两个船长。有人问甲船长为什么要天天出海捕鱼，甲船长一脸无奈地答道："没有办法，为了赚钱和生活呀。"

但乙船长则精神抖擞、神采奕奕地说道："我喜欢海，喜欢它的澎湃汹涌，我每天都在体验大海带给我的欢乐。"

那个人又问乙船长："难道你不是为了养家糊口吗？"

乙船长回答："不，生活只是附带的，因付出而丰收的过程才是最重要的。"

乙船长为了逮大鱼，不仅勤修船、编大网，还时常研究水文。他和他的伙伴们的捕鱼量越来越大，几乎每一次都是满载而归。而那无精打采的甲船长，每日愁眉不展，水手们士气低落，每日所捕的鱼寥寥无几。

有一天，甲、乙船长相约同时出海，这时硕大无比的大鱼出现了。

甲船长先看见大鱼，却自认为设备不足，怕鱼撞翻了船，只有眼睁睁地看着大鱼游走。而乙船长准备多时，充满信心地率领士气高昂的水手与大鱼搏斗，经过一番英勇的搏斗，终于齐心协力将大鱼拖回渔村。

问题：

在消费者行为中我们该如何发挥乙船长的精神，通过态度的改变来改变世界呢？

强生公司与泰莱诺——淬击之下的反应

强生公司是全球驰名的保健品制造商。在 1982 年《幸福》杂志评选出的全美 500 强中，强生公司位居 68 位，其销售额高达 59 亿美元。自创立之日起，强生公司一直致力于创立和保持对用户负责、让顾客信任的企业形象。经过百年的发展，强生公司的产品对所有消费者——从婴儿到老人——来说，都是亲切与安全的化身。

泰莱诺是强生公司 20 世纪 70 年代末 80 年代初的"明星产品"。1955 年麦克尼尔实验室为克服阿司匹林的副作用，开始研制用于替代阿司匹林的新型止疼药物，并将这种新药品命名为泰莱诺。1959 年，强生公司收购兼并了麦克尼尔实验室，泰莱诺自然而然归属到强生产品序列中。

为全力推广这种没有副作用的止疼药物，强生公司大做广告。第一阶段的广告攻势是针对内科医生的，到 1974 年，在各医院、诊所的内科医生的积极响应下，泰莱诺的销售额已突破 5 000 万美元。1976 年开始，强生又展开了面向普通消费者的泰莱诺的第二阶段广告攻势，使人们树立泰莱诺是家庭必备药品的概念。经过 3 年的强大的广告攻势，泰莱诺一举成为美国日常保健用品中销量最大的品牌。而以前占据这一市场 18 年之久的产品，是 PG 公司的宝洁冠牌牙膏。一种药品的销量竟然超过人们天天不离的牙膏的销量，这足以说明泰莱诺的市场多么巨大了。到 1982 年，泰莱诺已占据了止疼药零售市场的 35.5%的份额，其销售量达到 3.5 亿美元。在竞争激烈的止疼药物市场上，泰莱诺独领风骚！

但 1982 年 9 月，灾难降临了。9 月底的一天上午，芝加哥居民詹努特感到胸口有点疼痛，于是他到附近的超市买回了一瓶泰莱诺胶囊。他服用了一粒，很快死了。同一天的晚些时候，斯坦里夫妇服用泰莱诺胶囊后双双毙命。周末又有 4 名芝加哥地区的居民在相似的情况下死亡。经化验，杀手是舍在泰莱诺胶囊里的氰化物。这种致命的毒剂能迅速破坏人体血液的输氧功能，15 分钟后致人死命。芝加哥地区一家医院的急救部主任托马斯·金说："被害者根本没有生还的可能！"

强生公司的主管人员是在接到各媒体记者要求他们就这一事件加以评论的电话后，才知道这一悲剧的。很快，各超市、药店、医院、毒剂控制中心以及惊慌失措的消费者的咨询电话铺天盖地而来。

淬击之下的强生迅速采取行动，收集相关资料以核查事实，他们很快搞清了受害者的情况、死因、有毒胶囊的药瓶标签号码、出售时间和地点等详细资料。强生公司同时警告所有用户在事情原故没有弄明白前不要服用泰莱诺胶囊。全美所有药店和超市都把泰莱诺胶囊从货架上取下来，对泰莱诺胶囊的恐慌情绪弥漫整个美国。

在 100 名联邦调查局和伊利诺斯州警察局侦察人员的追查下，强生公司最终洗清了嫌疑，证实了自己和中毒事件无关。但在中毒事件发生一个月后强生公司举行的一次民意调查中，依然有 940 名消费者认为泰莱诺胶囊与中毒事件有关。虽然他们中有 87%的人认为泰莱诺的制造商对致死事件没有责任，但 61%的受访者表示以后再也不会购买泰莱诺胶囊。更糟糕的是，50%的消费者甚至连强生公司提供的更加安全的索莱诺药片也不愿购买了！

为了挽救泰莱诺这一品牌，强生公司在弄清了氰化物不是在生产过程中被投入的事实后，公司进入了挽救的流程。公司对媒体采取了全面合作的态度，向媒体提供最准确、最及时的信息，以阻止对泰莱诺胶囊的恐慌情绪蔓延。与此同时，强生公司在全国范围内回收所有进入市场的泰莱诺胶囊，公司还向各医院、诊所和药店拍发了 50 万份电报，并通过各种传媒发表声明，称暂时将泰莱诺胶囊改为药片。

与此同时，强生公司的决策层决定重建泰莱诺这一品牌形象。他们将首要的工作重点放在以前经常服用的老顾客身上，希望老顾客会接受泰莱诺胶囊和药片两种形式。为了重新赢得老顾客，强生公司通过电视广告声称将不惜一切代价捍卫泰莱诺的荣誉。麦克尼尔实验室的医务主任马斯·盖茨在电视上说："20 多年来，泰莱诺赢得了医务人员和一亿美国人民的信任，我们对此无比珍惜，决不让它受到玷污。我们期盼您继续信任它！"

与此同时，强生公司还设计了一种防污染破坏的三层新包装，以防芝加哥悲剧的重演。并且对老顾客采取了大量的优惠措施，在周日的报纸上印发了 7 600 万份每份价值 2.5 美元的优惠券。对原来的分销商也采取了 25% 的折扣优惠。除了大做广告和促销外，强生还发动了其国内各经销处 2 000 多名推销人员游说医生和药剂师，请他们继续推荐泰莱诺胶囊和药片。

7 个月后，《今日心理学》杂志组织了一次读者调查，发现 94% 的消费者对强生的泰莱诺品牌持肯定态度。其中一位 23 岁的姑娘写道：她会继续使用泰莱诺胶囊，因为它可靠、真实！一位老妇人写到，强生公司非常"诚实和真诚"！

问题：

强生重返市场是如何让消费者转变态度并重新赢得消费者的信任的？

思考题

1. 作为现代的市场营销人员，应该如何熟练应用各种工具及路径，实现顾客的态度转变提升消费者的满意度？

2. 试述态度的含义与功能。

3. 消费者态度对其购买行为有哪些主要影响？

4. 学习论和诱因论有何联系与区别？

5. 试述认知理论的基本思想。

7 消费者的个性心理与消费行为

学习目标

➢ 领会个性的理论
➢ 掌握消费者的情绪特点及对消费行为的影响
➢ 掌握消费者的气质特点及对消费行为的影响
➢ 掌握消费者的性格特点及对消费行为的影响
➢ 掌握消费者的能力特点及对消费行为的影响
➢ 掌握消费者的自我意识特点及对消费行为的影响

个性就是一个人整个的精神面貌，即具有一定倾向性的、稳定的心理特征的总和，是一个人共性中所凸显出的一部分。"个性"一词最初来源于拉丁语 Personal，开始是指演员所戴的面具，后来指演员——一个具有特殊性格的人。一般来说，个性就是个性心理的简称，在西方又称人格。所谓个性就是个别性、个人性，就是一个人在思想、性格、品质、意志、情感、态度等方面不同于其他人的特质，这个特质表现于外就是他的言语方式、行为方式和情感方式等。任何人都是有个性的，也只能是一种个性化的存在，个性化是人的存在方式。人的个性包括很多维度，本章将主要从消费者的情感、气质、性格、能力、自我意识等方面探讨消费者的个性心理特征，以及对消费行为的影响。

【案例】

"中国式"消费

在现实生活中，处在 20、30、40 岁不同年龄段的人的共性——为求高质量生活在所不惜，但他们的消费理念和消费主张，却有天壤之别。我需要什么？到底什么样的产品适合我？进入 21 世纪，一种注重个性化的自我消费形态开始猛长，一种空前的"全面体验"式消费正在涤荡不同阶段的男男女女们。

时尚之惑

"我到现在都不知道她是从哪里淘来的稀奇古怪的衣服，而且颜色艳得刺眼，每件内衣上面还有奇怪的动物图案。吊带、低胸、高腰、迷你裙什么都敢穿，也不怕走光。"吴琦菡（化名）的妈妈很为女儿的穿着发愁。

今年 22 岁的吴琦菡，已经大学毕业两年了，现在在一家广告公司做图文设计，每月 3 000 元的收入，与同龄人相比可算是一笔不菲的进项。可是她总是还没到每月的 20 日，就把上月的工资花个精光。"这我还是省着花呢，如果上个月买了衣服，这个月就只能买点化妆品，买个背包什么的，衣服就甭想了，日子过得挺紧的，老觉得没钱花。"吴琦菡对自己一个月消费 3 000 很不以为然。

此时，她手里把玩着最新潮的手机，身旁放着她钟爱的 Gucci 包。对别人称她为"月光族""月光公主"，她倒是很喜欢这个称谓，"月光族不是挺好的吗？拉动内需呀！钱，就是用来享受的，花了再赚呗，呵呵。"对于金钱的态度，吴琦菡非常坦然。她的宗旨就是：多挣多花，少挣少花。

与吴琦菡同龄的一代，是中国第一代真正意义的独生子女。在以往，像吴琦菡这样 20 岁左右的年轻人曾经被认为是缺乏消费能力的群体，因为他们中的一部分还在上学或刚刚步入工作岗位，经济还没有完全独立。但法国巴黎百富勤最新的一份研究报告却完全推翻了人们的想象。这份报告认为，中国即将进入历史上第三个消费高峰，其原因是中国的独生子女一代正在成为中国消费的主力军。他们的人数庞大，仅 1982 年至 1998 年出生的总人数就已经接近了 3.2 亿。到 2008 年左右，他们将成为中国消费的主力军。更重要的是，他们生长的环境远远优于上一代人，他们更加不喜欢储蓄，追求消费行为带来的舒适便利和品牌个性。

简约即美

"20 岁的时候，想女人 30 岁是多么可怕的事情，现在这种可怕的事终于降临在我头上了。"内配 G2000 的乳白色衬衫，外配简约的紫色小礼服，手上戴着极具精简的都市感的 CK 手表，33 岁的汪梦婷穿戴很有品位，但提起年龄，她显然没有这身服饰那样自信。

作为一家外企公司的行政主管，汪梦婷（化名）每月有六七千元的收入，她爱人的收入与她相当，他们有车，有房，每月交纳近 4 000 元的房贷。还有一个两岁的女儿，正准备上幼儿园，身上的担子不轻。

已过而立之年的她正是公司里的"少壮派"，成了人们所说的"白骨精"（白领、骨干、精英分子）。不过，眼看着新人青云直上，33 岁危机让她觉得自己的地位随风飘摇；婚姻的七年之痒让她气不打一处来，看着孩子熟睡的脸庞又觉得豁然开怀……青春正在远去，生活的重担一步步压上来。

在承担责任的同时，汪梦婷们也正成为时下消费的中流砥柱。"对于女人的装扮，我是最见不得浓妆艳抹、香气逼人、袒胸露背、奇装异服了。你有没有发现，那些真正有气质的女子，穿的却只是样式简洁而剪裁合体的淡雅服装，佩戴的钻饰也是极细巧的那款，这才叫耐人寻味！"汪梦婷亮出了自己的消费底牌。

"我的服饰，90% 都非常简洁，没有花边、流苏、饰物、绣花等，色彩比较单一。简洁的服饰便于创造和组合，你容易赋予它许多的内容，也便于表现不同的风格。一套服饰，当你变换一条项链、一个胸饰、一串手链，或搭配不同的外套时，整体风格也随之发生很大的变化……"汪梦婷眼睛发亮，说起话来兴趣盎然。

她的消费主张还反映在生活的方方面面。汪梦婷的房子有 120 多平方米，但她只花了 4 万元装修。"装修房子，为的是自己住得舒适，而不是给别人欣赏的，简洁实用最重要。简单的客厅、简单的家具，更显得高雅大方。"她对自己家简约的装修风格很满意。

品位至上

不同的消费等级可以明显地分化出不同的生活品质。44 岁的陈力行（化名），气宇轩昂、身材魁伟，是上海一家知名进出口公司的总经理。20 岁时他曾在美国留学 4 年，生活比较西化。在他的交际圈中，他是大家公认的品位男人。

"男人四十一枝花"这句话有些调侃的味道。其实，男人四十，更多的是人生感悟的沉淀。"有品位的人生是我想拥有的，事业家庭我一样看重。"陈力行表情淡定，说这话时若有所思。

拥有着成功的事业，使他拥有从容、淡定的处事态度。而事业的成功，已经渗透在他生活和消费的方方面面。工作之余，他会约上生意伙伴或同龄的挚友打几场高尔夫球，喜欢在蓝天下踏着绿草轻松散步，喜欢看高尔夫球在天空缓缓划过一道完美曲线后，稳稳地落在心中指定的标地。他说："喜欢这种在自然中操控一切的感觉。"

"车子是身份的象征，只要安全、舒适，是信誉有保证的品牌就可以。"不像周围的人，他对车的选择没有什么特殊的偏好。他现在开的是别克君威旗舰版，车内空间宽敞，乘坐舒适，行进中显示着端庄威严，朋友都说这款车与他的气质很配。

虽然，对车子不太在意，陈力行对酒可是充满了感情。人们都说闻香识女人，对酒的品位则能看出一个男人的生活品位。在他大大的酒柜里，收藏着各色美酒：XO、人头马、拿破仑、20 世纪 50 年代的茅台……在灯光的照耀下，五光十色，美轮美奂。"一边听着古典音乐，一边品着美酒的甘甜，想起前尘往事……此时酒与身份无关，与地位无关，与应酬无关，只与回忆有关，与人生有关。"此时陈力行的内心别人很难企及。

除此之外，他酷爱户外运动，攀岩、登山、滑雪、溯溪他无所不爱，且乐此不疲。一年中春季和冬季，陈力行都会把工作安排妥当，然后和妻子背上行囊，穿上专业正品的户外运动服饰，开始他们大约一周的户外旅行。

对别人称呼他为"品位男人"，他置之一笑。在他眼中，品位不只是一种形式，它是一个人心灵修行的自然结果，品位是成熟果实所散发的芬芳，是男人在风雨之后所显示出的人格魅力，盲目地追求品位只能是"画虎不成反类犬"。"在城市的社交圈中，经常会出现一些自以为有品位的男人，刻意将自己修饰成'贵族'的样子。他听说古铜色皮肤有品位，就天天去高尔夫球场晒太阳，可晒后却更像搬运工。听说男人一个月不听音乐会就不高贵，结果他又去音乐厅折磨自己，不过每次都会打呼噜。"他幽默起来。

资料来源：http：//news. sina. com. cn/c/2007-01-09/163611991231. shtml.

7.1　消费者个性概述

7.1.1　个性的含义及特征

由于个性的复杂性，我国心理学界对个性的概念和定义尚未有一致的看法。我国第一部大型心理学词典——《心理学大词典》中对个性的定义反映了多数学者的看法，即："个性，也可称人格。指一个人的整个精神面貌，即具有一定倾向性的心理特征的总和。个性结构是多层次、多侧面的，由复杂的心理特征的独特结合构成的整体。这些层次有：第一，完成某种活动的潜在可能性的特征，即能力；第二，心理活动的动力特征，即气质；第三，完成活动任务的态度和行为方式的特征，即性格；第四，活动倾向方面的特征，如动机、兴趣、理想、信念等。这些特征不是孤立存在的，是有机结合的一个整体，对人的行为进行调节和控制。"也有少数学者提出将"个性"和"人格"加以区别，认为个性即个体性，指人格的独特性；人格是一个复杂的内在组织，它包括人的思想、态度、兴趣、气质、潜能、人生哲学以及体格和生理等特点。两者并不是完全相同的，只是互相交错在一起，共同影响着人的行为，人格的形成更多的是由教育决定的。

尽管心理学家们对个性的概念和定义所表达的看法不尽相同；但其基本精神还是比较一致的："个性"内涵非常广阔丰富，是人们的心理倾向、心理过程、心理特征以及心理状态等综合形成的系统的心理结构。

人的个性受先天因素和后天环境的影响，具体表现出如下基本特征：

1. 稳定性

稳定性指消费者经常表现出来的，表明其个人精神面貌的心理倾向和心理特点。偶尔或暂时出现的心理现象并不能成为主体的个性特征。

2. 整体性

整体性指消费者的各种个性倾向、个性心理特征以及心理过程，都是有机地联系在一起的。它们之间紧密结合、相互依赖，形成个性的整体结构。

3. 独特性

独特性指不同消费者主体所体现的个性心理的独特性，如独特的行为倾向和独特的精神风貌等。这是指构成个性内在特点的各因素的特殊组合所造就的不同个性结构的消费者，在消费行为表现上具有极大的差异性。

4. 可塑性

可塑性指个性心理特征随着主体的经历而发生不同程度的变化，从而在每一阶段都呈现出不同的特征。个体的稳定性并不意味着一成不变，随着环境的变化，年龄的增长和消费实践活动的改变，个性也是可以改变的。正是由于个性的可塑性特点，才使消费者的个性具有发展的可能性和动力。

7.1.2 个性的理论

1. 弗洛伊德的个性理论

弗洛伊德，奥地利医生兼心理学家，精神分析学派的创建者。弗洛伊德认为个性是从内部控制行为的一种心理机制，这种内部心理机制决定着一个人在一切给定情境中的行为特征或行为模式。完整的个性结构由三大部分组成，即本我、自我和超我。

所谓本我，就是本能的我，完全处于潜意识之中。本我是一个混沌的世界，它容纳一团杂乱无章、很不稳定的、本能性的被压抑的欲望，隐匿着各种为现代人类社会伦理道德和法律规范所不容的、未开发的本能冲动。本我遵循"快乐原则"，它完全不懂什么是价值，什么是善恶，什么是道德，只知道为了满足自己的需要不惜付出一切代价。自我是面对现实的我，它是通过后天的学习和环境的接触发展起来的，是意识结构的部分，自我是本我和外界环境的调节者，它奉行现实原则，它既要满足本我的需要，又要制止违反社会规范、道德准则和法律的行为。超我，是道德化了的我，它也是从自我中分化和发展起来的，它是人在儿童时代对父母道德行为的认同，对社会典范的效仿，是接受文化传统、价值观念、社会理想的影响而逐渐形成的。它由道德理想和良心构成，是人格结构中专管道德的司法部门，是一切道德限制的代表，是人类生活较高尚行动的动力，它遵循理想原则，它通过自我典范（即良心和自我理想）确定道德行为的标准，通过良心惩罚违反道德标准的行为，使人产生内疚感。

弗洛伊德认为，本我、自我和超我三者之间相互作用、相互联系。本我不顾现实，只要求满足欲望，寻求快乐；超我按照道德准则对人的欲望和行为多加限制，而自我则活动于本我和超我之间，它以现实条件实行本我的欲望，又要服从超我的强制规则，它不仅必须寻找满足本我需要的事物，而且还必须考虑到所寻找的事物不能违反超我的价值观。因此，在人格的三方面中，自我扮演着难当的角色，一方面设法满足本我对快乐的追求；另一方面必须使行为符合超我的要求。所以，自我的力量必须强大且能够协调它们之间的冲突和矛盾，否则，人格结构就处于失衡状态，导致不健全人格的形成。

弗洛伊德认为，完整的个性结构由三大系统组成，即本我、自我和超我。对一个心智健全的人而言，这三大系统是和谐统一的整体，它们的密切配合使人能够卓有成效地展开与外界环境的各种交往，以满足人的基本需要和欲望，实现人的崇高理想与目的。反之，如果人格的三大系统难以协调、相互冲突，人就会处于失常状态，内外交困，活动效率也随之降低，甚至危及人的生存和发展。

弗洛伊德思想发展的早期，他把地形学的概念和方法运用于心理学，将人的心理活动及其构造划分为潜意识、前意识和意识三个部分，广义的潜意识可以涵括前意识，并注重描述心理的不同深度层次和研究潜意识活动的规律。在他看来，人的心理犹如大海中漂浮的冰山，露出水面的一小部分是意识，隐没在水面之下的大部分则是潜意识，潜意识是意识的基础，不仅个人的行为动机，而且整个人类的活动和文明的发展，都可以在潜意识中找到根源。在弗洛伊德思想发展的后期，通过与不同学派和观点之间的长期论争，他已经不再满足于早期运用心理地形学的观点去描述心理活动的不同层次或不同水平之间的联系；逐步修正和发展自己的学说，侧重于心理活动的动力系统和建立一种新的人格结构模式。

2. 卡特尔的个性特质理论

雷蒙德·卡特尔是美国伊利诺大学心理学教授，著名的个性心理学家和特质论者。奥尔波特开创的特质理论发展到 20 世纪 40 年代，面临着两个问题：① 决定个性的是哪些特质？② 用什么方法来确定特质？卡特尔在这两个方面都做出了独特的贡献。卡特尔除了深受奥尔波特的特质分类的影响外，麦独孤的本能说和情操说，以及门捷烈夫的化学元素分类说，都对他的特质分类产生了很大的影响。卡特尔认为，个性中的各种特质并不是彼此松散地存在。所有的特质都相互关联着，从而构成个性。

（1）独特特质和共同特质（Unique Traits and Common Traits）。

卡特尔首先将特质分为独特特质和共同特质。共同因素指人类所有社会成员所共同具有的特质；独特特质指单个人个体所具有的特质。虽然社会所有的成员具有某些共同特质，但共同特质在社会各成员身上的强度是不同的。即使同一个人身上的共同特质在不同时间里在强度上也是不相同的，个体的各种特质随环境的变化而表现出不同的强度。一个人在不同的时间里由于环境变化，其特质在强度上表现会有所不同。卡特尔与奥尔波特不同，他重视共同特质的研究，而不重视对独特特质的研究。

（2）表现特质和根源特质（Surface Traits and Source Traits）。

卡特尔在1954年将奥尔波特所收集的一万多个形容特质的词加以浓缩，归纳为171个，然后用群集分析法（Cluster Analysis）将171个特质合并为35个特质群（Trait clusters）。卡特尔将这些通过群集分析法得到的特质群称为表面特质。他进一步对35个表面特质进行因素分析，得出16个根源特质。卡特尔认为，表面特质直接与环境接触，常常随环境的变化而变化，是从外部可以观察到的行为。根源特质隐藏在表面特质的后面，深藏于个性结构的内层，必须通过表面特质的媒介，用因素分析法才能发现。它是制约表面特质的潜在基础和个格的基本因素，是"建造人格大厦的砖石"。例如，大胆、独立和坚韧等人格特质可以在个体身上直接表现出来，都是表面特质，但它们在统计学上彼此有高度的相关，经过因素分析可以得出它们的共同根源特质是"自主性"。表示自我、根源特质和表面特质之间的关系，自我居于中心位置，自我的外围是根源特质，根源特质各自独立，相关极小，并且普遍地存在于各种不同年龄的人和不同社会环境的人身上，但在每个人身上的强度是不同的，这就决定了人与人之间个性的不同。他进一步指出，各个根源特质的深度也不一样，根源特质越深刻，则这些特质就愈稳定，对行为的效应也就愈全面。把特质划分为表面特质和根源特质这是卡特尔对个性心理学的一个重大贡献，得到了许多心理学家的赞同。卡特尔及其同事经过长期的研究，确定了16种根源特质，并据此编制了16种个性因素问卷来测定每一个人的特质。

（3）体质特质和环境形成特质（Constitutional and Environmental-mold Traits）。

卡特尔认为，在根源特质中，有些特质是由遗传因素决定的，称为体质特质；有些特质是环境决定的，称为环境形成特质。例如，因素A（乐群性）是体质特质；因素Q1（实验性）是环境形成特质。卡特尔指出：一个根源特质不可能既归因于遗传，又归因于环境，而是非此即彼，只受一个方面的影响。16种根源特质有些是由遗传因素决定的，有些是文化因素决定的。

（4）能力特质、气质特质、动力特质。

能力特质（Ability Traits）。卡特尔认为能力特质是决定和个人如何有效地完成某一任务的特质，它是个性的认知表现。智力被认为是最重要的能力特质。

气质特质（Temperament Traits）。气质特质是描绘一个人在接近他的目标时如何行动的特质。它决定了一个人的一般"风格与节奏"，决定一个人的行动是温和的还是暴躁的，决定一个人的情绪色彩，是个性的表现。卡特尔认为气质特质属于体质根源特质。

动力特质（Dynamic Traits）。动力特质使人朝着某个目标行动，它是个性的动机因素，卡特尔又从动力特质中区分出本能特质和习得特质等。

（5）本能特质、习得特质。

卡特尔认为：本能特质和习得特质都是趋向于事物的动机倾向，只是来源不同。本能特质是与生俱来的，习得特质是由环境塑造的（见表 7.1）。

表 7.1　卡特尔 16 种根源特质

个性因素	低分者特征	高分者特征
A-乐群性	缄默，孤独，冷漠	外向，热情，乐群
B-聪慧性	思想迟钝，学识浅薄，抽象思考能力弱	聪明，富有才识，善于抽象思考，学习能力强，思考敏捷正确
C-稳定性	情绪激动，易生烦恼，心神动摇不定，易受环境支配	情绪稳定而成熟，能面对现实
E-特强性	谦逊，顺从，通融，恭顺	好强固执，独立积极
F-兴奋性	严肃，审慎，冷静，寡言	轻松兴奋，随遇而安
G-有恒性	苟且敷衍，缺乏奉公守法的精神	有恒负责，做事尽职
H-敢为性	畏怯退缩，缺乏自信心	冒险敢为，少有顾忌
I-敏感性	理智的，着重现实，自食其力	敏感，感情用事
L-怀疑性	依赖随和，易与人相处	怀疑，刚愎，固执己见
M-幻想性	现实，合乎成规，力求妥善合理	幻想的，狂放不羁
N-世故性	坦白，直率，天真	精明能干，世故
O-忧虑性	安详，沉着，有自信心	忧虑抑郁，烦恼自扰
Q1-实验性	保守的，尊重传统观念与行为标准	自由的，批评激进，不拘泥于现实
Q2-独立性	依赖，随群附众	自立自强，当机立断
Q3-自律性	矛盾冲突，不识大体	知己知彼，自律谨严
Q4-紧张性	心平气和，闲散宁静	紧张困扰，激动挣扎

7.1.3　个性对消费行为的影响

个性可以直接影响人的行为方式，消费者个性会影响消费行为，不同个性的消费者选择不同的消费行为去实现不同的消费目标，消费者个性对消费行为的影响主要表现在以下方面：

1. 运用个性预测消费者的购买行为

大多数个性研究是为了预测消费者的行为。心理学和其他行为科学关于个性研究的丰富文献促使营销研究者认定，个性特征应当有助于预测品牌或店铺偏好等购买活动。迄今为止，即使在颇具结论性的研究中，个性所能解释的变动量也不超过 10%。个性对行为只有较小的预测力，可见它只是影响消费者行为的众多因素中的一个因素而已。

【案例】

用个性预测不同汽车的拥有者

在 20 世纪 50 年代，美国学者伊万斯试图用个性预测消费者是拥有"福特"汽车还是"雪佛莱"汽车。他将一种标准的个性测量表分发给"福特"和"雪佛莱"车的拥有者，然后对收集到的数据用判别分析法进行分析。结果发现，在 63% 的情形下，运用个性特征能够准确地预测实际的汽车所有者。由于即使是在随机情况下这一预测的准确率也仅达到 50%，所以运用个性对行为的预测力并不很大。万斯由此得出结论，个性在预测汽车品牌的选择上价值较小，也就是说，一些心理学家对于个性预测的期望还不可能实现。

2. 个性影响品牌的选择

个性对于商品品牌同样适用。品牌个性是品牌形象的一部分，它是指产品或品牌特性的传播以及在此基础上消费者对这些特性的感知。国外的一项研究表明，消费者选购商品以及对商标的偏爱，在很大程度上受其个性的影响。个性对消费者商标品牌选择的影响是广泛的，比较有代表性的商品是：化妆品、时装、酒、香烟、保险等。

【案例】

品牌的影响

由安赫泽-巴斯奇公司提供的一份研究报告详细分析了在啤酒广告中利用个性来影响消费者对品牌选择的作用。这家公司为新牌子的啤酒设计了 4 种不同风格的商业广告，并声称这些啤酒是为不同个性的饮酒者专门酿造的。在被试的 250 位啤酒爱好者品尝了这 4 种啤酒后，给他们充分的时间观看每一种广告，并写出他们所喜爱的啤酒品牌，填写一张能反映他们自己"喝酒人的人格"的调查表。结果，被试的绝大多数都选择了他们认为符合个性特点的商标，同时，绝大部分人又指出了 4 种牌子的啤酒起码有一种不适合自己喝。但事实上，这 4 种牌子都是同一啤酒。由此可见个性对消费者选择品牌的影响。

3. 个性影响新产品的购买

在新产品上市时，消费者的个性决定了他们可能采取不同的态度与行为来面对新产品。消费者采用新产品是有先有后的，有些人是新产品的率先采用者或创新采用者，而另外一些人则是落后采用者。消费者的创新性反映的实际上是消费者对新事物的接受倾向与态度。有些人对几乎所有新生事物采取排斥和怀疑的态度，另一些人则对新事物持开放和乐于接受的态度。

那么，消费者对新产品的创新采用和落后采用态度是怎样形成的呢？这取决于个体对不熟悉的事物或与其现有信念相抵触的信息在多大程度上持僵化立场。非常僵化的人对陌生事物非常不安并怀有戒心；相反，较少有教条倾向的人对不熟悉或相对立的信念持开放的立场。与此相对应，较少教条性的人更可能选择创新性产品，即成为创新采用者；而教条倾向严重的人则更可能选择既有产品或已经成名的产品，从而成为落后采用者。

7.2 消费者的情绪与消费行为

消费者在购买商品时，由于他们所处的不同环境的影响和不同需要的支配，会产生不同的内心变化和外部反映，使购买过程出现不同的感情色彩。消费者这种对待商品或劳务是否符合自己的需要而产生的态度的体验，就是购买心理的情感过程。

7.2.1　情绪的含义与类型

1. 情绪的含义

心理学认为情绪是指伴随着认知和意识过程产生的对外界事物的态度，是对客观事物和主体需求之间关系的反应。是以个体的愿望和需要为中介的一种心理活动。情绪包含情绪体验、情绪行为、情绪唤醒和对刺激物的认知等复杂成分。例如，商品推销工作成绩显赫使人兴奋和愉快；遇到蛮不讲理的人引起激动和愤慨；亲人故去使人痛苦和悲伤；自然灾害可能引起震惊和恐惧。所有这些喜、怒、哀、乐、爱、恶、惧等，都是人的具有某种独特色彩的体验，这些体验以人的不同态度为转移。因此，情绪和情感可以说是人对周围现实和对自己独特的个人的态度。消费者的情绪，直接表现为消费者的主观心理感觉，即消费者对消费需求是否满足，以及满足的程度、方式的主观心理感受。消费活动是一种满足需要的活动。

情绪既是主观感受，又是客观生理反应，具有目的性，也是一种社会表达。情绪是多元的、复杂的综合事件。情绪构成理论认为，在情绪发生的时候，有五个基本元素必须在短时间内协调、同步地进行。① 认知评估：注意到外界发生的事件（或人物），认知系统自动评估这件事的感情色彩，因而触发接下来的情绪反应（例如：看到心爱的宠物死亡，主人的认知系统把这件事评估为对自身有重要意义的负面事件）。② 身体反应：情绪的生理构成，身体自动反应，使主体适应这一突发状况（例如：意识到死亡无法挽回，宠物的主人神经系统觉醒度降低，全身乏力，心跳频率变慢）。③ 感受：人们体验到的主观感情（例如：在宠物死亡后，主人的身体和心理产生一系列反应，主观意识察觉到这些变化，把这些反应统称为"悲伤"）。④ 表达：面部和声音变化反映这个人的情绪，这是为了向周围的人传达情绪主体对一件事的看法和他的行动意向（例如：看到宠物死亡，主人紧皱眉头，嘴角向下，哭泣）。对情绪的表达既有人类共通的成分，也有各自独有的成分。⑤ 行动的倾向：情绪会产生动机（例如：悲伤的时候希望找人倾诉，愤怒的时候会做一些平时不会做的事）。

2. 情绪的类型

（1）按情绪的表现形式分类。

情绪的表现形式是多种多样的，如果根据其产生的强度、速度、持续时间的长短和外部表现来划分，可以划分为三种表现形式：心境、激情和应激。

① 心境。心境是一种微弱、弥散和持久的情绪，也即平时说的心情。心境的好坏，常常是由某个具体而直接的原因造成的，它所带来的愉快或不愉快会保持一个较长的时段，并且把这种情绪带入工作、学习和生活中，影响人的感知、思维和记忆。　愉快的心境让人精神抖擞，感知敏锐，思维活跃，待人宽容；而不愉快的心境让人萎靡不振，感知和思维麻木、多疑，看到的、听到的全都是不如意、不顺心的事物。心境的好坏，对于消费者的购买行为具有很重要的影响。良好的心境能使消费者发挥主动性和积极性，容易引起对商品的好的联想，对企业的服务也总是看到好的一面，因而容易导致购买行为；而不良的心境，则会使消费者心灰意懒，意志低沉，抑制购买行为。

消费者的心境产生的原因是多方面的，包括消费者的生活遭遇、身体状况、事业成败、需求顺逆，等等。此外，环境的变化也能引起消费者心境的变化。环境舒适、优雅、人们彼此亲切友好和善，也会引起心境振奋舒畅。因此，在市场营销活动中，一方面，要改善销售环境，建立轻松愉快的气氛；另一方面，营销人员应当努力把自己培养成快乐活跃，富于表现力和感染力的人，经常以乐观的情绪感染消费者，"动之以情，晓之以理"，引导和帮励消费者排除不良心境。

② 激情。激情是一种猛烈、迅疾和短暂的情绪，类似于平时说的激动。激情是由某个事件或原因引起的当场发作，情绪表现猛烈，但持续的时间不长，并且牵涉面不广。激情通过激烈的言语爆发出来，是一种心理能量的宣泄，从一个较长的时段来看，对人的身心健康的平衡有益，但过激的情绪也会使当时的失衡产生可能的危险。特别是当激情表现为惊恐、狂怒而又爆发不出来的时候，可能会出现全身发抖、手脚冰凉、小便失禁、浑身瘫软的情况，那就得赶快送医院了。

对于消费者来说，激情的发生通常是由于重要购买活动中的刺激所引起的。例如，为购买到一件盼望已久的紧俏商品而欣喜若狂；为自己省吃俭用购买的一件耐用消费品质量不过关而十分气愤；为某家商店的服务态度恶劣而愤怒等。在市场营销活动中，不论是工业企业还是商业企业都要尽可能为顾客提供品质优良适销对路的商品和满意的服务，使消费者产生积极的激情，愉快地进行购买活动。

③ 应激。应激是机体在各种内外环境因素及社会、心理因素刺激时所出现的全身性非特异性适应反应，又称为应激反应。这些刺激因素称为应激原。应激是在出乎意料的紧迫与危险情况下引起的高速而高度紧张的情绪状态。应激的最直接表现即精神紧张。指各种过强的不良刺激，以及对它们的生理、心理反应的总和。应激反应指所有对生物系统导致损耗的非特异性生理、心理反应的总和。应激或应激反应是指机体在受到各种强烈因素（应激原）刺激时所出现的非特异性全身反应。

（2）按情感的社会需要分类。

由社会需要引起的情感称为高级情感。它在人的情感生活中起着主导作用。按其性质和内容可以分为三类：道德感、理智感和美感。

① 道德感。道德感是用一定的道德标准去评价自己或他人的思想和言行时产生的情感体验。不同的时代有不同的道德标准，我们社会主义国家崇尚爱国主义、集体主义、见义勇为和互帮互助等。在青年期，随着世界观的初步形成和人生理想的确立，人的情感也更为独立和稳定，并对人的行为有一种持久而强大的推动力。当一个人的行为符合自己的理想和价值追求时，就会感到自尊、自重，有一种自豪感；当一个人的所作所为同自己坚持的理想和价值标准相违背时，就会感到痛苦、懊悔，甚至丧失自尊心。显然，这种情感体验具有明显的自觉性，能对自己的行为产生调控和监督作用。

在购买活动中，消费者总是按照自己所掌握的道德标准，按照自己道德需要，来决定自己的消费标准、消费行为，挑选商品的花色、造型、颜色。

② 理智感。理智感是在智力活动中，认识和评价事物时所产生的情感体验。例如，人们在探索未知事物时表现出的兴趣、好奇心和求知欲，在科学研究中面临新问题时的惊讶、怀疑、困惑和对真理的确信，问题得以解决并有新的发现时的喜悦感和幸福感，这些都是人们在探索活动和求知过程中产生的理智感。人们越积极地参与智力活动，就越能体验到更强烈

的理智感。理智感是人们从事学习活动和探索活动的动力。当一个人认识到知识的价值和意义，感到获得知识的乐趣以及追求真理过程中的幸福感时，他就会不计名利得失，以一种忘我的奉献精神投入到学习和工作中。居里夫妇在提炼镭的艰辛历程中以及发现镭的那一刻，所体验到的理智感不是一般人所具备的。

③美感。美感是用一定的审美标准来评价事物时所产生的情感体验。在客观世界中，凡是符合我们的审美标准的事物都能引起美的体验。一方面，美感可以由客观景物引起，例如，桂林山水的秀丽、内蒙古草原的苍茫、故宫的绚丽辉煌、长城的蜿蜒壮美，可以使人体验到大自然的美和人的创造之美；另一方面，人的容貌举止和道德修养也常能引发美感，甚至一个人身上善良、纯朴的性格，率直、坚强的品性，比身材和外貌更能体现人性之美。人在感受美的时候通常会产生一种愉快的体验，而且表现出对美的客体的强烈的倾向性。

在购买活动过程中，消费者有着各自不同的心理背景和美感能力，其出身地位、爱好情操、文化修养、实践经验等方面的差异，也必然使他们在购买过程中对客观事物或社会现象得出不同的美感。尤其是出于不同国家、不同阶级、不同种族、不同民族的消费者，其美感的差异性就更为明显。当然这并不是说，消费者对客观事物和社会现象的美感，就不存在似或共同之处。由于他们都具有共同的生理机能和感觉器官以及思维、意欲等生存或生活的条件，对客观事物或社会现象的一些方面可能得出共同的或近似的美感。时尚和流行商品的出现就是一个很好的说明。

7.2.2 消费者情绪对消费行为的影响

1. 影响消费者情绪的主要因素

消费者的任何活动都需要情绪的激发，才能顺利进行，影响消费者情绪的因素主要有以下几个方面。

（1）产品。

消费者购买产品的目的是为了满足自己的需要。因此，产品是消费者情绪和情感形成与变化的重要因素。在购买活动中，消费者情绪的性质和程度会随着他们对产品的了解而发生变化。因此，商家在经营活动中，应当尽量为消费者提供能充分满足其需要的产品，促使消费者积极情绪和情感的形成与发展。

（2）服务。

消费者通过购买活动不仅要满足自己的生理需要，而且要满足自己的心理需要。因此，消费者的情绪与情感除了受产品因素的影响外，还要受服务因素的影响。一般而言，高质量的服务可使消费者产生安全感、信任感、受尊重感和美誉度。优质的服务会使消费者在购物过程中产生一种愉快的情绪体验，也是一种享受。

【小链接】

塞夫威的亲情服务

美国塞夫威是世界著名的超级零售集团，年营业额超过 150 亿美元，它的成功与其树立卓有成效的顾客需求中心策略密不可分。比如为了适应女性工作时间长、烹饪时间减少的需要，塞夫威在超市里新设了沙拉专柜、半成品专柜；为了满足顾客一次购足的需要，增设了酒、药品、花卉等专柜和洗衣房等；在出口交款处，为了缓解人们排队的焦躁心情，塞夫威有意陈列杂志、口香糖、香烟、刮胡刀等商品，甚至提供上网服务，让顾客随手可及，轻松地完成排队过程。塞夫威实行会员制，但不是以会员制来赚取会费，会员凭卡可享受各种特种食品的优惠价，生日时还可以收到超级市场赠送的生日蛋糕，重大节假日还能得到生活提示卡、趣味小画片等，让顾客深感超市大家庭的温馨。亲情服务使塞夫威赢得了美国大众的良好口碑，自然门庭若市、宾客拥来。

（3）环境。

消费者的购买活动总是在一定的环境中进行的，客观的变化会对消费者情感的产生和发展带来影响。从消费者的购买活动看，影响消费者情绪和情感的具体环境是指购物、休闲、娱乐环境等。因此，商家应当注重店面的装修和员工素质的培养，以营造一种舒适和谐的气氛。

【小链接】

光线的颜色与消费者情绪

美国心理学家做了这样一次实验：分别请来10位客人参加四次晚餐，四次晚餐分别布置了四种颜色的背景。第一次布置为绿色，结果客人用餐很慢，大家谈话都提不起精神，感到索然无趣，有人甚至打起了瞌睡。第二次布置为红色，客人们都较兴奋，吃得快也较多，有人甚至打翻了酒杯，还有人相互拌起嘴来。第三次布置为白色，客人们吃饭时彬彬有礼，谈话之中没有什么内容，有的人觉得无聊。第四次布置为黄色，客人们吃得很好，谈话也相当投机，用餐之后分手时大家还相约下次再见。这次心理学实验，研究了颜色对人们的情绪和行为的影响。在各种消费环境中，颜色对人们的影响一般是温色调颜色能够导致兴奋的情绪，消费者的行为在兴奋情绪支配下比较容易地进行。

（4）心态。

消费者的心态直接激发其情绪，这种情绪又影响消费者原有的心理状态，二者共同推动消费者的购买行为。一般来说，消费者的兴趣越浓、需求水平越高、性格越外向、购买动机越强、购买目标越明确，其情绪的兴奋度越高；反之，其情绪的兴奋度越低。

2. 情绪对消费行为的影响

（1）情绪影响消费者的动机和态度。

喜欢、愉快等情绪可以增加消费者活动的动机和态度，增加做出选择决定的可能，消极的情绪会削弱消费者从事活动的动机和态度。

（2）情绪影响消费者的购买活动效率。

从情绪的性质讲，积极的情绪，如热情、愉快可以激发消费者的能力，助长动机性的行为，提高购买活动效率。反之，消极的情绪会降低消费者购买活动效率。从情绪的强度讲，过高过低的情绪水平都不会使消费者产生最佳的活动效率，因为过低的情绪不会激发人的活动，过高的情绪对活动会产生干扰作用。

（3）情绪影响消费者的认知能力。

情绪对消费者认知功能的影响主要表现在消费者的注意力、消费者的社会知觉的自我知觉，以及消费者解释和记忆各种消费活动的特征上。研究者已经证明了情绪状态可以影响人的学习、记忆、社会判断和创造力。

7.3 消费者的气质与消费行为

7.3.1 气质的含义和类型

气质（Temperament）是表现在心理活动的强度、速度、灵活性与指向性等方面的一种稳定的心理特征。人的气质差异是先天形成的，受神经系统活动过程的特性所制约。孩子刚出生时，最先表现出来的差异就是气质差异，有的孩子爱哭好动，有的孩子平稳安静。它只给人们的言行涂上某种色彩，但不能决定人的社会价值，也不直接具有社会道德评价含义。

气质不能决定一个人的成就。任何气质的人只要经过自己的努力都能在不同实践领域中取得成就，反之也可能成为平庸无为的人。

气质是人的个性心理特征之一，它是指在人的认识、情感、言语、行动中，心理活动发生时力量的强弱、变化的快慢和均衡程度等稳定的动力特征。主要表现在情绪体验的快慢、强弱、表现的隐显以及动作的灵敏或迟钝方面，因而它为人的全部心理活动表现染上了一层浓厚的色彩。

古希腊医生希波克拉底把人的气质分为四种基本类型。

1. 胆汁质

这种气质的人高级神经活动类型属于兴奋型。表现为直率、热情、精力旺盛、情绪易于冲动、心境变换剧烈等。他们的抑制能力通常较差，反应速度快而不灵活。

2. 多血质

这种气质的人高级神经活动类型属于活泼型，表现为心理活动迅速、喜欢与人交往、注意力容易转移、兴趣容易变换等。他们情绪兴奋度高，外部表露明显，反应速度快而灵活，情感丰富但不够深刻稳定。

3. 黏液质

这种气质的人高级神经活动类型属于安静型，表现为安静、稳重、反应缓慢、沉默寡言、情绪不易外露、注意稳定但又难于转移、善于忍耐等。他们的情绪兴奋度低，外部表现少，反应速度慢，做事踏实，慎重细致但不够灵活。

4. 抑郁质

这种气质的人高级神经活动类型属于抑制型，表现为孤僻、行动迟缓、体验深刻、善于觉察别人不易觉察到的细小事物等。他们的情绪兴奋度高，反应速度慢而不灵活，对事物反应性较强，情感体验深刻，但很少外露。

这四种气质类型的名称曾被许多学者所采纳，并一直沿用到现在。人们在日常生活中能观察到这四种气质类型的典型代表。但现实当中，完全属于某一典型气质类型的人较少，多数人是介于各类型之间的中间类型，即混合型，如胆汁—多血质，多血—黏液质等。

7.3.2 气质的学说

气质是一个古老的概念，古今中外的心理学家对气质这一心理特征进行了多方面研究，由此形成各种不同的学说和流派。

1. 体液说

希波克拉底是古希腊著名的医生，他最早提出气质的概念。他在长期的医学实践中观察到人有不同的气质。他认为气质的不同是由于人体内不同的液体决定的。他设想人体内有血液、黏液、黄胆汁、黑胆汁四种液体，并根据这些液体混合比例哪一种占优势，把人分为不同的气质类型：体内血液占优势属于多血质，黄胆汁占优势属于胆汁质，黏液占优势属于黏液质，黑胆汁占优势属于抑郁质。由此，他把人的气质分为多血质、胆汁质、黏液质、抑郁质四种类型。

希波克拉底还认为，每种体液都是由冷、热、湿、干四种性质相匹配产生的。血液是由热和湿配合的，所以多血质的人热情、湿润，好似春天；黏液质是冷和湿的配合，因此黏液质的人冷漠、无情，好似冬天；黄胆汁是热和干的配合，因此胆汁质的人热而躁，好似夏天；黑胆汁是冷和干的配合，因此，抑郁质的人冷而躁，好似秋天。

后人把他对气质的观点概括为体液说。用体液来解释气质，虽然缺乏科学根据，但希波克拉底对气质类型的划分，与日常观察中概括出来的四种气质类型比较符合，所以关于气质的这种分类一直沿用至今。

2. 体型说

体型说由德国精神病学家克雷奇默（E. Kretschmer）提出。他根据对精神病患者的临床观察，认为可以按体型划分人的气质类型。根据体型特点，他把人分成三种类型，即肥满型、瘦长型、筋骨型。例如，肥满型产生躁狂气质，其行动倾向为善交际、表情活泼、热情、平易近人等；瘦长型产生分裂气质，其行动倾向为不善交际、孤僻、神经质、多思虑等；筋骨型产生黏着气质，其行动倾向为迷恋、认真、理解缓慢、行为较冲动等。他认为三种体型与不同精神病的发病率有关。

美国心理学家谢尔登（W. H. Sheldon）认为，形成体型的基本成分——胚叶与人的气质关系密切。他根据人外层、中层和内层胚叶的发育程度将气质分成三种类型。

内胚叶型：丰满、肥胖。特点是图舒服，好美食，好睡觉，会找轻松的事干，好交际，行为随和。中胚叶型：肌肉发达，结实，体型呈长方形。特点是武断，过分自信，体格健壮，主动积极，咄咄逼人。外胚叶型：高大细致，体质虚弱。特点是善于自制，对艺术有特殊爱好，并倾向于智力活动，敏感，反应迅速；工作热心负责，睡眠质量差，易疲劳。

体型说虽然揭示了体型与气质的某些一致性，但并未说明体型与气质之间关系的机制，体型对气质是直接影响或是间接的影响，二者之间是连带关系还是因果关系。另外，研究结果主要是从病人而不是从常态人得来的，因此，缺乏一定的科学性。

3. 激素说

激素说是生理学家柏尔曼（Berman）提出的。他认为，人的气质特点与内分泌腺的活动有密切关系。此理论根据人体内哪种内分泌腺的活动占优势，把人分成甲状腺型、脑下垂体型、肾上腺分泌活动型等。例如，甲状腺型的人表现为体格健壮，感知灵敏，意志坚强，任性主观，自信心过强；脑下垂体型的人表现为性情温柔，细致忍耐，自制力强。

现代生理学研究证明，从神经—体液调节来看，内分泌腺活动对气质影响是不可忽视的。但激素说过分强调了激素的重要性，从而忽视了神经系统特别是高级神经系统活动特性对气质的重要影响，不乏片面倾向。

4. 血型说

血型说是日本学者古川竹二等人的观点。他们认为气质是由不同血型决定的，血型有 A 型、B 型、AB 型、O 型，与之相对应气质也可分为 A 型、B 型、AB 型与 O 型四种。A 型气质的特点是温和、老实稳妥、多疑、顺从、依赖他人、感情易冲动。B 型气质的特点是感觉灵敏、镇静、不怕羞、喜社交、好管闲事。AB 型气质特点是上述两者的混合。O 型气质特点是意志坚强、好胜、霸道、喜欢指挥别人、有胆识、不愿吃亏。这种观点也是缺乏科学根据的。

5. 高级神经活动类型说

俄国心理学家巴甫洛夫利用条件反射法所揭示的高级神经活动的规律性和神经作用过程的基本特征，对气质作了科学的阐述。他发现在心理的生理机制中占有重要地位的大脑两半球皮层和皮层下部分的高级神经活动可以分为两个过程：兴奋和抑制。这两个过程具有三大基本特性：强度、平衡性、灵活性。所谓强度，是指大脑皮层细胞经受强烈刺激或持久工作的能力；平衡性是指兴奋过程的强度和抑制过程的强度之间是否相当；灵活性则是指对刺激的反应速度和兴奋过程与抑制过程相互替代、转换的速度。巴甫洛夫根据上述三种特性的相互结合提出高级神经活动类型的概念，指出气质就是高级神经活动类型的特点在动物和人的行为中的表现，并据此划分出高级神经活动的四种类型：

（1）活泼型，即强度大、平衡、灵活型。

（2）安静型，即强度大、平衡、不灵活型。

（3）兴奋型，即强度大、不平衡型。

（4）抑制型，即强度小、不平衡、非灵活型。

巴甫洛夫的结论是在生理解剖实验的基础上得出的，后来经过他人的实验研究得到验证，因而具有较强的科学依据。它所描述的四种气质类型与传统的体液说有较强的对应关系，因此，人们通常把二者结合起来，以体液说作为气质类型的基本形式，而以巴氏的高级神经活动类型说作为气质类型的生理学基础。

7.3.3 消费者的气质与销售行为

消费者不同的气质类型，会直接影响和反映到他们的消费行为中，使之显现出不同的，甚至截然相反的行为方式、风格和特点。营销人员应该把握消费者的气质特点，采取恰当的销售策略。

1. 对多血质顾客的销售行为

多血质顾客的最大特点是反复无常。对于多血质类的顾客，销售员要找到空隙趁热打铁，紧追不舍，否则只会遥遥无期，最后只得放弃。另外，一些顾客并不准备倾听或与销售员对话，甚至会攻击你，这时你仍然要保持愉快的心态，不要对顾客不敬。同时，多血质顾客往往比较果断，这类顾客对任何事情都很有自信，凡事不喜欢他人干涉。如果意识到自己的决策是正确的，就会积极地去做。在销售过程中，要善于运用诱导法将其说服。比如，先找出这种顾客的弱点，然后一步步诱导他转移到产品推销上来。

2. 对胆汁质顾客的销售行为

胆汁质顾客最大特点是爱面子。爱面子是人的通病，当店员运用传统的销售方法不能成功销售的时候，不妨去冒一次险，对骄傲的、爱面子的顾客采取讥讽的方式来刺激他的购买欲。但是，这一招不是对所有爱面子的顾客都管用，可能会使顾客恼羞成怒。只有了解了顾客的心理，准确预测顾客的反应，才能险中求胜。另外，胆汁质顾客容易冲动，销售人员应避免和顾客发生冲突。

3. 对黏液质顾客的销售行为

这类顾客注意细节，思维缜密，个性沉稳不急躁。无论店员如何想方设法来说服他，如果无法让他自己说服自己，他便不会购买。不过，店员一旦赢得了他们的信任，他们又会非常坦诚。与这种类型的顾客交谈应遵循以下策略：

（1）主动配合顾客的步调，包括语调和语速与他同步、情绪与他同步、语言文字与他同步。

（2）要使顾客自己说服自己，千万不能替顾客做决定，只能提供顾客做决定的依据。对偏重于理性思考的黏液质顾客应多同意他们的观点，要善于运用他们的逻辑能力与判断力强的优点，不断肯定他们。销售员善于肯定顾客的观点，顾客便会很高兴，同时对销售员本人产生好感。比如，对方说："我现在确实比较忙。"销售员就可以回答："您在这样的领导位子上，肯定很辛苦。"

4. 对抑郁质顾客的销售行为

对抑郁质类的顾客应采取迂回战术。这类顾客疑心重，一向不信任店员，片面认为店员只会夸张地介绍产品的优点，掩饰缺点。这时采取迂回战术，先与他交锋几个回合，但要适可而止，最后故意宣布"投降"，假装战败而退下阵来，宣称对方有高见，等其吹毛求疵的话说完之后，再转入销售的话题。

抑郁质顾客有时会态度冷淡，销售人员要用情感去感化。店员与顾客的交际就像在"谈谈恋爱"，能够把恋爱技巧运用到销售上的人一定是成功者。试想一下，如果店员与这类顾客一见面就大谈商品、谈生意，那他的销售一定会失败。因为这类顾客对店员的冷淡其实是出于感情上的警戒，要解除这种警戒，利用情感去感化顾客，无疑是最有效的推销策略。

7.4 消费者的性格与消费行为

7.4.1 性格的含义与特征

1. 性格的含义

在英语中性格一词（Character）源于希腊语，意思是特点、特色、记号、标记。在现实生活中，既被用于标志事物的特性，也被用于标志人物的特性。我国心理学界一般把性格定义为：表现在人对现实的态度以及与之相适应的、习惯化的行为方式方面的个性心理特征。对性格定义的理解应注意以下三点。

首先，性格是人对现实的态度和行为方式概括化与定型化的结果。人对现实的态度就是对社会、对集体、对他人和对自己的看法和评价，是一个人的世界观、人生观的集中体现。例如，"孔融让梨"反映了谦让、利他的性格特点；"守株待兔"反映了一个人懒惰、愚顽的性格特点。性格的态度体系并不是孤立存在的，人对现实的态度总是自觉地渗透到人的生活和行为方式中，那些对社会、对工作、对他人抱积极态度的人，在生活中总是为人热情、坦诚，工作认真、勤恳；而对现实持消极态度的人却时常表现出吝啬、斤斤计较、不负责任、独断专行等。人们对现实的态度和与之相适应的行为方式共同构成了人的性格。

其次，性格指一个人独特的、稳定的个性心理。性格有很大的个别差异，每个人对事物的看法都自成体系，行为表现也有其独到之处，这是由每个人的具体生活条件和教育条件不同所致；性格又是比较稳定的，因为它是人对事物的态度、行为方式的概括化和定型化的结果。例如，一个人在偶然的场合表现出胆怯行为，不能就此认为这个人具有怯懦的性格特征。也就是说，性格必须是经常出现的、习惯化的、从本质上最能代表一个人个性特征的那些态度和行为特征。性格的稳定性又不是绝对的，性格还有可塑的一面，除了重大事件的影响外，性格的改变一般都要经过较长时间的环境影响和主体实践。

再次，性格是个性特征中最具核心意义的心理特征。性格在个性特征中的核心地位表现在两个方面。一方面，在所有的个性心理特征中，唯有人的性格与个体需要、动机、信念和世界观联系最为密切。人对现实的态度直接构成了个体的人生观体系，人的各种行为方式也是在这种态度体系的影响和指导下逐渐形成的。因此，性格是一个人道德观和人生观的集中体现，具有直接的社会意义。人的性格受社会行为准则和价值标准的评判，所以有好坏之分，这一点是与气质有明显区别的。另一方面，性格对其他个性心理特征具有重要的影响。性格的发展规定了能力和气质的发展，影响着能力和气质的表现。成语中的"勤能补拙"，就说明性格对能力有巨大作用；某一种气质的消极方面，也可以通过性格的优点加以改造或掩盖。总之，具有良好性格品质的人能最大限度地发挥自己的聪明才智，适应现实生活。

2. 性格的特征

性格是一个复杂而完整的系统，它包含着各个侧面，具有各种不同的性格特征。这些性格特征在不同的个体身上，组成了独具结构的模式。一般人对性格结构的分析，着眼于性格的态度特征、性格的意志特征、性格的情绪特征、性格的理智特征四个方面。

（1）性格的态度特征。

人对现实态度体系的个性特点是性格的重要组成部分。人对现实的态度是多种多样的，它由以下几方面构成。①表现为对社会、对集体、对他人的态度特征。积极的特征表现为：爱祖国，关心社会，热爱集体，具有社会责任感与义务感，乐于助人，待人诚恳，正直等。消极的特征表现为：不关心社会与集体，甚至没有社会公德，为人冷漠、自私、虚伪等。②表现为对学习、劳动和工作的态度特征。积极的特征表现为：认真细心，勤劳节俭，富于首创精神。消极的特征表现为：马虎粗心，拈轻怕重，奢侈浪费，因循守旧等。③表现为对自己的态度特征。积极特征表现为：严于律己，谦虚谨慎，自强自尊，勇于自我批评。消极特征表现为：放任自己，骄傲自大，自负或自卑，自以为是等。

（2）性格的意志特征。

性格的意志特征是指一个人在自觉调节自己行为的方式和水平上表现出来的心理特征。主要表现为：对行为目的明确程度的特征，如独立性或冲动性，目的性或盲目性，纪律性或散漫性；对行为自觉控制的意志特征，如自制或任性，善于约束自己或盲动；对自己作出决定并贯彻执行方面的特征，如有恒心与毅力、坚忍不拔或见异思迁、半途而废；在紧急或困难情况下表现出的意志特征，如勇敢或胆小，果断或优柔寡断，镇定或紧张等。

（3）性格的情绪特征。

性格的情绪特征是指一个人在情绪活动中经常表现出来的强度、稳定性、持久性以及主导心境方面的特征。①情绪强度方面的特征。主要表现为人的情绪对工作和生活的影响程度和人的情绪受意志控制程度。有人情绪反应强烈、明显、易受感染；有人反应微弱、隐晦、不易受感染。②情绪稳定性方面的特征，主要表现为情绪的起伏和波动程度。③情绪持久性方面的特征，主要指情绪对人身心各方面影响的时间长短。有的人情绪产生后很难平息，有的人情绪虽来势凶猛但转瞬即逝。④主导心境方面的性格特征，不同的主导心境反映了主体经常性的情绪状态。如有的人终日精神饱满、乐观开朗；有的人却整日愁眉苦脸、烦闷悲观，等等。

（4）性格的理智特征。

人们在感知、记忆、思维等认识过程中表现出来的个别差异就是性格的理智特征。在感知方面，有的人观察精细，有的人观察疏略；有的人观察敏锐，有的人观察迟钝。在思维方面，有的人善于独立思考，有的人喜欢人云亦云；有的人善于分析、抽象，有的人善于综合、概括。在记忆方面，有的人记忆敏捷，过目不忘，有的人记忆较慢，需反复记忆方能记住；有的人记忆牢固且难以遗忘，有的人记忆不牢且遗忘迅速等。在想象方面，有的人想象丰富、奇特，富有创造性，有的人想象贫乏、狭窄；有的人想象主动，富有情感色彩，有的人想象被动、平淡寻常，等等。

由于性格的不同方面的特征差异，导致不同性格的消费者在消费态度和行为表现上千差万别。例如，在消费观念上，有的消费者俭朴节约，有的消费者则追求奢华；在消费倾向上，有的消费者求新，有的则守旧；在认知商品上，有的消费者全面准确，有的则片面错误；在消费情绪上，有的消费者乐观冲动，有的却悲观克制；在购买决策上，有的消费者独立，有的则依赖；在购买行动上，有的消费者坚定明确、积极主动，有的消费者动摇盲目、消极被动。这些差异，都是千差万别的性格特征在消费者对待商品的态度和购买行为上的反映。

7.4.2　性格的类型

鉴于性格在个性结构中的重要地位，长期以来，许多心理学家高度重视对性格理论的研究，并尝试从不同角度对人的性格类型进行划分。

1. 根据知、情、意三者在性格中何者占优势，把人们的性格划分为理智型、情绪型和意志型

理智占优势的性格，称为理智型。这种性格的人善于冷静地进行理智的思考、推理，用理智来衡量事物，行为举止多受理智的支配和影响。情绪占优势的性格，称为情绪型。这种性格的人情绪体验深刻，不善于进行理性思考，言行易受情绪支配左右，处理问题喜欢感情用事。意志占优势的性格，称为意志型。这种性格的人在各种活动中都具有明确的目标，行为积极主动，意志比较坚定，较少受其他因素干扰。

2. 根据人的心理活动倾向于外部还是内部，把人们的性格分为外向型和内向型

内向型的人沉默寡言，心理内倾，情感深沉，待人接物小心谨慎，性情孤僻，不善交际。外向型的人心理外倾，对外部事物比较关心，活泼开朗，情感容易流露，待人接物比较随和，不拘小节，但比较轻率。

3. 根据个体独立性程度，把人们的性格划分为独立型和顺从型

独立型的人善于独立思考，不易受外来因素的干扰，能够独立地发现问题和解决问题；顺从型的人，易受外来因素的干扰，常不加分析地接受他人意见，应变能力较差。

4. 根据人的社会生活方式以及由此而形成的价值观，把人们的性格类型分为理论型、经济型、审美型、社会型、权力型和宗教型

理论型性格的人求知欲旺盛，乐于钻研，长于观察、分析、推理，自制力强，对于情绪有较强的控制力。经济型性格的人倾向于务实，从实际出发，注重物质利益和经济效益。艺术型性格的人重视事物的审美价值，善于审视和享受各种美好的事物，以美学或艺术价值作为衡量标准。社会型性格的人具有较强的社会责任感，以爱护关心他人作为自己的职责，为人善良随和，宽容大度，乐于交际。政治型性格的人对于权力有较大的兴趣，十分自信，自我肯定，也有的人表现为自负专横。宗教型性格的人重视命运和超自然力量，一般有稳定甚至坚定的信仰，逃避现实，自愿克服比较低级的欲望，乐于沉思和自我否定。

5. 根据人际关系，把人们的性格划分为 A、B、C、D、E 五种

A 型性格情绪稳定，社会适应性及向性均衡，但智力表现一般，主观能动性一般，交际能力较弱；B 型性格具有外向性的特点，情绪不稳定，社会适应性较差，遇事急躁，人际关系不融洽；C 型性格具有内向性特点，情绪稳定，社会适应性良好，但在一般情况下表现被动；D

型性格具有外向性特点，社会适应性良好或一般，人际关系较好，有组织能力；E 型性格具有内向性特点，情绪不稳定，社会适应性较差或一般，不善交际，但往往善于独立思考，有钻研性。

从上述理论的介绍中可以看出，由于有关学者在划分性格类型时的研究角度和所持的依据有所不同，因而得出的结论也各不相同。由此我们可以得到重要的启示：如果单纯以少数因素对性格加以分类，是难以涵盖其全部类型的。性格作为主要在社会实践中形成并随环境变化而改变的不甚稳定的个性心理特征，具有极其复杂多样的特质构成与表征。这一状况同样适用于对消费者性格类型的研究。而且由于消费活动与其他社会活动相比更为复杂、丰富、变化多端，因此，消费者的性格类型更难以做统一界定，而只能在与消费实践的密切结合中加以研究和划分。

7.4.3 性格与消费者的购买行为

我们知道，性格是个性最鲜明的表现，是个性心理特征中的核心特征。因此，消费者的性格，也就是在购买行为中起核心作用的个性心理特征。而消费者之间不同的性格特点，同样会体现在各自的消费活动中，从而形成千差万别的消费行为。性格在消费行为中的具体表现可从不同角度作多种划分。

1. 从消费态度角度，可以分为节俭型、保守型、随意型

节俭型的消费者在消费观念和态度上崇尚节俭，讲究实用。在选购商品的过程中较为注重商品的质量、性能、实用性，以物美价廉作为选择标准，而不在意商品的外观造型、色彩、包装装潢、品牌及消费时尚，不喜欢过分奢华、高档昂贵、无实用价值的商品。

保守型的消费者在消费态度上较为严谨，生活方式刻板，性格内向，怀旧心理较重，习惯于传统的消费方式，对新产品、新观念持怀疑、抵制态度，选购商品时，喜欢购买传统的和有过多次使用经验的商品，而不愿冒险尝试新产品。

随意型的消费者在消费态度上比较随意，没有长久稳定的看法，生活方式自由而无固定的模式。在选购商品方面表现出很大的随意性，他们选择商品的标准往往多样而不稳定，经常会根据自身的需要和商品种类的不同，采取不同的选择标准和要求，同时受外界环境及广告宣传的影响也较大。

2. 从购买行为方式角度，可以分为习惯型、慎重型、挑剔型、被动型

习惯型的消费者在购买商品时习惯参照以往的购买和使用经验。当他们对某种品牌的商品熟悉并产生偏爱后，就会经常重复购买，从而形成惠顾性购买行为，这一类的消费者受社会时尚、潮流影响较小，不轻易改变自己的观念和行为。

慎重型的消费者在性格上一般表现为沉稳、慎重，做事冷静、客观，情绪不外露。选购商品时，通常会根据自己的实际需要并参照以往购买经验来进行仔细慎重的比较权衡，然后作出购买决定。他们在购买过程中受外界影响小，不易冲动，具有较强的自我控制力。

挑剔型的消费者在性格上一般表现为意志坚定，独立性强，不依赖他人。在选购商品时强调主观意愿，自信果断，很少征询或听从他人意见，对商场销售人员的解释说明常常持怀

疑和戒备心理，观察商品细致深入，某些时候甚至过于挑剔。

被动型的消费者在性格上一般比较消极、被动、内向。由于缺乏商品知识和购买经验，在选购过程中往往犹豫不决，缺乏自信和主见。他们对商品的品牌、款式等没有固定的偏好，正因为如此，也希望得到别人的意见和建议。这类消费者的购买行为常处于消极被动状态，这是由其性格决定的。

应该指出的是，上述几种按消费态度和购买方式所作的分类，只是为了便于我们了解性格与人们的消费行为之间的内在联系，以及不同消费性格的具体表现。在现实生活的购买活动中，受到周围环境的影响，消费者的性格经常不会或难以按照原有面貌表现出来。这就要求我们在观察和判断消费者的性格特征时，应特别注意其稳定性，切忌以他们一时的购买行为表现来判断其性格类型。

7.5 消费者的能力与消费行为

7.5.1 能力的心理学含义和类型

1. 能力的含义

能力是直接影响活动效率，使活动顺利完成的个性心理特征。能力是和活动紧密相连的，离开了具体活动，能力就无法形成和表现。一个有绘画能力的人，只有在绘画活动中才能施展自己的能力；同时，能力是顺利完成某种活动直接有效的心理特征，而不是顺利完成某种活动的全部心理条件。因为成功完成某种活动受许多主观因素的影响，如知识经验、性格特征、兴趣与爱好等，但这些因素都不直接影响活动的效率，不直接决定活动的完成，而只有能力才有这种作用，它是完成某种活动所必备的心理特征。

要顺利完成某种活动，单凭一种能力是不够的，必须靠多种能力的结合。我们把多种能力的有机结合称为才能。说一个人有才能，即意味着他能将从事某项活动所必需的各种能力进行综合运用，因而能取得很好的效果。才能常以活动的名称来命名，如音乐才能、管理才能、教学才能等。

如果完成各种活动所必备的各种能力得到最充分的发展和最完美的结合，并能创造性地、杰出地完成相应的活动，就表明这个人具有从事这种活动的能力。

2. 能力的分类

按照不同的分类方式，可以把能力分为不同的种类。

（1）根据作用方式的不同，能力可以分为一般能力和特殊能力。

一般能力是指在进行各种活动中必须具备的基本能力。它保证人们有效地认识世界，也称智力。智力包括个体在认识活动中所必须具备的各种能力，如感知能力（观察力）、记忆力、想象力、思维能力、注意力等，其中抽象思维能力是核心，因为抽象思维能力支配着智力的诸多因素，并制约着能力发展的水平。

特殊能力又称专门能力，是顺利完成某种专门活动所必备的能力，如音乐能力、绘画能力、数学能力、运动能力等。各种特殊能力都有自己独特的结构。如音乐能力就是由四种基本要素构成：音乐的感知能力、音乐的记忆和想象能力、音乐的情感能力、音乐的动作能力。这些要素的不同结合，就构成不同音乐家的独特的音乐能力。

一般能力和特殊能力相互关联。一方面，一般能力在某种特殊活动领域得到特别发展时，就可能成为特殊能力的重要组成部分。例如人的一般听觉能力既存在于音乐能力之中，也存在于言语能力中。没有听觉的一般能力的发展，就不可能发展言语和音乐的听觉能力；另一方面，在特殊能力发展的同时，也发展了一般能力。观察力属一般能力，但在画家的身上，由于绘画能力的特殊发展，对事物一般的观察力也相应增强起来。人在完成某种活动时，常常需要运用一般能力和特殊能力。总之，一般能力的发展为特殊能力的发展提供了更好的内部条件，特殊能力的发展也会积极地促进一般能力的发展。

（2）根据创造性程度划分，能力可以分为再造性能力和创造性能力。

再造能力是指在活动中顺利地掌握前人所积累的知识、技能，并按现成的模式进行活动的能力。这种能力有利于学习活动。人们在学习活动中的认知、记忆、操作与熟练能力多属于再造能力。创造能力是指在活动中创造出独特的、新颖的、有社会价值的产品的能力。它具有独特性、变通性、流畅性的特点。

再造能力和创造能力是互相联系的。再造能力是创造能力的基础，任何创造活动都不可能凭空产生。因此，为了发展创造能力，首先应虚心地学习、模仿、再造。在实际活动中，这两种能力是相互渗透的。

3. 能力的差异

人与人之间在能力上存在着个别差异，正是由于这些差异，人们的行为活动具有不同的效率和结果。能力的差异主要体现在以下几个方面：

（1）能力类型的差异。

每个人所具有的能力都不仅仅是一种，而是多方面的。对于一个人来说，在他所具有的多种能力中，总有相对来说较强的能力，也有一般的能力和较差的能力，即每个人的能力都是多种能力以特定的结构结合在一起的。由于不同人的能力结构不同，因而能力在类型上便存在差异。如果进一步分析，每一种能力也有类型的差别。如记忆能力，有的人属于视觉型，即视觉识记效果较好；有的人属于听觉型，即听觉识记效果较好；有的人则属于运动型，即有动作参加时识记效果较好，等等。

（2）能力水平的差异。

能力水平的差异，是指人与人之间各种能力的发展程度不同，所具有的水平不同。例如，正常的人均具有记忆能力，但人与人之间的记忆力强度不同；正常的人也都有思维能力，但思维的广度和深度也不同。在心理学的研究中，有人把能力水平的差异分为四个等级。①能力低下。轻者只能从事一些较简单的活动，重者丧失活动能力，甚至连生活也不能自理。②能力一般。即所谓"中庸之才"，有一定的专长，但是只限于一般地完成活动。③才能。即具有较高水平的某种专长，具有一定的创造力，能较好地完成活动。④天才。即具有高水平的专长，善于在活动中进行创造性思维，取得突出而优异的活动成果，达到常人难以达到的程度和水平。据调查，能力水平在人群中的分布是：能力低下者和天才极少，能力一般者占绝大多数，才能者较少。

（3）能力表现的差异。

人们的能力表现在时间上是存在差异的。有些人在童年时期就表现出某些方面的优异能力，即所谓的"早熟"。例如，我国初唐时期的王勃，10岁能赋，少年时写了著名的《滕王阁序》。但也有些人的才能一直到很晚才表现出来，这就是所谓的"大器晚成"。例如，我国画家齐白石40岁才表现出他的绘画才能；达尔文在50多岁时才开始有研究成果，写出名著《物种起源》一书。造成这种现象的原因是多方面的，可能是由于这些人在早期没有学习或表现自己能力的机会；也可能是早期智力平常，但经过长期的勤奋努力，能力有了明显的提高。

另外，人们能力表现的方式也存在着差异。有些人所具有的某方面能力很容易表现出来，很容易为别人所了解；相反，有些人虽然具有某方面能力，但在他们从事这类活动之前，人们较难发现。造成这种情况的原因主要是人的气质和性格，一般来说，外向型的人所具有的能力较易被人发现；内向型的人所具有的能力则较难被人发现。

7.5.2　消费者的能力构成

消费者在消费过程中的能力表现为消费技能。消费技能是消费者为了尽量达到满意以及完美的消费效果而形成的一种能力。消费技能是生活技巧的组成部分。

追求消费过程的快乐和最大程度的满意，是人们自觉消费的原则，消费技能是基于这种原则而形成的，任何一位消费者都会自觉地形成自己的消费技能，尽可能使自己在消费过程中得到最大的快乐与满足。消费技能的组成分三个方面：①基本消费技能，包括消费者对于商品的感知辨别能力、对商品及相关信息的分析和评价能力、购买商品过程的决策能力等。②专业消费技能，与消费者的专业知识有密切的关系，在消费过程中不具有普遍性，如家用电器的操作等消费技能即属于这一类。③消费者权益的保护能力，主要是运用合法手段和渠道保护自己的消费权益。

1.　基本消费技能

实际生活中，基本消费技能是消费者购买活动必须具备的基本能力，如对商品的感知、记忆、辨别能力；对信息的综合分析比较评价能力；购买过程中的选择、决策能力，以及记忆力、想象力等。基本能力的高低强弱会直接导致消费行为方式和效果的差异。

（1）对商品的感知辨别能力。

对商品的感知辨别能力是指消费者对商品的外部特征和外部联系加以直接反映的能力，是消费行为的先导。通过它，消费者可以了解到商品的外观造型、色彩、气味、轻重以及所呈现的整体风格，从而形成对商品的初步印象，为进一步作出分析判断提供依据。

消费者感知辨别能力差异主要体现在速度、准确度、敏锐度上。感知辨别能力的强弱会影响消费者对消费刺激的反应程度。能力强的消费者能够对商品的微小变化或同类商品之间的细微差别加以清晰辨认；能力弱的则可能忽略或难以区分细小的变化。

（2）对商品的分析评价能力。

对商品的分析评价能力是指消费者对接收到的各种商品信息进行整理加工、分析综合比较评价，继而对商品的优劣好坏作出准确判断的能力。分析评价能力的强弱主要取决于消费者的思维能力和思维方式，同时与消费者个人的知识经验有关。但许多试验证明：消费者对商品的知觉是模糊的、不确定的。20世纪70年代的一项试验表明，大多数消费者在蒙眼的味觉实验中不能辨别可口可乐与百事可乐的区别，许多声称爱喝可口可乐的人在试验中却选择了百事可乐。所以，消费者对商品的评价很大程度上是建立在有关厂商提供的商品信息基础之上的。

（3）对商品的选购决策能力。

选购决策能力是消费者在充分选择比较商品的基础上，及时果断地作出购买决定的能力。当消费者运用分析评价能力、感知力等能力对商品进行综合分析后，就进入了购买决策阶段。消费者决策能力的高低直接受其自信心、抱负水平等因素的影响。在本书的后面我们将专门讨论消费者的购买行为决策。

2. 专业消费技能

专业消费技能是指消费者购买和使用某些专业性商品所应具有的能力。它通常表现为以专业知识为基础的消费技能。例如，对高档照相器材、专用体育器材、古玩字画、钢琴、电脑、轿车以及音响等高档消费品的购买和使用，就需要相应的专业知识以及分辨力、鉴赏力、监测力等特殊的消费技能。倘若不具备特殊能力而购买某些专业性商品，则很难取得满意的消费效果，甚至无法发挥应有的使用效能。

在满足物质需要的基础上，通过商品消费美化生活环境，是现代消费者的共同追求，有些具有较高品位和文化修养的消费者，在商品美学价值评价与选择方面显示出较高的审美情趣与能力。这种能力往往使他们在服饰搭配、居室装饰布置、美容美发、礼品选择等方面获得较大的成功。

3. 消费者权益的保护能力

在市场经济条件下，消费者作为居于支配地位的买方主体，享有多方面的天然权力和利益。这些权力和利益经法律认定，成为消费者的合法权益。然而，这一权益的实现不是一个自然的过程。尤其在我国不尽成熟完备的市场环境中，由于相关的法制体系不健全，市场秩序不规范，一些企业自律性不强，侵犯消费者权益的事例时有发生。这在客观上要求消费者自身不断提高自我保护的能力。

按照我国1994年1月1日颁布实施的《消费者权益保护法》规定，消费者享有九项基本权利，主要包括：

（1）安全权，指消费者在购买、使用商品和接受服务时享有的人身、财产安全不受损害的权利；

（2）知情权，即消费者享有知道其购买、使用的商品或者接受的服务的真实情况的权利；

（3）自主选择权，即消费者享有自主选择商品或者服务的权利；

（4）公平交易权，即消费者享有公平交易的权利；

（5）求偿权，即消费者因购买、使用商品或者接受服务受到人身、财产损害的，享有依法获得赔偿的权利；

（6）结社权，即消费者享有依法成立维护自身合法权益的社会团体的权利；

（7）获得有关知识权，即消费者享有获得有关消费和消费者权益保护方面的知识的权利；

（8）人格尊严和民族风俗习惯受尊重权，即消费者在购买、使用商品和接受服务时，享有其人格的尊严、民族风俗习惯得到尊重的权利；

（9）监督权，即消费者享有对商品和服务以及保护消费者权益工作进行监督的权利。

以上是消费者依法进行自我保护的基础，所有消费者都应通晓其内容，明确自身的合法权益所在。

7.5.3 消费能力与消费行为

消费者自身的能力差异必然使他们在购买和使用商品的过程中表现出不同的行为特点。具体可以分为以下几种典型类型：

1. 熟练型

这类消费者通常具有较全面的能力构成。他们非常了解所需要的产品，甚至可能比售货人员还内行。由于具有丰富的商品知识和购买经验，这类消费者在选择中往往显得自信和坚定，自主性较高，能够按照自己的意志独立地作出决策，而无须他人的帮助，这类消费者较少受到外界及他人的意见影响。

2. 平常型

这类消费者的能力和水平都处于中等状况。他们通常具备一些商品方面的知识，并掌握了有限的商品信息，但是缺乏相应的消费经验。这一类型的消费者在购买之前，一般缺乏对商品的具体要求，因而很难对商品的内在质量、性能、使用条件等作出准确的比较。

因此，他们在购买过程中，往往更乐于听取售货人员的介绍和厂商的现场宣传。

3. 缺乏型

这类消费者的能力构成和知识水平都处于缺乏和低下状态。他们不了解有关商品知识和消费信息，同时也不具备任何购买经验。同前两种消费者相比较，能力缺乏型的消费者在购买前往往没有明确的购买目标或只有一些朦胧的意识和想法。这表现在消费者作出决策时，经常显现出犹豫不决，不得要领，易于受到环境影响和他人意见的左右，使自己的购买行为常常带有很大的随意性和盲目性。

总的来说，消费者的能力及行为类型，都是相对的。在某一方面、某一类型的商品消费中表现为成熟性的消费者，在另一类商品的消费中则可能表现为一般型。而且，消费者的能力水平不是固定不变的。随着生活经验的积累和个人有意识的自我培养，消费者的能力将会不断增强。

7.6 消费者的自我概念与消费行为

7.6.1 自我概念的含义

历史上，自我概念具有各种不同的含义，主要原因在于这个概念源自多种学科。哲学强调自我是道德选择和责任感的场所；临床心理学和人本主义心理学强调自我是个体独特性和神经症的根源；社会学强调语言与社会的相互作用是自我实现并得以保持的基础；实验社会心理学强调自我是认知组织、印象处理和动机激发的源泉。目前，心理学一般认为自我概念（Self–Concept）是一个人对自身存在的体验。它包括一个人通过经验、反省和他人的反馈，逐步加深对自身的了解。自我概念是一个有机的认知机构，由态度、情感、信仰和价值观等组成，贯穿整个经验和行动，并把个体表现出来的各种特定习惯、能力、思想、观点等组织起来。

自我概念由反映评价、社会比较和自我感觉三部分构成。①反映评价。反映评价就是人们从他人那里得到的有关自己的信息。如果年轻的时候得到了肯定的评价，你就会有一个良好的自我概念。如果这种评价是否定的，你的自我概念就可能会很糟糕。例如，在学期开始时，如果老师对一个学生说，你行，你一定会成为一个好学生。这位学生听了以后一定会以好好学习作为回应；如果老师说你以后没有什么发展，你可能就此消极起来，反正自己不行，懒惰一点也无所谓。②社会比较。在生活和工作中，人们往往通过与他人进行比较来确定衡量自己的标准，这就是在进行社会比较。例如在学校时，考试卷子下来，就问一下自己的同桌是多少分数，自己的朋友是多少分数；走到社会上，又和同事比，人家比自己有钱，比自己生活得好；当自己有了孩子，就比自己的孩子好还是别人的孩子好；当担任领导管理一个单位时，就和其他单位比，等等。无论什么人从出生到长大，从家庭到社会，从学习到工作，都是在社会比较中发展和充实自我概念。③自我感觉。在年少时，人们对自己的认识大多数来自于别人对自己的反应。然而，在生活的某一时刻，你开始用你自己的方式来看待自己，这种看待自己的方式被称为自我感觉。如果从成功的经历中获得自信，自我感觉就会变得更好，自我概念就会改进。例如，通过自己的能力安装调试好一台电脑，自我感觉就非常好，也就是功能改进自我感觉。

7.6.2　自我概念与消费者行为

自我概念作为影响个人行为的深层个性因素，同样存在于消费者的心理活动中，对消费者的消费行为有着深刻的影响作用。

1. 自我概念与商品的象征性

个体形象的自我概念是消费者在长期的消费实践中，通过与他人及社会的交往逐步形成的。这一概念涉及个人的理想追求和社会存在价值，因而每个消费者都力求不断促进和增强它。而商品和劳务作为人类物质文明的产物，除了具有使用价值外，还具有某些社会象征意义。也就是说，不同档次、质地、品牌的商品往往蕴含了特定的社会意义，代表着不同的文化、品位和风格。

20 世纪 80 年代，在消费者自我概念与产品形象之间一致性的讨论中，较为著名的是 Sirgy 提出"自我概念—产品形象一致"的理论。该理论认为，包含象征性意义的品牌通常会激发包含同样形象的自我概念。例如，一个包含"高贵身份"意义的品牌会激发消费者自我概念中的"高贵身份"形象。由于自我形象是产品意义激发的结果，因此，产品和其形象属性的价值将取决于所激发的自我形象。

【案例】

香水男人

现今已有越来越多的男士开始注重服装以外的形象包装。香水正被更多的男士接受和喜爱。男士选用香水往往比女性更注重品牌和内涵，他们一方面担心廉价品种太脂粉气惹人笑话，另一方面坚信高雅的名牌香水乃是一种身份和品位的标志。以下是几种国际市场上经久不衰的男用香水品牌：

切维浓：即城市猎人，是来自法国的前卫男用香水系列。特有的芳香，弥漫着不可思议的男性魅力。它浪漫，潇洒不拘，传达出 20 世纪 50、60 年代美国式的梦想和精神。

哈利：它不仅是好莱坞明星、流行歌手们最喜欢的香水，亦是企业家、社会名流、上层社会男士常备的香水。这种香水象征着他们的成就与权力。

兰堡 No.6：火辣辣、冷静的香型是男用香水生气勃勃的标志，其配方多采用柠檬、橙花油及迷迭香。1752 年出品的兰堡 No.6 是其代表，它是美国第一任总统乔治·华盛顿最喜爱的香水。

兰德尔：这种香水除了含有熏衣草油外，还有一定比例的橙花油和檀香。较理想的自我概念和现实的自我概念更有价值。

2. 自我概念与物质主义

物质主义是个体根据自身拥有的物质财产的数量和质量来界定自我概念及成功与否的一种价值观念，通常反映在对物质财富的看重程度上。自我概念从某种意义上是由个体所拥有的某些物品如汽车、住宅、收藏品等所界定的。然而，不同的个体对这些世俗的拥有物的注重程度是存在差别的。有的人特别关注这些物质类产品，并将其视为追逐的目标；另一些人则可能相对淡泊它们的价值。个体通过拥有世俗物品而追寻幸福、快乐的倾向被称为物质主义。怀有极端物质主义倾向的人将世俗拥有物置于生活中的中心位置，认为它们是满足感的最大来源。

由于不同个体在物质主义倾向上存在显著差别，因此测量这种差别是很重要的。客观地说，关于物质主义与自我概念之关系的研究尚处于起步阶段，但也取得了一些初步的成果。例如，研究发现，被视为具有高物质主义倾向的人表现出如下特点：他们对花大量的钱购买汽车和房子持赞许态度；他们较少可能希望在昂贵的餐馆用餐；他们更可能视圣诞节为购物时间；他们较少认为别人会欣赏其助人行为。

3. 自我概念与产品定位

每个人都拥有自我概念。自我概念是通过与父母、同伴、老师和其他重要人物的相互作用形成的。一个人的自我概念对个人而言是具有价值的。因为自我概念被赋予价值而受到重视，人们试图努力保持和提高自我概念。某些产品用为社会象征或符号传递着关于拥有者或使用者的社会意义。产品使用作为一种象征或符号包含和传递着对自己和他人有意义的事情，这反过来会对一个人的私人和社会自我概念产生影响。由于上述原因，个体经常购买或者消费某些产品、服务或使用某些媒体，以保持或提高他所追求的自我概念（见图 7.1）。

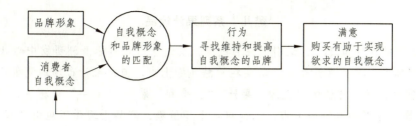

图 7.1　自我概念和品牌形象之间的关系

【案例】

饮下失误的苦汁

美国西部的佩泊尔基农庄从 1974 年至 1984 年连续三次对消费者兴趣的预测失误，使农庄自食其盲目经营的苦果。

20 世纪 70 年代末，佩氏农庄几乎成了传统、优质农副产品的代名词，无论是新鲜蔬菜或冰冻制品，只要是冠以佩氏牌子，在市场上总是很抢手。

1979 年，佩氏农庄准备扩大战果。农庄的董事们云集一起，进行了长时间的筹划。他们认为人们的饮食模式正在改变，传统的家庭餐食已经衰退，人们需要在无规则的时间里饮食味道鲜美、数量不多却又饶有趣味的"非餐食"食品。1980 年初，佩氏农庄推出了夹心膨胀型面制糕点类食品。1980 年 3 月，这条食品线在加州的贝克斯菲尔德经过了小型试验，试验结果表明，这种食品与三明治相比更能引起人们的食欲，烹饪方便，价格便宜。于是他们将其命名为"得利"食品。董事们预测，这种食品上市 1 年后，销售额不会低于 4 000 万美元这一保本数字。

可是一年之后，"得利"食品的销售额只有 3 500 万美元，大大低于佩氏农庄事先的预测，这是佩泊尔基农庄有史以来的第一次严重失利。农庄的老板克鲁奇先生承认："得利"食品的首次推出，并没有找准顾客的口味。

"看来，我们的运气不佳，我们必须寻求新的机遇。"克鲁奇说。佩氏农庄的董事们又召开了"拯救佩泊尔基"商讨会，计划引进一种新的高质量产品——非过滤优质苹果汁。当时，美国消费者们购买的 80% 的苹果汁都是经过过滤的，十分清净，且儿童消费占据很大的比重。他们将新产品投放于康涅狄格州的哈特福特和新哈劳两地试销，取得了令人鼓舞的结果。于是，佩泊尔基就地购买了一家大型食品加工厂。

1984 年年初，印有佩泊尔基农庄名称的苹果汁在康涅狄格州铺天盖地。但是，当农庄将这种所谓"味美甘润的天然苹果汁"推向美国其他市场时，却招致失败。那时，美国人对天然饮料并未产生浓厚的兴趣，人们对这种未经过滤的、有很多絮状物的东西望而生畏；另外，产品名称和广告中没有一点"宜于儿童"的宣传字样。销售不畅使农庄以优惠价格出售产品，而降价又引起人们更大的猜疑。这种恶性循环使佩氏农庄再次陷入困境。

1984 年财政年度，佩泊尔基农庄的经营利润下降了 18%。1985 年，那家巨大的食品加工厂整个关闭，至此，优质苹果汁只能作为自饮的苦汁。

"酷儿"系列果汁饮品

在 2002 年的饮料市场上，最引人注目的亮点莫过于可口可乐亚洲研发中心 1999 年开发的品牌——"酷儿"系列果汁饮品。其实在"酷儿"上市之前，果汁市场的竞争已相当激烈。除了南椰北露外，还有传统的"汇源"果汁、"三得利"果汁、"统一"鲜橙多、"康师傅"系列果汁，等等。但"酷儿"一上市，迅速挤占市场份额，产品出现供不应求甚至大面积断货的现象。那么，是什么使"酷儿"迅速成功呢？

可口可乐公司在进行饮料开发时发现：市场上的许多果汁品牌基本上定位于年轻女性，而对于 5～12 的儿童这一果汁饮料的重要消费群体，却没有一家饮品针对儿童进行诉求，该消费群饮用的产品在市场上相对成为一个空白。洞察到这个市场空白后，可口可乐公司决定将"酷儿"的目标消费群定位在 12 岁以下的儿童；将营销策略的重点放在儿童市场上，并采用"角色行销"进行推广。

在产品的表现形式上，可口可乐公司针对儿童对卡通图案的兴趣要远远超过对文字兴趣的心理特性，于是请日本的著名漫画大师设计出"酷儿"的卡通造型——一个顶着大大的脑袋，圆圆的脸，可爱又笨拙的小人物。它不仅有可爱的形象，而且还有着丰富的性格——它敏感而好奇，容易自我陶醉，生性乐观、善良，而且有点笨拙，喜欢喝果汁，一喝果汁两颊泛红；喝果汁时右手叉腰，同时很陶醉地说："Qoo""酷儿"形象引起了许多儿童的兴趣，他们喜欢"酷儿"那可爱并且表情丰富的造型，喜欢属于自己的饮料产品，加上以卡通图案作为瓶体包装主要图案，更加方便其在琳琅满目的商品中辨认"酷儿"。这一切紧紧抓住了每一个少年儿童的心，构筑起"角色行销"的心理动力。

可口可乐公司在"酷儿"的推广上引入了"角色行销"。"角色行销"实质上是企业品牌形象营销战略的一部分，世界上许多著名品牌都致力于将自己的产品创造出丰富的品牌内涵，其目的是使消费者在消费自己的产品的同时获得一种全新的角色体验，从而在这种体验中获得产品品牌蕴涵的价值观念、性格特征、生活情调、身份表现等文化。心理、感情及社会等层面的内在扭打，并以此创造性地保持市场营销战略优势。

右手叉腰，眼睛斜着右上方，右手拿起"酷儿"喝一口，然后嘴里说：可口可乐公司为"酷儿"设计的正确喝"酷儿"的姿势。就这个简单易学的"耍酷"姿势，引起了众多小学生的仿效。他们用自己对"酷"的理解来装扮着"酷相"，希望通过饮用"酷儿"来达到扮酷的目的。可口可乐公司正是借助这种简单的扮酷举止赋予"酷儿"更深的品牌内涵，从而成功地实现了角色导入的目的。

为了加深少年儿童对"酷儿"形象的认识，可口可乐公司在每个主要城市印制了数万份"酷儿"的宣传单页（在每一张宣传单页上都印有"酷儿"正确喝法的图例），通过各个不同的渠道向中小学生派发，引领起一股扮酷的潮流。实际上，可口可乐公司是根据人们在日常生活中经常有意无意追寻某种身份角色来获得一种心理满足的心理需求，发现少年儿童有渴望成长、渴望塑造自我的心理，于是便通过赋予"酷儿"果汁"酷"的概念，来引领和满足儿童社会心理的角色　体验，继而传达出"酷儿"一种清晰的富于感染力和亲和力的品牌特征，达到产品成功营销之目的。

当然，仅仅获得儿童的喜爱还远远不够，因为真正为他们消费付款的是孩子们的家长。为了赢得家长的信任，可口可乐公司又在"酷儿"产品中添加了钙，并在瓶体上印制了"可口可乐公司荣誉出品"。此举是让每一位家长确信"酷儿"的确能为他们小宝贝的健康成长起到营养辅助作用，并且已得到可口可乐公司质量系统认可，以增强他们对产品的消费信心。

正是这种独特的角色行销，加上周密的强力推广策略，使它所到之处无不风靡——2001年成为可口可乐日本公司旗下第三大主流；在韩国推出 10 周后即拥有 99%的品牌知名度，迅速成为当地果汁饮料的第一品牌；在新加坡和我国香港地区也很快成为当地首位果汁饮料品牌。上市仅两年，"酷儿"即成为亚洲头号果汁饮料和最具知名度的品牌之一。

问题：

1. 对比佩氏农庄案例与可口可乐公司"酷儿"饮品案例，说说可口可乐公司的"酷儿"饮品反映了消费者的哪些个性心理？这些心理因素是怎样影响消费者对"酷儿"消费的行为？

2. 可口可乐公司的"酷儿"的角色形象对于该饮品的销售起到了很大的推动作用。试举例说明在现代市场营销中如何有效地利用消费者的个性心理进行产品的角色定位？

思考题

1. 简述消费者的个性的理论，以及个性对消费行为的影响。
2. 影响消费者情绪的主要因素有哪些？
3. 简述消费者气质的类型以及销售策略。
4. 不同性格的消费者的消费行为有什么特征？
5. 简述消费者能力的构成。
6. 自我概念的含义是什么？它与商品的象征意义有什么关系？

8 消费者群体的心理与行为

在原始社会，人类利用群居来保障食物的持续获取和自身安全，以提高生存概率。延续至今，在物竞天择的法则下，人类仍喜爱群居。在日常生活中，人们越来越离不开社会这个大群体。人是群体的一员，群体能够给我们提供安全感和责任感。人在为群体提供活力的同时，也会受到群体的影响，形成其特定的心理和行为。那么，不同的消费者群体有怎样的心理和行为呢？

【案例】

"做生意要瞄准女人"

"做生意要瞄准女人"这一观点已被许许多多的经商者所认识和注意。他们认为，如果说消费者就是企业的"上帝"，那么女性消费者就是更为活跃的主角，她们至少左右了现实生活购买力（包括女性、儿童以及家庭所需消费的大部分，甚至很多男性消费品的购买与否也基本取决于女性）的四分之三，因此，充分掌握并巧妙地运用女性消费心理特征，积极吸引并成功诱导女性消费，应当引起企业营销者的重视。在经营的实践中，有人总结出了一些关于女性消费心理引导诀窍。例如，鼓励女性用指尖"思想"，女性的触觉远比视觉发达，致使她们对事物进行决断时，必须相当程度地依赖触觉。在百货公司，女性购买者肯定会实际触摸某种商品后才可能决定是否购买，换言之，女性不仅用大脑思想，也是用指尖"思想"的。因而对那些购物时表现得犹豫不决的女性，让其亲手触摸，效果会好得多。

性别不同的消费者的消费活动的侧重点不同，需求特点也不尽相同。本章主要分析的是作为社会群体的主要消费者的消费心理及行为。

8.1 消费者群体概述

8.1.1 消费者群体的概念

群体（group）是由两个或两个以上具有一套共同的行为规范的、价值观念或信念的个人组成，他们彼此之间存在着隐含或明确的关系，因而其行为是相互依赖的。比如，在路边看热闹的人群因相互之间缺乏依存关系就不能称之为群体。一般而言，一个群体有如下特征：

（1）成员间具有相同的目标和价值，相互依赖。如同一个班集体的学生会因为相同的学习目标而聚集在一起。

（2）成员之间由一定的纽带产生联系。如因血缘关系组建起来的一个大家庭。

（3）他们愿意遵守共同的行为规范和道德准则。

所以群体是由若干个具有共同目标、共同利益并在一起活动的人所组成的集合体，他们在心理上、利益上具有一定联系，互相影响，是在相互依存和相互作用的基础上建立起来的集合体。消费者群体由群体的概念引申而来，是指由某些具有相同或相似消费特征的消费者组成的群体。通常，具有同一特征的消费者往往会表现出相同或相近的消费心理与行为，不同的消费者群体则差异很大。

8.1.2 消费者群体的形成

消费者群体的形成是消费者的内在因素和外部因素共同作用的结果。

1. 消费者因其生理、心理特点的不同形成不同的消费者群体

消费者之间在生理、心理特性方面存在诸多差异，这些差异促成了不同消费者群体的形成。例如，由于年龄的差异，形成了少年儿童消费者群体、青年消费者群体、中年消费者群体、老年消费者群体。由于性别的差异，形成了女性消费者群体、男性消费者群体。这种根据消费者自身生理及心理特点划分的各个消费者群体之间，在消费需求、消费心理、购买行为等方面有着不同程度的差异，而在本群体内部则有许多共同特点。

2. 不同消费者群体的形成还受一系列外部因素的影响

（1）自然环境因素。

自然环境因素包括地理区域、气候条件、资源状况、理化环境等。理化环境主要是指有人为因素造成的消费者生存空间状况。如空气、噪音、水的洁净程度，等等。

（2）社会环境因素。

社会环境因素具体包括人口环境、社会群体环境、政治环境、经济环境、文化环境等。人口环境上，一个国家的人口总数与国民收入紧密相关，因而会对消费者的消费水平、方式和购买选择指向产生直接影响。社会群体环境是指消费者所处的家庭、社会阶层、社会组织、参照群体等。各种参照群体会对消费者产生潜意识的影响，使消费者不自觉地模仿参照群体的消费习惯，指导自己的购买选择。经济环境对消费者的影响是直接而具体的。通过对比改革开放前后我国的经济消费情况就可以看出经济对我国消费者的影响。文化环境方面，不同国家、民族的消费者由于传统文化背景、宗教信仰、道德观念、风俗习惯以及社会价值观念的不同，在消费上会表现出不同的偏好。例如，生产力的发展对于不同的消费者群体的形成具有一定的催化作用。随着生产力的发展和生产社会化程度的提高，大规模共同劳动成为普遍现象，因而客观上要求劳动者之间进行细致的分工。分工的结果，使得社会经济生活中的

职业划分越来越细，如农民、工人、文教科研人员等。不同的职业导致人们劳动环境、工作性质、工作内容和能力素质不同，心理特点也有差异，这种差异必然要反映到消费习惯、购买行为上来。久而久之，便形成了以职业划分的农民消费者群体、工人消费者群体、文教科研人员消费者群体等。又如按生活方式不同，消费者群体可划分为原则导向型群体、地位导向型群体、行动导向型群体。此外，文化背景、民族、宗教信仰、地理气候条件等方面的差异，都可以使一个消费者群体区别于另一个消费者群体等。

8.1.3　消费者群体形成的意义

对于企业而言，可以根据不同的消费群体特征进行市场细分、确定目标市场和制定分类市场营销策略，以此来为消费者提供不同的产品或服务。

第一，有利于发现市场机会。现在的市场大部分是买方市场，寻找市场入口是企业生存的必要条件。

第二，有利于选择目标市场。划分后的市场是细致的，需求也是具体的，能为企业的生产和服务提供定向指导。

第三，有利于集中资源优势。中小企业的资源是有限的，集中资源占领局部市场才是其谋求发展的关键。

第四，有利于提高经济效益。产品适销对路会节省大量的人、财、物资源，从而提高经济效益。消费者群体的形成对企业生产经营和消费活动都有重要的影响。

总的来说，消费者群体的形成能够为企业提供明确的目标市场。通过对不同消费者群体的划分，企业可以准确地细分市场，从而减少经营的盲目性和降低经营风险。企业一旦确认了目标市场，明确了为其服务的消费者群体，就可以根据其消费心理，制定出正确的营销策略，提高企业的经济效益。消费者群体的形成有利于调节、控制消费活动，使消费活动向健康的方向发展。任何消费，当作为消费者个体的单独活动时，对其他消费者活动的影响及对消费活动本身的推动都是极为有限的。当消费活动以群体的规模进行时，不但对个体消费产生影响，而且还有利于推动社会消费的进步。因为消费由个人活动变为群体行为的同时，将使消费活动的社会化程度大大提高，而消费的社会化又将推动社会整体消费水平的提高。

此外，消费者群体的形成，还为有关部门借助群体对个体的影响力，对消费者加以合理引导和控制，使其向健康的方向发展提供了条件和可能。

8.1.4　细分消费者群体

1. 从心理学的角度进行分类

（1）正式群体和非正式群体。

在管理心理学中，正式群体（formal group）是指由组织正式规定而构成的群体。这种群体，成员有固定的编制，明确职责分工，明确权利和义务。并且，为了组织目标的实现，有统一的规章制度和组织纪律。如：工厂的车间、班组、科室，机关的科（处）室等都是正式群体。在校行政、班主任或社会团体的领导下，按一定章程组建的学生群体也成为正式群体。它通常包括班学生群体、班共青团和班少先队等，负责组织开展全班性的活动。

非正式群体（informal group）是指人们在活动中自发形成的，未经任何权力机构承认或批准而形成的群体。非正式群体的存在是基于人们社会交往的需要。在正式群体中，由于人们社会交往的特殊需要，依照好恶感，心理相容与不相容等情感性关系，就会出现非正式群体。这种群体没有定员编制，没有固定的条文规范，因而，往往不具有固定的形式。由共同利益偶然结合在一起的人们、同院的伙伴、工厂或学校中存在的一些"小集团""小圈子"都属于非正式群体。

（2）所属群体和参照群体。

所属群体是消费者本人所在的各种集体或组织，如家庭、学校、工作单位以及其他各种社会团体。所属群体既可以是某种正式组织或团体，也可以是非正式组织或团体，包括与消费者有一定交往和接触的亲戚、朋友、同学、邻居等。所属群体的构成，大致有两种情况：一种是由具有共同的或者相似的信念和价值观的人们集合在一起形成的，另一种则是由于各种社会原因或需求而形成的。前者是个人的自愿组合，后者则往往不能由个人自由选择。

参照群体实际上是个体在形成其购买或消费决策时，用以作为参照、比较的个人或群体。如同从行为科学里借用的其他概念一样，参照群体的含义也在随着时代的变化而变化。参照群体最初是指家庭、朋友等个体与之具有直接互动的群体，但现在它不仅包括了这些具有互动基础的群体，而且也涵盖了与个体没有直接面对面接触但对个体行为产生影响的个人和群体。

（3）自觉群体和回避群体。

自觉群体是指消费者按年龄、性别、民族、职业、地域、婚姻状况、身体状况等社会与自然因素自动结合成的群体。这种群体最初是消费者自我意识的一种反映，而后有些逐步发展为有固定形式的正式组织。如老年人协会、老人俱乐部、×××同学会、×××同乡会等。这种群体多数对其成员并无约束力，而是成员个人有意识地运用这一群体特征，约束自己的行为活动。

回避群体是指消费者个人极力避免归属的、认为与自己不相符的群体。它是以年龄、性别、民族、职业、地域、婚姻状况、身体状况等社会与自然因素作用回避对象的。这种群体也是消费者自我意识的一种反映。回避的心理动机是反感，它是消费者对某种现象不满的行为表现。人总是希望与自己反感的行为或不满的群体距离越远越好，因此，往往会走向另一个极端。如有些年龄大的人总是尽力打扮自己，以显示年轻。

2. 根据地理自然条件因素分

按国家地区分，可以分为国内消费者群体、国外消费者群体；中东地区消费者群、东南亚地区消费者群；华北地区消费者群、东北地区消费者群等。

按自然条件、环境及经济发展水平分，可以分为山区消费者群、平原消费者群体、丘陵地区消费者群；沿海地区消费者群、内地地区消费者群、边远地区消费者群；城市、乡村地区消费者群；等等。

3. 根据人口统计因素分

人口统计因素是区分消费者群体最常用的细分因素，这是因为消费者的欲望、偏好和使用率经常与人口统计因素有密切联系。其次，人口统计因素较其他因素更容易衡量，且有丰富的第二手资料可查寻。

按性别分，消费者群体可以分为男性消费者群、女性消费者群。

按年龄分，消费者群体可以分为少年儿童消费者群、青年消费者群、中年消费者群、老年消费者群等。

按受教育程度分，消费者群体可以分为小学文化消费者群、中学文化消费者群、大学文化消费者群，等等。

按职业分，消费者群体可以分为工人、农民、知识分子、政府公务员、经理人员消费者群等。

按收入水平分，消费者群体可以分为高收入消费者群、中等收入消费者群、低收入消费者群等。

按家庭类型分，消费者群体可以分为多代家庭消费者群、核心家庭消费者群、单亲家庭消费者群、单身家庭消费者群等。

按民族分，消费者群体可以分为汉族消费者群、回族消费者群，等等。

按宗教分，消费者群体可以分为佛教消费者群、伊斯兰教消费者群、基督教消费者群、天主教消费者群等。

4. 根据消费者心理因素分

按生活方式分，可以分为不同民俗民情的消费者群、不同生活习惯的消费者群、紧追潮流的消费者群、趋于保守的消费者群等。

按性格分，可以分为积极型消费者群、消极型消费者群；独立型消费者群、依赖型消费者群等。

5. 根据消费者对商品的现实反应来划分

按购买商品的动机划分，可以分为求实用型消费者群、求新颖型消费者群、求物美价廉型消费者群、求同型消费者群、求奢侈型消费者群。

按对商品品牌的偏好程度划分，可以分为非常偏好型消费者群、比较偏好型消费者群、一般偏好型消费者群、无偏好型消费者群、反感型消费者群等。

按对商品的使用时间分，可以分为未曾使用型消费者群、初次使用型消费者群、长期使用型消费者群、潜在使用型消费者群等。

按对商品要素的使用量分，可以分为大量使用型消费者群、一般使用型消费者群、少量使用型消费者群、不使用型消费者群等。

按对商品的要素敏感性划分，可以分为对价格敏感型消费者群、对质量敏感型消费者群、对服务敏感型消费者群。

8.2 主要消费者群体的心理与行为特征

8.2.1 不同年龄群体的消费心理与行为

不同的消费者群体有不同的消费心理和行为特征。按照前一节对消费者群体的细分，选取按年龄分的少年儿童消费者群、青年消费者群、中年消费者群、老年消费者群及按性别分的男性消费者群、女性消费者群来进行阐述。

年龄是消费者群体形成的内在因素，也是常用的划分消费者群的标准。通常，将人的年龄阶段划分为：出生到满 1 岁为乳儿期；1 岁到 3 岁为婴儿期；3 岁到 6 岁为幼儿期；6 岁到 15 岁为少年期；15 岁到 30 岁为青年期；30 岁到 60 岁为中年期；60 岁以上为老年期。

1. 少年儿童群体的消费

少年儿童消费者群，是由 0—14 岁的消费者组成的群体。据 2010 年第六次全国人口普查的结果显示，全国共有 2.22 亿儿童，占人口总数的 16.6%，形成了一个庞大的消费群体。这部分消费群体，自我意识尚未完全成熟，缺乏自我控制能力，没有独立的经济能力，一般由父母养育和监护，具有特定的心理和行为。0—14 岁的少年儿童，又可根据年龄特征分为儿童消费者群（0—11 岁）和少年消费者群（11—14 岁）。这里分别就这两个年龄阶段的消费心理与行为特征进行探讨。

（1）儿童消费者群的心理与行为特征。

从初生婴儿到 11 岁的儿童，心理发展过程又可分为婴儿期（0—3 岁）、幼儿期（3—6 岁）和童年期（6—11 岁）。在这三个阶段中，儿童的心理与行为出现了两次较大的质的飞跃，开始了人类的学习过程，逐渐有了认识能力、意识倾向、学习、兴趣、爱好、意志及情绪等心理品质；学会了在感知和思维的基础上解决简单的问题；行为方式上也逐渐从被动转为主动。这种心理与行为特征在消费活动中有以下几种表现。

① 从本能的生理性需求发展为有自我意识的社会性需要。

儿童在婴幼儿时期，消费主要是生理性的，且完全由他人帮助完成。随着年龄的增长，儿童对外界环境刺激日益敏感，逐渐有意识的加入社会性需要，消费的依赖心理开始向半依赖心理转化，例如儿童的东西大都是由父母购买，但当儿童形成了购买意识，就会对父母的购买决策产生影响。

② 从模仿型消费逐渐发展为带有个性特点的消费。

儿童的模仿能力非常强，具有可塑的消费心理，其消费行为也是如此。随着年龄的增长，这种模仿性的消费逐渐被有个性的消费所替代，对所接触的商品有了评价的意识，开始强调与众不同。

③ 消费情绪从不稳定发展到比较稳定。

儿童的消费心理多处于感情支配阶段，情绪很不稳定，容易受他人影响，易变化，随着年龄的增长，儿童更多地接触社会环境，意志力得到增强，消费情绪逐渐稳定下来。

（2）少年消费者群的心理与行为特征。

少年消费者群是指 11—14 岁的消费者。少年期是儿童向青年的过渡时期，生理上呈现第二个发育高峰，心理上也有较大的变化，有了自尊与被尊重的要求，逻辑思维能力增强。少年期是依赖与独立、成熟与幼稚、自觉性和被动性交织在一起的时期。少年消费者群的心理与行为特征具有以下特征。

① 有成人感，独立性增强。

少年消费者自我意识发展的显著心理特征就是具有成人感，认为自己已长大成人，应该有成人的权利和地位，要求受到尊重。学习、生活、交友都不希望父母过多干涉，希望按自己的意愿行事。表现在消费心理与行为上，就是不愿意受父母约束，自主独立地购买所喜欢的商品，喜欢在消费品的选择方面与成年人相比。

② 购买行为的倾向性开始确立，购买行为趋于稳定。

少年时期的消费者，对社会环境的认识不断加深，有意识的思维与行为增多，兴趣趋于稳定。随着购买活动次数的增多，鉴别能力逐渐增强，购买行为趋于习惯化、稳定化，购买的倾向性也开始确立，购买动机与实际的吻合度有所提高。

③ 消费观念开始受社会群体的影响。

儿童期的消费者所受影响主要来自于家庭。少年消费者由于参与集体学习、集体活动，与社会的接触机会增多，范围扩大，受社会环境影响比重逐渐上升。这种影响包括新环境、新事物、新知识、新产品等内容，其影响媒介主要是学校、老师、同学、朋友、书籍、大众传媒等。与家庭相比，他们更乐于接受社会的影响。

少年儿童消费者群体构成了一个庞大的消费市场。企业研究少年儿童的心理与行为特征，有利于开拓消费市场潜力，提高企业的营销效益。可以采取针对不同对象的差异组合策略或是改善外观设计，增强商品的吸引力等营销策略。

2. 青年消费者群体的消费

青年消费者的年龄范围为 15—30 岁。青年消费者群体人数众多，具有很强的购买潜力，而且购买行为具有扩散性，对其他各类消费者都会产生深刻的影响。青年时期是人生的黄金阶段，是个体从少年儿童过渡到成年，逐步走向成熟的中间阶段。青年期是个体发育、发展的最宝贵、最富特色的时期。在青年期，随着身体的急速发育，青年的抽象思维能力、记忆能力、对环境的认识能力和适应能力等获得充分的发展，个性基本形成，兴趣广泛而且稳定。然而这个时期却同时又是人生的"暴风骤雨期""危险期"。青年初期的人逐渐形成了自己的审美观和价值观，他们刚从父母的包办采买中脱离出来，渴望表现自己，获得他人认同。与同龄人相比，每个人都渴望表现出不一样的一面来。处于青年中期的人消费情绪还不太稳定，但在向青年后期迈进的过程中逐渐趋于稳定。因此，他们的消费心理和消费行为特征一般表现在以下方面：

（1）消费需求个性化特征十分明显。

青年群体喜欢用批判的眼光看世界，充满自信，思想解放。因此，要求消费能显示差别性，体现时代特征，突出个性化特征。在消费过程中，不希望自己使用的商品与别人雷同。希望通过消费活动，确定一个有个性的自我形象。而且消费活动本身就是自我表现的机会，青年消费者十分注意追求时尚与新颖，同时追求属于自己风格的产品。为展现自己与众不同的一面，大多数青年人会追求比较新颖的产品或服务来彰显自我。当然，久而久之，这类人中一部分会发展成为时尚前沿的弄潮儿，引领消费群体的前进方向。

（2）表现成熟和个性的心理特征。

青年的消费倾向由不稳定向稳定过渡，消费习惯逐步形成，消费注意力相对集中，在追求自我风格的同时，也注重商品的经济实用性。在购买心理上，更多地希望所购的商品具有特色，能表现个性心理特征，并将所购商品与自己的环境、教养、理想、专业、兴趣和塑造独特的自我形象相结合。在他们由模仿至成熟的过程中，形成了名牌的概念。这是展示自我的资本，能满足他们内心体现个性的精神需求，购买动机及购买行为表现出一定的成熟性。

（3）消费需求和消费意愿强烈多样，有较强的冲动性。

青年人的情绪很容易受到刺激，他们感情充沛，对世界怀有极大的热爱之情，这是由他们的生理特征决定的。青年初期，下丘脑和垂体分泌的激素在体内不断增多，最终与成人接近；生长素、促肾上腺皮质激素、促甲状腺素、促性腺素等的分泌也达到了新的水平。这些激素是人体发育的催化剂，加速了初期青年生理上的突变。随着岁月的增长，这些变化会使得他们对消费由情绪化的冲动消费转为青年后期的理性稳定消费。青年期正是生理成熟、心理自主和经济独立时期，具有独立的货币支付能力后，消费意愿强烈。选购商品时，容易受情绪左右，容易受商品环境和营销人员的影响，经常发生冲动性购买行为。款式、颜色、形状和价格等因素都能单独成为青年消费者购买的理由，这种直观选择商品的习惯往往使他们忽略了综合选择的必要。

3. 中年消费者群体的消费

中年消费者群体的年龄范围为35—60岁。中年消费者在家庭中一般是商品购买的决策者，这是由于他们的子女在经济上尚未完全独立，购买商品的决策权往往由其父母承担。又由于中年人的父母都已经步入老年，外出选购商品不太方便，并且获得商品的信息少，也把购买决策权交给了他们的儿女。中年人担负着家庭的重担，是"上有老下有小"的中间支柱。他们的消费能力虽强，但是会自我控制，消费更理性也更实际。中年人的心理是稳定的、理智的，凡事都会"三思"，会选择在他们观念里价值最大化的消费选项，中年消费者群的消费心理与行为具有以下特征。

（1）理智性强，冲动性小。

中年人经验多、阅历深、情绪比较稳定。多以理智支配自己的行动，在购买过程中，从购买欲望形成到购买行为发生，中年人往往经过分析、比较和判断过程，表现出独立自主、沉着冷静的特点，带有很强的计划性。这是这一群体的最大一个特点。他们的社会阅历使得他们懂得合理、正确而又可行地行使消费权利。力求达到家庭消费支出与收入水平的平衡，维持家庭稳步前进。在购买决策之前，会广泛搜集信息，慎重比较，权衡利弊，得出结论。

（2）节俭、求实，盲目性小。

中年消费者家庭经济负担较重，既要把家庭生活安排好，又要考虑经济合理。懂得理财当家、量入为出的消费原则。因此，他们的消费行为计划性强、盲目性少，具有较强的求实心理和节俭心理，很少有计划以外的开支和即兴购买行为。家庭责任使得他们学会购买实用性强的消费品。在理智和计划的双重驱动下，他们很有主见，需求稳定。当然，很多时候他们会放弃自己的喜好而选择大众化的商品，这并不意味着他们没有主见，而是脱掉另类、不稳重和不成熟标志的一种选择。更多的时候，这些选择是为了满足别人的审美观或价值观。

（3）注重传统、情感心理。

中年消费者受情感支配的消费动机并非不存在。由于受中国自古以来尊老爱幼传统美德的影响，他们往往为老、少购物体现感情的照顾，更多地考虑他人。此时，他们的购物未必完全处于实用动机，而是以老、少的愿望为主，表达尊老爱幼之心。

4. 老年消费者群体的消费

老年消费者一般指年龄在 60 岁以上的人。据 2010 年第六次全国人口普查的结果显示，60 岁以上的老年人为 1.78 亿，占总人口的 13.26%，超过了人口学定义的老年型社会 10%的标准，表明我国已进入老年型社会。许多企业家已认识到"银发市场"的潜力，正着力开发。老年消费者在生理和心理上同中青年消费者相比都发生了明显变化，形成了具有特殊要求的消费者群体。老年人因为子女的独立而有更大的消费能力，但是他们中年期的消费习惯使得他们延续了消费理智、需求稳定、消费求实等特点。除此之外，还有如下的一些消费心理和消费行为特征：

（1）习惯性消费特征。

老年人习惯性消费既是几十年生活惯性的继续，又是对新生活方式较少了解和难以接受的反映。这类习惯一旦形成就较难改变，并在很大程度上影响老年消费者的购买行为。老年人的消费观较为成熟，消费行为理智，讲究实惠。老年人往往对传统产品情有独钟，大多是老字号、老商店的忠实顾客，也是传统品牌、传统商品的忠实购买者，这使得老年型商品市场变得相对稳定。

（2）便利性消费特征。

消费要求方便是老年人生理变化促成消费生活变化的自然走向，便利性消费是生理变化的必然结果。它一般表现为对购买和消费两个方面求方便的要求。希望购买场所交通方便，商品便于挑选，购买手续简单，服务周到；也要求商品易学，方便操作，减少体力和脑力的负担。

（3）较强的补偿性消费心理。

多年的家庭责任使得中年人放弃了很多感性的消费，但随着步入暮年的脚步，他们逐渐成为老年人。在子女成家立业，没有了过多的经济负担后，部分老年消费者产生了较强的补偿消费心理，以弥补对过去生活某些方面的遗憾和不满足，在美容、营养食品、健身娱乐和旅游观光等消费方面，有着与年轻人类似的强烈消费兴趣。比如现在，很多老年人补拍婚纱照、外出旅游、美容美发等。

8.2.2　不同性别消费群体心理与行为

分析男、女性消费者群体的消费心理与行为特征之前，我们先来了解一则相关知识。根据中华人民共和国国家统计局发布的数据，我国以 2010 年 11 月 1 日零时为标准时点进行了第六次全国人口普查，性别比例如下：我国（未统计港澳台地区）31 个省、自治区、直辖市和现役军人的人口中，男性人口为 686 852 572 人，占 51.27%；女性人口为 652 872 280 人，占 48.73%。总人口性别比（以女性为 100，男性对女性的比例）由 2000 年第五次全国人口普查的 106.74 下降为 105.20。

1．女性消费者群体的心理与行为特征

女性消费者在购买活动中起着特殊的重要的作用。女性不仅对自己所需的消费品制定购买决策，而且在家庭中承担了母亲、女儿、妻子和主妇等多种角色，因此，也是绝大多数儿童用品、老年用品、男性用品和家庭用品的购买者。聪明的厂家和商家都十分重视研究女性消费者的购买心理。由于女性消费者在消费活动动中处于特殊的地位，因而形成了独具特色的消费心理与行为。

（1）爱美心理。

爱美心理是女性消费者普遍存在的一种心理状态。这种心照反映在消费活动中，就是无论是青年女性还是中年妇女，都希望通过消费活动既能保持自己的青春美，又能增加修饰美。因此，在挑选商品时，格外重视商品的外观和形象，并往往以此作为是否购买的依据。

（2）情感性心理，易受环境影响。

女性消费者在个性心理的表现上具有较强的情感性特征，即感情丰富、细腻，心境变化剧烈，富于幻想和联想。反映在消费活动中，遇到感兴趣的商品容易形成购买愿望，特别受到商品外观的诱惑，迅速形成购买决定。品牌的寓意、款式色彩产生的联想、商品形状带来的美感及环境气氛形成的温馨感觉都可以引起女性的购买欲望，甚至产生冲动性购买行为。

（3）有较强的自我意识和自尊心。

女性消费者一般都有较强的自我意识和自尊心，对外界事物反应敏感。在日常消费活动中，她们往往以选择的眼光、购买的内容及购买的标准来评价自己和别人。她们希望得到别人的认可和赞扬，肯定自己的判断力和鉴别力。购买活动中，营业员的表情、语调介绍及评价等，都会影响女性消费者的自尊心，进而影响其购买行为。她们一般不能容忍营业员怀疑自己的常识和能力。

（4）观察仔细，对商品价格敏感。

女性消费者尤其是中年女性消费者料理家务较多，对日用消费品考虑得比较周到，观察商品较为仔细，经济上精打细算，注重商品的实用性和便利性，对商品的价格较为敏感，求廉的动机十分突出，讨价还价现象比较普遍，容易受便宜货的吸引。

随着现代社会的发展，部分城市女性延长了在职业场上的工作时间，因此带动了与工作职业有关的消费，美容、化妆、健美等消费支出呈上升趋势。

（5）注重商品的便利性、多样化和个性化。

女性（20—50 岁）要照顾家庭，有的女性还要及时准确地完成自己的工作，因此，她们会选择一些比较便利的商品来满足家庭成员的需要。比如一些送货上门的服务或者速冻食品等。同时，女性为了炫耀自己或者希望别人来模仿自己的穿着打扮，常常要求商品具有多样化和个性化。

（6）缺乏果断性。

女性喜欢比较彼此之间的采购成果。如果是相同的产品，购买价格过高则会心理不平衡，反之则会暗自窃喜，认为自己作了一个很正确的购买决定。在这些心理的影响下，她们会反复比较商品的优劣，"货比三家"，追求完美，也使得在消费过程中表现出犹豫不决，

难以决断。

2. 男性消费者群体的心理与行为特征

男性消费者主要指成年男性，他们的购买对象一般都是明确的，购买商品的范围较女性要狭窄一些。男性消费者群体的心理与行为特征如下：

理性消费，注重商品质量和实用性。男性一般不太注重商品的外观之类的细节，他们更在意商品的质量和使用效果。而且购买行为比较规律，对品牌的忠诚度也高。出现冲动消费的概率也比较小，即使有冲动消费，也会自信自己的决策，很少退换货物。

购买果断迅速，购买行为具有被动性。男性在做购买决策时，能够冷静处理各种汇总的信息，迅速做出决断。男性的购买频率不及女性，消费动机也往往处于被动。

8.3 参照群体与消费者行为

动理学研究表明，一个人的习惯、爱好以及思想行为准则，不是天生就有的，而是在后天的社会活动中，受外界影响逐渐形成的。在各种外界影响中，参照群体对消费者心理与行为有着至关重要的影响。

8.3.1 参照群体的概念及类型

参照群体又称相关群体、榜样群体，最初由西方学者海曼提出，是指一种实际存在的或想象存在的，可作为个体判断事物的依据或楷模的群体。它通常在个体形成观念、态度和信仰时给人以重要影响。现实生活中，对消费者影响较大的参照群体是亲朋好友、单位同事，也可以是联系密切的某些社会团体，或较少接触但羡慕并愿意模仿的社会群体。

参照群体对个人的影响在于，个人会以参照群体的标准、目标和规范作为行动指南，将自身的行为与群体进行对照。如果与群体标准不符或相反，个人就会改变自己的行为。由此，参照群体的标准、目标和规范会成为个人的"内在中心"。

1. 参照群体的类型

参照群体通常有三种类型，即准则群体、比较群体和否定群体。

（1）准则群体。

准则群体指人们所希望或愿意参加的一种群体。这种群体的价值观念、行为准则、生活方式、消费特征等是人们赞赏、推崇并愿意效仿的。通常这种群体对消费者的影响最大。

（2）比较群体。

这是人们并不希望或并不愿意加入的一种群体，而仅把它作为评价自己身份与行为的参考依据。比较群体对消费者行为的影响具有较大局限性。

（3）否定群体。

这是人们对其持否定态度并加以反对的一种群体。对于这种群体的某些方面，人们是不赞同或厌恶的。消费者通常不会购买那些与否定群体典型表征有关的产品,以此表明与这类群体划清界限,不愿与其为伍。

2. 影响消费者的主要参照群体

(1)家庭成员。

这是消费者最重要的参照群体,它包括了消费者的血缘家庭和婚姻家庭的成员。家庭成员的个性、价值观以及成员之间的相互影响,形成了一个家庭的整体风格、家风和生活方式,从而对消费者行为起着直接的影响作用。家庭的影响将在下一节详细论述。

(2)同学、同事。

由于长时间共同学习或在同一组织机构中合作共事,消费者常常受到来自同学或同事的影响。

(3)社区邻居。

我国劳动群众受传统习俗影响,比较注重邻里关系,尤其居住条件比较拥挤的居民,邻里往来更为密切。在消费活动中,左邻右舍的消费倾向、价值评价、选择标准等,往往成为人们重要的参照依据。

(4)亲戚朋友。

这也是影响消费者行为的主要参照群体。在某些情况下,由于具有共同的价值取向,朋友的看法往往更具有说服力。

(5)社会团体。

各种正式和非正式的社会团体,如党派、教会、书法协会、健身俱乐部等,也在一定程度上影响着消费者的购买行为。

(6)名人专家。

如政界要人、专家学者、影视明星、优秀运动员、歌唱家、著名作家,以及那些受到人们崇拜和爱戴的权威人士,都可能成为消费者的参照系。

8.3.2 参照群体的心理作用机制

参照群体对消费者行为的影响是在一定心理机制的作用下发生的。具体作用形式包括以下几方面:

1. 模仿

模仿是指个人受非控制的社会刺激引起的一种行为反应,这种行为反应能够再现他人特定的外部特征和行为方式。研究表明,消费者之所以发生模仿行为,是由于人的本能、先天倾向,以及社会生活中榜样影响的结果。在榜样的影响下,消费者不仅模仿到某种行为方式,而且会形成共同的心理倾向,从而表现出消费观念、兴趣偏好和态度倾向的一致。

2. 提示

提示又称暗示,是在无对抗条件下,用含蓄间接的方法对人们的心理和行为产生影响,从而使人们按照一定的方式去行动，并使其思想、行为与提示者的意志相符合。影响提示作用的最主要因素是提示者的数目。只要众多提示者保持一致，就会形成一种强大的驱动力量，推动引导个人行为服从群体行为。例如，某商店降价促销，许多人竞相排队购买，某些消费者也会情不自禁地加入购买行列。

3. 情绪感染与循环反应

情绪感染是循环反应最主要的机制之一。它的作用表现为一个循环过程。在这一过程中，别人的情绪会在个人心理上引起同样的情绪，而这种情绪又会加强他人的情绪，从而形成情绪感染的循环反应。群体行为即循环反应的结果。循环反应强调群体内部成员之间的互动。因此，群体气氛、群体中的价值观念、行为规范等，都会直接影响到每个成员的思想、态度和行为。

4. 行为感染与群体促进

通常，个人虽然已经形成某种固定的行为模式，但在群体条件下，由于群体规范和群体压力的作用，会使某些符合群体要求的个人行为得到表现和强化，而另一些不符合群体要求的行为则受到否定和压抑。为了减少来自群体的心理压力，个人必须服从群体的要求，被群体行为所感染。行为感染与情绪感染的区别在于，后者是消费者自愿接受感染的结果；前者则是迫于群体压力不得不在行为上保持一致，而并非出自消费者内心的自我要求。

5. 认同

认同是一种感情的移入过程，是指个人在社会交往中，被他人同化或同化他人。任何群体都有为多数成员共同遵从的目标和价值追求。个人作为群体内部的成员之一，在与其他成员的互动交往中，会受到这一共同目标和认识的影响，从而产生认同感。认同感往往通过潜移默化的方式发生作用，使人们的认识和行动趋于一致。

8.3.3 参照群体对消费者行为的影响

如前所述，现实生活中，每个消费者的行为都不可避免地受到参照群体的直接或间接影响。消费者会把所在群体的消费特征作为参照标准，以此调整自己的购买投向、所购商品的品质特征，以及购买行为所具有的社会评价性。

1. 对消费者购买投向的影响

参照群体的消费特征会直接影响消费者的购买投向。例如，我国现阶段拥有手机等移动通信工具的人越来越多。这一现象的出现，一方面反映了现代人追求高效率、重视信息沟通和对高科技产品的渴望；另一方面，也有相当部分消费者是因为受到环境影响或艳羡他人而加入购买行列。

2. 对消费者所购商品品质特征的影响

参照群体的消费标准会影响消费者对商品品质的选择。例如，近年来随着 IT 等新兴产业的发展，在中国社会形成一个特殊的消费者群——白领阶层。位于富豪与工薪阶层之间的他们在消费上形成了独特的风格和特点。他们选择商品时讲究品质，喜欢高档、名牌进口商品。他们往往是新型高档消费品的早期购买者，经常成为社会上某种商品流行的先导。其他消费者则追随其后，仿效他们的消费行为。

3. 使购买行为具有某种社会评价意义

现实生活中，商品往往具有社会评价意义，即可以成为社会地位、身份的象征。同一群体的人们通过特定商品的消费，能够显示出他们共有的观念和行为特征。在参照群体的影响下，消费者通常通过对不同风格、品牌商品的选择，使自己的消费行为带有某一群体的特征。这一表现实际上是人们自觉接受群体诱导的结果。例如，一个希望人们把他看作"成功人士"的消费者，在日常消费中经常会通过购买高档、名牌商品来显示其优越的经济地位；一个希望别人把他看作"个性鲜明，气质独特，具有较高艺术修养"的消费者，常爱选择那些新颖别致、与众不同、质量精良、品位不凡的商品，以显示其独特的审美情趣和高雅的欣赏品位。

总之，消费者可以通过对不同商品的选择来塑造自己的消费形象，表现所倾慕的参照群体的消费特征。

8.4　消费者群体规范与内部沟通

消费者群体作为一种特殊的社会群体类型，有其自身的活动规律和活动方式。其中群体的规范和内部沟通状况对成员及群体的消费行为具有重要的影响。

8.4.1　消费者群体的规范

所谓规范，是指群体所确立的行为标准。它们可以由组织正式规定，也可以是非正式形成的。通常有成文和不成文两种形式。在消费者内部，可以有成文的规章制度，例如某些商场的消费规定，或者国家的法律形式规定的行为准则。然而，成文的规定毕竟是有限的，更多的还是不成文的规定。这些不成文的规定会约束内部成员。比如，回民有严格的禁食习俗等。

消费者的内部规范，不论是否成文，对于成员都具有不同程度的约束力。但是二者的形式作用又有所区别。不成文的规定表现为通过群体压力迫使消费者调整自身的消费行为，以适应和顺从群体的要求。成文的规定则会常以组织、行政、政策乃至法律的手段和方式，明确规定人们可以做什么和不可以做什么，怎么做，从而强制性地影响和调节他人的消费行为。在各种成文和不成文的规范中，有些是鼓励人们消费的，有些则是抑制人们消费的。例如，香烟的消费就是受到抑制的；在环保、节能、低碳的消费趋势下，一些排碳量低的汽车很受环保人士的青睐。心理学研究表明，一个人的习惯、爱好以及思想行为准则是受到外界影响而逐渐形成的。在各种外界的影响中，参照群体对消费者心理与行为有着至关重要的影响，具有规范的功能。

1. 参照群体的概念

参照群体是指为个体消费者形成一般或特殊价值观、态度或行为提供比较（参照）点的个人或团体。如同从行为科学里借用的其他概念一样，参照群体的含义也在随着时代的变化而变化。参照群体最初是指家庭、朋友等个体与之具有直接互动的群体，但现在它不仅包括了这些具有互动基础的群体，而且也涵盖了与个体没有直接面对面接触但对个体行为产生影响的个人和群体。

2. 参照群体的分类

参照群体按照不同的标准可以分为不同的类型。按照群体内部关系是否规范，可分为正式群体与非正式群体。正式群体是为了实现某种目标而建立起来的有着正式组织结构和明确纪律的群体。非正式群体是人们为了满足某个共同的心理需求而结合的，没有具体的机构和制度来规范人们之间交往的群体。非正式群体对消费者行为的影响往往比正式群体的影响更明显。

按照是否渴望加入该群体的行为，通常分为准则群体、比较群体和否定群体。准则群体是指人们所希望或愿意参加的一种群体。这种群体的价值观念、行为准则、生活方式、消费特征等是人们赞赏、推崇并愿意效仿的。通常这种群体对消费者的影响最大。比较群体是指人们仅把它作为评价自身行为的参考依据，而并不希望加入的一种群体。具体表现为，一些消费者总是模仿他们所欣赏的某人群的消费方式。消费者在接受这类群体影响的同时，对该群体某些方面的特征（如价值观念、生活方式等）也许是持怀疑或否定态度的，因此他们自己并不想成为其中的一员。由此，比较群体对消费者行为的影响带有较大局限性。否定群体是指人们对其持否定态度、加以反对的一种群体。对于这种群体的某些方面，人们是不赞同或厌恶的。消费者通常不会购买那些与否定群体典型表征有关的产品，以此表明与这类群体划清界限，不愿与其为伍。

3. 影响消费者的主要参照群体

（1）家庭成员。

这是消费者最重要的参照群体，它包括了消费者的血缘家庭和婚姻家庭的成员。家庭成员的个性、价值观以及成员之间的相互影响，形成了一个生活方式，从而对消费者行为起着直接的影响作用。

（2）同学、同事。

由于长时间共同学习或在同一组织机构中合作共事，消费者常常受到来自同学或同事的影响。

（3）社区邻居。

我国消费者受传统习俗的影响，比较注重邻里关系，尤其是居住条件比较拥挤的居民，邻里往来更为密切。在消费活动中，左邻右舍的消费倾向、价值评价、选择标准等，往往成为人们重要的参照依据。

（4）亲戚朋友。

这也是影响消费者行为的主要参照群体。在某些情况下，由于具有共同的价值取向，朋友的看法往往更具有说服力。

（5）社会团体。

各种正式和非正式的社会团体，如党派、教会、书法协会、健身俱乐部等，也在一定程度上影响着消费者的购买行为。

（6）名人专家。

如政界要人、专家学者、影视明星、优秀运动员、著名作家，以及那些受到人们崇拜和爱戴的权威人士，都可能成为消费者的参照系。

4. 参照群体的规范性影响

人们总希望自己富有个性和与众不同，然而群体的影响又无处不在。不管是否愿意承认，每个人都有与各种群体保持一致的倾向。看一看班上的同学，你会惊奇地发现，除了男女性别及其在穿着上的差异外，大部分人衣着十分相似。事实上，如果一个同学穿着正规的衣服来上课，大家通常会问他是不是要去应聘工作，因为人们认为这是他穿着正式的原因。请注意，作为个体，我们并未将这种行为视为从众。尽管我们时常要有意识地决定是否遵从群体，通常情况下，我们是无意识地和群体保持一致的。

参照群体具有规范的功能，在于建立一定的行为标准并使个体遵从这一标准，比如受父母的影响，子女在食品的营养标准、如何穿着打扮、到哪些地方购物等方面形成了某些观念和态度。个体在这些方面所受的影响对行为具有规范作用。由此，参照群体对消费者的影响会表现在行为规范上。

规范性影响是指由于群体规范的作用而对消费者的行为产生影响。规范是指在一定社会背景下，群体对其所属成员行为合适性的期待，它是群体为其成员确定的行为标准。无论何时，只要有群体存在，无须经过任何语言沟通和直接思考，规范就会迅即发挥作用。规范性影响之所以发生和起作用，是由于奖励和惩罚的存在。为了获得赞赏和避免惩罚，个体会按群体的期待行事。广告商声称，如果使用某种商品，就能得到社会的接受和赞许，利用的就是群体对个体的规范性影响。同样，宣称不使用某种产品就得不到群体的认可，也是运用规范性影响。

8.4.2　消费者群体的内部沟通

沟通是为了一个设定的目标，把信息、思想和情感在个人或群体间传递，并且达成共同协议的过程。它有三大要素，即：①要有一个明确的目标；②达成共同的协议；③沟通信息、思想和情感。沟通的要素包括沟通的内容、沟通的方法、沟通的动作。就其影响力来说，沟通的内容占7%，影响最小；沟通的动作占55%，影响最大；沟通的方法占38%，居于两者之间。让我们通过下面一则故事来理解有效沟通的作用。

【案例】

人类的祖先最初讲的是同一种语言。他们在底格里斯河和幼发拉底河之间，发现了一块异常肥沃的土地，于是就在那里定居下来，修起城池，建造起了繁华的巴比伦城。后来，他们的日子越过越好，人们为自己的业绩感到骄傲，他们决定在巴比伦修一座通天的高塔，来传颂自己的赫赫威名，并作为集合全天下弟兄的标记，以免分散。因为大家语言相通，同心协力，阶梯式的通天塔修建得非常顺利，很快就高耸入云。上帝耶和华得知此事，立即从天国下凡视察。上帝一看，又惊又怒，因为上帝是不允许凡人达到自己的高度的。他看到人们这样统一强大，心想，人们讲同样的语言，就能建起这样的巨塔，日后还有什么办不成的事情呢？于是，上帝决定让人世间的语言发生混乱，使人们互相言语不通。

人们各自讲起不同的语言，感情无法交流，思想很难统一，就难免互相猜疑，各执己见，争吵斗殴。这就是人类之间误解的开始。

修造工程因语言纷争而停止，人类合作的力量消失了，通天塔终于半途而废。

由此可见，有效地沟通能提高工作效率，化解矛盾，深入实质问题，对消费者个体及群体的共同行为有很重要的影响。内部沟通是消费者群体间的成员之间互动的过程。消费者内部沟通可以分为消极的沟通和积极的沟通。

消费者将获取的商品信息，以及购买、使用商品后的评价及心理感受，向群体内的其他消费者转告、传播、倾诉，以求得其他消费者的了解、理解和认同，这一过程就是消费者群体的内部沟通。内部沟通是群体内部消费者之间互动的基本形式。有效的沟通对消费者个人的行为以及群体的共同行为都有重要影响。

消费者群体的内部沟通可以分为积极的沟通和消极的沟通两种方式。

1. 积极的沟通

积极的沟通是指消费者在购买、使用、消费某种商品后获得了满意的体验，心理上得到了极大满足时，会出现传话效应，把自身良好的心理感受和经验转告使人。积极的沟通不仅使消费者满意的消费体验得到宣传，还会为工商企业的生产、经营活动带来良性的反馈作用。

2. 消极的沟通

消极的沟通是消费者在购买商品的过程中，由于各种原因而产生不满的心理体验时，通过抱怨、发泄、投诉等方式，将消极性的信息传递给其他消费者或经营企业，以求得到同情、补偿。当消费者的利益受到上述不同程度的损害时，必然会产生不满意的心理体验，从而形成消极的情绪反应，并且由此引发把不满情绪加以宣泄的强烈愿望和冲动。其结果既阻碍了消费者本人的下一次消费行为，还势必会对其他消费者的行为造成严重影响。显然，对工商企业来说，消极沟通的传话效应是十分不利的。消极沟通通常有以下三种表现形式。

（1）抱怨。

消费者会抱怨经营单位的商品质量和服务态度，主动找有关部门的负责人反映并要求协调处理质量问题。

（2）传话。

消费者会把自己所受到的利益损失情况转告其他消费者，希望得到他人的同情。与此同时，消费者也把对经营单位不利的信息传给了其他消费者，使接受这些信息的消费者对该经营单位产生戒备心理，从而给经营单位的形象造成了不良影响。

（3）投诉。

这是消费者运用舆论、行政或法律手段保护自己的利益时所采用的一种形式。当消费者受到重大利益损失、出现严重后果时，如经营单位不能及时妥善加以解决，消费者就会诉诸舆论工具、有关政府机构、消费者权益保护组织乃至法律部门，希望得到公平的解决。

8.5   暗示、模仿与从众行为

8.5.1   暗示

1. 暗示的概念

暗示，是指在无对抗条件下，用含蓄、间接的方式对消费者的心理和行为产生影响，从而使消费者产生顺从性的反应，或接受暗示者的观点，或按暗示者要求的方式行事。

社会心理学的研究认为，群体对个体的影响，主要是由于"感染"的结果。处于群体中的个体几乎都会受到一种精神感染式的暗示或提示，在这种感染下人们会不由自主地产生这样的信念：多数人的看法比一个人的看法更值得信赖。因此，暗示的主要影响因素就是暗示者的数目，或者说暗示所形成的舆论力量的大小，暗示得当，就会"迫使"个人行为服从群体的行为。

2. 暗示的表现方式

暗示的方式有很多种，如用话语和语调，手势和姿势，表情和眼神以及动作等进行暗示。例如，有的企业出售商品挂出"清仓处理"或"出口转内销"的招牌，这是词语暗示；有的企业聘请名人代言，是对商品信誉的暗示；有的商铺门前排起长队，这是商品热销的暗示。

在消费行为中，消费者受暗示而影响决策的现象很常见。暗示越含蓄，其效果越好。因为直接的提示形式易使消费者产生疑虑和戒备心理，间接的暗示则容易得到消费者的认同和接受。例如，吉列刀片的广告宣传语"我们赠给你爽快的早晨"，暗含刀片的质量很好，刮胡的效果佳。但在有些情况下，消费中的暗示效应，往往使人们无计划地购买对自己毫无用处的东西，例如，商家打出降价 50% 的活动，原价 100，消费者花了 50 元购买，但购买之后发现东西不合适，就白花了 50 元。对消费者来讲，暗示常常是导致"非优选决策"的契因。

8.5.2   模仿

1. 模仿的概念

模仿是没有外在压力条件下，个体受他人的影响仿照他人，使自己的行为与他人相同或相似的现象。人类在社会行为上的模仿的本能，同样存在于人们的消费活动中。消费活动中的模仿，是指当某些人的消费行为被他人认可并羡慕时，会产生仿效和重复这类人的消费行为的倾向，从而形成消费行为的模仿。在消费活动中，模仿是一种普遍存在的社会心理和行为现象，可供模仿的内容极其广泛，从服装、发型、家具到饮食习惯，都可成为消费者模仿的对象。

2. 消费活动中模仿行为的特征

（1）消费活动中的模仿者，大都兴趣爱好广泛，喜欢追随消费时尚和潮流，容易被他人的生活方式吸引，对新鲜事物敏感，接受能力强。

（2）模仿是一种非强制性行为，即引起模仿的心理冲动是消费者自愿将他人的行为视为榜样，并主动加以学习和模仿，而不是通过社会或群体的命令强制发生的。模仿的结果会给消费者带来愉悦、满足的心理体验。

（3）模仿可以是感性驱使的行为结果，也可以是消费者理性思考的行为表现，成熟度较高。消费意识明确的消费者，选择模仿对象时通常经过深思熟虑；而观念模糊、缺乏明确目标的消费者，往往带有较大的盲目性。

（4）模仿行为的发生范围广泛、形式多样。所有的消费者都可以模仿他人的行为，也都可以成为他人模仿的对象。消费领域中的一切活动都可以成为模仿的内容，只要是消费者向往、感兴趣的他人行为，无论流行与否，都可以被模仿。模仿行为通常以个体或少数人的形式出现，规模一般较小。随着模仿规模扩大，逐渐成为多数人的共同行为时，就发展为从众行为或爆发为消费流行了。

8.5.3　从众行为

1．从众行为的概念

从众，是一个非常普遍的社会现象：经常在一起交流的人会互相影响，往往具有类似或者相近的思想。从众行为，是指个体在群体的压力下改变个人意见而与多数人取得一致认识的行为倾向。在消费领域中，从众表现为消费者接受到他人的产品评价、购买意愿或购买行动的信息后，改变了自己的产品评价、购买意愿或购买行动，并与他人保持一致。这种个人受群体影响而遵照多数人的消费行为方式进行消费，就是从众消费行为。

2．从众行为的表现方式

消费者的从众行为主要有以下几种表现形式。

（1）心理和行为的完全从众。

当消费者对某种商品很陌生时，由于受群体的暗示或认为多数人的行为能提供有效信息，从而产生从众行为。

（2）心理接受，行为不从众。

心理上对形成的消费潮流已完全接受。但在形式和行为上予以保留。例如，多数美国人认为到市郊的超级市场购物既方便又便宜，而上层社会人士出于身份、地位等的顾虑，虽然内心赞成，但行动上不便支持。

（3）心理不接受，但行为上从众。

这是一种权宜从众行为，虽然消费者对某些商品抱有抵触心理，但无力摆脱群体的压力而不得不采取从众行为。

3．从众行为的特征

（1）从众行为经常是被动接受的过程。

许多消费者为了避免因行为特殊而引起的群体压力和心理不安而被迫选择从众。在从众过程中，消费者不仅会产生安全感、被保护感等积极感受外，还会有无奈、被动等消极的心理体验。

（2）从众行为的范围有限。

消费活动的个体性和分散性决定了消费者行为的多样性，让大多数消费者对所有的消费内容都保持一致是不可能的，因而，从众行为不是在所有的消费活动中都出现，需要一定的客观环境和诱发因素。例如，在信息有限时，消费者为了能对客观现实形成正确的判断，就会产生从众行为，以确保"安全消费"。在实际中，还存在着不从众和反从众的行为。

（3）从众消费行为的规模较大。

从众行为通常是从少数人的模仿开始的，继而成为多数人的共同行为。多数人的共同行为出现后，又刺激和推动了更大范围内更多消费者的相同或相似消费行为，从而形成流行浪潮。

【案例】

娃哈哈的成功秘诀

1987 年初，杭州市上城区教育局任命宗庆后为校办企业经销部经理，重整因亏损而停办的经销部，并要求到年底创利 4 万元。结果到年底，竟创利 30 万元。第二年教育局要求与他签订上缴利润合同，宗庆后欣然同意将 30 万元作为基数，在 3 年内每年递增 15%。是什么使他获得如此巨大的成功呢？是新产品娃哈哈儿童营养液。

宗庆后上任伊始，就对市场作了调查，在调查的 3 006 名小学生中，竟有 1 336 位患有不同程度的营养不良症。而市场上虽然营养液名目繁多，却恰恰缺乏专为儿童设计生产的品种，于是他决定开发儿童营养液。有人提醒他：老牌的、成名的营养产品非常多，能竞争过人家吗？再说，只生产儿童营养液，这不是自己束缚自己的手脚，自己堵自己的销路，把市场限窄了吗？宗庆后认为，产品必须要突出个性，没有个性，就形不成独特的风格，没有独特的风格，谁都能吃，也就谁都可以不吃。至于销路，中国有 3.5 亿儿童，市场大得很，关键看产品是否对路。宗庆后与浙江医科大学朱寿民教授一起研究开发儿童营养液，他们针对儿童营养不良、食欲不佳的状况，以增强食欲、弥补儿童缺失的营养元素为目标，研制成功了口感好、效果不错的产品。有了这样的产品，再加上出色的促销工作，很快就占领了全国的市场。

目前，娃哈哈涉及乳饮料、瓶装水、碳酸饮料、热灌装饮料、罐头食品、医药保健六大类产业，为中国最大全球第五的食品饮料生产企业，在资产规模、产量、销售收入、利润、利税等指标上已连续 11 年位居中国饮料行业前位，成为目前中国最具发展潜力的食品饮料企业。

结合本案例，试分析消费群体的划分对企业营销活动的意义以及企业如何通过消费群体划分才能搞好市场定位工作。

"天天畅优，自然美丽"

2008 年是极不平凡的一年。在经历了三聚氰胺事件后，消费者对牛奶品牌产生信任危机，乳制品的消费量锐减，全行业出现危局。2009 年，乳制品行业的信任危机稍有缓和，但是竞争格局却在发生着深刻的变化。

作为中国乳业重要市场的华南市场竞争愈发激烈。乳业巨头伊利在佛山收购了澳纯乳品加工厂全力打造酸奶产品，试图抢占广州酸奶市场；曾经因与光明分手而黯然退出广州市场的达能碧优，又卷土重来，低调现身广州市场；与此同时，广东本地品牌燕塘、风行牛奶也有着 20% 左右的增长，而且相继推出自己的酸奶产品。华南乳饮料行业逐渐形成了"群雄逐鹿"的战局，各大品牌都绞尽脑汁想分得一份蛋糕。光明乳业也推出了自己的产品"光明畅优"。

光明畅优的目标消费者是有着高收入，追求高品质生活的现代都市女性，其年龄大致在 20 至 40 岁之间。她们有着比一般女性更让人羡慕的资本，同时她们有着更高的追求：追求小资品味，追求高品质生活；更重要的是她们更关注自身的健康，追求自身的美丽。光明畅优针对女性对"健康"和"美丽"的关注，以"通畅"作为切入点进行广告诉求，并推出了电视、车窗、地铁等一系列的广告。

问题：

结合案例，分析光明乳业将其酸奶产品的目标定位为女性消费者群体的原因。

思考题

1. 试分析不同年龄阶段消费者的消费心理及行为。
2. 试分析女性消费者的消费心理及行为。
3. 结合自身或周围人的实际情况，谈谈消费心理的变化。
4. 试分析参照群体的功能。

9 社会环境与消费者心理和行为

学习目标

➤ 重点了解社会文化及亚文化在消费者心理形成中的作用
➤ 明确社会阶层与消费者行为的相关关系
➤ 掌握如何利用社会环境对消费行为的影响作用来制定正确的营销策略
➤ 明确家庭的购买行为模式及影响因素
➤ 了解信息传播对消费者行为的引导与影响

每个消费者作为社会的一员，都会受到社会环境的影响。众多的消费者又会反过来影响社会的环境。这两者是相辅相成的。消费者购买行为不可避免地受到社会环境和各种群体关系的影响和制约。只有从社会环境与消费者相关关系的角度进行研究，才能科学地解释复杂多样的消费心理与行为现象，并为消费行为的预测提供切合实际的依据。

【案例】

中西方婚礼服饰和婚礼主色调差异

婚姻是人类社会共有的制度之一。从古至今，婚姻对于任何人都是至关重要的。婚礼是在公开的场合将丈夫和妻子之间的婚姻关系公开确定下来的仪式。因此，几乎在每一种社会文化中，都有举办婚礼的习俗。婚礼是各个国家文化的重要组成部分。随着社会的不断进步和全球化的影响，婚礼文化在不断地发生变化。我国的婚礼文化也不断地受到西方婚礼文化的冲击，现在年轻人在举办婚礼时经常是中式婚礼西方化。那么，在各国之间文化交流相互影响的大环境下，我国的婚礼文化和西方婚礼文化存在什么样的差异？

一、婚礼举行的地点

对于我们中国人来说，婚礼要办得隆重热闹，邀请众多的亲戚朋友，所以婚礼举行的地点一般都选在交通方便、空间宽敞的院落或酒店。而西方婚礼突出庄重和圣洁，婚礼一般都是在教堂或其他较为安静的地方举行，婚礼井井有条，但是相对来说就不如中国婚礼那么热闹。

二、婚礼服饰和婚礼主色调的比较

西方的婚礼的主色调是白色。在西方婚礼中，新娘一般都会一直穿着白色的婚纱，代表圣洁和忠贞。新娘的捧花、周围环境的装饰都是以白色为基调的。中国婚礼的主色调是红色，这是中国传统的代表喜庆的颜色，新娘一般都穿红色的礼服。家里到处都贴有红色的喜字，新人身上佩戴红花，新房里的物品也大都是红色。现在由于受到西方婚礼习俗的影响，越来越多的中国人也接受了白色婚纱。但是新娘一般都是在迎娶的时候和婚宴开始的时候穿白色的婚纱，之后就会换上红色或是其他比较喜庆的颜色的礼服。

三、婚礼举行过程中的异同

中国婚礼中新人要举行拜堂仪式：一拜天地，二拜高堂，夫妻对拜。而西方国家则是在牧师的见证下许下爱的誓言。中西方婚礼上都有一位主持，西方国家的通常是神父或牧师，而中国则是专门的婚庆司仪，其主要任务就是使婚礼更加热闹，亲戚朋友更加开心。中西方的婚宴也有很大不同。中国人一般都在婚宴所在地举办结婚典礼。中式婚宴的酒席很大一部分的内容是亲朋好友热闹地聚在一起进餐，另外还设有一些余兴节目。在宴席中间新娘一般换1至2套衣服，婚宴开始时新人向各桌一一敬酒。在西方国家，婚宴通常是在教堂的结婚典礼结束之后举行。婚宴中通常伴随着舞会，婚宴舞会可能会有一些特别的模式。宴会会在互相敬酒与庆祝中进行，一直到新人们坐上车子离去为止。新人会在家人朋友的欢送下开始蜜月旅程。

资料来源：陈永宁. 浅谈中国西方婚礼差异[J]，魅力中国，2010（14）.

9.1 社会文化与消费者心理特性

在考虑社会对人们的消费行为的影响时，必须注重认识文化的作用。文化是一种社会历史现象。每一个社会都有与之相适应的社会文化，并随着社会物质生产的发展而发展。在影响消费者心理与行为的各种社会环境因素中，文化环境有极为重要的地位。

9.1.1 文化和社会文化

文化是一个非常广泛的概念，给它下一个严格和精确的定义是一件非常困难的事情。不少哲学家、社会学家、人类学家、历史学家和语言学家一直努力，试图从各自学科的角度来界定文化的概念。然而，迄今为止仍没有获得一个公认的、令人满意的定义。据统计，有关"文化"的各种不同的定义至少有两百多种。笼统地说，文化是一种社会现象，是人们长期创造形成的产物。同时又是一种历史现象，是社会历史的积淀物。

文化的含义通常可以按广义、狭义、中义三个层次加以界定。广义的文化，是指人类社会在漫长的发展过程中所创造的物质财富和精神财富的总和。狭义的文化，是指社会的意识形态，包括政治、法律、道德、哲学、文学、艺术、宗教等社会意识的各种形式。中义的文化，介于广义文化和狭义文化之间，是指社会意识形态同人们的衣食住行等物质生活、社会关系相结合的一种文化，如衣饰文化、饮食文化、日用品文化和各种伦理关系、人际关系等。我们这里所用的文化概念颇近于中义的文化，它包括人们在社会发展过程中形成并经世代流传下来的风俗习惯、价值观念、行为规范、态度体系、生活方式、伦理道德观念、信仰等，我们把中义的文化称为社会文化。

文化具有一些特征：

（1）共有。它是一系列共有的概念、价值观和行为准则，它是使个人行为能力为集体所接受的共同标准。文化与社会是密切相关的，没有社会就不会有文化，但是也存在没有文化的社会。在同一社会内部，文化也具有不一致性。例如，在任何社会中，男性的文化和女性的文化就有不同。此外，不同的年龄、职业、阶级等之间也存在着亚文化的差异。

（2）文化是学习得来的，而不是通过遗传而天生具有的。生理的满足方式是由文化决定的，每种文化决定这些需求如何得到满足。从这一角度看，非人的灵长目动物也有各种文化行为的能力，但是这些文化行为只是单向的文化表现如吃白蚁的方式、警戒的呼喊声等。这和人类社会中庞大复杂的文化象征体系相比较显得有些微不足道。

（3）文化是一种架构，包括各种内隐或外显的行为模式，通过符号系统习得或传递。

（4）文化的核心信息来自历史传统；文化具有清晰的内在的结构或层面，有自身的规律。

（5）文化是人自己的生存活动，也是前人生存活动的结果。

（6）个体的人一旦出生，就已经落入某种文化环境中了，这是他无从选择的。每一个人都是在文化中生存和活动并参与文化创造的。文化创造比我们迄今所相信的有更加广阔的和深刻的内涵。人类生活的基础不是自然的安排，而是文化形成的形式和习惯。

（7）人与动物的区别。人与动物不同，支配动物行为的本能，是动物物种的自然特性；人的行为则是靠人自己曾获得的文化来支配。支配人的行为的，表面上看是外在于人的事物及其间的关系，但实际上，它们必须转化为知识、价值、意义才能内在地控制人的行为。前人、他人的生存活动对自己的影响也是如此。

（8）文化一方面是正在进行的、不可停顿的生存活动，另一方面是蕴含于当下的生存活动中并规范、调节、控制、影响着这些生存活动的知识、价值、意义。

（9）在一定程度上，文化与我们分离，如同自然先予的世界与我们分离一样。我们无法逃脱地站立在我们创造的文化世界中，也就像我们站在自然世界中一样；尽管文化只是源于人类，而且为了保存文化的生命力，人作为承担者使用文化，并用文化来充实自己。但文化并非附属于人，而是外在于人的独立存在。事实上，文化可以与承担者分开，并可以由一个承担者向另一个承担者转化。

社会文化是与基层广大群众生产和生活实际紧密相连，由基层群众创造，具有地域、民族或群体特征，并对社会群体施加广泛影响的各种文化现象和文化活动的总称。

9.1.2　文化与消费者行为的影响

每个人都处于一定文化氛围之中，文化对人类的需要和行为具有最基本的决定作用。

【案例】

美国的汽车文化

在美国，凡是可以利用机动车的地方，他们都要充分利用。不但农业机械化、自动化程度高，耕种收获都是利用机械来完成，而且，即使在学生公寓小区，来打扫卫生的工人，是开着工具车来的。修剪草坪的工人，是开着剪草机来修剪的。下雪了，工人开着铲雪机，把马路上和各家门前道路上的积雪铲得干干净净。在公园里清除杂树，也是用铲车和汽车完成的。更有甚者，我们还经常看到有工人开着特制的小车，在草坪和运动场上来回转悠，开始不知道是在做什么，到了近处仔细一看，原来他们是在捡抛弃在地上的废纸屑和废塑料袋等垃圾。

在美国，每逢节假日，很多人都是选择自己驾车旅游。出发前你可以在互联网上查阅旅游线路，并买一本公路交通地图。按照查询和地图上提供的信息走，一定不会迷路。在州际高速公路那些人烟稀少的地段，路旁有免费供驾车人休息的地方。晚上可以住汽车旅馆，住一晚只需七八十美元，并提供一顿早餐。这些旅馆建在公路旁，虽然规模不大，但干净，设施齐全，服务良好。

由克莱斯勒集团和一家市场调研和咨询公司所进行的一项联合调查显示：美国 67% 的父母选择在私家车里和孩子进行思想和情感交流。这项调查还发现，近 70% 的父母和孩子在一起的时间大部分是在家庭以外的私家车里（私家车是三个最常待的地方之一）。调查结果显示，每个家庭平均每天有 1.3 个小时是在车里度过的，而每年要有 5.3 次自驾车旅行。在绝大多数情况下，父母利用在车里的时间和孩子谈论最多的话题分别是学校（占 91%），朋友（占 90%）和其他事情（占 82%）。

曾听说起这样一件事：一位女士某次在美国中部一小镇街上行走，突然一辆车在身边停下来了，陌生的司机问她："有什么需要帮忙的吗？"她刚开始没反应过来，为什么会给别人需要帮助的感觉，后来才恍然大悟，这里的美国人都以车代步，行人非常稀少。

对美国人来说，汽车就是这样一个无法离开的朋友、伙伴、家人，或者就是自己最钟爱的一个情人。加拿大哲学家马歇尔·麦克卢汉就这样评说美国的汽车文化："美国是一个坐在汽车上的国家，我们不能想象，没有汽车的美国会变成什么样子。"对老中青很多美国人来说，汽车更是人生成长的一个标志。美国人的汽车文化是发散型的，博大精深，兼容并蓄。美国的车文化大致可分为两大类，一类是直接跟汽车这堆钢铁机器有关的，比如汽车制造、道路设施，等等；另一类则是从汽车延伸开来的生活习惯、审美情趣，等等。当然，两者也往往相互呼应、融会贯通，成为一个既丰富多彩也不乏糟粕缺点的文化体系。

这种车文化中的糟粕，最突出的一个，就是所谓美国汽车的"大气"，或者就是欧洲人经常批评的"不环保"。对于既去过欧洲也到过美国的人来说，这种感觉肯定很强烈。在欧洲，许多城市街道很窄，汽车位置更狭小，因此环顾巴黎、米兰等许多城市，举目皆是两厢车。原因可能也很简单，许多路边的停车位都是为两厢车设计的，突然出现一辆三厢的，位置都很难找。

开车常保持一颗宽容善良的心。很久以前，我看过一张非常感人的照片：一个小动物大摇大摆横过马路，结果马路上所有的汽车都停止了前进，排成长龙，安安静静、很有爱心地等这只小生灵安全通过。这不仅仅是善良的体现，也体现了人性光辉的一面。

资料来源：http://club.autohome.com.cn/bbs/thread-c-69-29590064-1.html.

1. 文化价值观

在构成文化的所有要素中，价值观占据着重要的地位，要了解消费行为上所体现的文化差异，首先应该了解不同文化背景下人们价值观的差异，人们的价值观会决定其消费观。

价值观是指同一文本化背景下被大多数人所信奉和倡导的信念，是人们对周围的客观事物（包括人、事、物）的意义、重要性的总评价和总看法。一方面表现为价值取向、价值追求，凝结为一定的价值目标；另一方面表现为价值尺度和准则，成为人们判断价值事物有无价值及价值大小的评价标准。个人的价值观一旦确立，便具有相对稳定性。但就社会和群体而言，由于人员更替和环境的变化，社会或群体的价值观念又是不断变化着的。传统价值观念会不断地受到新价值观的挑战。对诸事物在心目中的主次、轻重的排列次序的看法和评价，构成了价值观体系。价值观和价值观体系是决定人的行为的心理基础。不同的价值观会形成相应的消费观念，最终指导消费者的行为。

每个社会或群体都有其居于文化核心地位的价值观。核心价值观是指特定社会或群体在一定历史时期内形成并被人们普遍认同和广泛持有的居于主导地位的价值观念，而次要价值观则是指特定社会或群体在一定时期内形成和持有的居于从属地位的价值观念。文化的价值观具有极强的稳定性，在相当长的历史时期都不会改变，即使群体成员不断更新，它们也会被延续下去。核心价值观通常具有较强的惯性，这种惯性使它们自身拥有了一种抵制自身变革的力量。核心价值观一般来自父母、家庭，并通过学校、社会机构或其他组织得以强化。一个社会的核心价值观和信念无法或很难改变，企业经营者的合理选择应是努力去适应，保持企业理念与社会核心价值的一致。文化的次要价值观则相对比较容易改变。

2. 文化中的语言和一些非语言因素

语言是营销人员必须处理的文化的一个重要方面。他们需要认真地将产品名称，标语、广告语等翻译成外语，这必须要了解当地语言使用中的语意、语境，避免传递错误的信息或弄巧成拙。

相对于语言因素，不同国家、地区或不同群体之间非语言差异也比较容易被人们忽略，这些非语言因素包括时空观、事物的象征意义、契约和友谊、礼仪等。

3. 教育文化水平对消费者心理也有影响

一个国家消费者的受教育水平和文化素质高低，直接影响当地人的消费行为和对产品的接受能力。比如从我国出口的高档乐器、高级艺术品、古玩等在一些发达国家比较畅销。而在某些受教育程度不高的第三世界国家，一些低档文具则比较受欢迎。

9.1.3　亚文化与消费者行为

1. 亚文化的含义

亚文化（subculture），又称小文化、集体文化或副文化，指某一文化群体所属次级群体的成员共有的独特信念、价值观和生活习惯，与主文化相对应的那些非主流的、局部的文化现象，指在主文化或综合文化的背景下，属于某一区域或某个集体所特有的观念和生活方式。一种亚文化不仅包含着与主文化相通的价值与观念，也有属于自己的独特的价值与观念，而这些价值观是散布在种种主导文化之间的。在外国的历史上，著名的爵士乐与摇滚乐都曾经是亚文化，但随着专业人士与文化学者的不断介入，它们到后来都成了正规文化的一部分。昨天的亚文化可能就是今天的主流文化，今天的亚文化可能就是明天的主流文化。这也表明，所谓正规文化总是在吸收亚文化的过程中发展起来的。

亚文化是社会文化的细分和组成部分。通常,一个国家或社会内部并不是整齐划一的。其中若干个社会成员因民族、职业、地域等方面具有某些共同特性而组成一定的社会群体或集团,同属一个群体或集团的社会成员往往具有共同的价值观念、生活习俗和态度倾向,从而构成该社会群体特有的亚文化。亚文化既有与社会文化一致或共同之处,又有自身的特殊性。由于每个社会成员都生存和归属于不同的群体或集团中,因此,亚文化对人们的心理和行为的影响更为具体直接。这一影响在消费行为中体现得尤为明显。通常可以按种族、民族、阶层、宗教信仰、地域、年龄、性别、职业、收入、受教育程度等因素将消费者划分为不同的亚文化群。

2. 亚文化的特征

亚文化消费者群有如下基本特点:①他们以一个社会子群体出现,每个子群体都有各自独特的文化准则和行为规范;②子群体与子群体之间在消费行为上有明显的差异;③每个亚文化群都会影响制约本群体内的各个消费者的个体消费行为;④每个亚文化群还可以细分为若干个子亚文化群。

3. 亚文化对消费者行为的影响

亚文化对消费者心理的影响。亚文化包括性别亚文化、地域亚文化、年龄亚文化、民族亚文化、宗教亚文化和人种亚文化,等等。这些因素也是消费者群体细分的标准,使得不同的群体具有不同的消费心理特征。性别和年龄亚文化对消费者心理的影响在前面已经阐述过了。这里主要举例说明一下地域、宗教和人种亚文化对消费者行为的影响。

地域亚文化的影响:消费者的生活方式和消费习惯由于地理环境的不同而有所不同。例如,我国南方、北方就属于两个不同的亚文化群,由于南、北方地理位置、气候等自然条件的差异,使得南、北方人在生活习惯、饮食、衣着及性格特点等方面具有很大差别。美国则是西部人爱喝杜松子酒和伏特加,东部人喜欢苏格兰威士忌混合酒,南方人则偏爱波旁酒。

宗教亚文化的影响:基督徒忌讳数字"13",因为公元 1 世纪耶稣创立基督教,但他被 12 使徒中的犹大叛徒出卖并受难,受难日为星期五,最后的晚餐连耶稣有 13 人,所以在西方,13 是人们忌讳的数字,并且与星期五一起视为不祥日。这就是宗教亚文化的影响。

人种亚文化的影响:根据人种的自然体质特征,生物学家以本质主义方式(即以体质特征为标准)通常将全世界的现代人划分为四大人种:欧罗巴人种(又称白色人种或高加索人种或欧亚人种)、蒙古人种(又称黄色人种或亚美人种)、尼格罗人种(又称黑色人种或赤道人种)和澳大利亚人种(又称大洋洲人种或棕色人种),俗称白种人、黄种人、黑种人和棕种人。这些人对商品颜色、饮食习惯和衣着习惯都有不同的差异。比如黑种人青睐珠宝、时装和汽车。

【案例】

地处广州的中美合资守联有限公司,1985 年投产以来,所生产的亨联系列食品畅销国内市场。其原因在于公司在投产前,先后在我国各地城市的 2 000 个不同类型的家庭进行了关于产品外形、口味、价格、何处购买等问题的全面调查,然后据此划分若干细分市场,针对不同地区、不同年龄的婴幼儿情况采取了不同的产品配方。比如,南方儿童患缺铁性贫血、佝偻病的较多,他们在南方市场销售的食品中钙铁含量较同类产品高近三倍;北方儿童缺锌的较多，他们在北方市场销售的食品中增加了锌的含量。由此，亨联产品处处受到消费者的欢迎，保证了较大的市场覆盖率。

在市场营销领域中，研究亚文化的意义在于，消费者行为不仅带有某一社会文化的基本特性，而且还带有所属亚文化的特有特征。与前者相比，亚文化往往更易于识别、界定和描述。因此，研究亚文化的差异可以为企业营销人员提供市场细分的有效依据，促使企业正确区分和选择亚文化消费群体，从而更好地满足目标消费者的需求。

9.1.4 中国文化对消费行为的影响

中国传统文化源远流长，其基本精神为讲究中庸、注重伦理、重义轻利。当今社会传统文化对消费的影响日趋明显，文化悄悄成为消费的新噱头。因此，重新认识我们的传统文化，发掘传统的新价值，对社会经济、文化的发展都将起到不可估量的作用。而且中国传统文化的价值观念、思维方式、生活方式、消费观念等也都有其独特性，研究这一独特性，特别是研究中国传统文化对人们的消费心理与行为的影响，对于我国企业参与国际竞争、搞好市场营销工作具有重要意义。

文化对消费行为的影响是深刻而巨大的，是一种深层次的影响。一定的文化，将影响到消费者消费的源泉——需要；文化将影响到顾客消费的方向与标准；文化将影响到消费者的购买模式与行为。

中国文化五千年历史源远流长，其独特性与传统性必然深刻影响着中国人的消费模式和消费习惯。

1. 人本主义

人本主义是中国文化的基本格调。始终坚持以人为中心。"人"视作一切问题考虑的根本。符合"人"本身的利益才是最好的利益。这就要求企业在开发新产品时，确定新产品的定位，使之符合大部分人的利益，满足更多消费的消费需求。

2. 讲究中庸之道

对于实现一定的目的来说，都有一个一定的标准，达到这个标准的就可以实现这个目的。而中庸之道，就是遵守一定的标准，做到不偏不倚。企业的新产品在投放市场时，要进行良好的市场细分，确立准确的产品定位以及市场目标。只有把产品放在合适的位置，才会有出其不意的效果。

3. 注重人伦

中国文化以重人伦为特色，即强调伦理关系。我国传统文化的核心，就是以伦理道德为核心的儒家文化，而儒家文化的伦理观念就是从最基本的血缘关系发展而来的。中国人非常看重家庭成员的依存关系，以及在此基础上的家庭关系、亲戚关系，中国传统社会的人际关系都是从夫妇、父子这些核心关系中派生出来的。企业新产品投放市场时，品牌形象可视情况突出自身重人伦、重人伦消费方面的特点。

4. 看重面子

中国人对自己的脸面特别关注，尤其是通过自己的印象整饰、角色扮演和行为举止而在他人心目中留下好的印象，以期获得一个好名声。中国人特别注重人情与面子，注重人与人之间的感情关系。在人际交往中，往往把人情视为首要因素，以维系人情作为行为方式的最高原则。中国人遵循在历史中形成的各式各样的行为规范和传统礼仪习惯。因此，企业生产的产品要有新颖且适合产品自身条件的包装。突出产品的最大价值，以满足消费者在购买时的各种心理。

5. 重义轻利

中国文化的特点之一，就是与金钱物质利益相比，人们更注重情谊。特别是在发生冲突的时候，追求的是舍利而取义。因而中国人最痛恨的是"见利忘义""忘恩负义"，而讲究"滴水之恩当涌泉相报"。中国文化的这种重义轻利的特点，使得一些人在人际交往和工作中容易感情用事，注重"哥们儿义气"，并且热衷于相互之间赠送礼品，讲究"礼尚往来"。产品树立其产品形象及品牌形象时，可突出产品的情感诉求，使消费者在购买时不仅得到购买行为的满足，更得到心理的满足。

9.2 社会阶层与消费者行为差异

社会结构中，由于人们所处社会地位、等级的差异，会形成不同的社会阶层。各个社会阶层之间，在经济地位、价值观念、生活态度和消费习惯等方面均存在明显差异，由此导致不同的消费行为。为使企业营销策略的制定更具有针对性，有必要探讨社会阶层对消费者行为的影响。

9.2.1 社会阶层的含义

社会阶层是指全体社会成员按照一定等级标准划分为彼此地位相互区别的社会集团。这些标准产生的原因是经济、政治、社会等方面的差异。同一社会集团成员之间态度以及行为和模式和价值观等方面具有相似性，不同集团成员存在差异性。

社会阶层展示的是人们不同的社会地位，具有多维性（即并非由一个变量因素来决定属于哪一阶层，而是由多方面的因素决定的）、层级性（有高低层级之分）、限定性（处于同一个阶层的成员在另一个与之不同的阶层中会感到拘谨）、同质性（同一个阶层的人具有相同的价值观和行为规范）、动态性（人并非恒定地处于同一个阶层，会由高阶层走向低阶层或者由低阶层走向高阶层）。

9.2.2 社会阶层的划分

划分社会阶层的依据有很多，有单一指标法和综合指标法两种。

单一指标通常有：收入、教育程度和职业等。收入有高低之分，高收入者与低收入者就是两个不同的社会阶层。他们的收入水平决定了他们消费水平的差距。教育程度不同会使人的审美观和价值观产生差异。大学教授和只有小学水平的小摊贩的情趣有可能不一样。相同职业能使不同的人之间产生共鸣，不同职业则会产生隔阂。这些因素都可以使划分社会阶层的依据。利用单一因素划分社会阶层是比较容易的。

利用综合指标划分社会阶层则比较复杂一些。目前，西方学者在划分社会阶层时较为常用的有两因素、三因素和四因素，甚至更多因素的综合划分法。这里主要介绍霍林舍社会位置指数法和科尔曼地位指数法。

1. 霍林舍的二元指标法

霍林舍的二元指标将职业、教育等级加权而后评分。这种方法简便易行，但只反映和衡量个人或家庭的社会中的等级序列，具体划分方法如表 9.1、9.2 所示。

表 9.1　霍林舍的二元指标法（1）

职业等级	得分	教育等级	得分
大企业总经理、大老板和高级专业人员	1	已获高级学位的专家（医学博士、哲学博士、法学博士等）	1
商业经理、中型企业老板和一般专业人员	2	四年大学毕业（文学士、理学士、医学等）	2
行政人员、小企业老板和低级专业人员	3	一至三年大学毕业（包括商业学校等）	3
办事人员与售货员、技术员与小业主	4	高中毕业	4
熟练工人	5	10～11 年学历	5
机器操作工人和半熟练工人	6	7～9 年学历	6
不熟练工人	7	7 年以下学历	7

（职业等级×7）＋（教育等级×4）＝指数等级

表 9.2　霍林舍的二元指标法（2）

社会阶层	指数等级	在人口中的比重%
1 上层	11~17	3
2 中上层	18~31	8
3 中层	32~47	22
4 中下层	48~63	46
5 下层	64~67	21

资料来源：郭永昌. 上海社会阶层空间错位研究，中国知网，2007.

例如：一位具有博士学历的企业老总的指数等级=1×7+1×4=11，属于上层社会阶层，上层社会阶层占人口的比重为 3%。

2. 科尔曼地位指数法

科尔曼地位指数法：从职业、教育、居住的区域、家庭收入四方面综合测量消费者所处的社会阶层。其变量及评分标准如表9.3所示。

表9.3 科尔曼地位指数法中的变量及评分标准表

教　　育	被访者	被访者配偶
8年（含8年）以下初等教育	1	1
高中肄业（9～10年）	2	2
高中毕业（12年）	3	3
1年高中后学习	4	4
2年或3年制大专	5	5
4年制本科毕业	6	6
硕士毕业或5年制大学	7	7
博士毕业或6～7年制专业学位	8	8
户主的职业声望（如果被访者已退休，询问退休前的职业）	被访者	被访者配偶
长期失业者（以失业救济金维生者，不熟练的零工）	0	
半熟练工，保管员，领取最低工资的工厂帮工和服务人员	1	
掌握一般技术的装配工，卡车与公共汽车司机，警察与火警，配送工	2	
熟练工匠如电工、小承包商、工头，低薪销售职员，办公室工人，邮局职员	3	
员工在2～4人之间的小业主，技术员，销售人员，办公室职员，一般薪水的公务员	4	
中层管理人员，教师，社会工作者，成就一般的专业人员	5	
中小公司的高层管理人员，雇员在10～20人的业主，中度成功的专业人士如牙医	7	
大公司的高层管理人员，获得巨大成功的专业人员如名医、名律师，富有的企业业主	9	
居住区域	被访者	被访者配偶
平民区（社会救济者和下层体力劳动者杂居）	1	
清一色劳动阶层居住，虽非平民区但房子较破败	2	
主要是蓝领但也有一些办公室职员居住	3	
大部分是白领但也居住着一些收入较高的蓝领	4	
较好的白领区（没有很多经理人员，但几乎没有蓝领居住）	5	
专业人员和经理人员居住区	7	
富豪区	9	
年家庭收入	被访者	被访者配偶
5 000美元以下	1	

续表9.3

年家庭收入	被访者	被访者配偶
5 000～9 999 美元	2	
10 000～14 999 美元	3	
15 000～19 999 美元	4	
20 000～24 999 美元	5	
25 000～34 999 美元	6	
35 000～49 999 美元	7	
50 000 美元以上	8	

注：1. 计算总分时，职业分被双倍计入。另外，如果被访者尚未成家，则在计算他的总分时，教育和职业两项得分均双倍计入总分。

2. 对于户主在 35～64 岁、以男性为主导的已婚家庭，得分如果在 37～43 分，则为上等阶层，得分在 24～36 为中等阶层，得分在 13～23 为劳动阶层，得分在 3～12 为低等阶层。

资料来源：Richard P. Coleman. "The Continuing Significance of Social Class to Marketing", Journal of Consumer Research，10，December 1983. pp. 265-280.

根据科尔曼-雷茵沃特的划分标准，可以将美国的消费者划分为三个社会等级结构：

上层美国人：

上上层（0.3%）：靠世袭而获取财富、贵族头衔的名副其实的社会名流；

中上层（1.2%）：靠业务成就、社团领导地位起家的社会新贵；

下上层（12.5%）：除新贵以外的拥有大学文凭的经理和专业人员，专注于事业、私人俱乐部和公益事业。

中层美国人：

中产阶级（32%）：收入一般的白领工人和他们的蓝领朋友，居住在"较好的居民区"，力图干"合适的事"；

劳动阶级（38%）：收入一般的蓝领工人，各种有不同收入、学历和工作性质背景但过着典型的蓝领阶级生活方式的人。

下层美国人：

下上层（9%）：地位较低，但不是最底层的社会成员。他们有工作，不需要福利救济，生活水平只是维持在贫困线之上；

下下层（7%）：接受福利救济，在贫困中挣扎，通常失业或做"最脏"的工作。

9.2.3 不同社会阶层消费者行为的差异

1. 支出模式方面的差异

不同社会阶层的消费者所选择和使用的产品是存在差异的。有的产品如股票、到国外度假更多地被上层消费者购买，而另外一些产品如廉价服装与葡萄酒则更多地被下层消费者购买。下层消费者的支出行为从某种意义上带有"补偿"性质。一方面，由于缺乏自信和对未来并不乐观，他们往往十分看重眼前的消费；另一方面，教育水平不高使他们容易产生冲动性购买行为。

2. 休闲活动方面的差异

社会阶层从很多方面影响个体的休闲活动。一个人所偏爱的休闲活动通常是同一阶层或临近阶层的其他个体所从事的某类活动，他采用新的休闲活动往往也是受到同一阶层或较高阶层成员的影响。虽然在不同阶层之间，用于休闲的支出占家庭总支出的比重相差无几，但休闲活动的类型却差别颇大。

3. 信息接收和处理方面的差异

信息搜集的类型和数量也随社会阶层的不同而存在差异。处于最底层的消费者通常信息来源有限，对误导和欺骗性信息缺乏甄别力。出于补偿的目的，他们在购买决策过程中可能更多地依赖亲戚、朋友提供的信息。中层消费者比较多地从媒体上获得各种信息，而且会更主动地从事外部信息搜集。随着社会阶层的上升，消费者获得信息的渠道会日益增多。

4. 购物方式方面的差异

人们的购物行为会因社会阶层而异。一般而言，人们会形成哪些商店适合哪些阶层消费者惠顾的看法，并倾向于到与自己社会地位一致的商店购物。

总之，对不同社会阶层消费者的心理与行为分析，有助于企业准确进行市场细分，以便更好地满足目标市场消费者的需求。从社会阶层的角度掌握消费者心理要注意以下几点：第一，基于希望被同一阶层成员接受的"认同心理"，人们常会依循该阶层的消费行为模式行事。例如，自认是"上等阶层"的人，不管是否真心喜欢，大都倾向以打高尔夫球、钓鱼、打桥牌等活动为主要的休闲活动，以配合上层身份。第二，基于不愿往下掉的"自保心理"，人们大多数抗拒较低阶层的消费模式。例如，一位自认为是有名望的富翁，可能会认为跟普通百姓坐在一起吃路边摊是一件非常"有失身份"的事情。第三，基于往高处爬的"高攀心理"，人们往往会喜欢做一些越级的消费行为，以满足一刹那的虚荣心理。例如，目前很多人将某产品作为身份的象征，因此他们宁可省吃俭用来买不太常用的产品，以获得"我是有钱人"的暂时的满足感。

对同一阶层消费者行为的认识，可以使企业的市场细分更加细致有效。企业在选择某一社会阶层的消费者作为目标市场后，还可以根据同一阶层内消费者行为的差异对这一目标市场进行再细分，从而使营销策略更有针对性。

同属一个社会阶层的消费者，在价值观念、生活方式以及消费习惯等方面，都表现出基本的相似性。但由于各个消费者在经济收入、兴趣偏好和文化水准上存在着具体差别，因而在消费活动中也会表现出不同程度的差异。美国学者考尔曼通过对汽车与彩色电视机市场的分析发现，同一阶层的消费者由于经济收入水平不同而在消费方面存在一些差异。他认为在同一阶层中，人们的收入水平存在三种情况：一种是"特权过剩"类，即他们的收入在达到本阶层特有的居住、食品、家具、服装等方面的消费水平之后，还有很多过剩部分；一种是

"特权过少"类，即他们的收入很难维持本阶层在住房、食品、家具、服装等方面的消费水准，几乎没有剩余部分；还有一类，他们的收入仅能够达到本阶层平均消费水平。根据考尔曼的研究，在"特权过剩"类的消费者中，既有关心音乐会或田园俱乐部的中上阶层的人，也有不关心这些的中上阶层的经营者和推销员。且后两类消费者都自我感觉是本阶层的贫困族。考尔曼用"特权过剩"与"特权过少"概念来解释某些消费现象。例如，在美国曾有一段时期，各阶层消费者都等量购买彩色电视机，从表面看对彩电的购买与社会阶层无关，但经认真分析后发现，购买彩电的消费者大都是各阶层的"特权"家庭，同样，购买小型汽车的人大都是各阶层的贫困族。由此可以看出，即使在同一阶层内，人们的消费行为也存在一定差异。

9.3 家庭对消费行为的影响

家庭作为社会结构的基本细胞单位，与消费活动有着极为密切的关系。据统计，大约80%的消费行为是由家庭控制和实施的。家庭不仅对其成员的消费观念、生活方式、消费习惯有重要影响，而且直接制约着消费支出的投向、购买决策的制订及实施。为此，有必要深入研究家庭对消费者行为的影响作用。

9.3.1 家庭的含义及类型

家庭是指以婚姻和血缘为纽带的基本社会单位，包括父母、子女及生活在一起的其他亲属。家庭是以男女间的经济分工为基础而形成的，是一种制度化的社会单位。因此，它是人类特有的普遍单位。家庭至少由两人组成，是消费者参与的第一个社会群体。

家庭结构的要素有：① 家庭成员的数量；② 代际层次；③ 夫妻数量。社会学家据此将人类传统的家庭模式分为三类：

核心家庭：由夫妻及其未成年子女组成；

主干家庭：由夫妻、夫妻的父母，或者直系长辈以及未成年子女组成；

扩大家庭：由核心家庭或主干家庭加上其他旁系亲属组成。

这是对传统家庭的理解，现代的家庭模式已经远远超出简单的三分法，并正向更加多元的方向发展。非传统家庭模式：

单亲家庭：由单身父亲或母亲养育未成年子女的家庭；

单身家庭：人们到了结婚的年龄不结婚或离婚以后不再婚而是一个人生活的家庭；

重组家庭：夫妻一方再婚或者双方再婚组成的家庭；

丁克家庭：双倍收入、有生育能力但不要孩子、浪漫自由、享受人生的家庭；

空巢家庭：只有老两口生活的家庭。

9.3.2 家庭成员购买过程中的角色分工

在一个稳定的家庭内部，家庭成员的消费以家庭为单位，但在购买某些具体商品的决策方面，每个家庭成员所起的作用会有所不同。家庭成员在购买决策中的作用，与个人在家庭内所处地位及担任角色有很大关系，同时又要受到家庭类型和所购商品类型、特点、价值高低及购买风险大小等因素的影响。一般情况下，家庭成员在购买商品过程中扮演的角色不外乎以下五种：

提议者：首先想到或提议购买某一商品的人。

影响者：直接或间接影响购买决定或挑选商品的人。

决策者：有权单独或与家庭中其他成员共同作出决策的人。

购买者：亲自到商店从事购买活动的人。

使用者：使用所购商品或服务的人。

了解不同家庭成员在购买决策中的角色，可以帮助企业把握以下几个对制定营销策略较为关键的问题，即：

谁最容易对企业的产品发生兴趣？

谁将是产品的最终使用者？

谁最可能成为产品购买的最终决策者？

不同类型的商品通常由谁负责购买任务？

9.3.3　家庭购买决策方式

家庭的购买决策方式大致有三种：以家庭中某一个成员为中心作出决策；家庭成员共同商定决策；家庭部分成员一起商定决策。

1. 夫妻角色与家庭购买决策

一般家庭，夫妻是商品购买的主要决策者。不同的家庭中，夫妻各自在商品购买决策中的影响作用是有很大差别的。研究不同家庭夫妻在决策中的角色与地位，对工商企业制定相应的经营策略是非常有益的。

总体来讲，夫妻决策类型无外乎有四种：

丈夫决策型：一切由丈夫支配和决定。

妻子决策型：一切由妻子决策。

夫妻共同决策型：夫妻双方共同作出大部分的购买决定。

夫妻自主决策型：夫妻双方各自作出购买决定。

具体购买活动中，夫妻购买决策的形式也因所购商品的类型不同而有所不同。一般来说，妻子对食品、化妆品、服装、生活日用品、室内装饰用品等商品的购买有较大决策权，而在购买家电、家具、汽车、住房等大件商品时，丈夫所起的作用就要大一些。此外，夫妻在商品特性选择方面的影响作用也存在差异。美国的戴维斯发现"何时购买一辆汽车"的决策，有68%要受丈夫的影响，只有3%主要受妻子影响，而有29%的情形是夫妻双方的影响力相当。另一方面，"购买什么颜色"的汽车这个决定，有25%是受丈夫的影响，有25%是受妻子的影响，但却有50%是双方共同决定的。可以看出，丈夫和妻子对购买决策的影响作用是随所购商品的不同特性而发生变化的。由此，企业在研究家庭购买决策时，有必要根据商品的具体特性来调查夫妻在决策中的作用。

2. 子女对家庭购买决策的影响

子女在家庭购买活动中，也占有相当重要的地位。尤其是我国自19世纪70年代实行计划生育政策以来，独生子女家庭迅速增多，将成为我国城市家庭的主体。在我国目前的核心家庭中，独生子女家庭占大部分比例。这类家庭，子女在消费活动中居于重要地位，并对购买决策具有重大影响。其影响程度由四种因素决定：子女在家庭中的地位；子女所在家庭类型；子女的年龄；所购买商品与子女的关系。

【案例】

在中国养一个孩子要多少钱?

专家推算深圳户籍人口育儿成本养到16岁需花40万。

让深圳本地专家或学者算一算深圳人养育孩子的成本，实际上等于给他们出了一道难题。一些专家及学者在接受记者采访时，均以"未调查研究"为理由不愿发表个人意见及看法。

不过，市统计局一位对居民消费颇有研究的专家认为，只要以深圳居民消费支出水平及孩子占家庭消费比例为基数，可以推算出深圳养育孩子成本。

这位专家表示,上海社科院研究员徐安琪的研究是以2003年上海地区消费水平作为基数。2003年上海城市居民家庭人均消费支出为11 040元。这样，一位正常消费水平的上海居民，在16年间消费水平总量为17.66万元。在一般普通的3口城市居民家庭，孩子消费占家庭消费比例的40%至50%左右。以此比例计算，可以测算出上海普通居民孩子，在0至16岁孩子的抚养总成本为21.2万元至26.5万元。

深圳大学一位经济学教授坦言，深圳居民消费支出水平高于上海，深圳孩子抚养成本不会低于上海。

根据200户户籍城镇居民家庭抽样调查资料显示，2003年，深圳居民人均消费性支出为19 960元，一个普通的户籍居民，在16年间的生活费用为31.94万元。如按一家3口人以及孩子占普通家庭消费比例在40%至50%比例计算,深圳0至16岁孩子的抚养总成本将为38.32成万元至54.19万元。从中我们至少可得出一个结论，深圳0至16岁孩子的抚养总成本大致在40万元左右。如估算到子女上高等院校的家庭支出，这一成本肯定高出50万元。

需要说明的是，上述结论仅是对深圳户籍人口家庭调查推算，并不包括非户籍人口家庭孩子抚养成本问题。

9.3.4 家庭对消费行为的影响

家庭的收入水平、结构模式、消费计划和家庭生命周期都会影响消费行为。消费依赖于收入。收入水平的影响是：随着生活水平的提高，恩格尔系数会逐渐降低，消费档次和层次明显改变。结构模式的影响是：家庭结构模式较小的单亲家庭、丁克家庭、空巢家庭，他们对房屋居住面积的要求和大规模的扩大家庭或者核心家庭是不同的。消费计划的影响是：家庭要安排住宅、子女抚养、教育、就业、结婚、退休等方面的问题，这些目标会合理限制消费行为。

家庭生命周期是反映一个家庭从形成到解体呈循环运动过程的范畴。因年龄、婚姻状况、子女状况的不同，可以划分为不同的生命周期，处在不同阶段的消费者，其消费行为呈现出不同的主流特性。

1. 单身阶段

参加工作至结婚的时期，一般为 1~5 年。处于单身阶段的消费者一般比较年轻，几乎没有经济负担，消费观念紧跟潮流。这个时期也是提高自身、投资自己的大好阶段，重点是培养未来的获得能力。财务状况是资产较少，可能还有负债（如贷款、父母借款），甚至净资产为负。虽然此时的收支比例不平衡，但他们仍注重娱乐产品和基本的生活必需品的消费。

2. 家庭形成期

指从结婚到新生儿诞生时期，一般为 1~5 年。经济状况较好，具有比较大的需求量和比较强的购买力。一些较高档的用品、耐用消费品的购买量高于处于家庭生命周期其他阶段的消费者，是家庭的主要消费期。

3. 满巢期（Ⅰ）

指最小的孩子在 6 岁以下的家庭。处于这一阶段的消费者往往需要购买住房和大量的生活必需品，常常感到购买力不足，家庭的最大开支是保健医疗费、学前教育、智力开发费用。他们对新产品感兴趣并且倾向于购买有广告的产品。

4. 满巢期（Ⅱ）

指最小的孩子在 6 岁以上的家庭。处于这一阶段的消费者一般经济状况较好但消费慎重，已经形成比较稳定的购买习惯，极少受广告的影响，倾向于购买大规格包装的产品。这一阶段里子女的教育费用和生活费用猛增，财务上的负担通常比较繁重。

5. 满巢期（Ⅲ）

指夫妇已经上了年纪但是有未成年的子女需要抚养的家庭。处于这一阶段的消费者经济状况尚可，消费习惯稳定，可能购买富余的耐用消费品。

6. 空巢期（Ⅰ）

指子女已经成年并且独立生活，但是家长还在工作的家庭。处于这一阶段的消费者经济状况最好，可能购买娱乐品和奢侈品，对新产品不感兴趣，也很少受到广告的影响。这一阶段里自身的工作能力、工作经验、经济状况都达到高峰状态，理财的重点是扩大投资。

7. 空巢期（Ⅱ）

指子女独立生活，家长退休的家庭。这一时期的主要内容是安度晚年。处于这一阶段的消费者收入大幅度减少，消费更趋保守谨慎，倾向于购买有益健康的产品。

8. 鳏寡就业期

尚有收入，但是经济状况不好，消费量减少，集中于生活必需品的消费。

9. 鳏寡退休期

收入很少，消费量很小，主要需要医疗产品。

9.4　消费习俗与消费流行

9.4.1　消费习俗的概念、分类及特点

消费习俗是指消费者受共同的审美心理支配，一个地区或一个民族的消费者共同参加的人类群体消费行为。它是人们在长期的消费活动中相沿而成的一种消费风俗习惯。它是社会风俗的重要组成部分，可以分为物质类的消费习俗和文化类的消费习俗。

物质类的消费习俗是由自然、地理及气候等因素影响而形成的习俗，而且主要涉及有关物质生活的范畴。物质消费习俗和社会发展水平之间具有方向关系，即经济发展水平越高，物质类消费习俗的影响力就越弱。物质类的消费习俗有衣、食、住等方面的消费习俗。例如中国南、北方的饮食习俗就不一样。南方偏爱大米，北方偏好面食。

文化类的消费习俗是指受社会、经济及文化影响而形成的非物质消费方面的习俗。文化类的消费习俗比物质类的消费习俗具有更高的稳定性。文化类的消费习俗可以分为喜庆性的消费习俗（如中国的春节、西方的圣诞节）、纪念性的消费习俗（如端午节纪念屈原、复活节纪念耶稣）、宗教信仰性的消费习俗（如伊斯兰教教徒在每年9月会封斋一个月）和社会文化性的消费习俗（如山东潍坊的放风筝习俗）。

消费习俗具有某些共同特征：

（1）长期性。一种习俗的产生和形成，要经过若干年乃至更长时间，而形成了的消费习俗又将在长时期内对人们的消费行为发生潜移默化的影响。

（2）社会性。某种消费活动在社会成员的共同参与下，才能发展成为消费习俗。

（3）地域性。消费习俗通常带有浓厚的地域色彩，是特定地区的产物。

（4）非强制性。消费习俗的形成和流行，不是强制发生的，而是通过无形的社会约束力量发生作用。约定俗成的消费习俗以潜移默化的方式发生影响，使生活在其中的消费者自觉或不自觉地遵守这些习俗，并以此规范自己的消费行为。

9.4.2　消费习俗对消费者心理的影响

在习俗消费活动中，人们具有特殊的消费模式。它主要包括人们的饮食、婚丧、节日、服饰、娱乐消遣等物质与精神产品的消费。多种不同的消费习俗对消费者的心理与行为有着极大影响。

（1）消费习俗促成了消费者购买心理的稳定性和购买行为的习惯性。

（2）消费习俗强化了消费者的消费偏好。在特定地域消费习俗的长期影响下，消费者形成了对地方风俗的特殊偏好。这种偏好会直接影响消费者对商品的选择，并不断强化已有的消费习惯。

（3）消费习俗使消费者心理与行为的变化趋缓。由于遵从消费习俗而导致的消费活动的习惯性和稳定性，将大大延缓消费者心理及行为的变化速度，并使之难以改变。这对于消费者适应新的消费环境和消费方式会起到阻碍作用。

9.4.3 消费流行的概念、分类及特点

消费流行是在一定时期和范围内，大部分消费者呈现出相似或相同行为表现的一种消费现象。具体表现为多数消费者对某种商品或时尚同时产生兴趣，而使该商品或时尚在短时间内成为众多消费者狂热追求的对象。此时，这种商品即成为流行商品，这种消费趋势也就成为消费流行。消费流行的形成大都有一个完整的过程。这一过程通常呈周期性发展，其中包括酝酿期、发展期、流行高潮期、流行衰退期等四个阶段。消费流行按不同的标准有许多种分类：

1. 按消费流行的性质分

（1）食品引起的消费流行。

这种消费流行是由于吃的商品的某种特殊性质包括的内容比较广泛，流行的商品数种类也比较多，而且流行的时间长、地域广。20世纪70、80代以来，健康无公害食品、天然食品在一些国家形成消费流行。

（2）家庭用品引起的消费流行。

用的商品由于能给生活带来巨大的便利而产生消费流行，如电视机丰富了人们的生活，使人们足不出户而知天下事，坐在家里就能欣赏戏剧、音乐，观看电影、电视剧。电冰箱具有食品保鲜、冷冻的特性，人们不必天天采购商品，可以节约时间。用的商品引起的消费流行，往往是性质相近的几种商品，流行的时间与商品的生命周期有关，流行的范围比较广泛，时间也较长。

（3）服饰引起的消费流行。

这类商品引起的消费流行，往往不是由于商品本身具有的性能，而是由于商品附带特性而引起消费者的青睐。

2. 按消费流行的速度分

按消费流行的速度分类，有迅速流行、缓慢流行和一般流行。商品流行的速度和商品的市场寿命周期有关，也和商品的分类和性质有关。

3. 按消费流行的地域范围分

（1）世界性的消费流行。

这种流行范围大、分布广，一般来源于人们对世界范围一些共同问题的关心。

（2）全国性的消费流行。

全国性消费流行一般来源于经济发达地区、沿海城市，是根据我国的经济发展水平和生活条件而选择的某些商品。这类商品一般符合我国人民的消费习惯和消费心理。

（3）地区性的消费流行。

从现象上看，这种消费流行是最普遍、最常见的。从实质上看，这种消费流行有的来源于全国性的消费流行，有的纯粹是一种地区性流行。全国性消费流行在地区上的反映，其特点是流行起源于大中城市、经济发达地区，流行的商品相同或相似，流行的原因不完全反映商品在该地区的消费特点。

（4）阶层性的消费流行。

按照市场细分化的原理，有高、中、低档收入的阶层，有婴儿、儿童、青年、中年、老年人市场，有大学、中学、小学、低文化程度消费者阶层的市场，有工人、农民、职员、知识分子市场等。

9.4.4 消费流行对消费者心理的影响

这里我们按消费流行的周期来理解消费流行对消费者心理的影响。消费流行包括酝酿期、发展期、流行高潮期、流行衰退期等四个阶段。人都有一种对陌生或不确定的事物持怀疑态度的心理。在酝酿阶段，消费者对商品不熟悉、不了解，往往会抱有一种怀疑和观望的态度。随着时间的推移，消费者对商品的认知会受到消费流行的影响，认知态度会发生变化，怀疑态度会逐渐减弱，肯定和赞扬的情绪会逐渐增强，流行商品逐步获得认同。在流行的发展期，消费者购买的行为增强，商品销售量节节高升。此时消费者的心理会受到社会大众的流行方向影响。这就是为什么有些流行商品的价格不会成为进入市场障碍的原因。接下来是流行的高潮期，消费者在此时已经被流行引起了心理驱动力的变化。除了非常理性的消费者外，一般消费者的消费动机都是盲目的，并非由实质性的需求产生购买行为。最后是衰退期，这一时期，流行商品会逐步退出市场，被新的流行品替代。但是这种消费流行已经在消费者心理上烙上了烙印。消费者今后的行为也会受到一定程度的影响。

9.4.5 我国消费流行的发展趋势

随着经济、政治、文化、教育的发展，消费流行发展趋势处于不断变动之中。在我国，消费流行的发展趋势有：

1. 范围广、速度快

由于消费流行的传播渠道多种多样，有横向传播和纵向传播（即从上至下和从下至上）等。在传播的过程中，消费者会被自觉或者不自觉地融入到一种被大众所接受的流行中来。消费者经济水平的改善为消费流行提供了经济基础，加速了流行传播的速度，扩大了流行传播的升度和广度。

2. 产品多样化

在计划经济卖方市场条件下，人们面临的商品种类是比较单一的，消费处于被动的地位。

随着改革开放，生产力水平不断改进，市场转向了买方市场。新工艺、新技术带来的新产品使人们的消费品日趋丰富。与此同时，解放思想使得人们的价值观念发生转变，消费观念随之转变。在市场条件允许和消费者观念改进的双重条件下，就使消费流行的商品多样化发展了。

3. 持续时间短

市场需求是不断变化的，商品应与需求同步发展才能满足市场，获得生存的机会。流行的消费品也是会有生命周期的，过时的消费品会不断被新的消费品所替代。产品换代的周期加快，消费者的经济能力加强，消费品流行的时间就会大大缩短。

9.5 信息源与消费者行为

如前所述，社会文化、社会阶层、参照群体以及家庭等诸多社会环境因素都对消费者的心理与行为有明显影响。而这些影响因素无一不通过一定的介质来传递信息，发生作用。为此，有必要进一步探讨信息传递对消费者行为的影响。

【案例】

消费者信赖口碑传播

假如您打算购买一件商品，您会信赖什么样的渠道提供的产品信息呢？零点调查公司最新的一项专项调查显示，在当前不断翻新的信息渠道中，口碑传播这种老套的信息传播方式依旧被消费者经常使用且深得信赖。

该公司对北京、上海、广州、成都等十城市 4 851 位 18—60 岁的居民进行了调查。结果显示，交流"购买及使用商品的经验"占据了人们日常话题的 39.5%，仅次于社会热点（50.7%）、子女教育（44.5%）、生活小常识（41.1%）。以具体的商品为例，调查中 59%的电脑用户或打算购买电脑的消费者表示，会从朋友、同学那里获得产品信息。在空调、保健品、洗发水、房屋等商品的购买过程中，通过朋友介绍获得相关产品信息的消费者分别占到 53%、49%、35%和 32%。

人们表示，比起电视、广播、网络等现代媒体广告，亲朋好友的亲身经历更具有事实上的说服力，因而更可信。调查还显示，在具体的交流中，"购物场所""购买和选择商品的经验""推荐品牌""价格信息""打折促销活动""产品性能""产品使用中失败的经验或不好的感受""推荐具体的产品"依次成为人们谈论的主要内容。

9.5.1 信息源的定义

信息是物质、能量、信息及其属性的标示。信息源是人们在科研活动、生产经营活动和其他一切活动中所产生的成果和各种原始记录，以及对这些成果和原始记录加工整理得到的成品都是借以获得信息的源泉。联合国教科文组织 1976 年出版的《文献术语》一书将信息源定义为：个人为满足其信息需要而获得信息的来源，称信息源。一切产生、生产、存贮、加工、传播信息的源泉都可以看作是信息源。信息源内涵丰富，它不仅包括各种信息载体，也包括各种信息机构；不仅包括传统印刷型文献资料，也包括现代电子图书报刊；不仅包括各种信息储存和信息传递机构，也包括各种信息生产机构。

9.5.2 信息源的定义和分类

1. 按信息源产生的时间顺序来划分

按信息源产生的时间顺序来划分，可分为先导信息源、即时信息源、滞后信息源。先导信息源是指产生于社会活动之前的信息源，如天气预报；即时信息源是指在社会活动中产生的，如工作记录、实验报告等；滞后信息源如报刊等。

2. 按信息源传播形式来划分

按信息源传播形式来划分，可分为传信息源、文献信息源和实物信息源。传信息源存在于人脑的记忆中，人们通过交流、讨论、报告会的方式交流传播；文献信息源存在于文献中，人们可以通过阅读、视听学习等方式交流传播，包括印刷型信息源和电子信息源等；实物信息源存在于自然界和人工制品中，人们可通过实践、实验、采集、参观等方式交流传播。

3. 按信息的加工和集约程度分

按信息的加工和集约程度来划分，可分为一次信息源、二次信息源、三次信息源、四次信息源等。一次信息源指直接来自作者的原创的，没有经过任何加工处理的信息；二次信息源指感知信息源从一次信息源中加工处理提取的信息；三次信息源指再生信息源或工具书（百科全书、辞典、手册、年鉴）；四次信息源指图书馆、档案馆、数据库、博物馆等。

9.5.3 信息源对消费者行为的影响

消费者获得信息的方式有很多种，大致上可以分为内部信息搜集和外部信息搜集两种。内部信息搜集能通过主动和被动两种态度来获得，消费者以往搜集的信息和消费者的个人经验都可以称之为是主动搜集的信息，通过学习则是被动搜集的信息。而外部信息一般都要主动获取才能得到。外部信息的来源可以是个人、大众、商业和经验等。

内部的信息会使得消费者形成自己独特的消费观念。个体通过学习和个人经验得到的观念会促使其对商品产生积极或者消极的情绪，这些认知会长期停留在消费者的意识里，很难改变。在很多情况下，消费者依靠自己的记忆来作出判断和决策。

外部信息能解决许多消费者内部信息无法满足的问题。因为一个人的接触面是有限的，而需求是无限的。在遇到新的决策时，他需要获取新的信息重新判断。这些信息可以来源于个人（即同事、朋友、家人、邻居、亲戚及互联网等）、大众（包括媒体、政府和一些消费者组织机构等）、商业（如广告、产品宣传册、使用说明书、展览会和推销员等）和经验（包括产品试用装、亲自观察其他人使用产品的过程等）。这些信息是间接地给消费者一种学习、认知和记忆的过程。消费者最信赖的是经验来源，个人来源的信息对消费者而言是最有效的。消费者在决策的过程中，会受到经验来源和个人来源的鼓励，而对大众来源和商业来源的信息则持有怀疑态度，更有甚者会对商业来源的信息产生逆向反感的心理，坚决抵制消费此种商品。

9.6　消费者行为对社会环境的适应与影响

消费者行为的基本模式是"刺激—动机—行为"，即在外界环境的刺激下，引起一系列心理反应，激发消费欲望，产生购买动机，最后形成购买行为。消费者按照这一模式完成购买行为的过程，同时也是消费者行为对外界环境的适应过程。不仅如此，消费者行为还会对环境、对过去或未来的消费行为，乃至他人的消费行为产生影响。因此，了解消费行为的环境适应及影响是研究消费者行为的必要环节，对于把握消费者的行为规律，为企业开展经营活动提供依据也具有重要的现实意义。

9.6.1　消费者行为的环境适应

1. 消费者适应环境的几种情况

消费者行为的环境适应，是把环境作为主体，消费者作为客体来研究的。它意味着消费者在其消费过程中能够适应环境，并改造和利用外部环境。

（1）消费者在资源短缺情况下的环境适应。

自然界赋予人类的资源是有限的，在人口不断增长的同时，某些不可再生的环境资源正在急剧减少。它预示着生产方式的改变和产品结构的变化，这就要求消费者行为必须与这一变化相适应。因为消费需要与资源之间的不平衡状况不可能长期维持，要么增加资源，要么改变消费，由此使二者趋于平衡。而在增加资源总量无望的情况下，只能改变消费，寻找二者之间的平衡点。

（2）消费者对新产品的适应。

面对资源总量不断减少的威胁，人类的明智选择不是为保持平衡而遏制消费，而是不断寻找和生产以非自然资源或自然资源中非一次性资源为原料的新产品和替代品，来适应人类增长对扩大消费的需要。这就要求现代消费者要不断地适应新产品，适应那些用不同原料制成，但具有同等功能的替代品。例如，用网络联系取代传统的联系方式，用 E-mail 来取代手写信件。事实证明，消费者的这种适应性不仅存在，而且适应范围也在不断扩大。

（3）消费者行为由适应生存向适应舒适发展。

消费者的适应性是不断发展的，趋势是从适应生存到适应舒适。例如，人类从适应柴灶煮食发展到燃煤煮食，又发展到天然气煮食，再到用电煮食，最后到目前已大量使用的微波煮食。在这一过程中，人类为消费食物而付出的劳动量不断减少，消费者的食物消费行为由维持生存逐步发展到追求方便舒适。应当注意的是，这种趋势是不可逆的，即如果外界环境变化迫使逆转发生，消费者就会不满、抗争，以维持他们已适应的较舒适的生活方式。

9.6.2 消费者如何适应环境

消费者行为的适应方式包含丰富的内容和要求。

1. 消费者行为的适应要求与环境保持平衡

消费者行为从广义上理解，是人们在获取所需要的消费对象时进行的行为活动。这种活动始终与外界环境保持某种联系，这种联系即为二者之间的平衡关系。之所以要保持这种平衡是由人们的生存需要决定的。在生存需要与外界环境的刺激下，消费者产生动机，动机驱动行为，导致获取所需物质，这就是消费者行为适应环境的基本过程。无数个适应过程的进行，使消费者与环境之间形成一种平衡，也使消费者行为始终具有适应性。如果破坏了这种平衡，将预示着消费者行为对外界的适应性遭到破坏。

2. 外界信息、工具的帮助有助于加强消费者行为的适应性

消费者行为的适应性还可以借助外界环境的帮助而得到增强。例如，消费者欲购买一种新的磁疗器，由于有了信息的帮助，会使其对商品的了解更全面，购买行为具有更强的针对性，从而使消费者行为的适应性更加充分。

总之，消费者行为的适应同他们所处的资源环境密切相关，并同环境始终保持着平衡关系。要使这种关系维持下去，需要借助外界包括社会群体、物质工具和信息的帮助，才能提高消费者行为的适应水平。

9.6.3 消费者行为对环境的影响

消费者行为对环境的影响，是把消费者作为影响源，而不是被影响对象来研究。消费者行为的适应和影响，是消费行为与环境交互作用过程中产生的两种结果。消费者适应环境、适应新的消费品和新的生活方式的同时，也会对环境、对过去或未来的消费行为乃至他人的消费行为产生影响。这种影响是客观存在的。了解和研究消费者行为的影响方向、内容及方式，对于把握消费者的行为规律具有重要作用。

消费者行为的影响主要反映在以下几个方面：

1. 消费者行为对生产经营企业的影响

消费者在购买过程中需要解决为什么购买、什么时间购买、什么地方购买、谁来购买、如何购买、购买什么等一系列问题。消费者在解决这些问题的同时，必然对工商企业发生影响。这种影响是多方面的。例如，消费者购买行为发生的时间，对企业产品的生产和经营有季节性影响。时令季节及节假日是消费者产生购买行为的高峰期，生产销售部门须抓住时机，及时组织好商品生产和供应。

另外，消费者的行为方式，也会对企业的经营方式产生影响。例如，现代生活节奏大大加快，消费者越来越需要快捷便利的服务，于是像快餐业、便利超市、速递业务都蓬勃发展

起来，许多企业都在尽力提高快速服务能力。

由此可见，消费者的需求内容、层次和消费方式的变化，在从不同程度、方面影响着企业的生产经营活动。对此，企业必须予以高度重视。

2. 消费者行为的自我影响

消费者行为的自我影响，是指消费者自身的某一消费行为对其他消费行为的影响。现实生活中消费者满足需要的消费行为是多种多样的。就消费者个人而言，多种消费行为之间不是彼此孤立、互不相关的。某些习惯化的消费行为会对新的行为发生影响，先前的行为也会对以后的消费行为产生影响作用。由此，自我影响就成为消费者行为影响的一个重要方面。自我影响具体包括横向影响和纵向影响两种方式。

（1）横向自我影响。

横向自我影响是指消费者习惯化的消费行为对另一消费行为的影响。在消费活动中，习惯化了的消费行为会提高对另一消费行为的敏感性。一般来讲，在持续接受某一种环境条件刺激的情况下，人们会对这种环境条件产生一种适应性，逐渐习惯这一情境。此时刺激的作用会明显降低，以致全不起作用。在这种情况下，人们对与此不同的另一种环境刺激却有极强的敏感性。例如，长时间品尝甜食之后，人们对甜味的感觉会下降，而对酸、苦等味觉的感觉会加强，消费者行为也是如此。人们一旦习惯了原来的适应行为，对它的兴趣大大降低，该行为也就失去了对人的刺激作用。这时如果有任何一种能使消费行为增加新的内容或色彩的活动，消费者都将乐意尝试。

（2）纵向自我影响。

纵向自我影响是指消费者先前积累起来的消费行为对以后消费行为的影响。由于现在的消费行为，是在以前消费行为的基础上形成的，因而以前的消费行为与现在的消费行为之间具有密切联系，表现为积累起来的先前消费行为体验会对以后的消费行为发生影响。由于通过对适应行为的体验，消费者获得了知识，积累了经验，从而导致他们以后的适应行为有所改变，并获得了以前未经历过的新的体验。例如，人们第一次在超级市场自助式购物时获得的体验，会极大地影响以后对购物地点、方式的选择，并逐渐改变人们的消费观念、方式和购买习惯。

同时还应说明，消费者行为的自我影响作用是连续的。先前积累起来的消费行为导致了当前的消费行为，同样，当前的消费行为也会影响今后的消费行为。连续影响的结果会推动和促进消费行为在保持与继承的基础上不断发展完善。

【案例】

1969 年，美国啤酒市场正处于寡头竞争的时期，市场领导者安修·布希公司（AB）啤酒的主要产品是"百威"和"麦可龙"品牌，市场份额约占 25%。佩斯特蓝带公司生产的啤酒处于市场挑战者的地位，市场份额占 15%。米勒公司生产的啤酒排在第八位，份额占 6%。

啤酒业的竞争已经非常激烈，但啤酒公司的营销手段还比较低级。他们在营销中缺乏市场细分和产品定位的意识，把消费者笼统地看成一个没有什么区别的整体，用一种包装、一种广告、一个产品向所有的消费者推销。

米勒公司为了提升自身的市场地位，决心在营销战略方面进行调整。

在作出营销决策之前，米勒公司进行了细致的市场调查。他们发现，如果按使用率对啤酒市场进行细分，啤酒饮用者可以分为轻度饮用者和重度饮用者。轻度饮用者虽然人数众多，但其饮用量只有重度饮用者的1/8。他们还列出重度饮用者的特征：多数是蓝领阶级，年龄多在30岁左右，每天看电视在3.5小时左右，爱好体育活动。米勒公司决定将重度饮用者作为目标市场，并果断决定对米勒"海雷夫"啤酒进行重新定位。该品牌是公司的"旗帜"，素有啤酒中的香槟之称，在消费者心目中是一种价高质优的啤酒精品。这种啤酒很受妇女和高收入阶层的欢迎，但这些人都是轻度饮用者，米勒决定将"海雷夫"献给真正爱喝啤酒的人。重新定位从广告开始，他们考虑到目标顾客的心理、职业、年龄、习惯等特征，在广告信息、媒体选择、广告目标方面进行了很多改进。他们首先在电视上开辟了一个"米勒天地"的栏目。广告主题变成了"你有多少时间，我们就有多少啤酒"来吸引那些"啤酒坛子"。

广告画面出现的尽是激动人心的场面：船员正专注地在迷雾中驾驶轮船，钻井工人正在奋力地止住井喷，消防队员在紧张地灭火，年轻人骑着摩托冲下斜坡，他们甚至请来了美国著名的篮球明星张伯伦来为啤酒广告助兴。

为了配合广告攻势，米勒公司又推出了一种容量较小的瓶装"海雷夫"。这种小瓶装啤酒正好盛满一杯，夏天顾客喝这种啤酒时不用担心剩下的啤酒会发热。这种小瓶啤酒还更好地满足了那部分轻度使用的顾客，尤其是妇女和老人，因为她们可以不多不少喝完一杯。"海雷夫"的重新定位取得了成功。到了1978年，"海雷夫"的啤酒销量达2 000万箱，仅次于AB公司的百威啤酒，名列第二。

"海雷夫"的成功，大大鼓舞了公司的员工，他们决定乘胜出击另一个细分市场——低热度啤酒市场。通过成功的广告宣传，最后也取得了巨大的成功。

问题：

1. 试分析啤酒重度消费者有哪些群体心理特征。
2. 米勒公司在进行其啤酒品牌的宣传中，考虑了消费者心理的哪些特征？又是怎样运用消费者的这些心理特征进行广告宣传并取得成功的？

思考题

1. 社会文化对消费者心理的影响表现在哪些方面？
2. 不同社会阶层的消费者心理与行为有哪些不同？
3. 不同生命周期的家庭购买有哪些特征？
4. 信息源的作用是什么，不同信息源对消费者的影响有什么差别？
5. 消费者行为对环境的适应和制定市场营销策略有哪些意义？

10 广告与消费者心理和行为

学习目标

➤ 明确广告的心理功能
➤ 掌握广告媒体的心理特征
➤ 掌握广告传播的诱导方式

所谓广告就是广而告之,在市场营销活动中,广告可以传递信息、激发需求、促进竞争、开拓市场,是重要的工具之一。广告有广义和狭义之分,它不仅包括商业广告,而且还包括其他社会活动各种类型的广告。这里我们讨论的广告主要是指商业广告,它是一种面向目标市场消费群体和社会公众的支付费用的传播行为,是广告主有计划地通过媒体传递商品和劳务信息,以促进销售的公开宣传形式。通过本章学习,应着重把握广告及其媒体的心理功能与特点,正确理解广告与消费者之间的相互作用的沟通过程,包括:广告传播的诱导方式和增强广告效果的心理策略,最后了解广告心理效果测定的相关知识,从而从整体上把握广告与消费心理的联系,形成对广告心理策略的系统认识。

【案例】

"怕上火,喝王老吉"

王老吉凉茶在华南地区几乎家喻户晓,属地区性品牌。但全国其他地区特别是北方却对凉茶没有什么概念。王老吉为进入全国市场,通过诉求"预防上火"来唤起消费者的需求。为更好地唤起消费者的需求,红罐王老吉确定了推广主题"怕上火,喝王老吉",在传播上尽量凸现红罐王老吉作为饮料的性质,在广告宣传中,红罐王老吉都以轻松、欢快、健康的形象出现。其在央视通过选取消费者认为日常生活中最易上火的五个场景:吃火锅、通宵看球赛、吃油炸食品薯条、烧烤和夏日阳光浴,画面中人们开心地享受以上活动的同时,畅饮红色"王老吉",结合时尚、动感十足的广告歌反复吟唱"不用害怕什么,尽情享受生活,怕上火,喝王老吉",让消费者吃火锅、烧烤时自然联想到红罐王老吉。

这样在 2003 年一年间,吸引了全国人民的眼球,2003 年罐装王老吉的销售额比去年同期增长了 400%,由 2002 年的 1 亿多元猛增至 6 亿。并以迅雷不及掩耳之势冲出广东,2004 年,尽管企业不断扩大产能,但仍供不应求,订单如雪片般纷至沓来,全年销量突破 10 亿元,以后几年持续高速增长,2009 年销量突破 170 亿元大关。

资料来源:www.chengmei-trout.com.

10.1　广告的概念及特点

10.1.1　广告的概念

广告是指特定的广告主（企业）有目的、有计划地采取付费方式通过媒介体等向其潜在客户传递商品、服务信息，以促进销售的公开宣传方式。在整个市场营销活动中，广告是促进销售的一种手段，是企业营销活动的有机组成部分。

【资料阅读】

广告一词的来源

"广告"一词来源于拉丁文，意思是"我大喊大叫"。传说，在古罗马商人争相做生意时，常常雇一些人在街头闹市大喊大叫，请大家到商品陈列处去购买商品。人们就把这种做法称之为"广告"。随着商品的发展，广告的式样也越来越多。在美国纽约百老汇的广告牌，曾是世界上最早的广告牌。世界上最早登载广告的报纸是英国的《伦敦报》。

我国广告的历史可以追溯到 3 000 年前。在殷周时期，有个叫格伯的人，把马售给一个叫棚先的人。这笔交易以铭文的形式记录在专门为刻铭而铸造的青铜器上。《周礼》记载，凡做交易都要"告于士"。到了宋代，我国就已经出现了图记广告，即商标。据宋代画家张择端的《清明上河图》记录，汴梁城东门附近十字街就有各类横额、竖牌等广告牌 30 多块。上海博物馆藏有的一枚宋制针作坊银牌上有"请认白兔儿标记"的字样，以做广告。后来随着印刷术的发明，又相继出现了报刊和印刷广告。到目前广告的媒体已经遍布人类生活的各个角落。主要为电视广告、报纸广告、广播广告等。

10.1.2　广告的特点

1.　广告是企业开拓市场、进行营销的一种有目的手段

广告是一种推销商品、获得盈利为最终目标的商业行为。广告向目标消费者展示商品的性质、质量、功用、优点，进而打动和说服消费者，影响和改变消费者的观念和行为，最后达到做广告企业的商品被推销出去的目的。

2.　广告的对象是广大消费者，是面向大众的传播

广告的客体是潜在的消费者。消费者是大众化的群体，对任何一个企业而言，再小的细分市场，消费者数量都是庞大的，所以广告传播不是针对某个人或少数人，是对整体消费者进行的，是面向大众的传播。

3.　广告是一种经济活动

广告是企业作为广告主进行的一种付费的宣传活动，并有特定传播媒体物和公开的宣传

工具。企业为了达到一定的目的并期望有一定回报所投入的资金，常常被视为投资。

从创造价值的角度看，广告的投资效应一般通过两个方面来体现，一是广告的消费价值，它取决于广告的消费效应，即消费者接受广告信息，对广告产生认同感并积极地购买；另一方面是广告的生产价值，它取决于广告消费价值的实现。广告只有首先满足消费者需要才能实现广告的目标推销与盈利。尤其对于商品广告而言，只有商品销售的实现，才能实现再生产的目的。如果将广告活动视为投资，那么，对广告的要求及看法自然都会改变。从投资的角度看，广告应该将追求长远利益与眼前利益结合起来，广告是一种着眼于未来的行为，既有一定的风险性，又有一定的可预测性。

4. 广告是一种沟通过程

沟通，就是信息发出者与接收者之间进行信息传递与思想交流，以求达到某种共识。因此，沟通是一种双向活动，而不仅仅是一方对另一方的单向影响过程。广告是一种双向沟通，是因为广告主将广告信息通过大众媒体传递给目标消费者，以求说服、诱导消费者购买广告商品。只有当目标消费者接受了广告信息，即认为广告信息是真实和可信的，并同意广告所传递的观点时，广告信息才能发挥作用，从而实现广告沟通过程。广告中的沟通有别于面对面的人际沟通。首先，广告是通过电视、报纸等大众传播媒体进行的一种沟通活动；其次，广告沟通对象是具有同一需要或同一特性的一群消费者，而不是个别消费者；再次，广告不仅仅是一般性沟通，而是一种带有说服性的沟通。广告目的在于影响消费者的品牌态度与购买行为，引导、说服消费者购买广告中所宣传的商品。然而，影响人的态度与行为是一项极其复杂、艰巨的任务，要完成这一任务，不仅要使目标消费者能够接收到广告信息，还必须采取一定的说服手段，使目标消费者能够接受广告信息，最终购买广告中所宣传的商品。

5. 广告需要创意和策略

广告的制作和宣传应该满足消费者需要，能唤起消费者注意，并调动兴趣，激发欲望，从而实现消费行为。目前广告市场中，争取消费者注意力的竞争越来越激烈。消费者每天都会接触成百上千条广告的冲击。如果想要在众多商品品牌中为你所宣传的商品在消费者心目中争取一个位置，那么广告就要有创意。创意的本质就是使广告所包含的信息能得到更好传达，对诉求对象产生更大的影响作用。好的创意，必须在明确的信息策略指导下产生。没有任何策略指导的信息，即使表现得再独特，也很难成为好的创意。因此，在广告创意这个环节中，信息广告的诉求策略和表现策略应该得到足够重视。

6. 广告是通过一定的媒体进行的

广告是通过各种媒体进行传播的，所谓广告媒体，是指广告信息传递附着的载体，是广告信息传递的方式方法，是广告主与广告受众之间联系的物质手段，广告媒体众多，功能各异。随着商品经济的发展，除了传统的大众媒体外，新兴媒体不断出现，广告载体越来越多样化，为广告的运用提供了更广阔的空间。

7. 广告目的的实现是使广告主（企业）受益

广告的组成要素主要有广告主、广告媒介、广告信息、广告费用和广告受众。其中，广告主是广告主体，是广告的发起者。广告的目的是为了促进商品、服务的销售，因此，广告最终的目的是广告主能够通过广告的宣传促进销售而获益。

10.2 广告的心理功能与媒体特征

10.2.1 广告宣传对消费者行为影响的因素

广告宣传对消费者的态度转变是有影响的，但是效果的大小究竟怎样，这还取决于以下几个因素。

1. 广告宣传者的权威

广告宣传者本身有无权威，对广告受众的态度转变关系很大。宣传者的威信是由两个因素构成，即专业性和可信性。专业性指专家身份，如学位、社会地位、职业、年龄等，可靠性指宣传者的人格特征、外表仪态以及讲话时的信心、态度等。同样是一件商品，若得到专家的权威性肯定，必然产生很强的说服力，使消费者的态度迅速从否定走向肯定，或者从肯定走向否定。珍珠霜的兴衰，就是一个例证。20 世纪 80 年代初，珍珠霜的兴，是因为当时广告宣传是以李时珍的《本草纲目》为根据："珍珠可以入药，能够润滋皮肤。"而 1984 年，珍珠霜的衰，是因为一些专家运用现代测试仪器分析，得出了某种结论，认为珍珠粉并不能透过脸部皮肤表层而为人体吸收，因而对皮肤的滋润作用远不如描述的那般神奇。同时，消费者在使用过程中的体验也多少证明了这一点，因此销路逐渐降下来。

心理学家伯洛（Bello）在研究了宣传者本身威信与态度改变之间的关系时指出，其中有三个因素是很主要的：其一，宣传态度的公正与不公正、友好与不友好、诚恳与不诚恳，这些就是可靠性因素；其二，宣传者的有训练与无训练、有经验与无经验、有技术与无技术、知识丰富与不丰富等，这些就是专业性因素；其三，宣传时语调坚定与软弱、勇敢与胆小、主动与被动、精力充沛与疲倦无力，这就是表达方式的因素。伯洛认为，在这三个因素中，第一、第二因素是主要的，第三因素较不重要。

回顾我们的成功广告，运用宣传者的威信效应是不乏其例的。深圳南方制药厂聘请一贯扮演正面权威人士的著名演员李默然为"三九胃泰"做广告，他诚恳坚定地说："干我们这一行的，经常犯胃病。"体现他对选择胃药很有经验，加上他的社会地位和成熟的年龄，给消费者以极大的可信性和说服力，使消费者对"三九胃泰"有肯定的态度，并在一个时期内销路很好。当然，心理学的实验还发现，宣传者的声誉对消费者的影响是一时性的。开始时，这种影响很明显，随着时间的推移，这种影响逐渐减弱，以致宣传者有无声誉，其宣传效果也无多大差异。这一点说明，为了取得一时效果，可以聘用权威人士或声誉高的宣传者是一个有效的措施，但要获得长期效果，就要考虑其他因素了。

2. 广告宣传的内容及其组织

对商品优、缺点的宣传是只讲优点，还是优、缺点都讲？心理学家对此进行过研究认为：

对于文化程度低的人来说，单方面宣传，容易改变他们的态度；而对于文化程度高的人，则听到正反两方面的内容，宣传效果最好；当消费者文化程度较高时，受片面说明的影响较小，所以，全面介绍商品，优、缺点均反映时，对其影响较大。另外，人们最初的态度与宣传者所强调的方向一致时，单方面的正面宣传有效；若最初态度与宣传者的意图相对抗时，那么正、反两面宣传效果更为有效。对宣传的内容还要进行有效的组织。比如，可以采用引起受众恐惧的宣传，宣传的内容要使对方具有不安全感，有一定的压力，产生一定的焦虑，这就能使对方改变态度，如宣传抽烟会引起癌症，不戴安全帽会发生流血事故，等等。但是恐惧心过分强调之后，反而会引起逆反心理，从而采取否定或逃避听取宣传的态度。所以，我们若需要立即改变消费者的态度，那么广告宣传必须能引起人们较强烈的恐惧心，并使这种恐惧心理成为一种动机力量，以激发消费者迅速改变态度。这种宣传必须把握适度，其中有许多值得研究的内容。

广告宣传内容在数量上的适度，也是内容组织的重要方面。心理学研究认为，应该分阶段逐步发放广告内容，不能急于求成，否则，欲速则不达。我们对广告媒体的心理学研究表明，延长广告播出时间，消费者的态度指数并不是同步增长的，而是随播出时间增加而增加，到达一定数量时，消费者的反应呈饱和状态。所以，一味增加广告宣传力度，并不能达到改变消费者态度的目的。

广告信息用一次性提供方式好，还是逐步增加信息量渐进性提供方式效果好呢？山东《潍坊日报》社对"851"口服液的广告做了这方面的对比研究。在潍坊用"渐进性"宣传，让消费者形成"深卷入"的购买行为，购买高峰持续了 1 个月。同时，在泰安使用一次性广告宣传，结果同样的产品、同样的广告次数、同样的媒体，而且两个城市的规模、经济状况、消费者人口数量等也基本类似，只是采用两种不同的广告宣传组织方式，产生了两种不同的消费态度和购买行为：潍坊一个月的销售额达到 43.8 万元，而泰安一个月的销售额只有潍坊的一半。

3. 广告宣传是否给予明确的结论

在广告宣传时可以向消费者提供足以引出结论的资料，让消费者自己下结论，也可以直接向消费者明示出结论来。至于哪种方式有利于态度的改变，这要以广告内容的繁简、发布者的权威性和信用，以及消费者的文化水准和能力而定。一般来说，比较难以理解的信息，发布者较有威信，而消费者又难以下结论的，明示结论的效果较好。反之，则让消费者自己去得出结论的效果较好。心理学研究认为，要转变一个人的态度，必须引导他积极参与有关活动，在实践中转变态度。比如，广告宣传食品中的新品种，可以让消费者品尝之后，改变对新食品的态度。又如一个对于体育活动态度不够积极的人，与其口头劝说，还不如动员他们去操场活动一下，这样就容易发生态度的转变。

发布信息者的意图是否让消费者发觉，这也是值得注意的问题。一般来说，如果消费者发觉广告发布者的目的在于使他改变态度时，他往往会产生警惕，而尽量回避宣传者，宣传效果就会降低；如果消费者没有发觉宣传者在有意说服他，他就比较容易接受其意见，而改变态度。在广告宣传中要多一份真情，心中要有受众，发挥"自己人效应"，少一份说教。不要以"教导者"自居，动不动就说"明智的选择""最佳的选择"，从而让消费者感到，广告是为大众着想，而不是只为生产者和设计师着想。这样，缩短广告设计师和消费者的心理距离，消费者的态度就会转向广告宣传者的方向。

4. 传播信息的媒体

传播商品信息的渠道是多种多样的，除了广告宣传以外，还有商品的包装装潢设计，橱窗样本设计，还有促销设计和口传信息，等等。而现代社会传播信息的媒体主要是报纸、杂志、广播和电视四大媒体。四大媒体的作用各有千秋，但相比较下，以电视广告效果最佳。电视广告综合利用消费者们喜闻乐见的视听形式，给大众以多种感官的刺激，容易引起消费者的注意，便于消费者对广告内容的理解和记忆，对改变消费态度效果明显。而且，电视广告可以把单调的抽象产品认知成分变为多彩的画面和动人的语言，以求得消费者情感上的共鸣，从而改变消费者的态度；电视广告还能充分展示"以消费者为中心"的意图，用各种表现手法突出消费者形象，反映消费者的生活，使消费者深深体会"自己人效应"。

现代社会电视普及率逐步提高，电视广告是当今广告宣传的首选媒体。在我们的广告媒体的心理研究中，电视广告对消费者的态度驱动率最高，喜欢和比较喜欢电视广告的人较持其他媒体态度的人，购买百分比更大，其中很喜欢电视广告的人，购买行为比其他媒体广告更为显著。传统的观点认为，口传媒体的效果大于报纸广播等大众媒体传播的效果，宣传者面对面向消费者口传信息效果要大于通过四大媒体等大众媒介传递信息的效果。大众媒体的广告效果优于口传信息的效果，与传统看法不一致。我们认为，广告观念的更新是消费者对待改革开放深层次触动的具体表现之一。现在，消费者对广告的态度转变了，如今的人们喜欢广告，爱看好广告，视广告为自己的购物指南，指导自己的消费行为。改革，也改变了中国人的生活节奏和生活方式。生活节奏加快了，人们聊天时间少了，口传信息的交流机会也随之减少，所以大众媒体广告效果比口传信息优越了。

刻板现象，人们认识外界事物时往往根据它们的共同特征加以分门别类，这种类化的思想方法固定下来，就形成了刻板印象，导致偏见。少部分消费者一味崇尚外国货就是一种刻板印象。这种偏见被投机商利用，会产生"假洋货"泛滥的后果。一些消费者盲目崇洋，认为买洋货就是有面子，但缺乏辨别真假洋货的本领，只要看到有几个外国字，便趋之若鹜。其实，在市场上的洋货中，很不乏伪造品。有些年轻人，牛仔裤上缝着一块三角形的皮标牌，歪歪扭扭印着一行洋文，翻译过来却是"彪马运动鞋"，也许这些小青年还为自己有这条"世界名牌"的牛仔裤而自鸣得意呢!可见，缺乏必要的知识和了解，是产生刻板现象的主要原因。

要改变人们盲目崇洋的态度，就要充分利用宣传媒介的作用，给消费者更多的正反两方面的信息，让消费者有辨别真伪的能力；另外，还要一分为二地分析外国产品，学习人家的长处，洋为中用，增强民族自尊心，使国货更受欢迎。

外国名牌商品由于品质优良、精工细做而价格昂贵，一般人不敢问津。因此，这些真洋货都具有"富贵潇洒"的心理价值。对于普通百姓而言，这些洋货他们可望而不可即，但国际名牌所隐含的心理价值却是他们所向往的。假洋货正是迎合了这些消费者心理，通过偷梁换柱的手法，使之成为他们买得起的"高档商品"。难怪有些消费者会有"超值享受"之感了，这就是盲目崇洋的深层消费动机，也是趋避动机冲突的结果。转变消费者的态度，针对表层的消费动机，宣传工作比较容易，效果也比较快；而要做消费者深层动机的宣传，难度就比较大。因为形成深层次的内容成分多，时间长，参与影响的因素也多，不是通过一两次宣传就能奏效的，当年速溶咖啡的宣传就是很好的一例。

5. 消费者的社会角色

社会角色是指人们在现实生活中的社会身份，比如消费者可以是工人、农民，也可以是干部、教师，等等。社会角色影响人们态度的转变。因为人们的社会角色包含各自的人格特征、文化水平、能力素质以及社会化程度的差异，这就决定了人们态度转变的难易。社会角色中文化层次较高的人，素质较强的人，人格特征属理智型，一般来说，转变他们的态度较难；反之，文化层次较低的人，能力素质较差的人，人格特征属情感型，转变他们的态度就较容易。我们要转变各种社会角色的消费态度，应当根据社会角色中的差异，采取不同的宣传方式，才能取得理想的效果。

研究消费者的社会角色，是促进消费者态度转变的有效方法。了解消费者的社会角色，以便和消费者的观点产生共鸣，产生表同作用，表明生产者的观点和消费者的观点是一致的。这样，缩短了商品生产者和消费者之间的心理距离，使认知协调，转变消费者的态度也就容易了。另外，了解消费者的社会角色，不仅要掌握生产者和消费者之间在观点上的一致，而且要掌握他们两者之间更多的相似之处。这样，可以提高宣传的效果，加速消费者态度的转变。因为相似之处会使人产生表同的趋向，把商品生产者当成自己人，形成"自己人"效应。在少数民族地区推销商品，一般请少数民族干部去做，效果会更好；做儿童食品的广告宣传，让小朋友做广告模特儿效果较好；而女性化妆品的宣传，则一般是年轻女性的事了。

10.2.2 广告的心理功能

广告的心理功能是指广告对消费者心理产生的作用和影响。广告是企业和消费者之间联系的重要媒介，具有以下几方面的心理功能。

1. 认知功能

广告将商品及劳务的有关知识，如品牌、商标、性能、质量、规格、用途、价格、销售劳务方法、地点等介绍给消费者，使消费者对其有所认知，并形成记忆、留下印象。广告采用了多种传播渠道和形式，打破了时间和空间的限制，能够及时、准确地将商品及劳务的信息传递给不同地域和不同层次的消费者，从而影响广大的消费者，增强他们对商品及劳务的认知。比如，记忆有助于加深消费者对广告的认同，同时，成功的广告是能在消费者心里留下印记的广告。现代广告多采用各种形式加强广告的刺激性，创意性广告层出不穷，使消费者留下了深刻的印象。在购买时，这些记忆对消费者购买决策起到了至关重要的作用。

2. 沟通功能

广告对企业而言是将企业商品、服务信息告知于消费者，而消费者也可以通过信息的获得了解企业产品和服务，成为消费者的购买指南。广告的沟通功能能否实现，这取决于广告信息是否具有刺激性，能否引起消费者的注意；是否具有趣味性，能否引起消费者的兴趣；信息是否有用，能否帮助消费者做出决策。

3. 促销功能

·广告是促销组合的一个重要的、不可缺少的因素。广告通过对商品或劳务的宣传，将相关信息传递给目标消费者，从而导致购买行为的实现，进而实现促销目标。像是海飞丝洗发水的广告"去头屑，用海飞丝"就是针对受头屑困扰的消费者而制作的，广告推出后，获得了良好的社会效果。

4. 诱导功能

广告宣传可以改变或建立消费者对商品及劳务的看法，增加好感，唤起潜在需求或是将消费目标转移。广告的诱导功能有两方面的含义：一方面是好的广告能够唤起消费者美好的联想，给消费者以美的享受，从而改变对其商品的原有偏见或消极态度，激发其购买动机；另一方面，制作精良的新品广告，能够迅速引起消费者的注意，吸引消费者，激发对新产品的兴趣和向往，从而形成新的消费需要，促进购买。

5. 便利功能

现代的商品社会中，商品的种类和数量不计其数，新产品日新月异，完全替代和半替代产品琳琅满目。广告中有关商品各指标的介绍，为消费者节省了大量查询资料、探寻解决方案的时间，同时广告的重复进行，也为消费者提供了充分的考虑时间，对各种商品进行较为充分和有效地比较，为购买决策提供充分依据，从而替消费者节约购买时间，减少购买风险。

6. 教育功能

广告不仅指导消费，在一定程度上也影响人们的消费观念、精神文化和社会道德，对受众产生正反两方面的教育作用。广告中健康文明的表现形式和内容，能够潜移默化地感染消费者，丰富精神生活，增长知识，陶冶情操，促进社会公德。使消费者可以正确地选择和使用商品，引导消费者树立合理的消费观念。

广告的心理功能存在于多个方面，只有全面认识并充分发挥其各种功能，才能使广告达到其须期的心理效果。

10.3 广告媒体的特征

广告作为一种促销手段，同时也是一种传播活动。任何传播活动的开展都是需要媒介的，没有媒介，没有媒体，就不存在所谓的传播，所谓的广告。广告媒体是指传递广告信息的媒介物。主要的广告媒体有报纸、杂志、广播、电视和网络。除了网络媒体，其他媒体作为广告的载体都已有相当长的历史了。此外，户外媒体、包装物媒体、焦点媒体等近年来也发展迅速，成为广告新的载体。

10.3.1 报纸媒体

报纸是最古老的广告媒体，它的影响力和普及性却是其他广告媒体难以达到的。据新闻出版总署统计，2009 年我国共出版报纸 1 937 种，总印数 439.11 亿份，几乎都有广告。报纸媒体是一种印刷媒体，它以简明、精炼的文字和图案传递商品的信息，具有其独特的心理特征。

1. 消息性

报纸的基本功能即刊登消息，报纸广告也是如此。报纸版面大，篇幅多，还可以根据内容增加页数，是推出新产品的捷径，通过报纸的介绍与宣传新产品面市的消息往往可以大大促进其销售。同时，由于报纸特殊的新闻性，使广告在无形之中也增加了可信度。新闻与广告的混排可以增加广告的阅读率，有利于广告功效的发挥。

2. 准确可信性

报纸的准确可信度是其他媒体无法比拟的。它能用相对较快的速度把广告信息准确地传递给消费者，并且可以反复地、连续地传播，给消费者留下深刻的印象。由于报纸广告以文字或图案清晰表达，明确无误，相对于电视和广播广告，更具确定性，不容易被曲解。同时报纸的信誉对报纸广告至关重要，通常，严肃而公正的报纸可信度高，广告效果也好。

3. 广泛性

报纸的发行量大、传播广、渗透能力强而且价格低廉，读者数量众多。因而，广告的制作成本低，广告费用也相对低廉，其影响也日益广泛和深入。

4. 保存性

报纸有保存原形的特性，便于消费者反复阅读，且不受时间的限制。所以报纸广告对商品的描述可以较为细致详尽，利于商品在消费者心中树立整体形象，吸引消费者，激发其购买欲望。

报纸媒体也有局限性，一方面，报纸本身由于纸质和印刷工艺，使得商品的色彩和款式等外观品质不能够生动地展现；另一方面，报纸内容繁杂，消费者的注意力容易被分散，而且随着现代人们生活节奏的加快，人们往往粗略地浏览报纸，造成广告的浪费。

10.3.2 杂志媒体

杂志媒体也是一种印刷媒体，通过视觉作用于消费者，以精美的图片来吸引消费者注意，具有以下心理特征。

1. 宣传效果好

杂志广告通常印刷精致、色彩艳丽、制作别致，可以使商品的外观品质生动地展示出来，在吸引消费者注意方面具有优势，特别是采用专业刊登的广告，更加显眼夺目，宣传效果好。

2. 针对性强

专业性杂志具有固定的读者层面，虽然没有报纸的读者面广，但定向性强，可以作为各类专用商品广告的主要媒体。因而，在专业杂志做广告具有突出的针对性，适合广告对象的理解力，能产生深入宣传的效果，很少有广告浪费。

3. 保存期长

杂志比报纸具有更加优越的保存性，期限长，能够吸引消费者的长期注意，被反复阅读和传阅，有利于深化和扩大广告宣传的效果。

杂志媒体的局限性在于杂志的时效性不强，在传播范围和出版时间方面受到较大的限制，不能刊载具有时间性要求的广告，使得一些需要迅速传递信息、时效性强的商品难以将杂志作为广告媒体。

10.3.3　广播媒体

广播媒体是一种听觉媒体，具有独特的心理特征。

1. 传播迅速及时、范围广

广播可以在短时间内把广告信息传递到千家万户。广播广告的作用空间广阔，几乎无所不及。由于广播电台的传播网络遍及全国城乡各地，播出和收听不受空间的限制，使得广播广告几乎可以深入社会的每一个角落，影响到很多消费者。在当前的社会环境下，广播广告作用的广泛性是其他任何广告媒体都无法比拟的。

2. 具有针对性

广播各个波段的不同专题节目，相对来说都有稳定的听众。因此，广播广告的付费者和策划者可以根据特定听众群体的兴趣、需要、文化程度、年龄等心理特征，有针对性地进行广告宣传，从而达到预期效果。特别是在文化程度低的地区，广告效果更佳。

3. 灵活性

用声音语言来传递广告信息，无论在时间、空间上都有较大灵活性。可以采用单播、对答、配乐以及情节处理等多种表现形式，有利于增强广告效果。

广播媒体的缺点也很突出。由于以声音为载体，时效性弱，广告传递的信息往往转瞬即逝。另外，由于缺少视觉形象，因而留给消费者的印象比较模糊，难以留下深刻的印象。

10.3.4　电视媒体

电视媒体是视听两用的媒体，表现力最强，具有强大的震撼力和宣传魅力，容易引起消费者的注意与兴趣，已成为广告宣传的主要媒体，具有如下心理特征。

1. 传播范围广泛

随着电视机的全面普及，各类电视节目制作的不断完善以及电视广告水平的大幅提高，电视广告的收视率越来越高。

2. 表现力强

电视广告的表现手法灵活多样，丰富多彩。它可以综合运用一切可以利用的艺术手段，生动形象地传递所要展示商品的造型、色彩、功用等，使消费者得到直观形象的认识，从而在其脑海中留下深刻的印象，电视媒体在商品诉求重点方面的突出是任何媒体都体现不了的。

3. 重复性高且具有强制性

电视广告可以反复播放，对消费者起着潜移默化的诱导作用，使消费者主动接受或是被动影响。同时，电视具有强制广告的特点。

精美的电视广告具有极强的感染力。从传播效果来说，电视广告明显优于其他广告媒体。但是电视广告要受到时间、地点、设备和条件的限制，费用昂贵。此外，广告占用时间过长或是重复过多，会引起消费者的反感。

10.3.5 网络媒体

信息产业的发展极大地改变着人们的生活，同时也影响传统的广告媒体，网络媒体以互联网为平台，利用多媒体技术等方式向群众传播信息。网络广告广泛、灵活的特点，引起了商家的高度重视，并日益成为产品营销的手段。作为新兴的广告媒体，网络媒体具有以下心理特征。

1. 广泛性

网络媒体的传播范围广泛，可以通过互联网将广告信息全天候、24 小时不间断地传播到世界各地。据中国互联网中心（CNNIC）于 2011 年 7 月发布的第二十八次中国互联网络发展状况统计报告显示：截至 2011 年 6 月底中国网民达到 4.85 亿，其中，手机网民规模为 3.18 亿，占比达 65.5%，成为中国网民的重要组成部分，此外，微博作为新兴的网络媒体平台，呈现爆发式增长，仅 2011 年上半年，我国微博用户数量从 6 311 万快速增长到 1.95 亿，半年增幅高达 208.9%。这些网民是网络广告的受众，可以在任何地方的因特网上随时随意浏览广告信息，这种效果是传统媒体无法达到的。

2. 主动性

在网络上，受众要不要阅读广告、想不想了解产品信息，很大程度上取决于自己。当他们对网站主页或栏目上的某一广告产品发生兴趣时，可以通过广告链接到产品主页，了解产品的详细信息。虽然这些广告都是以相对固定的方式出现在门户网站的主页或特定栏目上，在浏览网页时就会出现，具有电视媒体的强迫性特点，但是网络广告的强迫性只表现在将广告呈现在网民视野中，可以看，也可以视而不见，具有很大的主动性，对网络广告的防御心理和厌烦情绪不是很强烈。

3. 交互性和感官性

网络广告的载体基本上是多媒体和超文本格式，只要消费者对某商品感兴趣，按下鼠标点开链接就能进一步了解更为详细、生动的信息，体验商品、服务及其品牌。网络广告还可以利用虚拟技术，让消费者如身临其境般感受商品，并提供网上预订、交易和结算等服务，大大增强了网络广告的实效。

网络媒体在发展中也存在着一些问题，网络广告形式往往拘泥于弹出广告、按钮广告、邮件广告，需要创新性，而且当下的网络广告充斥着随意性和泛滥性，缺乏应有的责任感。网络传播主体的广泛性、虚拟化、跨行政区域等的特点，增加了网络广告的监管和规范的难度。

10.3.6 其他媒体

1. 户外媒体

户外媒体广告一般包括户外的招贴广告、霓虹灯广告、路牌广告、交通广告等。其心理特征有：有效时间长、艺术感染力强；将电光、色彩及动感结合起来，广告文字极为简练，易为人们记忆；户外广告特别是交通广告，像是在火车、汽车、地铁、轮船等交通工具的车厢内外的广告和车站的招贴广告，具有移动性，可以扩大与消费者的接触范围；具有重复性效果，可对一部分固定乘车者造成持续的影响；具有引人注目的效果，尤其是移动中的车厢外广告，价格相对较为低廉。但户外广告传播信息的时间比较长，通常一经设置，需要经过较长的时间才更换，而且缺乏良好的针对性，尤其是无法吸引高需求阶层的注意。

2. 包装物媒体

包装物不仅具有保证商品安全、方便顾客携带的基本功能，同时也是一种重要的广告媒体。由于包装物与商品具有内在的一致性，企业可以通过包装物的造型、质地、图案设计、色彩搭配等充分展示商品的外在特点和内在质量。因此，包装对消费者的心理影响直接而具体。

3. 焦点媒体

焦点媒体是现场销售促销广告的载体。现场促销广告简称 POP 广告，是指在超级市场、百货商场、连锁店等零售店的橱窗里、走道旁、货架、柜台、墙面甚至天花板上，以消费者为对象设置的彩旗、海报、招贴、陈列品等广告物。POP 广告的使用，通常是为了弥补其他广告媒体的不足，强化零售终端对消费者的影响力。焦点媒体具有以下心理特征。

（1）直接性。

POP 广告能唤起消费者的记忆，激发其购买欲望，特别是在自助商场、超市等一些无人售货的销售现场中，POP 广告可以替代销售人员起到直接诱导说明的作用，进行最直接的宣传，帮助消费者知晓有关的商品价格、促销方法，从而影响消费者的最终决策。

（2）视觉性强。

POP 广告可以美化销售环境，利用销售现场的空间及光线、照明等环境，结合所列示的展品，使商品的广告形象更加突出，达到良好的视觉效果，吸引消费者。

（3）多样性。

POP 广告简单易懂、便于识别，可以采用多种表现手法，适合不同阶层的消费者，可长期重复使用。

【案例】

什么是微广告

微广告，亦称微投，是一种全新的、逆向型的类似视频广告宣传概念。旨在探寻挖掘新颖、另类的宣传效应。它不同于传统的视频广告，耗费大量的资源和庞大的制作成本或创意来加深印象。微广告的意义是要实现整个过程的低成本和高效应，以及实现相关企业对其旗下产品宣传的非自主策划和投放。借用各适用目标产品自用用户的自身优势以低廉的制作成本和灵活的、低门槛的投放模式，相关用户完全自主的对目标市场进行投放，以此来探寻全新的宣传效应。

所有由相关企业、商家自主策划或垂直定制的广告都不属于微广告定义范畴。微广告只能由各目标产品（不包含已退市产品）的自用用户或产品使用者本身根据其标准自行录制制作，并由微投相关平台机制竞标胜出后的作品才能真正称为微广告。微广告无意也不能代替传统广告，适用于微投宣传的目标产品分类有限。只限于以家户为中心的具备较复杂属性的电子电器类产品或含有机械属性类的产品或应用终端。各种属性单一的和其他类型的产品并不适用于微投宣传。微广告必须包含两种重要元素，即印象元素和实用元素。前者是作品作者本身的各种创意和表现力的融入，后者是对目标产品主要和重要功能即时演示。

在这方面，很多大企业做得还是很不错的，即保险与通讯行业。其特点，是重视广告投入的分层管理，在大中小广告位广告物料投放上，不少五名以后的保险公司罕做电视报纸及户外，但年节的挂历台历、年中的精致的笔、饰品却不断。移动联系更是如此，专门有人负责。微广告宣传品能够以小搏大，在用途上不仅能锦上添花，甚至也能一枝独秀。比如食用油品牌，如果主妇们的厨房里，带计量刻度的方便倾倒的艺术油壶、酱油醋瓶皆是品牌赠品或产品包装物，甚至围裙、果盘也处处印有品牌标志和主打的广告语以及客服电话，有消费需求时，人们肯定会第一时间想到此品牌。比如餐饮品牌，可爱的钥匙扣、烟灰缸、汽车装饰物等都是首选宣传产品，当大家不知道去哪里吃饭时，那是多好的提醒啊，上面的订餐电话给消费者提供了很多方便。网站推广费用很高，但如果将网站形象制作成个性鼠标垫，那么成本就低多了。鲜花店的可以将不同规格、意义的鲜花及价格印在精致的挂件上，家庭、办公室挂了，给大家订花送礼时就提供了方便。小广告物料制胜也不是那么容易的，首先不能图便宜，粗劣的小物件，大家随手一扔，那一份心意就没有效果了。其次是要有创意，现在装饰物很多，能让大家愿意弃旧换新，这是要下很大一番工夫的。这方面可以多转转小商品市场或者相关网站，也可以发动智囊团专门策划。最后是坚持，小物件大家都在做，创意在不断地更新，要想不被遗弃，只有自己常换常新，才能在消费者中保持一定的热度。

10.4　广告传播的诱导方式

随着传播技术的迅速发展，媒体之间的相互渗透和融合日益凸显，广告传播的手段和方式也在发生变化，广告传播的效果不再只是依靠媒介或内容产品的收视率或发行量，更多的是媒介的整合信息传播能力。在媒体融合背景下，广告传播的诱导方式主要有以下几种。

1.　双向广告传播

在传统的媒体发布、传输、接受的单向传播方式下，受众只是单纯被动地接收广告信息。而媒体融合带有数字传播特性，进行双向传播，受众可以主动地接受甚至传播广告信息。媒体融合带来的双向传播对广告传播的最大影响就是互动和内容创造，突破了传播的时间和空间限制，使受众可以随时随地自由选择自己需要的广告"信息源"，进行观看、浏览甚至下载，并在广告接受中进行互动，使得受众对广告信息的选择更加精细与准确。每种媒体都能在基于数字技术基础上的媒体融合中发挥互动传播的作用，例如 2007 年，百事可乐再次策划了"百事我创我要上罐"活动，在全国消费者中选出 21 位上罐英雄，打造中国消费者肖像罐，创造了 206 596 081 次网页点击率、143 987 068 投票人数、25 690 003 人参与活动、上传相片 2 465 159 张的惊人参与记录。在此次活动中，百事可乐充分利用了多种媒介形式，调动消费者参与广告甚至是产品包装的内容共创，极大地提高了消费者的关注度，加强了与消费者的情感沟通，使消费者获得了深刻的品牌体验，获得了远胜于广告硬性投放的传播效果。

2.　植入式广告传播

植入式广告就是把产品及其服务或品牌符号策略性融入影视游戏等产品中，将广告媒介与传媒载体相融合，共同构建出现实生活或理想情景的一部分，激发消费的潜在需求，以达到潜移默化的传播效果。作为一种整合营销的方式，植入式广告虽早已在影视中出现，然而媒介融合中它的应用更显突出。现在在媒体融合的市场上可以植入广告的介质繁多，随着电信网、广播电视网和计算机通信网"三网合一"的推进，各自领域的宽带增加及条件完善为植入广告创造了更大更多更好的机会。在网络中就流行一种在各种新闻娱乐项目中植入广告传播的方式，这种网络广告的特殊性就是它同即时新闻的无缝黏合，使新闻报道和商业广告融合到了一起，在传播广告信息的同时也传播了意识形态。由于植入式广告与情节的高度相关的隐性特点，不像传统广告那样通过"强制灌输"来起作用，它不易引起受众的反感与抵触，能取得更佳的播放效果。

3.　病毒式广告传播

电子媒介具有可复制性，可以使广告变为人人享有与传播的产品。媒体融合后的传播平台，其复制传播特性就更加鲜明，只需上网就可随时随地、原汁原味地复制一切，那么厂商完全可以利用融合后的媒体复制特点大力传播广告。广告的复制传播有助于广告的大批量生产与广泛传播，提升了广告的传播效应，使广告产品不断增值。当然，这不同于艺术作品的复制，后者复制越多其价值越低。大规模复制广告可成为融合媒体的一种商业营销行为，比如，在网络中流行的"病毒式营销"，它指通过鼓励个人向他人传递营销信息从而使信息的传播和影响成指数式的爆炸性增长。由于这种传播使广告信息像病毒一样迅速地传向他人，在不知不觉中侵入你的心智，让你对它产生好感，激活购物的潜意识。目前还可以借用移动网络这种媒体融合发展机会，大力发展手机广告，它的制作发布简便，"刷新"更换功能比所有媒体更快捷。

4. 细分式广告传播

媒体融合时代的到来与媒体市场的细分有直接相关，社会人群的高度差异化，使得目标受众群体的划分越来越细，原来的社会"大众"已经演变为了众多的"小众"。这种日趋"分散化"的受众，对个性化的广告信息需求越来越多，要求更加自由地选择。特别是新媒体的运用，大大降低了受众个体进入、使用、享受公共传媒的门槛，更加强化了细分市场的走向。以网络广告为例，网中分离出了众多不同层级具有共同追求的个性化的群体，他们能根据自身的需要，清晰自主地选择融合在网中的各种广告信息，使得受众潜在的广告需求得到满足。因此，广告就要根据小众化的传播状态，而广告媒体就可以在"小众"化的进程中，注重"点对点"的映射传播，针对不同的受众群体心理需求选择合适的载体。同时，由于小部分受众的行为轨迹易被记录下来，为定向定点差异化量身打造广告服务提供了方便，就能做到广告投放的精确匹配化，从而实现广告从大众传播向小众传播的转变，使广告在合适的时间、以合适的方式传播给需要广告信息的受众，从而真正做到广告传播的针对性和有效性。

10.5　增强广告效果的心理策略

广告的目的在于影响消费者的消费行为，而消费者的消费行为源于其消费动机，消费动机又建立在消费需求的基础之上，只有准备把握消费者的需求和相应的心理特征，才能增强广告的宣传效果。在媒体间相互融合的大环境下，要充分利用双向广告传播、植入式广告传播、病毒式广告传播和细分式广告传播等诱导方式，以扩大宣传，增强广告的说服力。此外，吸引注意、提高记忆、产生联想、诱发情感及增强广告可信度都是可以增强广告效果的心理策略。

广告能否激发消费者的购买欲望和行为是广告成功的核心所在，要实现既定的广告宣传效果，除了要针对消费者的年龄、性别、教育程度、价值观念、生活方式、职业、社会阶层等因素外，更要符合消费者的心理特征，具体来讲，有以下增强广告效果的心理策略。

1. 吸引注意

引起消费者对广告的注意是增强广告效果的首要心理策略。注意分为无意注意和有意注意，其中无意注意是指没有预定目的、不需要意志努力的注意，也就是通常所说的不经意；有意注意是指有预定目的、自觉的注意，有意注意会留下更加深刻的印象。美国的鲍尔和格雷瑟做了一个有关消费者注意问题的实验：平均每天大约有1 500个广告信息在每一个消费者眼前一闪而过，但被消费者感知的广告信息只有70个左右，而产生知觉影响的仅有12个。这就是说，有意注意很有限，无意注意则占绝大比例。因而要吸引消费者的注意，一方面，要提高广告信息的刺激强度，另一方面，变无意注意为有意注意。

（1）提高广告信息的刺激强度。

通常具有变化性、活动性、新颖性及悬念性的广告刺激性更强。比如，增加广告版面，提高刺激物的强度，就容易引人注意。如表 10.1 所示，利用刺激物的动态与静态，增强广告的吸引力，动画活动广告要比一般的平面广告更吸引人的注意；悬念广告，运用欲言又止的手法制造悬念，引起消费者的好奇心，使消费者主动注意，广告效果更好；新颖而且贴近生活的广告比直白的宣传广告效果更好，比如，益达口香糖于 2011 年推出的酸甜苦辣系列广告，采用微电影的形式以更贴近生活的恋人间的四个小故事将广告主题"关爱牙齿，更关心你"表现出来，新颖、趣味的方式，使受众眼前一亮，留下了深刻的印象；利用增大刺激物之间的对比，比如颜色、声音、背景等的对比；突出刺激物目标等方式吸引消费者的注意力，比如，就报纸版面而言，读者视线在不同的位置注意力值是不同的。

表 10.1　广告版面大小不同引起的注意率

版面的大小（cm）	大小比率（%）	注意率（%）
19.25	1	7.7
38.50	2	16.5
57.75	3	23.2
77.08	4	30.0
96.22	5	36.7
115.50	6	43.4
134.75	7	50.2
154.00	8	56.9
173.25	9	63.9
192.50	10	70.4

（2）变无意注意为有意注意。

有意注意的信息往往可以留下更加深刻的印象，因此，广告所传递的信息应和受众的需求及要实现的目标紧密联系，消费者需要这些信息，就会自然而然地关注。此外，广告宣传可以利用能造成社会和舆论轰动效应的事件引起人们的有意注意，如蒙牛集团借助神五飞天策划的系列活动，更让蒙牛品牌与"神五"一起腾飞。比起赤裸裸的广告宣传，用事件营销推广产品更具隐蔽性和持久性，它能够抓住亮点、热点，从而带动产品卖点的传播。

2. 提高记忆

记忆有助于对广告商品认同的加深，那么广告传递的信息应尽量直观化、形象化，使人一目了然，提高感知度，从而增强对广告对象的整体记忆。如恒源祥早期的广告语"恒源祥，羊羊羊"简单明了，印象深刻。但人的感觉记忆很短暂，要增强记忆效果，就需要不断地重复。在广告传播中，不断重复广告，能够帮助消费者记忆广告中的内容。特别是新品上市的时候，可采用一段时间内密集播放广告的策略。需要注意的是，重复并不意味着广告没有更新，采用不同创意的广告对某一产品进行介绍，可以达到广告重复的效果，更有效地增强记忆。此外，还要注意广告重复度的问题，2009 年恒源祥的新版广告就引起了一片非议，"我属牛，牛牛牛！我属虎，虎虎虎！我属兔，兔兔兔！……"这是恒源祥的新版广告，足足一分钟内就是牛牛牛、虎虎虎、兔兔兔……十二生肖每个念 3 次，令不少观众感到痛苦、无奈，因为广告宣传语听起来像是对感官的疲劳轰炸，宣传效果很不理想。

3. 产生联想，诱发情感

广告的时间和篇幅有限，仅靠直接印象取得的广告效果也很有限，而消费者的情感状态对最终购买决策又起着举足轻重的作用，积极的情感状态能够促进消费者的购买欲望，进而促进购买行为的发生，反之，消极的情感状态则会抑制消费者的购买行为。因此，要采取措施，引起消费者的联想，并诱发消费者积极的情感，压抑消极的情感。例如，南方黑芝麻糊的广告，从情感入手，以恰到好处的方式用回忆的手法把人带到了芝麻糊的香甜可口中，以达到引发人们购买欲望的目的，最后主题广告语"一股浓香，一缕温暖"，给南方黑芝麻糊营造了一个温馨的氛围，深深地感染了每一个观众。当人们在超市里看到南方黑芝麻糊时，可能就会回忆起那片温情。受众与广告之间产生联动效应，并对该产品产生认同感、亲切感和温馨感，那么由此即会触发人们购买产品的欲望，并实施到商店去购买该商品的行动。

4. 增强广告可信度

真实是广告的生命，诚实也是广告最好的策略。通常可以采用科学鉴定和实际表演操作来提高广告可信度。

（1）科学鉴定。

消费者对科研机构和专家学者的信任可以转化为对该产品的认可，这是符合消费者求真、求实心理的一种简单有效的宣传方法。比如，新药品的推出，权威机构专家的认证比普通人的认证更具有权威性和可信性。

（2）实际表演操作。

所谓"眼见为实"，进行实际表演操作最容易让消费者产生信赖的心理方法，例如，美国一家广告商为将一种名叫"超级三号胶"的强力黏合胶打进法国市场，做了一个电视广告。在他设计的广告中是一个人的鞋底先被点上 "超级三号胶"，然后再被倒粘在天花板上，保持 10 钟，全部过程自始至终有公证人在场监督。广告播出后 6 个星期内，这种黏合胶就售出50 万支，年销售量达到 600 万支。

【案例】

"伤痛再见"

云南白药膏，历经数年的功效传播，"痛就贴"的核心诉求已经深入人心。症状与产品的紧密贴合，高频次的投放，加上高度仪式化的演绎方式，让人想不记住都难。从这个意义上讲，"痛就贴"广告策略是成功的。然而，一种沟通模式一旦得到市场验证，就可能面临着被固化，进而自我重复，直至被无限复制的境遇。对于云南白药膏而言，"痛就贴"的功效模式已成明日黄花，新一轮的品牌传播要往何处去呢？

2008 年，抓住这一契机，"伤痛再见"广告策略应运而生。"伤痛再见"的前身是"让伤痛成为历史"，一个更具人文色彩，内涵更丰富的概念，也有极强的延伸性。在南斯拉夫名曲《朋友再见》的旋律中，抖空竹的老人将写着"痛"字的空竹抖出画面。青春活泼的足球少年临门一脚，将贴着"痛"的足球踢出人们的视线。建筑工人们在"伤痛再见"的条幅下将同伴抛起。年轻妈妈和小女孩像做游戏一样将玻璃上的"痛"擦得无影无踪。熟悉的旋律，大胆的构想，不易透过画面展现的"伤痛"，被具象成生活中触手可及的点点滴滴，轻松扫除，不落痕迹。广告播出后市场反应良好，取得了很好的宣传效果。

问题：

结合案例，分析云南白药"伤痛再见"广告成功的原因。

"新宝来"与网剧《幸福起点站》

故事发生在某一汽大众 4S 店，一个西装革履的男人与一个举止动作女性化的男人发生了一起"抢车"事件，因为只剩下一台新宝来，他们都想拿现货而不想等待预订。于是，由一场关于新宝来汽车的知识问答争夺赛展开了故事情节。

这是优酷为一汽大众新宝来打造的网剧《幸福起点站》。这是一部贴近受众，打造发生在受众身边的家庭生活喜剧，并以生活中的原型为故事主人公，以受众喜闻乐见的趣事融合品牌传播。而作为大众标准的新生活轿车，新宝来以高标准、超值、新生活的品牌核心概念，契合目标人群的生活和消费理念，与优酷一起为一群充满活力、相互信任的同事朋友以及关爱家人的年轻一族带来全新的生活享受，诠释新生活主义，演绎向上人生路。

问题：

结合案例，分析新宝来广告采用的广告传播诱导方式，并对这种广告传播方式进行评价。

思考题

1．简述广告媒体的类别及其心理特征。
2．简述媒体融合背景下广告传播的诱导方式。
3．简述增强广告效果的心理策略。

11 商标、品牌、新产品与消费行为

学习目标

➤ 明确品牌的概念，商标与品牌的区别

➤ 掌握商品命名、商标设计、包装设计的心理功能和策略

➤ 掌握品牌运用和建立的心理策略

➤ 明确消费者接受新产品的心理过程

➤ 掌握新产品设计的心理策略，掌握新产品推广的心理策略

　　商品是消费者行为的客体。商品名称是识别商品的重要标志，反映商品的属性和功能，商品名称要有反映特征、吸引注意、便于记忆、引发联想的心理功能，对命名策略的选择要充分考虑消费者的心理需求。商标是能够将本企业商品与他人的商品区别开来的可视性标志，包括文字、图形、字母、数字、三维标志和颜色及其组合，并具有保护和提示的心理功能，商标设计要具有独特性、形象性、稳定性和适应性。包装使商品在流通中可以得到完好的保存，同时也可以起到对商品进行宣传、方便携带等作用，具有识别、促销、安全便利及提高价值的心理功能，在设计时要考虑色彩匹配、性能、消费者习惯等方面的因素。品牌涵盖了商品命名、商标、包装等多个方面，是企业非常重要的无形资源，要使品牌拥有与众不同的内涵，并且是消费者所关心的，即找到相关性，然后才能开始品牌建设。差异性和相关性，使得一个品牌更加强大并长盛不衰。优秀品牌长盛不衰是自有它的道理的。

　　新产品主要是相对于老产品而言的，新产品在命名、商标设计、包装设计等方面都有满足消费者的需求及需求的变化。消费者接受新产品要经过引起注意、产生兴趣、进行联想、产生欲望、实施购买等五个阶段。新产品的开发经过收集构思、构思筛选、商业分析、试制、试销和商业投放这六个阶段，在开发过程中面临很大的投资风险。因此，新产品的设计要满足消费者需求的变化，以最基本的需求及消费者的个性需求来降低风险。在进行新产品推广时，可采用根据消费者接受新产品的流程、早期购买者、潜在购买者及营销手段的角度分析相应的心理策略。

【案例】

"一个被上帝咬了一口的苹果"

　　苹果公司是乔布斯和韦恩等人与1976年成立的，公司最初的LOGO由创始人三人之一的

韦恩于 1976 年设计，只在生产 Apple-I 时使用，为牛顿坐在苹果树下看书的钢笔绘画。在 1976 年由乔布斯决定重新委托广告设计，并配合 Apple-2 的发行使用。本次 LOGO 确定使用了彩虹色、具有一个缺口的苹果图像。这个 LOGO 一直使用至 1998 年，在 iMac 发布时作出修改，变更为单色系列。2007 年再次变更为金属带有阴影的银灰色，使用至今，如下图所示。

第一代商标　　　　　　第二代商标　　　　　　第三代商标

苹果品牌背后的人们都非常精通品牌的传播，而这个品牌也一直注重给消费者带来惊喜。例如，其 2007 年推出的 iPhone 创新地引入了多点触摸（Multi-touch）屏界面，开启了手机触屏的新时代。苹果使品牌建设成为一门艺术和一门科学。苹果通过炫酷的外包装为产品传达品牌信息，让消费者仅从外包装就有不可思议的体验。

通常，商品的性能通常要在消费者使用之后才能体验，商品的名称、商标、包装则可以在消费者购买前吸引消费者的注意，因而好的商品名称、商标、包装可以充分引起消费者的注意，激起消费者的购买欲望。

11.1　商品的命名与消费者心理

11.1.1　商品名称的心理功能

商品名称是生产企业对商品的命名，是识别商品的重要标志，能够反映商品的自然属性、主要特征、用途及功能等。好的商品名称不仅能便于消费者了解和记忆产品，而且还能够丰富消费者的心理活动，激发其购买欲望。因此，商品名称应具有以下心理功能。

1. 反映特征

商品的名称应与商品自然属性和主要特征相符合，使消费者可以通过名称迅速了解商品的基本效用，加速消费者获取市场信息和了解商品，满足消费者认知的心理需求。例如，"感康"是一个药品名，一听名称就可以知道是治疗感冒的。

2. 吸引注意

商品的名称应能对产品有恰当而且形象的描述，根据消费者的年龄、性别及职业等产生的不同心理需求，使消费者产生兴趣，同时应突出商品的特性，给人留下深刻的印象。此外，有新意、含义好且独具一格的名字能使人过目不忘，如"可口可乐""狗不理包子""康师傅""农夫山泉"等。

3. 便于记忆

商品命名应该用词简洁，易读易记。因此，商品名称的字数不宜过长，一般以3~5个为宜，需要简短而且精练。此外，使用的修饰语应简单明了、通俗易懂，不宜采用过于复杂的词，使商品名称容易读，而且朗朗上口，太拗口的音会使消费者在购买时感到不便。

4. 引发联想

引起消费者的联想是商品命名的潜在心理功能。商品的命名要表达出一定的意境，使消费者从中得到愉快的联想，留下深刻的印象，从而激起消费者的购买欲望。例如，"美的，原来生活可以更美的"，这则广告语会让人产生向往美好生活的联想。名称可以引起愉快的联想，也可以产生不愉快的联想，企业在给商品命名时要尤为关注。

11.1.2 商品命名的心理策略

1. 以商品特征命名

这种命名的方法直接反映商品的主要功能和用途，突出商品的本质特征，加快消费者对商品的认知。医药产品、化妆品和日用品多采用这种方式，例如，"胃必治""曼秀雷敦洗面奶"等。这种直接的方法，符合消费者追求商品使用价值的心理。

2. 以商品的主要成分命名

这种命名方法突出了商品的主要原材料和成分，多用于食品、药品的命名，例如，"水晶葡萄汁""酸梅汁""枇杷止咳糖浆"等。可以使消费者从名称中直接了解商品的原料构成，增强对产品质量的信赖感。

3. 以企业名称命名

以企业名称命名的商品，突出了商品生产者的信誉，有利于突出品牌形象，加深消费者对企业的认识，如立白、长虹、蒙牛等，都是以企业名称作为品牌名称的典范。

4. 以地名命名

这种命名方法通常用于具有地方特色的产品上，突出商品的地方风情和特点，如"北京烤鸭""青岛啤酒""金华火腿"等，增加商品的知名度，符合消费者求名和求特的心理。

5. 以人名命名

这种方法以发明者、制造者或历史人物等对商品命名，把特定的商品和特定的人联系起来，使消费者睹物思人，留下深刻的印象。如"李宁""乔丹""西门子"等，给消费者以工艺精湛、质量上乘及历史悠久的印象，诱发消费者的购买欲望。

6. 以外文音译命名

这种方法多用于进口商品的命名上，具有时代感，满足消费者追求现代、时尚的心理需求，例如"Coco-Cola"，中文译文为"可口可乐"，使人联想到可口的饮料所带来的舒畅感，以此产生愉快的心理。

无论是采用什么商品命名方法，都要重点考虑消费者的心理需求，还要特别注意的是禁忌的避免。不同国家、地区和民族的文化传统不同，使得消费者的习惯、偏好和禁忌也有所不同，例如，上海名牌凤凰牌自行车一直以英文"Phoenix"为外文名字，汉语里凤凰是代表吉祥的一种神鸟，使人想到吉祥和如意。可是在英语文化里，它是"再生"的象征，看到这个名字的车，会让人想"死而复生"，会使人有一种死里逃生的尴尬联想。

11.2 商标设计与消费者心理

11.2.1 商标的心理功能

商标是指能够将本企业商品与他人的商品区别开来的可视性标志，包括文字、图形、字母、数字、三维标志和颜色及其组合。商标在登记注册后就可以受到法律保护。商标不仅可以维护企业的正当权益，对消费者也具有非常显著的心理功能，能帮助消费者辨认产品，加深对产品的印象。

1. 保护功能

商标保障商品质量的功能由其区别商品来源的功能演化而来，商标经过长期使用，与商品建立了稳定联系，具有了保证质量的功能。而且商标一旦在国家商标局注册后就受到法律保护，不仅维护商家的经济利益和企业形象，也保护消费者的合法权益，使消费者在购买和使用商品时有安全感和信任感。

2. 提示功能

商标的提示效应可以使消费者对存在某种需求的商品产生偏好，从而影响消费者的购买行为。例如，当消费者口渴时，就会产生饮水的需要，就会购买水或饮料，此时水或饮料的商标就是一种提示。消费者在喝完后，若感到满意，这种好感会加深消费者对该商标的印象，使消费者在以后对这种商品的购买变成一种理性的购买或习惯性购买，是一个强化的过程。当商标的心理功能由提示转为强化时，会促使消费者重复购买，增强消费者的辨别与记忆能力。

11.2.2 商标设计的心理策略

商标的设计一般由文字、图形、字母、数字及三维标志等组成，是商标发挥心理功能的平台，具有很大的灵活性。商标设计的心理策略有以下几点。

1. 商标设计具有独特性

商标作为区别于竞争者产品的独特标志，并且使消费者能够迅速识别，应该别具匠心，表现出独有的形象和风格，给人留下深刻的印象。例如，康师傅的商标（见图 11.1）具有独有的敦厚可亲，热情展开双臂形象，让许多顾客熟知与喜悦，这也是康师傅服务热情亲切的精神表现。

2. 商标设计具有形象性

商标是对商品要传达信息的提炼和精确的表达，就要求商标设计要与商品本身的特性相协调，突出商品特色，力求生动、醒目，使商标形象化，有感染力。据心理学家分析，人们获得的信息 85%来自于视觉，一个拥有良好视觉形象的商标能够迅速给消费者留下深刻的印象，激发兴趣，产生联想。例如，体育用品品牌 NIKE，中文名称耐克的商标（见图 11.2），图案是个小钩子，造型简洁有力，急如闪电，一看就让人想到使用耐克体育用品后所产生的速度和爆发力。

图 11.1　康师傅商标

图 11.2　耐克商标

3. 商标设计具有稳定性

商标设计的视觉形象需要统一和稳定，对于在市场上有一定声誉的商标不要轻易改变，这是吸引消费者的重要条件之一。消费者对商标的接受是认识到了解再到偏爱的过程，享有盛誉的商标是企业的无形资产，轻易改变会造成无形资产的损失。像一些创办逾百年企业的著名商标，依然势头强劲，如宝洁（1837，见图 11.3）、强生（1886，见图 11.4）。

图 11.3　宝洁商标

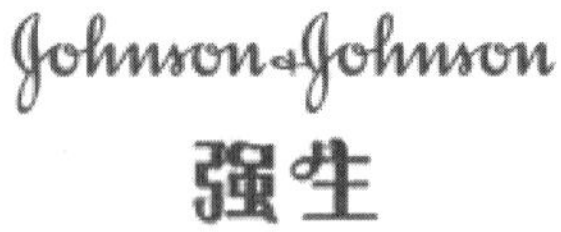

Johnson&Johnson
强生

图 11.4　强生商标

4. 商标设计具有适应性

不同的社会文化背景、生活习惯以及教育水平等使消费者形成了不同的消费心理倾向。商标设计只有适合消费者的不同心理特点，才能使消费者接触商标时产生积极的联想，特别是设计出口商品的商标是，要充分了解当地的宗教、历史、风俗及文化等情况，避免禁忌。例如，在 1987—1988 年间，通用汽车公司在拉丁美洲"诺娃"（Nova）车款的销售上遭遇困难，原因是诺娃在当地语言中的意思是"开不动"。很显然，没人会想去买一款开不动的车。正是这些原因，开始出现了商标设计的无概念化，企业往往只让品牌有一个单纯的区别符号。比如联想将英文名称由"Legend"改为"Lenovo"（见图 11.5），就是为了防止联想品牌在国际化中出现意想不到的文化误读。

图 11.5　联想商标

11.3　包装与消费者心理和行为

商品包装不仅可以使商品在流通中可以得到完好的保存，同时也可以起到对商品进行宣传、方便携带等作用，通常设计精良的包装及装潢也是刺激消费者购买的外部诱因，包装及装潢已经逐渐成为商品增值的手段和方式。

11.3.1　包装的心理功能

1.　识别功能

商品包装及装潢已经成为了区分商品的重要标志，商品包装的文字、图案起到了简单说明和广告的效用，特别是设计良好、富有创意的商品包装，不仅反映商品的独特性，而且可以帮助消费者识别、比较和选择，加快消费者的认知过程。

2.　促销功能

富有时代气息、高品质感及艺术感的商品包装，不仅能够吸引消费者的注意，使消费者产生丰富的联想，还能美化商品，增加商品的外观质量。例如，"七喜"以绿色瓶装，配以七喜的白色漫画人物，使人产生透心凉的清爽怡人的感觉。此外，好的商品包装及装潢往往是"无声的销售员"，甚至会使消费者仅仅出于对包装的喜爱而做出购买决定。

3.　安全便利功能

实用、适用和结实的包装可以有效地保护商品，有利于商品使用寿命的延长和长期保存，给消费者带来安全感和便利感，便于消费者购买、携带、存储和使用。

4.　提高价值功能

包装和装潢属于引申产品，具有附加的特征，能够使产品产生差异化，增加商品的附加值。设计成功的包装融艺术性、知识性、趣味性和时代性于一体，高雅华贵的商品外观可以大大提高商品的档次，提高商品在消费者心目中的价值，同时，也能让消费者在拥有商品时感到自己的身份地位有所提高，达到物质和精神的双重满足。

11.3.2　包装设计的心理策略

1.　色彩匹配性的设计

商品的包装的色彩是最能影响视觉感受的因素，"远看色，近看花"，在具有一定空间距离的时候，首先进入视线的就是色彩。因而，包装装潢的色彩设计既要与商品的特性及使用环境相协调，也要与消费者的心理习惯相符。如红色是暖色调，有喜庆之感，常用于节日礼品的包装；蓝色是冷色调，有静谧之感，常用于家居用品；黑色则带有庄重、高贵之感，常用于电视和音响，会使人更加确信商品的精密和优质。此外，从年龄的角度来看，老年人喜欢稳重浅淡的色彩，青年人喜欢热烈明亮的颜色；从性别的角度，女性比男性更喜欢明快的色彩；从性格的角度，活泼性格的人喜爱暖色，沉静性格的人喜欢冷色；从受教育程度，文化层次越高，越偏爱雅致的颜色。还要特别注意一些禁忌的颜色，如对中国人来说，喜庆的商品不宜用黑色和白色。

2.　符合商品的性能的设计

许多商品由于物理、化学性质不同，其存在状态和保存方法也不同，所以商品的包装要具有适当的保护性能和良好的安全性能，能够适应压力冲击和振动，对水分、气体和热量等具有一定的阻隔能力，并且包装材料本身要无腐蚀性、无毒性以免污染商品和影响人体健康，给消费者以安全感。例如，易燃、易爆、剧毒的液体商品，包装不仅要封闭、安全，还应在包装上做出明显的标记。

3.　为消费者提供方便

商品的包装及装潢要为消费者观察、挑选、购买、携带和使用提供方便。如，采用"开窗式""透明式""半透明式"包装会给消费者直观、鲜明、真实的心理体验，在食品的包装中很常见。此外，将相关的商品组合并在一起进行包装，也能给顾客带来方便。例如，在化妆盒内包括粉饼、眼影及眼线笔等常用化妆品，并附有小镜子，便于女性消费者外出携带，深受女性消费者的青睐。

4.　针对消费者的消费习惯

（1）分量包装。

为适应消费者的购买特性，按照购买量来设计包装。例如，洗衣粉有 500 克，1 000 克等多种规格，便于消费者根据自己的具体情况来选择购买。

（2）惯用包装。

为使消费者便于拆封或开启，易于识别和记忆而设计的包装。如某些名优产品的包装已经在消费者的心目中树立了固定的形象，一般不应轻易改变，便于消费者从外部造型及色彩组合等方面迅速辨认、识别。

（3）系列包装。

为使消费者易于识别、便于记忆，企业对生产的同类别的系列产品，在包装设计上采用相同或近似的视觉形象设计。例如，沙宣系列的洗发水，统一采用的是暗红色菱形掀盖的塑料瓶装，使消费者能迅速辨别出该产品的系列产品。系列化的包装设计还可以引导消费者把产品与企业形象联系起来，有利于产品销路的打开和企业形象的强化。

5. 针对消费者的消费水平

（1）等级包装。

为适应不同经济收入、社会地位和购买目的的消费者的要求，按照商品的高、中、低档次，采用与其价值匹配的包装及装潢。高档包装可以突出商品的名贵豪华，而中、低档包装力求经济实惠、物美价廉。需要注意的是，包装应与商品本身的价值相配，不宜悬殊太大。

（2）复用包装。

为适应消费者一物多用的心理要求，采用能周转使用或转作他用的包装。例如，一些商品包装用的玻璃瓶、塑料盒、铁盒等，往往可以转作饮料杯、收纳器等，这就在一定程度上增加了产品的附加值。有的商品的包装甚至比产品本身的使用周期还长。

（3）简易包装。

为适应消费者讲求经济实惠的要求，采用构造简单、成本低廉的包装。例如，日常的生活用品的包装，应保证实用，不必附加过多的装潢而增加成本和消费者的经济负担。

（4）礼品包装。

为适应消费者进行社会交往和各种活动的需要，采用具有装饰性及富有情感的包装。如节日礼品、婚庆礼品应突出喜庆色彩，富于时代气息，充分体现商品的价值和使用对象的心理特征。

11.4　品牌与消费者心理和行为

11.4.1　品牌的概念

品牌是一种观念，存在于消费者的脑海中，是与消费者紧密相连的产品或服务的承诺。美国市场营销协会对品牌的定义为：品牌（brand）是一种名称、术语、标记、符号或设计，或是它们的组合运用，其目的是借以辨认某个销售者或某群销售者的产品或服务，并使之同竞争对手的产品或服务区别开来。而一个品牌往往是一个更为复杂的符号标志，它能表达出六层意思：

（1）属性：一个品牌首先给人带来特定的属性。例如，"苹果"代表时尚、精致、温馨。

（2）利益：属性需要转换成功能和情感利益。

（3）价值：品牌还体现了该制造商的某些价值感。

（4）文化：品牌可以象征一定的文化。例如，"苹果"意味着美国文化：自由、有创意、高科技。

（5）个性：品牌代表了一定的个性。

（6）使用者：品牌还体现了购买或使用这种产品的是哪一种消费者。

11.4.2　商标与品牌的区别和联系

由商标和品牌的定义可知，品牌与商标都是用以识别不同生产经营者的不同种类、不同品质产品和服务的商业名称及其标志。品牌与商标是既相互区别，又紧密联系的两个概念。

品牌是一个市场概念，与消费者息息相关，涵盖更宽泛、更具想象空间。品牌所表示的是企业向消费者对交付产品和服务的一贯承诺。借助品牌，消费者能够记住产品、企业，久负盛名的品牌就是产品品质差异、企业信誉可靠的保证。消费者会在形成品牌信任感的基础上不断提高品牌忠诚度，在这种心理驱动下产生首选忠诚品牌的购买行为。

商标是一个法律概念，它指的是某一个具体的文字、图形、标记、符号，企业对其注册之后享有独占权和排他权等法定权利。它是已获得专用权并受法律保护的品牌，是品牌的一部分。品牌本身不是法律术语，不具有和商标同等的法律地位，商标法不承认和保护品牌的专用权。

然而，商标是品牌的基础和载体，没有商标，品牌得不到保护；但若没有有效的品牌策略，只停留在商标符号阶段，商标不会变成品牌，就没有价值，更不可能增值。商标的概念范畴小于品牌，但是商标是现代品牌中的一个重要组成部分。商标作为品牌的重要组成部分，不但是识别商品质量及企业信誉的标志，而且还是保护品牌的唯一法律手段。

当一个品牌确定一个名称、标记、符号或其组合作为其商标注册时，商标即成为传播该品牌的主要方式，商标的形象直接联系着品牌的形象，商标的声誉直接影响到品牌的声誉，商标的价值直接关系到品牌的价值，商标与品牌已经融为一体，密不可分了。

11.4.3　品牌的心理功能

品牌的心理功能主要表现在以下几方面。

1.　认知功能

品牌是企业的无形资源，也是商品的特性标志，具有可辨认性的设计、商标、符号和一系列的视觉特征。有助于区别其他同类产品，分辨商品的制造商和经销商，也有助于消费者在购买商品的过程中，辨别并挑选出他们所需要的产品。知名品牌的商品命名、商标、包装装潢等一般都具有鲜明的特色，刺激消费者的视觉产生良好的第一印象，这样消费者就会去了解商品的功能、质量及生产厂家等的相关情况，从而使品牌成为消费者识别商品、做出购买决策的重要依据。

2.　保护功能

品牌的商标具有法律保护功能，商标权是企业实施商标法律保护的基础和保障。根据我国商标法规定，只有注册商标才享有商标权，包括商标的使用权、禁用权、转让权、许可权、续展权、继承权、财产权和请求权等权利。品牌商标不仅维护了企业的经济利益和企业形象，而且使消费者在购买和使用的过程中有安全感和信任感，进而增加商品的销售。

3. 传播功能

企业为建立良好的商品品牌形象，会根据市场细分和品牌定位，采取广告促销、营业推广、公关宣传及人员推销等各种方式不断地进行传播宣传。当企业和商品品牌形象建立起来以后，形成良好的口碑，消费者在购买和消费的过程中，会相互传播，分享自己的感受。企业也会直接或间接同消费者沟通，进行信息交流，快速地表达企业的愿景、销售的商品及提供的服务，不断扩大企业和商品品牌的知名度和美誉度，使企业和商品品牌深入人心。

11.4.4 消费者的品牌购买行为

1. 品牌消费行为

品牌在消费者的购买决策过程中起着举足轻重的作用。消费者在为需求寻找解决方案时，首先要广泛搜集商品信息。这种搜集工作可以通过很多渠道来进行。例如，个人的记忆和经验，从他人或群体的行为方式中得到的暗示，各种媒体的宣传等。品牌的象征意义以及品牌独具的个性，使人们更容易记住品牌所代表的商品的特点。而群体中人们惯常使用的和喜爱的品牌，也会不断将商品的信息提供给购买者。此外，人们对特定品牌的情感会使该品牌从大量的信息中脱颖而出，赢得消费者的注意。其次，在评价备选方案时，品牌的个性特征将商品差异化或低成本的特性显现出来，有助于消费者对各品牌商品的比较选择。例如，有人偏爱苹果精致的 iPhone 系列，有人喜欢小米无创意是最大创意的平价手机，所以，品牌在评价方案中起了指引作用。最后，消费者往往会在购买结束后进行购后评价，品牌文化带来的社会影响和消费者对品牌的情感，将会增加商品的附加值。

2. 习惯性购买

消费者的习惯性购买分成两种情况，一种情况是消费者在认可了某一品牌后，就会产生偏好而习惯性地购买；另一种情况是消费者在对商品的价格敏感的情况下，对品牌没有过多的要求，低度参与的习惯性购买，多见于一些单位价值较低的生活必需品。前者的购买决策过程依次经过了认识需求、寻找解决方案、评价比较方案、择优决定和购后评价等阶段，是在获得了良好体验后的重复购买行为；后者的购买决策并没有正式的过程，消费者并没有深入地寻找与该品牌有关的信息，选择某品牌的商品也并非是由于对它持有什么态度，消费者在购买之后，甚至不会去评估它。

11.4.5 品牌的心理策略

1. 品牌运用的心理策略

（1）单一品牌。

企业对所有产品都是使用同一品牌，并采用某种实际的方式来描述个别产品，采用这种策略可以将一种产品具备的特征传递给另种一种产品，简化新产品的上市过程，无须为新产品建立新的品牌认知度，从而加快消费者的认知。例如，我国的"海尔"就是采用了单一品牌的策略，获得了极大的成功。但这种策略也会发生由于某一产品出现问题，而影响整个品牌形象，降低品牌的信任度的情况。此外，品牌过度扩张容易模糊品牌的市场定位，使某一品牌名称不再被联想为特定种类的产品，出现品牌淡化的情况。如果时机掌握适当，分寸把握适度，可以使新产品搭乘老品牌的声誉，一荣俱荣。反之，如果使用不当，一损俱损。

（2）每个产品都有不同的品牌名称。

当企业生产的产品在市场中的定位显然不同或者市场被高度细分，企业会对每个产品采用不同的品牌名称。例如，宝洁公司是应用该策略的典范，宝洁公司是全球最大的日用品公司之一，经营的 300 多个品牌的产品畅销 160 多个国家和地区，其中包括织物及家居护理、美发美容、婴儿及家庭护理、健康护理、食品及饮料。在中国市场上，洗发水的品牌有"海飞丝""飘柔""潘婷""沙宣"等，肥皂的有"舒肤佳""玉兰油"，牙膏有"佳洁士"。企业不断为商品设计品牌，符合消费者追求新鲜感的心理需求，也避免因个别产品出现问题而影响其他产品。但品牌过多会影响广告效果，会形成过高的营销成本，需要有较强的财力做后盾。

（3）自有品牌。

许多零售商销售自有品牌的杂货、服饰和五金器具，以使客户建立对该零售商而不是产品生产商的忠诚度。例如，随着家乐福等大型超市进入中国，自有品牌也在中国的超市中形成一股浪潮。这些超市对自有品牌拥有绝对的决定权，可以根据需要灵活地调整，满足顾客的需求。

2. 提高品牌认知的策略

（1）品牌命名要有鲜明的个性。

品牌的名称相当于产品的身份证，消费者对产品的认知首先来自于对品牌名称的了解和记忆。企业若希望消费者能够轻易将自己的产品与其他企业的产品区别开来，就必须避免品牌名称的雷同，以免混淆视听。因此，使品牌具有鲜明的个性，体现差异化，如"海尔"家电、"天堂"雨伞等。为了更好地保持品牌的差异性和独有性，企业应该及时对品牌进行商标注册。为了便于消费者识别和记忆，企业应该使自己的品牌以简明的形式呈现在消费者面前。

（2）品牌传播要广泛持久。

要想使自己的品牌从众多的产品品牌中脱颖而出，广为消费者所熟识，企业在经营品牌的过程中，必须要像"可口可乐"和"百事可乐"那样坚持长期通过多渠道的广告宣传广泛影响消费者市场，同时也要像"农夫山泉"和"王老吉"那样经常参与一些吸引公众视线的社会公益活动，既能够逐步树立品牌的商业化形象，也能够强化品牌良好的社会形象，使两种形象共同促进品牌知名度的提高。

（3）产品陈列要显著醒目。

产品陈列效果的好坏取决于商品在商场中或货架上的位置是否醒目。让消费者在不经意间看到品牌，也是提高品牌知名度的有效手段。特别是针对那些喜欢逛商店的消费者来说，产品陈列对提高品牌认知的作用更大。对于某些刚刚推向市场的新品牌产品来说，例如化妆品、食品等，可以在卖场向消费者提供免费的试用品或试吃品，也可以主动登门向消费者提供小包装的赠品，同时征求消费者对产品的意见，给消费者留下对品牌良好的第一印象。

3. 品牌忠诚度

品牌忠诚是指消费者对品牌产生信任、喜爱以及重复性消费意向的心理活动。品牌忠诚是消费者对品牌的感情度量，能反映顾客从一个品牌转向另一个品牌的可能程度。培养消费者的忠诚度，可以巩固品牌的市场地位。但是，顾客在某一时期忠诚于一个品牌，并不意味着其会永远对这个品牌忠诚，而不转向其他品牌。因此，企业必须采取一切可能的做法采培养、维持和加强消费者对品牌的忠诚。

（1）明确品牌的市场定位。

社会大众的消费需求具有个性化的差异，不同的人群，往往只对某一特定定位的商品感兴趣。尤其在与时尚、身份、地位相关的商品领域，明确而稳定的品牌定位对培养消费者的品牌忠诚心理和行为有着巨大的影响。如"范思哲"定位于城市中追求时尚的白领女性；"劳斯莱斯"定位于男富豪；"王老吉"，定位于中国大众化的保健型茶饮料等。

（2）强化广告的情感诉求。

如果广告能够传达品牌所蕴涵的社会责任感、亲情、友谊等情感元素，就很容易唤起消费者的情感共鸣，赢得消费者的喜爱。

（3）提供额外的赠品或服务。

消费者在购买一定的品牌产品时，如果企业向消费者提供额外的赠品或服务，就会增大产品的心理价值，提高其消费的满意度，强化其重复消费的动机。如顾客购买一瓶精油，赠送该产品的爽肤水的小样。

（4）妥善解决品牌危机。

在世界经济全球化的今天，市场竞争日益激烈，企业面临多变的内外环境，同时，由于各种监管措施不尽完善，企业经营管理不当等情况的出现，很容易出现企业危机。品牌是企业重要的无形资源，一旦企业出现危机，其品牌会首先受到影响，企业在应对危机时要勇于承担责任原则。不论错在谁，企业都不要企图推卸责任，并且积极坦诚地与公众沟通。在危机发生后，控制住事态，使其不扩大、不升级、不蔓延，并尽力争取政府主管部门、独立的专家或机构、权威的媒体及消费者代表的支持，而不是自己去解释或自吹自擂。

11.5 新产品接受的心理过程与消费者行为

11.5.1 新产品概述

新产品的定义比较广泛，主要是指打开了新市场的产品、取代了现有产品的产品以及现有产品的替代品。新产品是相对于老产品而言的，主要有四种类型，全新概念的新产品、经过革新的新产品、经过改良的新产品及仿制的新产品。

（1）全新概念的新产品，是指在技术、设计、生产等方面完全不同于传统产品的新产品，全新概念的新产品是其同类产品的第一款。如计算机、电视机、电话机、手机等产品最初上市时都属于全新概念的新产品。其研究与开发往往伴随着科学技术的重大突破，并对人类的发展、社会的进步和人们生产和生活方式都产生深远影响。但这种新产品开发难度大，需要大量资金技术，市场风险较大，其主要特点就是创新性。

（2）经过革新的新产品，即在老产品的基础上，在设计改进、技术改进、制造材质改进、工艺改进、性能改进等方面有较大突破的产品。革新后的新产品，结构更加合理，功能更加齐全，品质更加优良，能更多地满足消费者不断变化的需要。这种新产品与老产品十分接近，有利于消费者迅速接受，开发也不需要大量的资金，失败的可能性相对较小。绝大多数企业都开发经过革新后的新产品。

（3）经过改良的新产品，即在老产品的功能上、外包装上等方面有少许改进的新一代产品，是不完全意义的新产品。经过改良的新产品一般对产品的性能无本质的改进，成本较低，但竞争对手易于模仿，市场竞争力不强。

（4）仿制的新产品，企业对市场上现有的产品进行模仿生产，称为本企业的新产品。仿制可以是部分仿制，也可以是全部仿制，多见于手机的生产。许多企业专门模仿市场上刚刚推出并得以畅销的新产品，进行追随性竞争，以此分享市场收益。开发仿制的新产品可以避免市场风险，借助竞争者领先开发新产品的声誉及消费者的市场需求顺利进入市场，同时节约了研究开发费用，弥补研发能力的不足。此外，企业通过对市场领先者开发的全新概念的新产品进行建设性的改进，有可能后来居上。

【案例】

"没有创意是最好的创意"

小米手机是小米公司（全称北京小米科技有限责任公司）研发的一款高性能智能手机。主要针对的是手机发烧友，采用网上直接零售的销售模式，于 2011 年 10 月 1 日正式销售。小米科技 CEO 雷军在介绍小米名字的由来时，表示小米拼音是 mi，首先是 Mobile Internet，小米要做移动互联网公司；其次是 mission impossible 的缩写，小米要完成不能完成的任务；并希望用"小米和步枪"来征服世界。另外，小米全新的 logo 倒过来是一个心字，少一个点，意味着让用户省一点儿心。

图 11.6　小米 logo 及其新产品

雷军将手机定位为"发烧友级别的消费品"，小米手机就手机外观设计推行"没有设计是最好的设计"。对于新产品的宣传，小米可以说成功地吸引了众人的眼球，但上市后是否成功推广，能否得到消费者的认可，仍然未知。

资料来源：http://product.xiaomi.com/.

11.5.2 新产品接受的心理过程

新产品的开发是企业对市场的竞争创新做出反应，消费者的需求及需求变化也需要新产品，而且持续的产品更新是防止产品被淘汰的唯一途径。消费者接受新产品要经过引起注意、产生兴趣、进行联想、产生欲望、实施购买等五个阶段。

1．引起注意

对于消费者来讲，新产品优于老产品的程度是最具吸引力的一点，也是引起消费者注意的重要心理因素。新产品的创新程度越高，在市场上的扩散率及占有率也就越高。新产品的创新可以体现在命名、商标、广告宣传、包装装潢、工艺制作等设计、生产、营销环节的各个方面。例如，小米手机在召开产品发布会时，宣传口号是"小米为发烧而生"，针对的是手机控的发烧友，自然会引起手机发烧友的注意。

2．产生兴趣

对于新产品的属性、性能、用途、使用方法等指标，消费者越容易理解，就越容易引起兴趣，新产品在市场上的发散速度就越快，发散面积也就越大。因此，企业还需要尽量追求产品结构的简单明了，最大限度地减少消费者理解和掌握新产品所需的时间和精力。

3．进行联想

新产品一般在性能、用途、工艺以及效用上优于名产品。这些优点若能准确明了地为消费者感知、想象和形容，表明新产品可传达性强，消费者会产生积极、美好的联想。可传达性强的新产品比可传达性弱的新产品的发散速度快。例如，新型的家用电器、新式的服装、家庭陈设品等的可传达性就强。

4．产生欲望

当新产品给消费者以足够的刺激，消费者就会产生购买欲望。特别是在新产品具有可适性时，消费者能够亲自试用新产品，体验新产品的特点，会产生比其他方式更佳的宣传效果。通常，食品和饮料的新产品会采用让顾客试吃、试饮的方式来刺激消费者的购买欲望。

5．实施购买

消费者在对产品进行评价，确定买多少、购买地点、购买时间、购买方式后，就会产生购买行为。消费者购买新商品之后，往往会通过自己使用或他人的评判，对其购买选择进行检验。通过比较，消费者会产生一定的购后感受，这种感受一般表现为满意、基本满意、不满意三种情况。消费者购后感受的好坏，影响到消费者是否重复购买，并将影响到他人的购买问题，对企业新产品的推广及声誉和形象关系很大，因而许多企业信奉的名言是："最好的广告是满意的顾客。"

11.5.3　新产品设计的心理研究

1. 新产品的开发流程

客户需求在不断地变化，且市场中有潜在的增长力，企业又具有较高的市场份额和较强的品牌实力，在市场中有独特的竞争优势，都促使企业进行新产品的开发，企业需要对市场的竞争创新做出反应。新产品的开发大致经过六个阶段：即收集构思、构思筛选、商业分析、试制、试销和商业投放。

（1）收集构思。

新产品构思是指提出新产品的设想方案。新产品开发始于构思，尽管不是所有的构思都能变成最终产品，但是企业还是要广泛收集好的有创意的新产品的构思方案，绝对不要在这一阶段轻易否定任何一种方案。构思方案可能来自消费者、科研人员、竞争对手、经销商、市场研究机构、网络媒体或专利情报等与企业内部和外部相关的各渠道。

（2）构思筛选。

企业需要对收集的构思方案进行筛选，在筛选过程中应着重考虑两个因素：一是构思方案是否符合企业的目标，如企业追求利润最大化、市场占有率最大化、高的销售增长率或建立企业良好的品牌形象，等等；二是企业是否有足够的资源和能力来完成构思产品的开发，包括资金、厂房、人力资源、研发能力、生产能力及营销能力等方面。经过筛选，企业保留具有可行性和可接受性的方案。

（3）商业分析。

新产品构思的商业分析，其主要目的在于确定所提出的新产品的长期经济效益。商业分析的焦点，主要集中在利润上，但有关的安全生产、产品质量、环境保护、资源节约等社会责任也不能忽视。分析通常包括需求分析、成本分析、盈利分析三大部分，可采用工业工程法、契约检查法、本量利分析等多种方法。进一步衡量产品的可行性，降低新产品的开发风险。

（4）试制。

这一阶段主要包括两方面的工作：一是研制样品，即把可行的新产品构思方案由观念的产品试制成具体的产品；二是对新产品样品进行消费试验。研制样品是开发新产品的一个极其重要的阶段，大量的研制费主要花在这个阶段，目的是确认技术上的可行性。企业需要全面详细地记录试制资料，为后期改进提供依据。消费试验的目的在于探测新产品在商业上的可行性，企业可以采用实验室试验、消费者试验及样品征询试验等多种方法来进行消费试验。试验过程是一个多次反复的过程，要根据多种试验渠道所反馈的信息不断地修正、选择和综合分析。

（5）试销。

试销过程是把通过消费试验所选择出来的最佳新产品投入小批量生产，按企业制定的有关营销策略付诸市场实施，以观察顾客的反应。目的在于掌握消费者和经销商对于使用、持续购买及经营的实际情况，同时确定市场规模的大小，并根据掌握的资料来调整企业的营销策略。

（6）商业投放。

商业投放即新产品的正式上市，这是开发新产品的最后一道程序，也是非常关键的一步。在新产品全面大量上市之前，要详细整理新产品的有关资料（包括产品外观内涵）供采购、生产、营销部门作为备料、制作、检验的依据；核实产品的出厂价格；制定经费预算；准备大量生产所需的物质技术设备和材料；对推销人员进行培训，提高推销技术；确定新产品推销代理机构和销售网点；安排一套完整的广告、宣传计划。新产品从试销到正式上市，应是一个连续、紧凑、快速的过程，需要各部门的相互合作，以实现新产品开发的最终成功。

新产品的开发面临极大的投资风险，如行业中缺乏新产品的构思；不断变小的细分市场使得市场的容量降低，无法证明投资的合理性；企业通常需要许多产品构思来生产好产品，使得新产品的开发成本很高；新产品设计复杂的研发过程，导致产品开发失败的概率很高。这些都使新产品的开发越来越难以实现。

2. 新产品设计的心理策略

为了使新产品开发失败的概率最小化，需要对产品的构思进行筛选，包括业务分析、开发、测试上市和商品化。其中，从潜在消费者的角度来讲，需要注意的两点是：一是潜在客户是否喜欢这一产品，如果是，他们是否能购买该产品；二是消费者在市场测试的过程反应如何。那么企业不仅要研究目标受众的心理需求，还要在产品的设计中体现消费者的心理需求。

（1）新产品的设计要符合消费者需求的变化。

人们的消费趋势要求商品要有多样化、自动化和艺术化的功能，具有更高文化内涵的社会功能和审美功能。因此，企业新产品的设计在考虑企业自身资源和能力的基础上要充分考虑消费者的需求变化，只有设计出满足多方面消费需求的，品种繁多、结构新颖、功能齐全、外形美观的新产品，才能被市场所接受。特别是，从老产品中了解到与消费者互动中的一些接触点，这些接触点是最有可能驱动消费者对品牌的理解，在设计新产品时也要充分考虑，并就这一环投资各种资源来加强。

（2）新产品的设计要满足消费者最基本的需求。

针对老产品在使用、保养、维修、不便之处进行优化改进，使新产品为消费者所接受；通过产品改进使新产品性能改进的同时努力控制成本增长幅度，控制价格的上升，使新产品受到消费者的欢迎；新产品的设计要科学，根据人体结构特征，使消费者在新产品的使用过程中不至于产生疲劳感，尽可能地使消费者感觉舒适、安逸，突出新产品更加贴心和人性化的设计。

（3）新产品的设计要满足消费者个性的需求。

市场细分为新产品设计满足消费者个性的需求提供了基础。其中，生活形态细分，将心理和社会人口的特性相结合，赋予消费者群组一个更加完整的轮廓，这种细分以个体代表整体，在客户市场中占了相当大的比例。一般根据年龄、性别、收入、社会阶层、工作、商品喜好及政治观点等方面来定义这些个体。企业在新产品的设计中，需要考虑消费者的个性特征，实现产品的差异化，以满足消费者的不同个性需求。

满足不同年龄的个性需求。处在不同的年龄阶段的人们生理和心理成熟度差异很大，对产品的个性需求会有很大差别，儿童显示活泼可爱，青少年显示青春活力，中年人显示成熟智慧，老年人显示睿智沧桑。

满足性别的个性需求。男性消费者和女性消费者在选择产品时会出现很大的差异，长期的消费行为还使许多的产品带有明显的性别标记。男性用品通常产品结构简单风格粗犷，女性用品通常造型精致、小巧玲珑。虽然近年来男女消费需求出现了一些商品趋于中性化，但性别标记商品仍然占主导地位，对新产品的开发和定位都有较大影响。在设计新产品时，应该注意强调独特的性别标记，满足消费者的性别个性需求。

满足不同社会地位的个性需求。人们在社会上扮演着不同的角色，处于不同的社会地位，不同社会地位的消费者通常在心理特征与消费习惯上都有明显的区别，消费者乐于借用某些产品来表明自己的地位和身份，对于这样的产品设计就要突出其地位标志的作用。生产使用材料应昂贵，款式要豪华，包装设计要精美，名称要高雅，采用高价策略，同时严格控制产销数量。

满足消费者的情感个性需求。在现代社会中，消费者往往会通过购买某种产品或消费某种产品来寄托或表达某种感受，如亲情、友谊、希望、追求等，可以寄托情感的产品以装饰品、工艺品、随身物品为主，设计这类产品，特别强调新奇别致、寓意深刻和构思巧妙。

3. 新产品推广的心理策略

（1）按照消费者接受新产品的心理过程，展开相应的推广工作。

消费者接受新产品要经过引起注意、产生兴趣、进行联想、产生欲望、实施购买五个阶段。不同阶段的心理活动不同，企业的推广应该符合各个阶段的心理活动。在引起注意的阶段，消费者对新产品并没有深入的了解，此时，推广的工作重点是全面详细地介绍新产品的知识，从功能到效用能满足消费者的哪些需求，对比老产品有什么特点，以激发消费者的兴趣，使消费者产生购买欲望。消费者在实施购买阶段，企业重点关注的是解决消费者的疑虑问题，可以使消费者亲身体验新产品的功效，消费者在试用结束后感到满意就会购买并且进行重复购买。企业此时要进一步提高消费者的满意度和忠诚度，树立良好的品牌形象，促进新产品的销售。

（2）积极引导早期购买者的购买消费示范作用。

早期购买者虽然占全体消费者的比例很小，但他们的消费示范作用对中晚期的购买者有很大的影响力。早期购买者通常具备如下特征：极富冒险精神；收入水平、社会地位和受教育程度较高；一般是年轻人，交际广泛且信息灵通。但早期购买者却很难成为产品的忠诚者，因为他们的价值观是追求新、奇、特，只要有新产品出现，他们很可能会放弃老产品。尽管如此，企业在新产品的推广中还是要充分利用这些资源，培养良好的消费示范。注意培养早期购买者中具有一定威信的消费者，向这类消费者介绍更多的与新产品相关的知识，提高他们的满意度，解决对新产品的疑问，帮助他们成为好的舆论引导者，加速新产品的推广。

（3）重视新产品的潜在消费者。

新产品进入市场后，大多数购买者在普及后才会采取购买行动，他们是新产品的中晚期购买者。在新产品投入市场初期，他们都是产品的潜在购买者，是新产品推广的关键群体。这类消费者的基本特征是多疑。他们的信息多来自周围的同事或朋友，很少借助宣传媒体收集所需要的信息，其受教育程度和收入状况相对较差，所以，他们从不主动采用或接受新产品，直到多数人都采用且反映良好时才行动。不过这类消费者一旦采用新产品，并认可新产品，他们比早期购买者更容易形成重复购买行为。但需要注意的是，他们对新产品有一个较长时间的了解和评价时期，由于新产品更新的周期日趋缩短，有些产品可能没等到被采用就会被其他新产品所替代。因而，企业要提高增加消费者对产品的信任，消除疑虑，并采取相应的营销策略引导其快速完成采用过程。如推销人员在推销过程中运用能够激起顾客需求的说服方式，因势利导，诱发、唤起顾客需求，且不失时机地宣传和推销产品，引导顾客产生购买行为。

（4）注重各营销手段的结合。

新产品的弱点是市场知名度低，所以在新产品推广过程中，需要覆盖面广、高频率的传播手段相配合。企业在新产品的推广中往往会采用多种营销手段，促销组合由四个要素组成：广告促销、营业推广、人员推销及公关宣传。企业要根据新产品的特征、目标群体特征和分布状况，灵活选择有效的方法。

广告促销，涉及在媒体中投放广告，以此来使潜在消费者对企业的产品和服务产生良好印象，在投放广告时要仔细考虑广告的地点、时间、频率和形式。

营业推广，是指采用非媒体促销的方式，为鼓励顾客购买产品或服务而设计的刺激性手段，例如，试用品、折扣、有奖销售、礼品等方式被企业广泛采用。

人员推销，通过与顾客面对面的交谈，销售人员能够完整地解释产品的细节，针对客户的提问进行解答，适当时还可以演示产品的用途，具有广告和宣传等其他促销形式无法比拟的优势。有利于顾客同销售人员之间建立友谊，有较强的针对性，很灵活，并且人员推销是双向沟通的过程，推销人员在向顾客提供服务和信息的同时，也为企业收集到可靠的市场信息，有利于企业了解市场，提高决策水平。

公关宣传，是为企业及其产品建立良好的形象而进行的宣传。企业往往会召开新品发布会来推广新产品。例如，苹果公司的前首席执行官乔布斯，每次都会在新品发布会上发表新品讲演，乔布斯的演讲更像是为新产品讲故事，试图以最简单的方式向消费者传递新产品的关键信息。乔布斯这样形容 iPad："这绝对是你见过的最牛的浏览体验，在这上面打字有梦幻般的手感。"将创新通过积极的煽动性话语传达给那些情绪受到感染的报道者，再向四方传播开来，可以说充满艺术的演讲本身就是产品推广最好的广告。

【案例】

只经营"圣米高"

商业经营中，经营者有意无意地遵循着这样一条原则，即柜台上必须摆满各地进来的不同品牌的商品供顾客挑选。英国最大的连锁商店——马狮百货公司（Marks & Spencer）却完全违背了这一经营原则。马狮在全英国自设的 250 家商店中全部只售卖"圣米高"这一个品牌的商品，但是公司的盈利却雄居英国零售集团的榜首。马狮公司甚至还以每平方米销售额世界第一的纪录再入了《吉尼斯世界纪录大全》。

在马狮下属的商店中只经营"圣米高"这一品牌商品的经营原则是由马狮的前任董事会主席西门·马格斯（Simon Marks）制定的。西门·马格斯在经营中发现：顾客并不需要商店提供一大堆不同品牌的商品来挑选，顾客真正需要的是能得到一种廉价而又高品质的商品。西门认为从制造商那儿采购来的现成的各种品牌的商品往往并非是廉价而又高品质的商品。为获得这种价廉质优的商品，马狮公司自己设计产品交付制造商生产，并在选料、应用生产技术程序和技术、品质控制、生产工程等方面对制造商严加监督，生产出的产品不采用制造商的商标，而是采用马狮公司自己独立的统一商标"圣米高"。

问题：

分析马狮公司采用的品牌策略，并结合案例分析该品牌的策略与其他连锁店采用制造商多品牌的策略相比，从长期来看，有什么优点？

沉默的推销员

早些年我国出口英国十八头莲花茶具，原包装是瓦楞纸盒，既不美观，又使人不知道里面装的是什么，结果无人问津。但伦敦一家百货商店出售这些茶具时加制了一个精美的包装，上面印有茶具彩色图案，套在原包装外面，销价一下由我国出口价的 1.7 英镑提高到 8.99 英镑，购者络绎不绝。可见，良好的包装是一个"沉默的推销员"。

问题：

为什么说良好的包装是一个"沉默的推销员"？

"珍视行动"

"珍视行动"是珍视明药业推出的一项包含渠道建设、公益活动、媒介合作、新品推广等多方面市场营销活动的持续三年的活动集群。此活动的出发点是全面整合市场活动，将珍视明的渠道、产品、广告以及"大爱"文化共同推进，形成相辅相成、和谐互动的市场局面。"珍视行动"经过三年的连续运作，取得了良好的效果，不仅理顺了市场内部关系，还增加了市场竞争力，提升了品牌凝聚力。

其中，珍视行动三：将爱继续，品类推进，是珍视明药业的新产品推广活动。与一般的企业新品发布会不同的是，此次活动全过程贯穿"珍视行动报告—论坛—爱心大行动"三大环节，环节之间自然地衔接过渡。特别是将对灾区的捐赠仪式设置其中，成为这次活动的一大特色和亮点。珍视·明领导和经销商代表以所有参会的经销商伙伴的名义，一同向受灾地区的学校代表——崇州市怀远百丽中学捐赠 20 万元现金，作为奖学基金。同时向在震中为救学生而英勇献出自己生命的怀远百丽中学的吴忠红老师家属赠送了慰问金，向四川省教育厅捐赠价值 1 320 万元的款物。珍视明药业希望携手各界人士，继续关注"视界"健康，巩固经典产品，大力推广新产品。

问题：

结合案例，分析珍视明药业在新品推广中采用的推广策略。

"宝洁公司和一次性尿布"

宝洁（P&G）公司以其寻求和明确表达顾客潜在需求的优良传统，被誉为在面向市场方面做得最好的美国公司之一。其婴儿尿布的开发就是一个例子。1956 年，该公司开发部主任维克·米尔斯在照看其出生不久的孙子时，深切感受到一篮篮脏尿布给家庭主妇带来的烦恼。洗尿布的责任给了他灵感。于是，米尔斯就让手下几个最有才华的人研究开发一次性尿布。其实，一次性尿布的想法并不新鲜。事实上，当时美国市场上已经有好几种牌子的一次性尿布了，但市场调研显示：多年来这种尿布只占美国市场的1%。原因首先是价格太高，其次是父母们认为这种尿布不好用，只适合在旅行或不便于正常换尿布时使用。调研结果还表明，一次性尿布的市场潜力巨大。美国和世界许多国家正处于战后婴儿出生高峰期，将婴儿数量乘以每日平均需换尿布次数，可以得出一个大得惊人的潜在销量。

宝洁公司产品开发人员用了一年的时间，力图研制出一种既好用又对父母有吸引力的产品。产品的最初样品是在塑料裤衩里装上一块打了褶的吸水垫子。但 1958 年夏天现场试验结果，除了父母们的否定意见和婴儿身上的痱子以外，一无所获。于是又回到图纸阶段。

1959 年 3 月，宝洁公司重新设计了它的一次性尿布，并在实验室生产了 37 000 个，样子类似于现在的产品，拿到纽约州去做现场试验。这一次，有三分之二的试用者认为该产品胜过布尿布。公司选择地处美国最中部的城市皮奥里亚试销，这个后来被定名为"娇娃"，又通过研发和技术创新，降低了产品的成本。最终，"娇娃"成功推广，非常畅销。

问题：

结合案例，从新产品设计和推广的角度来分析"娇娃"畅销的原因。

思考题

1. 简述商品命名的心理策略。
2. 简述商标设计的心理策略。
3. 简述包装装潢设计的心理策略。
4. 举例说明如何建立品牌忠诚度。
5. 简述消费者接受新产品的心理过程。
6. 简述新产品推广的心理策略。
7. 请举例说明各营销手段相结合在新产品推广中的作用。

参考文献

[1] 李晓霞，刘剑. 消费心理学[M]. 北京：清华大学出版社，2006.

[2] 荣轶. 消费者群体心理与商场营销策略[J]. 经济论坛，2004(9).

[3] 于春玲，赵平，杜伟强. 参照群体类型与自我品牌联系[J]. 心理学报，2009.

[4] 袁婧. 消费者观察倾向及其影响因素评述[J]. 经济论坛，2009(22).

[5] [美]德尔 I. 霍金斯（Del I. Hawkins），等. 消费者行为学[M]. 符国群，等，译，北京：机械工业出版社，2000.

[6] 符国群. 消费者行为学[M]. 武汉：武汉大学出版社，2004.

[7] 戴卫东，刘鸽著. 消费者心理学[M]. 北京：北京大学出版社，2011.

[8] 江林. 消费者心理与行为[M]. 北京：中国人民大学出版社，2000.

[9] 王官诚. 消费者心理学[M]. 北京：电子工业出版社，2005.

[10] 肖立. 消费者行为学[M]. 北京：中国农业大学出版社，2011.

[11] 阳翼. 中国区域消费差异的实证研究[J]，管理科学，2007(5).

[12] 罗子明. 消费者心理学[M]. 北京：清华大学出版社，2007.

[13] 李慧波. 团队精神[M]. 北京：新华出版社，2004.

[14] 陈永宁. 浅谈中国西方婚礼差异[J]. 魅力中国，2010（14）.

[15] Richard P. Coleman. The Continuing Significance of Social Class to Marketing. Journal of Consumer Research，10，December 1983. pp. 265-280.

[16] Jean Noel Kapferer. Strategic Brand Management：New Approaches to Creating and Evaluating Brand Equity. London: Simon and Schuster, 1992.

[17] 姚山季，张立王，永贵. 消费者行为学[M]. 天津：南开大学出版社，2009.

[18] 亚当森. 品牌简单之道：最佳品牌如何保持其简单与成功[M]. 北京：中国人民大学出版社，2007.

[19] 张兴兴. 当下网络广告的发展问题及其对策[J]. 新闻世界，2011(1).

[20] 张品良. 媒介融合催生广告传播十大方式[J]. 现代视听，2011(2).

[21] 赵福超. 浅谈广告媒体的发展[J]. 企业技术开发，2009(6).

[22] 黄合水. 广告心理学[M]. 厦门：厦门大学出版社，2003.

[23] 龚艳冬. 基于新产品视角的大众消费心理探讨[J]. 中国商贸，2011(7).

[24] 冯丽云，耿凯燕，刘天成，品牌营销[M]. 北京：经济管理出版社，2006.

[25] 黄静. 新产品管理[M]. 武汉：华中科技大学出版社，2009.

[26] 龚振. 消费者行为学[M]. 广州：广东高等教育出版社，2004.

[27] 王旭. 消费者行为学[M]. 北京：电子工业出版社，2009.

[28] 荣晓华. 消费者行为学[M]. 大连：东北财经大学出版社，2006.

[29] FranK R. Kardes 著. 消费者行为与管理决策[M]. 马龙龙译. 北京：清华大学出版社，
    2003.

[30] 白战风. 消费心理分析[M]. 北京. 中国经济出版社. 2006.

[31] 蒋士奎，陆云，周立，等. 商务心理[M]. 上海：立信会计出版社，1995.

[32] 王玉成，韩天雷. 广告心理战[M]. 北京：中华工商联合出版社，1996.

[33] 陶应虎. 广告理论与策划[M]. 北京：清华大学出版社，2007.

[34] 臧良运. 消费心理学[M]. 北京：电子工业出版社，2007.

[35] 俞文钊，陆剑清，李成彦. 市场营销心理学[M]. 大连：东北财经大学出版社，2006.

[36] 王曼，白玉苓，熊威汉，王智勇. 消费者行为学[M]. 北京：机械工业出版社，2011.